Helga Thoma
Vom Thron zum Schafott

W0176876

Zu diesem Buch

Allen ist gemeinsam, daß sie höchste Macht innehatten, daß ihr Leben aber in der politischen und persönlichen Katastrophe endete: Maria Stuart, Königin von Schottland, wurde auf Geheiß ihrer Rivalin Elisabeth hingerichtet, und Karl I. von England wurde von den Puritanern unter Oliver Cromwell auf das Schafott geschickt. Ludwig XVI. und seine Gemahlin Marie Antoinette wurden Opfer der französischen Revolution, während Kaiser Maximilian von Mexiko für die französische Eroberungspolitik Napoleons III. büßen mußte. Zar Nikolaus II. und seine Familie hatten Lenin und die russische Revolution zum Gegner. Manche erlangten erst durch ihre grausame Hinrichtung eine Berühmtheit, die sie während ihrer Regentschaft nie erreicht hatten. Fesselnd beschreibt Helga Thoma ein Stück wissenswerter Kulturgeschichte und spürt den Schicksalen dieser gekrönten Häupter nach.

Helga Thoma, geboren 1958 in Klosterneuburg, studierte Romanistik und Germanistik in Wien. Nach mehrjähriger Tätigkeit in der Privatwirtschaft lebt sie seit 1994 als freie Autorin in Klosterneuburg. Von ihr erschienen außerdem »Madame, meine teure Geliebte...« über die Mätressen der französischen Könige und »Liebe, Macht, Intrige« über Königinnen und ihre Liebhaber.

Helga Thoma
Vom Thron zum Schafott

Das blutige Ende gekrönter Häupter

Mit zehn Abbildungen

Piper München Zürich

Von Helga Thoma liegt in der Serie Piper außerdem vor:
Madame, meine teure Geliebte (2570)

Ungekürzte Taschenbuchausgabe
Piper Verlag GmbH, München
September 2000
© 1998 Verlag Carl Ueberreuter, Wien
Umschlag: Büro Hamburg
Stefanie Oberbeck, Katrin Hoffmann
Umschlagabbildung: Schule F. Clouet (»Maria Stuart«,
Archiv für Kunst und Geschichte, Berlin)
Druck und Bindung: Clausen & Bosse, Leck
Printed in Germany   ISBN 3-492-22801-1

INHALT

Maria Stuart

Die letzte Nacht
Der kurze Traum vom Glück
Tragödie einer Herrscherin
Elisabeth
Das Schauspiel einer Hinrichtung

DIE LETZTE NACHT

Man schrieb den 7. Februar 1587, als die Grafen von Shrewsbury und Kent, begleitet vom Schriftführer des englischen Kronrates Fotheringhay Castle in Northamptonshire erreichten. Das düstere, aus dem frühen Mittelalter stammende Gemäuer, nur wenige Meilen nördlich von London gelegen, war zur letzten Station der wohl prominentesten Gefangenen der Geschichte geworden. Seit dem 25. September des Vorjahres harrte Maria Stuart in Fotheringhay Castle unter strengster Bewachung ihres Schicksals, das ihre Cousine, Elisabeth I. von England, am 1. Februar 1587 mit ihrer Unterschrift endlich besiegelt hatte.

Längst hatte die Königin der Schotten jede Illusion und jede Hoffnung verloren. Obwohl erst 44 Jahre, glich sie bereits einer alten Frau. Ihr Haar unter der rotblonden Perücke war ergraut, ihr Rücken von Arthritis und Rheuma gebeugt und ihre Beine so geschwollen, daß sie kaum einen Schritt ohne Stütze tun konnte. Ihr einst so schlanker und geschmeidiger Körper war dick und schwerfällig geworden, ihr Gesicht fahl und faltig. Seit vielen Jahren litt Maria Stuart zudem unter den verschiedensten Krankheiten. Eine seit ihren Jugendtagen immer wiederkehrende Gastritis, aber auch Erkältungen und Infektionen suchten sie nur allzu oft heim, sodaß kaum eine Woche verging, in der sie nicht das Bett hüten mußte. Vor allem aber die Knochen verursachten der schottischen Königin ständige Qualen, Folge auch der kalten und zugigen Schlösser jener Zeit und des feuchten, windigen Klimas, an das sie sich nie so recht hatte gewöhnen können.

War das die Frau, die einst als die begehrteste Partie aller europäischen Höfe gegolten hatte? War das die Frau, deren Schönheit und Anmut die größten Dichter der Renaissance besungen hatten? Nichts war Maria Stuart geblieben außer ihrem unbändigen Stolz und ihrer königlichen Würde. Ihr Land, ihren Thron und ihre Krone hatte sie verloren, verspielt; und die wenigen Dinge, die sie noch besessen und die ihren Rang sichtbar gemacht hatten, waren ihr in den letzten Wochen genommen worden. Ihr Hofstaat umfaßte gerade noch 15 Leute, darunter ihr Haushofmeister Andrew Melville, ihr Arzt Dominique Bourgoing, ihr

Wundarzt Jacques Gervais, ihr Apotheker Gorion, ihre beiden Kammerfrauen Elizabeth Curle und Jane Kennedy sowie ihr Diener Bastian Pages und dessen Frau Christina. Pferde und Wagen besaß sie nicht mehr, denn Ausritte und Ausfahrten waren ihr nun verboten; sogar den Billardtisch, Requisit einer jener spärlichen Vergnügungen der letzten Jahre, hatte man ihr weggenommen. Was sie jedoch am meisten schmerzte, war, daß man auch ihren Sessel mit dem Baldachin, Symbol ihres königlichen Standes, entfernt hatte.

An jenem 7. Februar 1587 lag Maria Stuart wieder einmal krank zu Bette, als man ihr gegen zwei Uhr nachmittags den hohen Besuch aus London meldete. Trotz großer Schmerzen erhob sie sich von ihrer Liegestatt und ließ sich von ihren Frauen ankleiden. Zu lange hatte sie auf diesen Augenblick gewartet, hatte ihn herbeigesehnt! Dann nahm sie auf einem Sessel Platz und empfing die Herren mit hoheitsvoller Haltung und dem Ausdruck höchster Gelassenheit, einer Gelassenheit, die sie auch nicht verließ, als der Schriftführer Robert Beale den Hinrichtungsbefehl verlas. Langsam und ohne ein Zeichen von Angst ließ Maria Stuart ihren Blick über die versammelten Lords gleiten, um dann mit knappen Worten zu fragen, für wann die Vollstreckung des Urteils angesetzt sei. Es war unmöglich, dieser Frau den Respekt zu versagen, und Shrewsbury antwortete mit belegter Stimme: »Morgen früh um 8.« Gerade ihm kam die Aufgabe, die er hier zu erfüllen hatte, besonders schwer an. Mehr als zehn Jahre hindurch war er Maria Stuarts Bewacher gewesen und hatte sie in dieser Zeit kennen und schätzen gelernt. Doch Shrewsbury war ein loyaler Untertan seiner Herrscherin, Elisabeth von England, und auch er sah nun keine Möglichkeit mehr, der schottischen Königin in irgendeiner Weise entgegenzukommen. Auch jetzt nicht, als sie bat, man möge ihr einen katholischen Priester schicken, damit sie die Beichte ablegen könne. Die Bitte wurde ihr verweigert. Statt dessen bot man ihr den Beistand eines protestantischen Geistlichen an, was Maria Stuart jedoch empört ablehnte. Für einen kurzen Moment blitzte Zorn in ihren Augen auf, doch sie, die einst so Leidenschaftliche, hatte gelernt, ihre Gefühle im Zaum zu halten, und so wandte sie sich zum Abschied an die Lords und sagte: »Gelobt sei Gott für die Nachricht, die Sie mir überbringen. Ich könnte keine bessere empfangen, da sie mir das Ende meiner Leiden ankündigt und die Gnade, die Gott mir erweist, für die Ehre seines Namens und seiner Kirche, der römisch-katholischen, zu sterben.«

Nachdem die Herren gegangen waren, umarmte Maria Stuart ihre Dienerinnen, die in Tränen ausgebrochen waren, und tröstete sie. Dann befahl sie, ein Mahl zu richten. Es war eine bewegende Szene, als die Königin mit ihrer Handvoll Getreuen ein letztes Mal gemeinsam zu Tische saß, denn jeder einzelne bemühte sich, seine Herrin mit besonderer Beflissenheit zu bedienen. Maria Stuart aß nur ein paar Bissen und entließ dann ihr Gefolge. Sie hatte noch viel zu tun, und die Zeit, die man ihr dafür gewährt hatte, war knapp.

Den ganzen Abend und die halbe Nacht ordnete die Königin ihre Angelegenheiten, schrieb ihre letzten Verfügungen nieder und bereitete Geschenke für ihre Verwandten, Freunde und Diener. Es war zwei Uhr morgens, als Maria Stuart den letzten Brief ihres Lebens beendet hatte. Er war an ihren Schwager, Heinrich III. von Frankreich, gerichtet.

Ohne sich zu entkleiden, legte sich die Königin der Schotten dann auf ihr Bett, um noch ein paar Stunden Schlaf zu finden, während draußen schon das Hämmern der Zimmerleute zu vernehmen war, die das Schafott errichteten, das sie am Morgen besteigen würde.

DER KURZE TRAUM VOM GLÜCK

Was für ein Unglücksstern stand da am Himmel, als Maria Stuart am 8. Dezember 1542* als Tochter von Jakob V., König von Schottland, und Marie von Guise das Licht der Welt erblickte?

Sie sollte das einzige überlebende Kind des Königspaares bleiben, denn bereits sechs Tage nach ihrer Geburt starb Jakob V. im Alter von erst 30 Jahren und hinterließ seiner kleinen Tochter die Krone Schottlands. Maria Stuart war also schon in der Wiege nicht nur eine gesalbte Königin, sondern auch die begehrteste Partie aller europäischen Herrscherhäuser.

Der wegen seines Verbrauchs an Ehefrauen bereits zu Lebzeiten berüchtigte Nachbar, Heinrich VIII. von England, streckte als erster seine Hand nach dem königlichen Säugling aus. Er wollte Maria Stuart als

---

* Andere Quellen sprechen auch vom 7. Dezember.

künftige Gemahlin seines Sohnes, des späteren Eduard VI. Mit dieser Verbindung sollten England und Schottland für immer vereint werden. Marie von Guise, die die Regentschaft für ihre Tochter übernommen hatte, verfolgte jedoch ganz andere Pläne für Maria. Sie war überzeugte Katholikin und setzte daher alles daran, ihre Religion in Schottland weiterhin zu festigen. Maria mit dem Sohn des abtrünnigen Heinrich zu verheiraten wäre dieser Politik entgegengelaufen.* Marie von Guise strebte also ein Bündnis mit Frankeich an, ihrer ehemaligen Heimat und Bastion des Katholizismus. Doch der stolze englische König wollte diese Abfuhr nicht so einfach hinnehmen. Er mobilisierte seine Truppen und fiel in Schottland ein mit dem Ziel, die Baby-Königin zu entführen. Gemeinsam mit vier Gefährtinnen wurde Maria Stuart im Kloster Inchmahome versteckt. Es war die erste Flucht ihres Lebens, und es sollte nicht die letzte bleiben.

Auch als Heinrich VIII. 1547 verstarb, war die Jagd auf die schottische Prinzessin noch nicht zu Ende, denn Graf Hertford, der für den minderjährigen Eduard regierte, setzte die Politik von dessen Vater fort. Doch auch er erreichte sein Ziel nicht; ein Ziel übrigens, das schon von Anfang an wegen des schwachen Gesundheitszustandes des jungen Königs von England ziemlich fraglich war. Tatsächlich verstarb Eduard VI. 1553 im Alter von nur 16 Jahren. Die Vereinigung von England und Schottland mußte warten. Sie sollte später auf eine Weise zustande kommen, die um die Mitte des 16. Jahrhunderts wohl niemand für möglich gehalten hätte: Gerade Elisabeth, die Tochter Heinrichs VIII., die dieser zum Bastard erklärt hatte, nachdem er ihre Mutter, Anna Boleyn, auf das Schafott geschickt hatte, würde rund 20 Jahre später mit der Hinrichtung der Stuart-Königin den Grundstein für die Einheit von England und Schottland legen. Noch aber war die Zeit nicht reif.

Marie von Guise wollte kein Risiko eingehen. Sie handelte mit dem französischen König Heinrich II. die Verlobung Marias mit dessen ältestem Sohn, dem Dauphin, aus und verfrachtete ihre kleine Tochter kur-

---

* Schließlich hatte sich Heinrich VIII. 1535 zum Oberhaupt der anglikanischen Staatskirche erklärt, nachdem ihm der Papst die Scheidung von seiner ersten Gemahlin, Katharina von Aragonien, verweigert hatte. 1538 wurde Heinrich sogar vom Papst exkommuniziert.

11

zerhand nach Frankreich, wo sie vor den Engländern sicher sein würde. Im August 1548 überquerte die noch nicht sechsjährige Königin der Schotten den Ärmelkanal.

Mit großem Jubel und viel Pomp begrüßten die Franzosen die junge Fürstin, und der Pariser Hof war geradezu entzückt von dem hübschen und liebenswerten Mädchen. Katharina von Medici, die Königin von Frankreich, nahm ihre künftige Schwiegertochter in die fast jährlich sich vergrößernde Kinderschar auf. Vor allem zu der um knapp drei Jahre älteren Elisabeth, der späteren Königin von Spanien, und zu ihrem Verlobten, dem damals vierjährigen Franz, entwickelte Maria bald eine enge freundschaftliche Beziehung. Sie verbrachten nicht nur den Großteil ihrer Freizeit miteinander, sondern teilten auch den Unterricht.

Maria Stuart war eine begabte Schülerin. Sie lernte Latein und Französisch, ein wenig Italienisch, Tanzen, Verseschmieden und Reiten. Das Leben der Kinder am französischen Hof war unbeschwert und fröhlich. Da man, wie damals üblich, aus hygienischen Gründen beinahe wöchentlich in ein anderes Schloß umzog, gab es für die Kinder immer genug Abwechslung und viel Neues zu entdecken. Besonders gern scheint Maria auf Schloß Anet gewesen zu sein, dem Sitz der allmächtigen Mätresse Heinrichs II., der schönen Diana von Poitiers. Der herrliche Garten war ein bevorzugter Spielplatz der Königskinder. Außerdem gab es dort einen großen Vogelkäfig, eine ganze Meute von Hunden, Falken und vor allem einen Reitstall.

Diana von Poitiers kümmerte sich sehr um den königlichen Nachwuchs, und dieser wiederum liebte die schöne Dame, die bei Hofe eine weitaus größere Bedeutung hatte als Katharina, die Königin. Auch Maria Stuart schloß sich mit zunehmendem Alter immer mehr der Mätresse an, sehr zum Ärger ihrer künftigen Schwiegermutter. Denn Diana von Poitiers war nicht nur die Geliebte Heinrichs II., sie stand auch im Mittelpunkt der einflußreichsten Partei bei Hofe, die sich vor allem aus den Mitgliedern der Familie Lothringen-Guise zusammensetzte. Maria Stuart war die Nichte des Kardinals von Lothringen und des populären Herzogs Franz von Guise und damit deren größter Trumpf im Spiel um die Macht. Wenn es vielleicht auch noch einige Jahre dauern sollte, aber irgendwann einmal würde Maria Königin von Frankreich sein und dann konnte man über sie Frankreich regieren.

Mit den Jahren entwickelte sich Maria Stuart zu einem bezaubernden

Geschöpf. Sie hatte ein ebenmäßiges, ovales Gesicht, große Augen von unbestimmter Farbe und wunderschönes, kastanienfarbenes Haar, das ihren zarten Teint besonders gut zur Geltung brachte. Sie hatte eine hohe, schlanke Figur, und obwohl sie für ihre Zeit überdurchschnittlich groß war, waren ihre Bewegungen voller Anmut. Während die überlieferten Bildnisse Maria Stuarts eher streng und kühl wirken, schwärmen die zeitgenössischen Berichte von ihrem Charme, ihrer schönen Stimme und ihrer Sanftmut. Sie war überaus zart besaitet, brach leicht in Tränen aus und neigte, wie sich später verstärkt zeigen sollte, zu hysterischen Anfällen. Ihre schwachen Nerven standen jedoch in erstaunlichem Kontrast zu ihrem unbezähmbaren Stolz.

Die Jahre in Frankreich waren eine glückliche Zeit für die heranwachsende junge Frau, die glücklichsten ihres Lebens. Sie hatte alles, was man sich nur wünschen konnte: hohe Geburt, Schönheit, Geist; sie wurde von allen geliebt, und ihre Zukunft schien glanzvoll. Doch bald schon begann sich der Himmel über Maria Stuart zu verfinstern.

Das Jahr 1558 brachte entscheidende Ereignisse in der europäischen Politik und in Maria Stuarts Leben. Die Guisen taten den ersten Schritt in Richtung mehr Macht, indem sie die Vermählung ihrer Nichte mit dem Dauphin durchsetzten. So schritten Maria Stuart, noch keine 16 Jahre alt, und der noch nicht einmal 15jährige Franz am 24. April 1558 vor den Altar. Zu dem Fest wurde der ganze Prunk der französischen Monarchie aufgeboten. Neben den Mitgliedern des Königshauses hatten sich auch der Adel Frankreichs, die Erzbischöfe und Kardinäle eingefunden, um an der Zeremonie teilzunehmen. Alle waren sie so prächtig gekleidet und reich geschmückt, daß das Volk aus dem Staunen nicht herauskam. Der Jubel war umso größer, als der Herzog von Guise zur Feier des Tages Goldstücke in die Menge werfen ließ. Dann aber richteten sich alle Augen auf die Braut, die am Arm des Herzogs von Lothringen die Kathedrale von Notre-Dame betrat. Maria Stuart trug ein lilienweißes Gewand mit langer Schleppe, bestickt mit funkelnden Edelsteinen. Ihr Haupt zierte eine Goldkrone aus Perlen, Diamanten, Rubinen, Saphiren und Smaragden von unschätzbarem Wert.

Maria war nun nicht nur Königin von Schottland, sondern auch Dauphine von Frankreich und damit ein Machtfaktor, den sich ihre Onkeln zunutze machen wollten. Für das junge Mädchen hatte sich im Grunde nicht viel geändert. Sie war zwar jetzt verheiratet, aber das sorglose

Leben zwischen Lernen und Vergnügungen würde wohl noch einige Jahre so weitergehen. Heinrich II. war ja erst 39 Jahre alt und strotzte nur so vor Gesundheit.

Im November 1558 war Maria Stuart jedoch mit einem Schlag in die europäische Politik verstrickt. Am 17. dieses Monats verstarb Maria Tudor, die älteste Tochter Heinrichs VIII., nach fünfjähriger Regierungszeit kinderlos, und ihre Halbschwester Elisabeth bestieg den englischen Thron. In England selbst erfreute sich Elisabeth größter Beliebtheit, in den katholischen Kreisen Europas jedoch war sie äußerst umstritten; man stellte ihre Legitimität in Frage. Sofort meldete Heinrich II. im Namen seiner Schwiegertochter Anspruch auf die englische Krone an, war doch Maria Stuart die nächste in der Thronfolge* und außerdem auch überzeugte Katholikin. Doch Elisabeth saß bald sehr fest auf ihrem Thron, und die Engländer verzichteten nur allzu gerne auf eine katholische Herrscherin. Zu lebendig waren die Erinnerungen an Maria Tudor und die brennenden Scheiterhaufen, mit denen sie die mehrheitlich protestantische Bevölkerung zum Katholizismus hatte zwingen wollen. Heinrich II. machte keinerlei Anstalten, die von ihm im Namen Maria Stuarts erhobenen Ansprüche auch durchzusetzen, aber sie blieben im Raum stehen.

Kurze Zeit später, am 30. Juni 1559, ereignete sich ein folgenschwerer Unfall. Heinrich II. wurde bei einem Turnier von der Lanze seines Gegners so unglücklich getroffen, daß er bereits am 10. Juli 1559 verstarb. Sein ältester Sohn bestieg als Franz II. den Thron von Frankreich und mit ihm seine Gemahlin, Maria Stuart. Beide noch halbe Kinder, standen sie völlig unvorbereitet vor der schweren Aufgabe, die ihnen so plötzlich auferlegt wurde. So waren sie denn auch kaum mehr als Marionetten der Mächtigen hinter den Kulissen: auf der einen Seite Katharina von Medici, die nach all den Jahren im Schatten Dianas von Poitiers nun endlich mittels ihres Sohnes regieren wollte, auf der anderen Seite die ehrgeizigen Guisen, die sich zum selben Zwecke ihrer Nichte bedienen wollten. Das Schicksal aber durchkreuzte die Pläne der machthungrigen Onkel.

Bei den Krönungsfeierlichkeiten zu Reims im September 1559 wurde ein

---

* Siehe Stammtafel I.

14

mal mehr deutlich, wie schlecht es um die Gesundheit des jungen Königs stand. Franz II. schien unter der Last der Krone fast zusammenzubrechen. Der bemitleidenswerte Junge war schon von Geburt an schwächlich und kämpfte seit Jahren mit den verschiedensten Krankheitssymptomen. Besonders ein Ohr (wahrscheinlich eine chronische Mittelohrentzündung) verursachte ihm fast ständig starke Schmerzen.

Ein Jahr danach lag Franz II. im Sterben. Während die Ärzte ihn in seinen letzten Tagen noch mit Purgationen und Aderlässen quälten, umgab Maria Stuart ihren Gatten mit ihrer ganzen fürsorglichen und sanften Liebe. Doch auch sie vermochte ihn nicht zu retten. Franz II. starb am 5. Dezember 1560, noch keine 17 Jahre alt.

Maria Stuart, die 18jährige Witwe, stand am ersten, entscheidenden Wendepunkt ihres Lebens. Mit einem Schlag war nun alles anders geworden. Ihre Jugend war vorüber, alle Leichtigkeit und Sorglosigkeit, die bisher ihr Dasein bestimmt hatten, dahin. Der glanzvolle Weg nach oben war jäh unterbrochen. Sie ahnte nicht, daß sie mit diesem 5. Dezember 1560 den Höhepunkt ihres Lebens bereits überschritten hatte. Von nun an sollte sie sich in einem immer rascher werdenden Rhythmus auf ihren Untergang zu bewegen.

Zunächst jedoch gab sich Maria Stuart still ihrer Trauer um den verstorbenen Gemahl hin. Ihre Gefühle waren echt und tief, denn welche Gerüchte man auch später über sie erzählen mochte, Franz II. war ihr ans Herz gewachsen, von Kindheit an hatte eine enge Beziehung zwischen ihnen bestanden. Mag sein, daß die Ehe, wie so manche bei Hofe munkelten, angesichts des schwachen Gesundheitszustandes des Königs nie vollzogen worden war, Maria Stuart war ihm dennoch eine liebende und treue Partnerin gewesen. Ihre Trauer war frei von Heuchelei und verwies alle späteren Gerüchte, sie habe am französischen Hof ein ausschweifendes Leben geführt, in das Reich der schmutzigen Phantasie.

Der Tradition gemäß legte die Königinwitwe ein weißes Kleid an, schloß sich in ihre Gemächer ein, die man mit schwarzem Stoff ausgelegt hatte, und beweinte, wie es der Brauch war, 40 Tage lang ihren Gatten.

Die große Politik aber hatte nicht so viel Zeit, ebensowenig wie die persönlichen Ressentiments der Katharina von Medici. Diese zeigte nämlich plötzlich ihr wahres Gesicht. Sie hatte ihrer Schwiegertochter nie verziehen, daß diese sie einmal als »florentinische Kaufmannstochter« bezeichnet hatte. Obwohl Maria damals noch ein Kind war und wohl nur nachgeplappert hatte, was sie von gehässigen Höflingen gehört hatte, vergaß ihr die Medici diese Beleidigung nie.

Katharina kostete nun ihre neue Stellung aus. Sie, die fast ein Vierteljahrhundert die Gemeinheiten und die Lieblosigkeit ihres Gatten, dessen Mätresse und deren Partei bei Hofe hatte erdulden müssen, sie, die sich ständig mit größter Selbstdisziplin verstellt und gute Miene zum bösen Spiel gemacht hatte, riß nun augenblicklich die Regentschaft für ihren minderjährigen Sohn Karl IX. an sich. Endlich, endlich war sie nicht nur dem Namen nach die erste Frau in Frankreich! Sie wartete gar nicht erst die 40tägige Trauerzeit ihrer Schwiegertochter ab, sondern verlangte unverzüglich die Kronjuwelen von Maria Stuart zurück. Penibel wurden die Schmuckstücke aufgelistet, und Katharina von Medici wachte genau darüber, daß auch nicht der kleinste Ring fehlte.

Auch die bisher fast allmächtigen Guisen mußten nun der Medici weichen. Doch sie wußten, daß sie mit ihrer königlichen Nichte immer noch ein teures Pfand in Händen hatten. Sogleich streckten sie ihre Fühler nach einer neuen glanzvollen Partie für Maria aus. Ganz kurz dachte man an den neuen französischen König, Karl IX., doch der war erst zehn Jahre alt, und außerdem würde Katharina von Medici eine solche Verbindung zu verhindern wissen. Als nächstes wurde Don Carlos, der spanische Thronfolger, ins Auge gefaßt, dann der Sohn des Kaisers, Erzherzog Karl, sowie die Könige von Schweden und Dänemark. So war die 18jährige Maria Stuart, noch ehe sie sich ihrer neuen Situation richtig bewußt geworden war und ihre Tränen getrocknet hatte, erneut zum Spielball der europäischen Politik geworden, während Katharina von Medici sie fühlen ließ, daß sie in Frankreich unerwünscht war.

Doch mit dem Ende ihrer Trauerzeit kamen Marias Energie und Stolz wieder. Sie verbat sich weitere Heiratsgeschäfte und wurde sich vielleicht zum ersten Mal richtig bewußt, daß sie ja nach wie vor eine Königin war, mit einem eigenen Reich. Zu Ostern 1561 stand ihr Entschluß fest, nach Schottland zurückzukehren, in ein Land, das sie so gut wie nicht kannte und an das sie nur ganz verschwommene Erinnerungen aus ihrer frühesten Kindheit hatte.

Am 15. August 1561 schließlich bestieg Maria Stuart in Calais das Schiff, begleitet von ihren Onkeln und einer Schar von Höflingen, Dichtern und Musikern. Lange stand die junge Frau noch an Bord und sah zu, wie die Küste Frankreichs langsam ihrem Blick entschwand. Sie war traurig und bedrückt, denn sie fühlte wohl, daß ein Abschnitt ihres Lebens für immer zu Ende ging. Tatsächlich war ihre Jugend mit diesem Tag für immer vorbei, und sie fuhr einer ungewissen Zukunft entgegen. Nie wieder sollte sie das schöne, geliebte Frankreich wiedersehen, das Land, in dem sie so glücklich gewesen war, nie wieder den prächtigen Königshof betreten mit all seiner Lebenslust und Eleganz. Vor ihr tat sich, für sie noch unsichtbar, der Abgrund auf. Doch das konnte Maria Stuart nicht ahnen. Voll Vertrauen in sich und ihre Umgebung und voll der guten Vorsätze segelte sie ihrer neuen, alten Heimat entgegen.

TRAGÖDIE EINER HERRSCHERIN

Seit Maria Stuart ihre Heimat verlassen hatte, führte ihre Mutter einen erbitterten Kampf gegen den Nachbarn England und den zunehmenden Protestantismus im Lande. Die reformierte Religion breitete sich seit Beginn des 16. Jahrhunderts in Schottland aus. Sie erhielt von England mehr oder weniger offene Unterstützung, während Marie von Guise vergebens als Streiterin für den katholischen Glauben auftrat. 1559 schlossen sich die schottischen Protestanten, angeführt von einigen der bedeutendsten Lords des Landes, zur sogenannten Kongregation zusammen, und es kam zur offenen Rebellion gegen die Regentin. Selbst die Hilfe französischer Truppen konnte die Niederlage nicht verhindern. Als Marie von Guise im Juni 1560 starb, übernahmen die aufständischen Lords die Herrschaft im Lande, und am 6. Juli 1560 unterzeichneten schließlich Schottland und England den Vertrag von Edinburgh, der endlich den Frieden brachte. Dieser sah den sofortigen Abzug der französischen Truppen aus Schottland vor und überließ den Schotten die Regelung ihres Glaubens. Am 15. August verabschiedete das schottische Parlament dann auch ein Gesetz, das Schottland zu einem protestantisch-presbyterianischen Staat machte. Darüber hinaus verlangte der Vertrag die Bestätigung von Elisabeths Titeln als Königin von England und Irland, während Franz II. und Maria Stuart sich dazu verpflichten sollten, auf diese Titel für alle Zeiten zu verzichten. Auf Anraten der Guisen weigerte sich das junge französische Königspaar jedoch, diesen Vertrag zu ratifizieren, obwohl er von den von Maria

Stuart entsandten Vertretern in ihrem Namen unterschrieben worden war. Es war dies der erste große politische Fehler, den die Königin der Schotten beging. Solange Elisabeth keine Kinder hatte, war und blieb sie die rechtmäßige Thronfolgerin von England; und wenn sich doch noch Nachwuchs einstellen sollte, wäre es mit der Thronfolge ohnehin vorbei – die Ratifizierung des Vertrages wäre also eine reine Formsache gewesen. Doch Maria Stuarts Stolz hinderte sie daran, den Regeln der Vernunft zu gehorchen.

Der starke Mann in Schottland hieß inzwischen James Stuart, der spätere Graf von Moray. Er war Maria Stuarts Halbbruder, illegitimer Sohn ihres Vaters mit Lady Margaret Erskine. James Stuart war überzeugter Protestant und einer der Hauptakteure während der protestantischen Rebellion gewesen. Außerdem war er ein erklärter Freund Englands. Er war 30 Jahre alt, ehrgeizig, intelligent und fähig, weshalb er zeit seines Lebens unter seinem Status als Bastard litt, der ihn von der Thronfolge ausschloß. Die Rolle, die er im Leben seiner Schwester spielen sollte, war ebenso bedeutend wie mysteriös. Doch Maria Stuart vertraute ihm, wie sie auch den Guisen vertraut hatte.

Am 19. August 1561 erreichten die Galeeren mit der Königin von Schottland an Bord den Hafen von Leith. Dichter Nebel lag über dem Land, und es regnete. Maria Stuart bekam gleich bei ihrer Ankunft einen Eindruck von dem Klima, das sie ab jetzt erwartete und das sich so sehr von der milden Luft und der sanften Sonne Frankreichs unterschied. Doch nicht nur das Wetter trübte Maria Stuarts Ankunft in Schottland. Viel schlimmer war, daß niemand da war, um sie willkommen zu heißen. Ihr Halbbruder, Moray, hatte sie erst später erwartet, sodaß er nun, als er die Nachricht von ihrem Eintreffen erhielt, eiligst seinen Troß zusammentrommelte und an die Küste eilte. Mit ihm kam auch eine jubelnde Menschenmenge, die ihrer Königin schließlich doch noch einen warmen und freundlichen Empfang bereitete.

Maria Stuart war mit so großen und guten Vorsätzen in ihr Land gekommen, daß sie ihren Groll über die mißlungene Begrüßung bereits wieder vergessen hatte, als sie mit ihrer Eskorte Edinburgh und schließlich Schloß Holyrood erreichte.

Jakob V. hatte die Residenz der schottischen Könige im Stil der Renaissance errichten lassen. Ein schöner, imposanter Bau, wenngleich ihm die Raffinesse und die Leichtigkeit der französischen Loire-Schlösser fehlte.

Das Innere des Palastes ließ ein wenig erahnen, daß hier zwei aus Frankreich stammende Königinnen gelebt hatten.*

Aber die Spuren der kriegreichen Jahre waren unübersehbar. Viel zu lange waren diese Räume ohne Leben gewesen, hatten kein höfisches Treiben, keine Bälle und Maskenfeste gesehen. Der trostlose Anblick, den ihre neue Wohnstätte bot, muß für die an Luxus und feine Lebensart gewöhnte Maria Stuart eine herbe Enttäuschung gewesen sein. Aber sie hatte ja zahlreiche Teppiche, Wandbehänge und allerlei andere Einrichtungsgegenstände mitgebracht, sodaß Schloß Holyrood schon bald eine wohnlichere Atmosphäre und mehr Bequemlichkeit bot. Außerdem waren mit der Königin auch einige Künstler nach Schottland gekommen, die mit Gedichtvorträgen und Lautespiel für vergnügliche Abende sorgen würden. Die junge Herrscherin war entschlossen, ihren Hof zu einem der schönsten Europas zu machen.

Um die Politik kümmerte sich Maria Stuart wenig, wußte sie doch kaum etwas über ihr Land. Sie ließ vorerst ihrem Bruder, Moray, und William Maitland von Lethington, ihrem Staatskanzler, freie Hand in diesen Dingen. Maria war um ein gutes Verhältnis zu ihrer Nachbarin, der Königin von England, bemüht. Allerdings lag sie ihrer Cousine ständig mit ihrer Forderung in den Ohren, diese solle sie offiziell als ihre Erbin einsetzen. Elisabeth zögerte und beharrte zuvor auf der Ratifizierung des Vertrages von Edinburgh. Dennoch versicherte sie ihre schottische Verwandte in zahlreichen Briefen im blumig-heuchlerischen Stil der Zeit ihrer Freundschaft. In den folgenden Jahren wurde mehrmals eine persönliche Begegnung der beiden Königinnen vereinbart, die jedoch nie zustande kam.

Über dem Schottland des 16. Jahrhunderts wehte noch der Hauch des Mittelalters. Das Land galt als rauh, wild und rückständig. Es gab kaum Verkehrswege und wenn, dann waren sie in einem erbärmlichen Zustand. Gerade 500 000 oder 600 000 Menschen lebten damals in jenem nördlichsten Teil der Britischen Inseln. Im Vergleich dazu waren Frankreich mit seinen etwa 15 Millionen und England mit über drei Millionen Einwohnern Riesenreiche. Der Großteil der schottischen Bevölkerung war arm und lebte mehr schlecht als recht von dem, was

---

* Jakob V. war in erster Ehe mit Madeleine von Frankreich (1520–1537), der Tochter Franz' I. und Schwester Heinrichs II., verheiratet.

der karge Boden abwarf und natürlich von der Schafzucht. Die paar größeren Städte wie Edinburgh, Glasgow oder Perth beherbergten Handwerker und Kaufleute, die durch ihre Geschäftsbeziehungen zum europäischen Festland auch für einen gewissen kulturellen Austausch sorgten. Über den Bauern und Bürgern stand der selbstherrliche schottische Adel mit seinen sogenannten Clans, den eigentlichen Herren des Landes. Ewig zerstritten und einander befehdend, bereiteten sie den Königen von Schottland seit jeher Kopfzerbrechen: Die Herrscher mußten stets danach trachten, möglichst viele Clanherren auf ihre Seite zu ziehen, um halbwegs sicher auf dem Thron zu sitzen. Doch die »lairds« waren keine guten Bündnispartner; sie wechselten das Lager, sobald sich anderswo größere Vorteile boten. Loyalität zu ihrem Souverän kannten nur die wenigsten. Die Feindschaften zwischen katholischen und protestantischen Familienverbänden taten das ihre, um das Land zu entzweien. Ein Großteil der Lords bekannte sich zwar mittlerweile zum reformierten Glauben und sympathisierte mit den Engländern, doch gab es nach wie vor eine starke Bastion des Katholizismus in Schottland, zu dem sich vor allem die Mitglieder des Hamilton-Clans, die Gordons, die Livingstones und die Setons bekannten.

Es war eine ausgesprochen schwierige Situation, mit der Maria Stuart hier konfrontiert wurde, und sie war ihr leider auch nicht gewachsen. Die 20jährige verfügte weder von Natur aus noch durch Erziehung über die Qualitäten einer Herrscherin. Sie wäre eine wunderbare Königin von Frankreich gewesen; sie besaß Schönheit und Charme und hätte es hervorragend verstanden, an der Seite ihres Gemahls zu repräsentieren. Aufgrund ihrer Bildung und ihres guten Geschmacks wäre sie wohl eine große Förderin der Künste und des kultivierten Hoflebens geworden. Niemals jedoch hatte man sie auf das Regieren vorbereitet, sie mit Staatsgeschäften und Diplomatie vertraut gemacht. Es fehlte ihr an politischem Weitblick, an Pragmatismus und vor allem auch an Härte. Sie war eben keine Elisabeth von England und auch keine Maria Theresia, die mit Leib und Seele Herrscherinnen waren und auch noch das Glück hatten, von hervorragenden Beratern umgeben zu sein. Maria Stuart fehlten sogar kluge und loyale Männer, denen sie vertrauen konnte. Vielmehr war sie umgeben von Intrigen und Verrat.

Die Glaubensfrage war das erste große Hindernis für die junge Herrscherin. Die Konstellation war denkbar ungünstig: eine katholische

Königin in einem mehrheitlich protestantischen Land. Einige, darunter der englische Botschafter Nicholas Throckmorton, hatten Maria zu einem Religionsübertritt geraten, doch sie hatte dieses Ansinnen strikt abgelehnt. Obwohl sie keineswegs eine Fanatikerin in Glaubensfragen war, blieb sie doch aufgrund ihrer Erziehung fest vom Katholizismus als der wahren Religion überzeugt. Sie besaß eben nicht die staatsmännische Klugheit und den Willen zur Macht, wie ihn 30 Jahre später Heinrich IV. von Frankreich an den Tag legte, als er, der überzeugte Hugenotte, mit den berühmten Worten »Paris ist eine Messe wert« zum Katholizismus konvertierte und damit für sich den Thron und für sein Land den Frieden sicherte. Maria Stuart begnügte sich damit, für sich privat im Schloß die Messe zu hören und die andere Religion ihrer Untertanen zu akzeptieren. Eine durchaus tolerante Haltung, doch sie enttäuschte damit einerseits die Hoffnungen der Katholiken im In- und Ausland, während sie die Ängste der Protestanten vor einer Gegenreformation nicht ausräumen konnte.

Vor allem einem Mann war die katholische Königin von Anfang an ein Dorn im Auge: John Knox. Der jetzt 47jährige Prediger war seit 1546 einer der Anführer der Reformation in Schottland. Er war überzeugter Calvinist und unerbittlich in seinen Ansichten. Im Katholizismus sah er die Wurzel allen Übels auf dieser Welt. Er wetterte von der Kanzel gegen die junge Königin, die für ihn die Verkörperung des Lasters schlechthin war, weil sie jung und hübsch war, gerne tanzte und sich vergnügte, wie sie es am glänzendsten Renaissancehof Europas gelernt hatte. Maria Stuart liebte schöne Kleider und Schmuck wie die meisten Frauen ihres Alters. Am liebsten trug sie Schwarz oder Weiß, beides Farben, die ihr wundervolles, rotschimmerndes Haar und ihren blassen Teint besonders gut zur Geltung brachten. Die Kleider waren zumeist aus Samt, Seide oder Satin, aber auch aus einfachem Serge gefertigt und hatten den damals überaus modernen Spitzenkragen. Auf einer Liste aus dem Jahre 1562 wird allein ein Zugang von 60 neuen Kleidern sowie 14 meist mit Hermelin gefütterten oder mit Pelz verbrämten Mänteln ausgewiesen. Daneben umfaßte die Garderobe der Königin zahlreiche Unterröcke, Reifröcke und seidene Unterwäsche, aber auch Samtkappen und die von ihr so geliebten weißen Leinen- oder Spitzenschleier. Nicht minder eindrucksvoll liest sich die Aufzählung der Juwelen der schottischen Königin, der zufolge sie eine besondere Vorliebe für die damals berühmten schottischen Perlen und vor allem für Rubine gehabt haben dürfte.

Dies war die übliche Ausstattung einer Königin der Renaissance, und Maria Stuart unterschied sich darin nicht von anderen Herrscherinnen. Auch die sonst so sparsame Elisabeth war für ihre Eitelkeit und ihre prächtigen Kleider bekannt.

Dieser Aufwand war jedoch Wasser auf die Mühlen des John Knox. Maria Stuart litt unter seinen Anfeindungen, doch selbst Gespräche mit ihm brachten nichts. Der verbissene, fanatische Mann war dem Charme seiner Königin, dem kaum je ein Mann widerstehen konnte, völlig unzugänglich. Er verachtete sie und hetzte in seinen Predigten gegen diese »skandalöse« Frau.

Unglücklicherweise lieferte Maria Stuart ihm auch noch Stoff für seine Haßtiraden durch ihr unvorsichtiges und unbesonnenes Verhalten, das zu Beginn des Jahres 1563 in der tragischen Affäre Châtelard seinen ersten Höhepunkt fand. Pierre de Châtelard war einer jener jungen Dichter, die Maria Stuart nach Schottland begleitet hatten, und er war in glühender Liebe zu seiner schönen Herrin entbrannt. In seinem Überschwang schlich er sich eines Tages in ihr Gemach, wurde entdeckt und für dieses Vergehen hingerichtet. Maria Stuart traf an diesem Vorfall keinerlei Schuld, doch John Knox sah das natürlich ganz anders. Sie war und blieb für ihn ein ausschweifendes Frauenzimmer.

Spätestens jetzt begann auch Marias engere Umgebung über den Ruf ihrer Königin nachzudenken. Und auch sie selbst beschäftigte sich mit dem Gedanken an eine neuerliche Heirat. Sie war jetzt lange genug Witwe, schön, jung und für die Liebe geschaffen. Vor allem aber brauchte sie einen Mann an ihrer Seite, dem sie vertrauen konnte und der ihr half, die Bürde ihres Amtes zu tragen. Doch eine königliche Ehe wollte genau geplant sein. Selbst Maria, die gefühlsbetonte, spontane Frau, war gewillt, ihren Gemahl nach politischen Vernunftgründen zu wählen. Die Kandidaten waren dieselben wie 1561, nämlich Don Carlos, Erzherzog Karl, der Schwedenkönig, usw. Aber ein Ausländer durfte es nun nicht mehr sein, denn dies würde bedeuten, daß Schottland wieder unter den Einfluß eines anderen Staates käme und Gefahr lief, seine Eigenständigkeit zu verlieren. Dies würden die stolzen Schotten nicht zulassen.

Da mischte sich auf einmal auch noch Elisabeth in die Diskussion ein.

Sie schlug Maria eine Ehe mit Robert Dudley, dem Grafen von Leicester vor, ausgerechnet dem Mann, den sie selbst liebte, aber nicht heiraten wollte oder konnte. Während die englandfreundlichen Berater der Königin diese Idee mehr oder weniger lautstark begrüßten, reagierte Maria Stuart verärgert, galt doch Leicester als Elisabeths heimlicher Liebhaber. Der Kandidat selbst war übrigens auch nicht gerade von einem solchen Heiratsgeschäft begeistert. Er wollte lieber an Elisabeths Seite bleiben und seinen Einfluß in England nicht verlieren, anstatt sich als König von Schottland mit den aufsässigen Lords herumzuschlagen.

Das Problem löste sich sozusagen von selbst, als ein junger Mann im Februar 1565 an den schottischen Hof kam. Sein Name war Henry Stuart, Lord Darnley, ein Cousin Marias mit Ansprüchen sowohl auf die schottische als auch auf die englische Krone.* Natürlich war er nicht zufällig gekommen, denn seine ehrgeizigen Eltern, Graf und Gräfin Lennox, witterten ihre Chance. Die Lennox' stammten zwar aus Schottland, hatten aber vor Jahren wegen ihrer Verwicklung in eine Verschwörung gegen den König der Schotten das Land verlassen müssen. Seither lebten sie in England. Jetzt bot sich ihnen die Gelegenheit, ihre schottischen Güter wiederzuerlangen. Also schickten sie den 19jährigen Henry nach Edinburgh, wo er Maria Stuart den Hof machen sollte. Darnley brauchte sich nicht allzusehr zu bemühen. Er war jung, hübsch mit fast femininen Zügen, er tanzte hervorragend und war amüsant. Viel mehr bedurfte es nicht, um die junge Königin zu entflammen. Es war Liebe auf den ersten Blick, und schon war Maria ihren Gefühlen ausgeliefert und jede Vernunft vergessen: Sie wählte Henry Darnley zum Gatten.

Elisabeth schäumte, weil Darnley, obwohl englischer Untertan, sie nicht um Erlaubnis gefragt hatte. Viel schlimmer noch war jedoch der Protest von Moray und den protestantischen Lords. Der Bräutigam war nämlich Katholik, und man befürchtete eine Stärkung der katholischen Familienclans. Maria Stuart aber hörte allein auf ihr Herz, und das verlangte nach diesem gutaussehenden jungen Mann. So fand am 19. Juli 1565 die Vermählung zwischen Henry Darnley und der Königin der Schotten statt, noch bevor der päpstliche Dispens (wegen der nahen

---

* Siehe Stammtafel I.

Verwandtschaft der Brautleute) eingelangt war. Die beiden waren ein Paar wie aus dem Bilderbuch, beide hübsch von Angesicht, jung, gesund und offensichtlich ineinander verliebt.

Maria Stuart war glücklich wie noch nie, und sie überhäufte ihren Gemahl mit Titeln und Geschenken. Dieser jedoch entpuppte sich innerhalb weniger Monate als absoluter Fehlgriff, unwürdig einer Frau wie Maria, unwürdig einer Königin. Außer einem hübschen Gesicht hatte der junge Mann nämlich gar nichts zu bieten. Seine geistigen Fähigkeiten waren ziemlich beschränkt, ganz zu schweigen von seinem Charakter, der nun immer deutlicher zutage kam. Dafür erwies sich Darnley als ehrgeizig und unersättlich. Sein Verhalten seiner jungen Frau gegenüber wurde von Tag zu Tag unverschämter. Er trug zwar jetzt den Titel eines Königs von Schottland, nur war ihm das nicht genug. Er wollte die Mitkönigskrone und damit die Macht. Doch er besaß nicht einmal die Geschicklichkeit oder die Diplomatie, seinen Ehrgeiz zu verbergen: Er vernachlässigte seine Gemahlin schmählich, behandelte sie respektlos und unhöflich. Nicht einen Funken Liebe hatte er je für sie gehabt, und er betrog sie nach Strich und Faden. Kein Wunder also, daß Maria Stuart sich weigerte, ihm die »matrimonial crown« zu gewähren. Sie war zutiefst verletzt und enttäuscht, denn ihre Gefühle für Darnley waren aufrichtig und voller Wärme und Liebe. Was für eine bittere Enttäuschung für eine junge, stolze Frau, deren erste Liebe schon nach wenigen Monaten einem Trümmerhaufen glich.

Vier oder fünf Monate nach der Hochzeit – Maria Stuart hatte gerade verkündet, daß sie schwanger war – war diese unselige Ehe auch schon gescheitert. Viele Tränen hatte die junge Frau wegen der Gemeinheiten ihres Ehemannes in letzter Zeit vergossen, aber nun begann sich die leidenschaftliche Liebe in einen abgrundtiefen Haß zu verwandeln. Maria Stuart änderte ihr Verhalten völlig. Die in ihrer Ehre so tief verletzte Frau zeigte ihm plötzlich, wer hier die Königin war. Sie demütigte Darnley in aller Öffentlichkeit, machte ihn vor anderen lächerlich und verhielt sich dabei, obwohl verständlich, nicht eben würdevoll und diplomatisch. Ganz Schottland – und natürlich auch die Gesandten der anderen europäischen Höfe – richtete seine Augen auf den Ehekrieg im Hause Stuart.

Das Unvermeidliche konnte nicht ausbleiben. Darnley, nun seinerseits verärgert und gedemütigt, begann, sich mit den Feinden seiner Frau zu

24

verbünden, derer es genügend im Lande gab und denen eine beeinfluß-
bare und ehrgeizige »Marionette« wie Darnley gerade recht kam. Jene,
die so lautstark gegen diesen Ehekandidaten gewesen waren – die protestantischen Lords – paktierten nun mit ihm.

Während ihr Ehemann Intrigen spann, wandte sich Maria Stuart auf der
Suche nach einer starken Schulter einem Mann namens David Rizzio
zu. Rizzio befand sich seit 1561 am Hof von Edinburgh. Er war mit dem
Gesandten von Savoyen gekommen und zum Bleiben aufgefordert worden, weil sein Lautespiel die Königin so entzückte. Mittlerweile hatte er
immer mehr ihr Vertrauen errungen und war zu ihrem Sekretär aufge-
stiegen. Maria Stuart mochte den Italiener. Bei ihm fand sie Rat und
Bewunderung. Rizzio war klug und beriet seine Herrin bald in sämtlichen Staatsgeschäften.

Daß hier ein Ausländer die Fäden der Macht in Händen hatte, war den
schottischen Clansherren natürlich ein Dorn im Auge. Der Italiener
wurde zur Zielscheibe heftiger Kritik und mit ihm Maria Stuart. Er sei
ein Agent des Papstes und wolle eine Gegenreformation in Schottland
entfachen, und obendrein sei er auch der Liebhaber der Königin. Maria
Stuart jedoch zeigte sich blind und taub für das, was um sie herum vorging. Sie kümmerte sich einfach nicht um die bösen Gerüchte, die
tatsächlich jeder Grundlage entbehrten, und hielt an Rizzio fest. Er war
fast ständig bei der mittlerweile hochschwangeren Herrscherin. So auch
an jenem 9. März 1566.

Eine Gesellschaft saß gerade in den Privatgemächern der Königin zu
Tisch, als plötzlich die Tür aufgerissen wurde und der König das Zimmer betrat. Sekunden später stürzte eine Meute Männer herein, darunter die Lords Ruthven, Argyll und Morton. Sie packten Rizzio, der versuchte, sich an den Kleidern der vor Schreck wie gelähmten Königin
festzuklammern, zerrten ihn aus dem Zimmer und schlachteten ihn mit
60 Messerstichen regelrecht ab. Maria Stuart, die immer noch unfähig
war, etwas zu sagen oder sich zu rühren, wurde von Darnley am Arm
gepackt und in ein Nebenzimmer gebracht. Plan der Verschwörung war
es, mit der Beseitigung des verhaßten Rizzio auch gleich die Königin
»auszuschalten«. Sie sollte in sicheren Gewahrsam genommen, wenn
nötig auch getötet werden. Sodann würde man Darnley zum König von
Schottland machen.

Alles wurde jedoch hinter jener Tür, hinter der sich Maria Stuart nun mit Darnley befand, auf fast unerklärliche Weise zunichte gemacht. Niemand weiß bis heute, was genau in dieser Nacht vom 9. auf den 10. März 1566 in dem kleinen Gelaß von Holyrood geschah. Offenbar wuchs Maria in den für sie so gefährlichen Stunden über sich selbst hinaus. Es dürfte wohl einer der wenigen entscheidenden Augenblicke in ihrem Leben gewesen sein, in dem sie nicht die Nerven verlor, sondern ihre ganze Intelligenz, ihre Beredsamkeit und ihre Verstellungskunst zusammennahm. Sie schaffte es, die richtigen Worte zu finden und Darnley zum Verrat an seinen Verbündeten zu bringen und ihr zur Flucht zu verhelfen! Darnley, der Schwächling, fiel tatsächlich um, und es gelang dem Paar, des Nachts aus Holyrood zu entkommen und sich in einem Gewaltritt nach Dunbar abzusetzen.

In der Zwischenzeit stürmten Maria Stuarts Getreue, angeführt vom Grafen von Bothwell, das Schloß und schlugen die Verschwörer in die Flucht. Maria Stuart konnte aufatmen. Sie war wieder Herrin in ihrem Reiche. Fast schien es, als hätte sich damit auch das königliche Eheleben wieder zum Guten gewendet, vor allem als Maria Stuart am 19. Juni 1566 einem gesunden Knaben das Leben schenkte, dem späteren Jakob VI. von Schottland. Doch der Schein trog. Denn kaum waren die Strapazen der Geburt überstanden, zeigte die Königin, wie es wirklich in ihr aussah und was sie von ihrem Gemahl dachte. Sie hatte Darnley nicht verziehen. Wie konnte sie auch? Dieser Mann hatte sie nicht nur betrogen und gedemütigt als Frau, nein, er hatte auch Verrat an ihr, der Königin, begangen und ihr sogar nach dem Leben getrachtet. Sie haßte und verachtete ihn zutiefst und ließ ihrer Abneigung gegen Darnley freien Lauf.

Darnley, der tatsächlich geglaubt hatte, Maria habe ihm verziehen, nachdem er seine Komplizen verraten hatte, war nun völlig vor den Kopf gestoßen. Von allen Seiten prallte ihm Haß und Abneigung entgegen. Er war der meistgehaßte Mann im Lande, denn nicht nur die Partei seiner Gemahlin war gegen ihn, sondern auch seine ehemaligen Verbündeten, die, nachdem Maria sie gegen Ende des Jahres begnadigt hatte, aus der Verbannung zurückkamen. »Das Verhältnis zwischen Ihrer Majestät und dem König ist denkbar schlecht«, schrieb der französische Botschafter Du Croc am 17. Oktober 1566 an die Königinmutter Katharina von Medici. »Nach der Art seiner Aufführung kann es auch nicht anders sein, denn er will alle Macht an sich reißen und überall befehlen. Das Ende wird sein, daß er einen Weg einschlägt, der ihn zu gänzlicher Vernichtung führt.« Welch weitsichtige Worte des Gesandten! Darnley schwankte zwischen Verzweiflung und ohnmächtigem Zorn. Er floh regelrecht vom Hofe, um bei seinem Vater Schutz zu suchen. Nicht einmal bei der Taufe seines Sohnes am 17. Dezember 1566 auf Schloß Stirling war er zugegen.

Während sich Maria Stuart in jenen letzten Wochen und Monaten des Jahres 1566 immer mehr innerlich wie äußerlich von ihrem Gemahl entfernte, näherte sie sich einem anderen Mann an. Sein Name war James Hepburn, Graf von Bothwell, der sich während des »Rizzio-Mordes« als einer der loyalsten Untertanen seiner Königin profiliert hatte. Bothwell war ebenfalls Protestant, doch hatte er nie einen Zweifel an seiner Treue zu Maria Stuart gelassen. Schon im Jahre 1559 hatte er an der Seite von Marias Mutter gegen die Engländer und die aufständischen Lords gekämpft. Der 30jährige war ein Mann von Verstand und guter Bildung, vor allem aber war er ehrgeizig und durchsetzungsfähig, eine Führernatur, wie sie im Buche steht. Dies war genau der Mann, den Maria Stuart jetzt brauchte, und sie überließ ihm alsbald die Staatsgeschäfte, die er, wie es schien, mit eiserner Hand, aber effektiv führte.

Doch die Rolle des Grafen sollte bald über die politische Ebene hinausgehen. Bothwell übernahm auch in Marias Privatleben die Hauptrolle. Mit seinem Auftritt begann die wohl dunkelste Phase im Drama der Königin von Schottland. Dunkel nicht nur wegen der fehlenden Dokumente, sondern auch wegen der Dinge, die sich in den folgenden Monaten ereigneten. Ob, wie und wann der Graf der Geliebte Maria Stuarts wurde, darüber gehen die Meinungen der Historiker seit mehr als 400 Jahren auseinander.

Auf jeden Fall befand sich Maria Stuart in jenem Herbst/Winter 1566 in einer schweren Ehekrise. Sie war eine gedemütigte und enttäuschte junge Frau von 24 Jahren. James Hepburn, seit Februar mit Lady Jean Gordon verheiratet, eilte dagegen der Ruf des Schürzenjägers voraus. Obwohl die Berichte über sein Aussehen von gutaussehend bis abgrundtief häßlich reichen, dürfte er mit ziemlicher Sicherheit ein Mann gewesen sein, der eine starke Wirkung auf Frauen hatte. Er war männlich, kraftvoll und nicht gerade zimperlich, wenn es um die Erreichung seiner Wünsche und Begierden ging. Bothwell, der in Maria Stuart nicht nur die schöne Frau sah, sondern vor allem die Macht, die sie verkörperte und versprach, hatte es möglicherweise nicht allzu schwer, die Liebe seiner Herrin zu erringen. Und es ist durchaus denkbar, daß die Königin, emotional wie sie nun einmal veranlagt war, in einer bis zur Hörigkeit reichenden Leidenschaft für diesen Mann entflammte und seine Geliebte wurde. Dagegen spricht, daß sie überzeugte Katholikin war und im Ehebruch eine Todsünde sah. Außerdem war sie als Königin kaum je unbeobachtet, sodaß eine Affäre fast zwangsläufig zumindest gerüchteweise bekannt geworden wäre. Erstaunlicherweise war das damals noch nicht der Fall. Nicht einmal die sonst so hellhörigen ausländischen Gesandten machten auch nur die kleinste Andeutung in dieser Hinsicht. Es kann sich also genausogut lediglich um eine gute Beziehung zwischen der Herrscherin und ihrem wichtigsten Berater gehandelt haben.

Sicher ist jedoch, daß der ihr angetraute Gemahl Maria Stuart von Tag zu Tag mehr Kopfzerbrechen bereitete. Nicht genug, daß sie ihn persönlich verabscheute wegen seines ungebührlichen Verhaltens ihr gegenüber und vor allem wegen seines Verrates, wurde Darnley nun auch noch zu einem staatspolitischen Problem. Dieser Mann war ein Sicherheitsrisiko! Eine Gefahr für die Königin und für das Land. Ständig erhielt sie Hinweise, er plane eine neue Verschwörung oder wolle das Land verlassen. Maria Stuart war darüber so verzweifelt, daß sie häufig weinte und immer depressiver wurde, sodaß sich ihre Umgebung bereits ernstliche Sorgen machte. Am 2. Dezember 1566 schrieb Du Croc: »Die Königin ist wieder krank. Ich glaube, die wichtigste Ursache ist ein tiefer Kummer, den nichts vergessen machen kann. Sie sagt immer wieder, sie wäre am liebsten tot. Die Verletzung, die sie (von Darnley) erhalten hat, reicht so tief, daß sie niemals vergeben wird …«

So kam es, daß sich am 20. November 1566 auf Schloß Craigmillar, unweit von Edinburgh, die Berater der Königin ernsthaft mit der Ehe ihrer Herrin auseinandersetzten. Man diskutierte die Möglichkeiten einer Scheidung, was jedoch von Maria abgelehnt wurde. Zu groß war ihre Sorge um die Legitimität ihres Sohnes und dessen Thronanspruch. Wie konnte man die arme Frau sonst von diesem unwürdigen Gatten befreien? Vermutlich erwog man auch, Darnley wegen seiner Rolle im »Rizzio-Mord« den Prozeß wegen Hochverrats zu machen und ihn so loszuwerden. Schließlich befaßten sich die Lords – unter ihnen natürlich Bothwell – mit einer weiteren Möglichkeit, den König aus dem Weg zu räumen: mit Mord.

Seit mehr als 400 Jahren beschäftigen sich die Historiker mit der Frage: Wußte Maria Stuart von diesen finsteren Plänen? Die Antwort muß auch weiterhin im dunkeln bleiben und wird wahrscheinlich nie ans Tageslicht kommen, denn es gibt keine Zeugnisse außer den berühmten »Kassettenbriefen«, von denen später noch die Rede sein wird. Doch gerade diese Briefe gelten als umstritten. Die meisten Forscher halten sie für gefälscht oder zumindest für manipuliert. Da die Originale verschwunden sind und nur noch Übersetzungen und Abschriften vorliegen, muß es auch in der Frage um eine Mittäterschaft bzw. Mitwisserschaft Maria Stuarts an der Ermordung ihres Gatten bei Vermutungen bleiben.

Fest steht, daß sie am 20. Januar 1567 in Richtung Glasgow aufbrach, wohin sich ihr Gemahl zurückgezogen hatte und wo ihn eine schwere Krankheit (wahrscheinlich die Pocken oder Syphilis) aufs Lager geworfen hatte. Kurz zuvor waren Maria Stuart wieder Gerüchte zu Ohren gekommen, Darnley wolle mit dem Schiff das Land verlassen, ja sogar über seine Absicht, den kleinen Prinzen zu entführen, wurde gemunkelt. Suchte Maria Stuart etwa das Gespräch mit dem Gatten, um ihn zur Vernunft zu bringen, und wollte sie vielleicht gar einen letzten Versöhnungsversuch unternehmen, um die Gefahr zu bannen? Oder aber diente sie, wissentlich oder unwissentlich, Bothwell und den Lords als Lockvogel? Einmal mehr muß die Geschichtsforschung auch in dieser Frage eine endgültige Antwort schuldig bleiben. Wäre die Echtheit der »Kassettenbriefe« erwiesen, so könnten wohl alle Zweifel an einem Verhältnis Maria Stuarts zu Bothwell und an ihrer Mitwisserschaft an der Ermordung ihres Gatten ausgeräumt werden, denn da heißt es in jenem von ihr angeblich aus Glasgow an den Grafen geschriebenen Brief unter anderem: »Ach, ihr zwinget mich zu allzuviel Verstellung, die mir schrecklich ist, als ob's nicht genügend sei, daß ich die Rolle spiele einer heimlich Geliebten. Seid immer eingedenk, zwänge mich nicht die Neigung, Eurem Willen zu gehorchen, so wollte ich viel lieber sterben, als diese Dinge tun, … Kurz also dies, er [Darnley] will nur unter einer Bedingung mit mir ziehen, verspreche ich ihm nämlich, wie vormals die Gemeinschaft von Tisch und Bett walten zu lassen …«

Tatsächlich fällt es schwer zu glauben, daß die Königin, die ihren Gatten haßte und seit einem Jahr unter ihrer Ehe litt, so plötzlich ihre

Zuneigung zu diesem Manne wiedergefunden hatte. Doch genau das schien der Fall zu sein. Sie kümmerte sich mit rührender Fürsorge um den kranken Gemahl, der sein Glück kaum fassen konnte. Hatte ihm seine Frau nun doch vergeben? Auch die Umgebung staunte nicht schlecht über diese scheinbare Versöhnung des königlichen Paares. Schließlich überredete Maria Stuart ihren Gatten, mit ihr nach Edinburgh zurückzukehren.

Am 31. Januar 1567 erreichte der königliche Troß die Hauptstadt. Man hatte unterwegs beschlossen, daß Darnley seine Krankheit in einem Landhaus unweit von Holyrood auskurieren solle, bevor er ins Schloß übersiedelte, um eine eventuelle Ansteckungsgefahr für den kleinen Prinzen zu vermeiden. Also brachte man den König in das idyllische, abgeschieden gelegene Kirk o'Field, dessen Besitzer wohl nicht ganz zufällig ein gewisser Robert Balfour war, Bruder jenes James Balfour, der zur engsten Umgebung des Grafen von Bothwell gehörte. Maria Stuart mimte auch weiterhin die liebende Gattin. Sie ließ sich sogar ein Zimmer in dem Haus in Kirk o'Field einrichten, direkt unter den Gemächern von Darnley, um auch die Nächte in seiner Nähe verbringen zu können. Tagsüber unterhielt sie den Genesenden mit ihrer Hofgesellschaft.

So auch am Abend des 9. Februar 1567. Doch während im ersten Stock gelacht und gespielt wurde, waren im Erdgeschoß Bothwells Gefolgsleute am Werk. Sie schafften große Mengen von Schwarzpulver heran und verteilten es in den unteren Räumen. Um Mitternacht verließ die Königin ihren Gatten, denn sie hatte versprochen, an den Hochzeitsfeierlichkeiten ihres Dieners Bastian Pages teilzunehmen. Zum Abschied versicherte sie Darnley noch einmal ihrer Zuneigung und ihrer Freude darüber, daß er am folgenden Tag nach Holyrood übersiedeln würde. Heuchelte sie oder war sie ahnungslos darüber, was in Kirk o'Field vorging, während sie auf der Hochzeit tanzte? Auf jeden Fall kam es drei Stunden nach Maria Stuarts Aufbruch zu einer gewaltigen Explosion in dem kleinen Landhaus, bei der Henry Darnley und sein Diener den Tod fanden.

Die Nachricht vom Mordanschlag auf den König löste einen unerwarteten Sturm der Entrüstung in der Bevölkerung aus, und schon wenige Stunden später galt ein Mann als der Drahtzieher dieses abscheulichen Verbrechens: James Bothwell.

Der Hof dagegen verhielt sich am 10. Februar 1567 sowie an den folgenden Tagen seltsam ruhig. Außer ein paar halbherzigen Maßnahmen zur Aufklärung der Mordtat wurde nichts unternommen. Die Königin selbst reagierte am 11. Februar mit einem Brief an den Erzbischof von Glasgow, Schottlands Gesandten in Paris. Sie berichtete darin von dem Attentat und daß es die Mörder »ebensosehr auf mein Leben wie auf das Leben des Königs abgesehen hatten ... Die Tat ist zu ruchlos, um sie ungestraft zu lassen. Lieber verlöre ich mein Leben und meine ganze Habe.«

Die ausländischen Monarchen hegten jedoch ebenso ihre Zweifel an dieser Darstellung wie die meisten Schotten, vor allem aber an Marias Willen, die Angelegenheit aufzuklären und zu ahnden. Die Königin tat nämlich nichts dergleichen. Im Gegenteil, sie war vollkommen passiv, wirkte wie erstarrt. Hatte sie möglicherweise von allem gewußt und verlor sie nun die Nerven? Oder hatte sie das blanke Entsetzen gepackt ob des Verbrechens und der Tatsache, daß der Mann, dem sie vertraute und den sie wahrscheinlich innig liebte, tief in die Sache verstrickt war? Wollte sie ihn schützen, indem sie nichts zur Aufklärung unternahm? Dieses höchst eigenartige, ja geradezu unverständliche Betragen Maria Stuarts heizte die Stimmung in der Öffentlichkeit nur noch mehr an. Der Ruf nach Rache für den ermordeten Darnley wurde immer lauter ebenso wie die Forderung nach einer Untersuchung gegen Bothwell. So paradox es klingt, aber der katholische Henry Darnley, der bis vor kurzem keinen einzigen Freund in ganz Schottland gehabt hatte, war nun, da er tot war, zur Galionsfigur der protestantischen Bewegung geworden.

Maria Stuart konnte oder wollte ihre Lage nicht begreifen. Andere dagegen erkannten sehr wohl die Gefährlichkeit ihrer Situation. Schon traf am 24. Februar 1567 ein mahnender Brief von Elisabeth ein: »Ich würde meine Pflicht als treue Kusine und Freundin nicht erfüllen, wenn ich nicht in Euch dränge, Eure Ehre zu wahren und nicht durch die Finger zu sehen bei der Verfolgung derjenigen, die Euch dies zu Gefallen getan haben, wie die meisten Leute sagen. Ich rate Euch, Euch dieser Sache anzunehmen, daß die Welt daraus ersieht, was für eine edle Fürstin und treue Gattin ihr seid.« Elisabeth wußte, wovon sie sprach, war sie doch selbst vor einigen Jahren mit einer ähnlichen Situation konfrontiert gewesen. 1560 nämlich, als Amy Robsart, die Ehefrau von Robert Dudley, unter mysteriösen Umständen durch einen Unfall oder durch Selbstmord ums Leben gekommen war. Da jeder wußte, daß Elisabeth in Dudley verliebt war und er sich Hoffnungen auf eine Ehe mit ihr machte, hatte es sofort Gerüchte gegeben, Dudley habe seine Frau ermordet. Die Königin von England hatte damals unverzüglich eine Untersuchung angeordnet und auch noch eine weitere Konsequenz aus dem Vorfall gezogen: Sie verzichtete auf eine Ehe mit Dudley. Das Ansehen in den Augen ihrer Untertanen war Elisabeth wichtiger. Maria Stuart aber war eben nicht Elisabeth, und nur selten handelte sie klug.

Bothwell seinerseits schien seine Macht überschätzt zu haben. Die Anfeindungen gegen seine Person waren so groß, daß er nur noch in Begleitung einer 50köpfigen Garde durch die Straßen gehen konnte. Die Situation spitzte sich zu, als Graf Lennox offiziell Anklage gegen Bothwell erhob, der Mörder seines Sohnes zu sein. Eine Gerichtsverhandlung war nicht mehr zu umgehen. Sie wurde auf den 12. April 1567 festgesetzt. Doch der Kläger erschien nicht. Angeblich war Lennox erkrankt, vielleicht aber hatte er auch Angst vor Bothwell bekommen. So geriet dieser Prozeß selbst nach den Maßstäben des 16. Jahrhunderts zur Farce. Als Bothwell mit geradezu herausfordernder Selbstsicherheit zum Tolbooth, dem Gerichtshaus, ritt, soll ihm die Königin von einem Fenster aus lächelnd zugewunken haben. Wie falsch sich diese Frau doch verhielt! Gerade jetzt wäre Distanz vonnöten gewesen, um den eigenen Ruf wiederherzustellen! Erwartungsgemäß wurde Bothwell von jeder Schuld an der Ermordung des Königs freigesprochen und verließ den Verhandlungssaal noch überheblicher, als er gekommen war.

Danach überstürzten sich die Ereignisse, und die Rolle, die Maria Stuart dabei spielte, war und blieb bis heute rätselhaft. War Bothwell sein »Sieg« zu Kopf gestiegen und wollte er nun die ganze Macht an sich reißen? Am 19. April jedenfalls unterzeichnete er gemeinsam mit den bedeutendsten Lords des Landes – unter ihnen Huntly, Argyll, Morton und mehrere Bischöfe – einen Bond in Ainslie's Schenke, der ihm die Unterstützung der Lords zusicherte für den Fall, daß die Königin »die Neigung verspüre, ihn zum Manne zu nehmen«.

Kurz darauf kursierten auch schon in halb Europa Gerüchte über eine Heirat der Königin von Schottland mit dem Grafen. Der päpstliche Nuntius in Paris etwa berichtete in dieser Angelegenheit, »er befürchte, die Königin könnte, dem Stachel gehorchend, welcher nur zu oft junge

Frauen antreibt, einen seltsamen Entschluß fassen und den Grafen Bothwell heiraten.«

Die Geschehnisse des 24. April 1567 und der Tage danach trugen nun vollends zur allgemeinen Verwirrung bei. Maria Stuart befand sich auf dem Rückweg von Stirling, wo sie ihren Sohn besucht hatte, als ihr Bothwell mit einem Trupp Reiter entgegenkam, ihr Pferd am Zügel nahm und sie kurzer Hand nach der Festung Dunbar »entführte«. Angeblich hat sie der Graf dort vergewaltigt und so ihre Einwilligung zu einer Eheschließung erzwungen. Es dürfte jedoch kaum jemand diese Entführungskomödie geglaubt haben, denn es fällt auf, daß sich in ganz Schottland kein Mensch rührte, um die Königin zu befreien, wo sie sich doch immerhin ganze neun Tage in der Gewalt des Grafen befand. Warum diese tatsächliche oder inszenierte Entführung überhaupt stattfand, ist nicht ganz klar, ebensowenig wie Maria Stuarts Motive für diese ihre dritte Heirat.

Katharina von Medicis Warnung »Wenn die Königin den Grafen Bothwell heiratet, kann sie auf die Freundschaft und das Wohlwollen des Königs von Frankreich nicht mehr zählen« verhallte ungehört. Am 2. Mai traf Maria Stuart gemeinsam mit Bothwell in Edinburgh ein. Im Eilzugstempo wurde nun die Ehe des Grafen unter höchst fadenscheinigen Vorwänden geschieden und er selbst zum Herzog von Orkney und Lord der Shetland-Inseln ernannt. Sodann trat die Königin am 12. Mai vor die versammelten Adeligen und vergab Bothwell öffentlich »in Anbetracht der ausgezeichneten Dienste, die er ihr in der Vergangenheit geleistet habe und in Zukunft noch leisten werde«, die Entführung und die Vergewaltigung und kündigte fast im selben Atemzug ihre Vermählung mit dem nunmehrigen Herzog von Orkney an.

War Maria Stuart, wie ihre Verteidiger betonen, seit der Ermordung von Darnley in einem Zustand geistiger Verwirrung? Oder war sie in ihrer leidenschaftlichen Liebe dem Grafen vollkommen hörig, wie Stefan Zweig es in seiner Biographie über Maria Stuart darstellt? Oder aber meinte sie gar mit dieser Heirat zum Wohle ihres Landes zu handeln, da es ja den besagten Bond gab mit der Zustimmung des Großteils des schottischen Adels? Wenn letzteres der Fall war, dann täuschten sowohl sie als auch Bothwell sich gewaltig! Sie sollten es nur allzubald erfahren. Am 15. Mai 1567 fand im großen Saal von Holyrood die Vermählung nach protestantischem Ritus statt. Keine Spur von einer feierlichen oder gar fröhlichen Hochzeit! Die Szene mutete vielmehr makaber an, als Maria Stuart im Trauergewand – Darnley lag ja erst seit drei Monaten unter der Erde – um vier Uhr früh dem mutmaßlichen Mörder ihres Gatten das Jawort gab. Die Königin wirkte niedergeschlagen, beinahe abwesend, so als fühlte sie tief in ihrem Inneren, daß der Schritt, den sie soeben tat, falsch war.

Die allgemeine Mißbilligung dieser Ehe war nur allzu deutlich, denn die ausländischen Vertreter hatten sich geweigert, an der Zeremonie teilzunehmen, und auch der Großteil des schottischen Adels bleib der Trauung fern. Diese Eheschließung war der wohl größte politische Fehler, den Maria Stuart je begangen hat, und er sollte sie letztlich ihre Krone kosten.

Die Welt reagierte, wie Katharina von Medici es vorausgesagt hatte: Die europäischen Monarchen gingen auf Distanz zur Königin der Schotten. Die Atmosphäre, die in Schottland herrschte, kann man nicht eindringlicher wiedergeben als mit den Worten Stefan Zweigs: »Drei Wochen dauert im ganzen dieser bittre Honigmond Maria Stuarts und Bothwells; er ist eine einzige Angst und Agonie. Alles, was die beiden tun, um sich zu halten, sich zu retten, bleibt vergeblich. Bothwell behandelt in der Öffentlichkeit die Königin mit demonstrativer Ehrfurcht und Zärtlichkeit, er heuchelt Liebe und Demut, aber Worte und Gebärden zählen nicht mehr nach so fürchterlicher Tat; stumm und finster sieht die Stadt auf das verbrecherische Paar. Vergeblich wirbt der Diktator um das Volk, da die Adeligen sich fernhalten, er spielt den Liberalen, den Gütigen, den Frommen; er besucht die reformierten Predigten, jedoch die protestantische Geistlichkeit bleibt ebenso feindselig wie die katholische. Er schreibt demütige Briefe an Elisabeth: sie antwortet nicht. Er schreibt nach Paris: man blickt über ihn hinweg. Maria Stuart beruft die Lords; sie bleiben in Stirling. Sie fordert ihr Kind zurück: man liefert es nicht aus. Alles schweigt, alles bleibt grauenhaft stumm zu den beiden. Um eine gewisse Sicherheit und Heiterkeit vorzutäuschen, veranstaltet Bothwell noch hastig ein Maskenspiel und eine Wasserschlacht; selber reitet er zum Turnier, auf der Tribüne lehnt blaß die Königin und lächelt ihm zu; das Volk, immer neugierig, sammelt sich in Scharen, aber es jubelt nicht. Eine Lähmung der Angst, eine grausame Starre, die bei der ersten Bewegung in Zorn und Bitterkeit umschlagen muß, liegt über dem Lande.«

Dieser Schritt der Königin, den mutmaßlichen Mörder ihres Gatten zu heiraten, war in den Augen der Bevölkerung der Tropfen, der das Faß zum Überlaufen brachte. Die Feinde Maria Stuarts und Bothwells formierten sich, darunter auch so mancher, der noch vier Wochen zuvor den »Ainslie's Bond« unterzeichnet hatte. So schnell wechselten die Lords die Seite, wenn es um den eigenen Vorteil ging! Bothwell war ihnen nun offenbar doch zu mächtig geworden. Oder war all das von langer Hand vorbereitet gewesen, um sich beider auf einmal, Bothwells und der Königin, zu entledigen? Im undurchsichtigen politischen Netzwerk des 16. Jahrhunderts war alles möglich. Lüge, Verrat und politischer Mord waren ebenso Teil der europäischen Diplomatie wie heuchlerische Scheinheiligkeit und honigsüße Schmeichelei.

Nicht einmal einen Monat nach ihrer Hochzeit befanden sich Maria Stuart und Bothwell auf der Flucht vor ihren Untertanen. Edinburgh war nicht mehr sicher. So flohen sie nach Dunbar und sammelten eine Armee um sich. Doch am 15. Juni 1567 war alles verloren. Bei Carberry Hill traf die Armee der Königin auf die aufständischen Lords. Zwar kam es zu keiner Schlacht, doch Maria Stuart begab sich in die Gewalt der Rebellen, während Bothwell die Flucht gelang. Sie sollten einander nie wieder sehen.*

Wenn Maria Stuart dachte, sie wäre immer noch Herrin in ihrem eigenen Land, dann verlor sie bald die Illusion. Man forderte sie auf, sich von Bothwell scheiden zu lassen, doch sie weigerte sich standhaft, ob aus unerschütterlicher Liebe zu diesem Mann oder weil sie sein Kind unter dem Herzen trug, wissen wir nicht. Mit dieser Weigerung jedoch hatte sie endgültig ausgespielt. Einer Gefangenen gleich brachte man sie am 17. Juni auf die Insel Lochleven. Der Weg dorthin wurde zum furchtbaren Spießrutenlauf für die junge Frau. »Verbrennt die Mörderin! Hängt die Hure auf!« schrie ihr das Volk haßerfüllt entgegen.

Lochleven lag etwa 50 Kilometer nördlich von Edinburgh auf einer Insel, 800 Meter vom Festland entfernt. Besitzer des Schlosses und von nun an Maria Stuarts Bewacher waren William Douglas und seine Mutter, Lady Erskine, die auch Morays Mutter war. Moray, der Halbbruder der Königin! Wir haben ihn fast vergessen! Wo war er eigentlich

---

* Bothwell starb 1578 in einem dänischen Gefängnis.

während der ganzen Zeit gewesen? Der Mann besaß die Gabe, immer dann abwesend zu sein, wenn etwas Entscheidendes im Leben seiner Schwester geschah. Merkwürdig! Schon im März 1566, als David Rizzio ermordet wurde, weilte er in England, obwohl er zweifellos an den Vorbereitungen zu dieser Bluttat mitgewirkt hatte. Auch während der Katastrophe von Kirk o'Field, von der er zumindest etwas geahnt haben mußte, wenn er nicht sogar daran beteiligt gewesen war, befand er sich nicht am Ort des Geschehens, sondern angeblich an der Seite seiner Frau in St. Andrews, weil diese eine Fehlgeburt erlitten hatte. Und als es in den Apriltagen für Maria Stuart »brenzlig« wurde – also noch vor dem Bothwell-Prozeß –, verabschiedete er sich, um eine Europareise anzutreten, nicht ohne zuvor bei der verehrten Elisabeth in London Station zu machen. Ob und inwieweit er vom Ausland aus mit den Rebellen konspiriert hat und am Sturz seiner Schwester mitbeteiligt oder sogar federführend war, kann niemand genau sagen. Nun aber sollte Moray bald wieder zur Stelle sein.

In diesen Sommertagen des Jahres 1567 befand sich Maria Stuart in einem Zustand totaler physischer und psychischer Erschöpfung. Alles war wie ein Alptraum, der sie da heimsuchte. Sie war nun wirklich völlig verwirrt, schwankte zwischen Apathie und Hysterie und war an der Grenze des Wahnsinns. Kein Wunder, daß sie am 24. Juli eine Fehlgeburt erlitt. Es sollen Zwillinge gewesen sein, mit ziemlicher Sicherheit Bothwells Kinder.

Als wäre dies alles noch nicht genug, tauchten zwei Tage später die Lords Ruthven und Lindsay auf und zwangen Maria Stuart zur Abdankung zugunsten ihres Sohnes. Unfähig, sich zu wehren, und eingeschüchtert durch das gewaltsame Vorgehen und die Drohungen der beiden Männer, unterschrieb Maria Stuart das Dokument. Am 29. Juli 1567 wurde der einjährige Jakob zum König von Schottland ausgerufen und Moray zum Regenten ernannt. Maria Stuart war völlig verzweifelt. Hatte sie überhaupt noch Freunde, jemanden, dem sie vertrauen konnte, der bereit war, ihr zu helfen?

Während die meisten europäischen Monarchen vor militärischen Maßnahmen zurückschreckten aus Angst, damit den eigenen Feinden in die Hände zu spielen, erhob ausgerechnet Elisabeth ihre Stimme und protestierte gegen die Behandlung ihrer Cousine. Schon am 23. Juni hatte sie Maria in einem Brief versichert, daß »Wir für Eure Ehre und Sicherheit alles nur Erdenkliche tun wollen, das in Unserer Macht steht«, allerdings nicht ohne der Cousine zuvor schwere Vorwürfe wegen der unseligen Heirat mit Bothwell zu machen, mit der »kein Mensch in aller Welt, der es gut mit Euch meint, einverstanden sein kann«. Elisabeth ging es nicht in erster Linie um das Schicksal ihrer Verwandten, sondern vielmehr um das der Königin. Ebenso wie Maria war auch sie von Herrscherstolz erfüllt und dem Glauben, von Gott für die Krone auserwählt zu sein. Es ging nicht an, daß Untertanen so mit einer Fürstin verfuhren, nur weil ihnen ihr Handeln nicht genehm war. Elisabeth weigerte sich, die Absetzung Maria Stuarts anzuerkennen, und nur mit Mühe konnte sie von ihren Beratern davon abgehalten werden, einen Krieg mit Schottland zu beginnen. Dafür sandte sie ihren Botschafter, Nicholas Throckmorton, nach Edinburgh, um die Lords zur Räson zu bringen – allerdings ohne Erfolg.

Maria Stuarts letzte Hoffnung schwand mit Moray, der nun plötzlich wieder auftauchte. Am 11. August traf er in Edinburgh ein, begrüßt von einer jubelnden Menge. Von nun an war er der Herr in Schottland. Das wurde auch Maria klar, als er sie vier Tage später in Lochleven aufsuchte. Sollte sie sich noch irgendwelche Illusionen darüber gemacht haben, ihr Bruder würde ihr zu Hilfe eilen, so wurde sie jetzt eines Besseren belehrt. Moray machte ihr so schwere Vorhaltungen wegen der vergangenen Ereignisse, daß sie in Tränen ausbrach. Außerdem ließ er es völlig an dem Respekt fehlen, der einer Königin gebührt hätte. Schon die Tatsache, daß er auf Marias Pferd nach Lochleven geritten kam, war ein Affront. Er ließ sich mit »Euer Gnaden« anreden, einem Titel, der sonst nur dem Herrscher und dessen Erben zukam, und beim Essen verzichtete er darauf, der Königin die Serviette zu reichen, wie es der Etikette entsprochen hätte. Maria Stuart mußte wieder einmal erkennen, daß sie auch bei Moray auf den falschen Mann gesetzt hatte. Zeit ihres Lebens würde sie ihn nun als Verräter und Verursacher ihres Unglücks betrachten.

Der einzige Lichtblick in diesen zermürbenden Wochen und Monaten war die Tatsache, daß sich Maria Stuarts Haftbedingungen deutlich besserten. Man gewährte ihr mehr Personal und sandte ihr Kleider und Toiletteartikel. Allein die Angst vor einem Mordanschlag schwebte die ganze Zeit über ihr. Solange sie lebte, war sie eine Gefahr für die nun regierenden Lords.

Mit den Erleichterungen ihres Daseins kamen auch Maria Stuarts körperliche und geistige Kräfte langsam wieder zum Vorschein. Sie war ja noch jung, 25 Jahre, und erholte sich zusehends von den Strapazen der letzten Monate. Ihr legendärer Stolz erwachte wieder, und sie konnte nun auch wieder klar denken. Man hatte sie um ihre Krone gebracht! Sie würde sie sich wiederholen, koste es, was es wolle! Niemand durfte es wagen, ihre angestammten Rechte anzutasten! Und wie schon in den entscheidenden Stunden nach dem Rizzio-Mord, als es um ihr Leben und um ihren Thron gegangen war, entwickelte sie auch nun Fähigkeiten, die ihr sonst allzu oft abgingen: klares Denken und überlegtes Handeln, gepaart mit großem Mut, den sie ja von Natur aus besaß. Und wieder waren es die Waffen der Frau, mit denen sie erfolgreich war.

George Douglas, der Bruder des Schloßherrn von Lochleven, und sein Verwandter Willi Douglas hatten sich in die Gefangene verliebt und waren bald bereit, ihr Leben für sie einzusetzen und ihr zur Flucht zu verhelfen. Während George die Freunde der Königin mobilisierte, stahl Willi in der Nacht vom 5. Mai 1568 die Kerkerschlüssel und brachte die Königin mit einem Boot ans Ufer, wo sie von den Hamiltons erwartet wurde. Maria Stuart hatte noch genug Getreue im Lande, und in aller Eile wurde eine Armee von 6000 Mann aufgestellt. Die Zeit drängte, aber Maria Stuart war voll Mut und Energie. Am 13. Mai 1568 kam es in der Schlacht bei Langside zur Entscheidung. Die Voraussetzungen waren gut, denn Berichten zufolge verfügte die Armee der Königin über weitaus mehr Soldaten als die Rebellen. Aber das Glück war Maria Stuart nicht hold. Im entscheidenden Augenblick des Angriffs erlitt der Kommandant ihrer Truppen, Graf Argyll, einen Anfall (oder war es Verrat?), und die Soldaten standen ohne Führer da. Es war aus. Zum letzten Mal in ihrem Leben ergriff Maria Stuart nun die Flucht, und wieder floh sie vor ihren eigenen Untertanen. In einem dreitägigen Gewaltritt erreichte sie am 16. Mai 1568 Dundrennan an der Bucht von Solway. Hier war es, wo sie die letzte Fehlentscheidung ihres Lebens traf. Wohin sollte sie sich wenden? Nach Frankreich, ihrer zweiten Heimat, einem katholischen Land, wo ihre Verwandten lebten und sie selbst große Besitzungen hatte, wo sie wahrscheinlich Unterstützung gefunden hätte, um ihren Thron wieder zu erlangen? Oder nach England, einem protestantischen Land, wo ihre Cousine Elisabeth regierte, eine Herrscherin wie sie, die überdies Maria in zahlreichen Briefen ihrer Freundschaft versichert hatte? Meinte sie, bei Elisabeth mehr menschliches Verständnis zu finden, obwohl sie 1559 schon einmal auf der Seite der Rebellen gestanden hatte? Oder trug sie sich noch mit einem anderen Gedanken? Sie hatte nie auf ihren Anspruch auf den englischen Thron verzichtet, und sie war die rechtmäßige Erbin Elisabeths, die ja noch immer keine leiblichen Nachkommen hatte.

Aus welchen Motiven auch immer, Maria Stuart faßte den fatalen Entschluß, bei Elisabeth Schutz zu suchen, einer Frau, die sie persönlich nicht kannte und die sie auch niemals zu Gesicht bekommen sollte. In aller Eile verfaßte sie einen Brief an ihre englische Verwandte:

»Meine sehr liebe Schwester! Ohne Euch mit all meinen Kümmernissen belästigen zu wollen, die Euch ja doch bekannt sein dürften, möchte ich Euch sagen: jene meiner Untertanen, denen ich die meisten Wohltaten erwiesen habe, und die mir am Tiefsten verpflichtet sind, haben mich, nachdem sie mich gefangen hielten und auf das Unwürdigste behandelten, aus meinem Königreich vertrieben und in solche Lage versetzt, daß ich nach Gott nur noch auf Euch zu hoffen wage. Wollet also gestatten, liebe Schwester, daß ich Euch sehen darf so bald als möglich, um Euch Genaues über meine Angelegenheiten zu sagen. Indessen will ich Gott bitten, er möge Euch Seine Gunst erweisen und mir Geduld verleihen und die Tröstungen, deren ich durch Eure Mittlerschaft von Seiner heiligen Gnade mir gewärtig bin.«

Tags darauf bestieg sie mit einigen wenigen treu ergebenen Begleitern ein Fischerboot und setzte nach England über.

ELISABETH

England erlebte seit Mitte des 16. Jahrhunderts einen enormen Aufschwung. Die religiösen Streitigkeiten vergangener Jahre waren weitgehend beigelegt, der überwiegende Teil der Bevölkerung bekannte sich zum Protestantismus, während gegenüber der Minderheit der Katholiken im Land eine relative Toleranz herrschte. Die Zeiten waren vom Krieg verschont und so konnte das Land kulturell und wirtschaftlich aufblühen. Nie zuvor hatte England so großen Wohlstand erlebt und gleichzeitig so großes Gewicht in der europäischen Politik gehabt.

Maria Stuart (1542–1587)

All dies verdankte England in erster Linie der weisen Herrschaft Elisabeths, die seit 1558 auf dem Thron saß. Die Tochter Heinrichs VIII. und der Anna Boleyn war ganz anders als ihre um neun Jahre jüngere schottische Cousine. Sie besaß nicht deren sanfte, ebenmäßige Schönheit, wenngleich sie nach dem Geschmack ihrer Zeit ebenfalls als attraktive Frau galt. Das Herausragende an ihr war jedoch ihre hohe Intelligenz, ihre umfassende Bildung und ihr Weitblick. Perfekt beherrschte sie das Spiel der Diplomatie, heuchelte, log und hielt die Gesandten und Fürsten Europas hin, wenn es um den Vorteil ihres Landes ging. Überhaupt war sie die perfekte Landesmutter, die ihre persönlichen Gefühle und Wünsche meist dem Staatswohl unterordnete. Sogar auf eine Heirat hatte sie verzichtet. England und ihr Thron standen für Elisabeth stets an erster Stelle. Das Volk dankte es ihr mit Liebe und Treue. Elisa-

40

Elisabeth I. (1533–1603)

beth I. war die wahrscheinlich beliebteste Herrscherin, die England je hatte. Ihr Name wurde zum Synonym für ein ganzes Jahrhundert: das elisabethanische Zeitalter.

Elisabeth war nicht nur klug, sondern sie hatte auch das richtige Gespür für die richtigen Leute und umgab sich mit exzellenten Beratern, die ihr und England außerordentliche Dienste leisteten, allen voran der weise William Cecil, Lord Burleigh. Elisabeth wußte, was sie an Cecil hatte, und ließ sich willig von ihm leiten. Stets hörte sie seine Meinung und dachte über seine Argumente nach, auch wenn sie in krassem Gegensatz zu ihren eigenen Ansichten standen. Und nicht nur einmal änderte sie daraufhin ihre Meinung, um der ihres Staatskanzlers zu folgen.

Obwohl bei Elisabeth Vernunft und Staatsräson den Vorrang hatten, war sie doch keineswegs eine gefühllose Frau. Auch sie konnte impulsiv und launisch, liebevoll und einfühlsam sein. Wenn auch die Geschichte im Zusammenhang mit Maria Stuart kein gutes Licht auf sie wirft, so muß doch bemerkt werden, daß Elisabeth ihrer schottischen Verwandten nie wirklich feindlich gesinnt war. Sie setzte sich zumindest anfangs für sie ein und brachte sogar ein gewisses Verständnis für sie auf. So war sie auch voll echten Mitleids und Hilfsbereitschaft, als sie die Nachricht von Maria Stuarts Ankunft in England erhielt. Sie sah in der Königin von Schottland vor allem die ebenbürtige Fürstin und ordnete an, sie mit allen Ehren, die einer Herrscherin gebührten, zu behandeln. Elisabeth war bereit, Marias Wiedereinsetzung auf den schottischen Thron mit allen Kräften zu betreiben.

Ganz anders als ihre Herrin reagierten dagegen Elisabeths Berater. Weibliche Solidarität oder Mitgefühl lag ihnen fern. Marias Aufenthalt in England barg Gefahren, und sie begannen sofort, Elisabeth ihre Bedenken auseinanderzusetzen. Maria Stuart war eine katholische Fürstin, und in England gab es nach wie vor eine nicht zu unterschätzende Minderheit an Katholiken, die sich um die Schottin scharen und versuchen könnten, diese auf den englischen Thron zu setzen. Für viele galt Maria immer noch als die rechtmäßige Anwärterin auf die Krone und Elisabeth als Usurpatorin. Die Stuart-Königin selbst hatte außerdem nie den Vertrag von Edinburgh unterschrieben. Cecil und die anderen englischen Lords ahnten bereits, daß die katholische Königin mitten in einem protestantischen Land zum Zentrum von Intrigen und Verschwörungen werden könnte, wo die Verbindungen mit dem katholischen Ausland, vor allem Spanien und Frankreich, zusammenliefen.

Die Rede ihrer Berater verfehlte ihre Wirkung auf Elisabeth nicht, und die Königin sah ihre Cousine bald in einem anderen Licht. Tatsächlich sollte Maria Stuart für die nächsten 19 Jahre der Stachel in Elisabeths Fleisch werden. Sie tat auch noch das ihre, um die ohnedies schwierige Situation, in die sie Elisabeth und sich selbst gebracht hatte, zu verschlechtern. In ihren Aussagen und Handlungen mangelte es Maria nur allzuoft an Takt und Feingefühl, und sie war sich offensichtlich ihrer prekären Lage nicht bewußt. Als sie in Workington in der Grafschaft Cumberland am 17. Mai 1568 eintraf, versammelten sich bald die Menschen um sie, und die meisten waren von ihrer Schönheit und ihrem Charme bezaubert. Sogleich legte ihr ein reicher Kaufmann 13 Ellen purpurroten Samt zu Füßen, damit sie, die ja nur mit dem, was sie am

Leibe hatte, gekommen war, sich ein ihrem Stand entsprechendes Kleid nähen konnte. Das war Balsam für die verletzte und gedemütigte Seele der schottischen Königin.

Wie vorauszusehen gewesen war, eilten die katholischen Adeligen herbei, um Maria Stuart zu hofieren. Diese ließ es geschehen, benahm sich wie eine regierende Fürstin und hielt auf Carlisle Castle, das ihr Elisabeth zur Verfügung gestellt hatte, regelrecht hof. Die Königin von England reagierte auf ein derart unangebrachtes und hochfahrendes Benehmen entsprechend indigniert. Maria hatte gleich nach ihrer Ankunft »die gute Schwester« inständig um eine persönliche Begegnung gebeten, doch Elisabeth, verunsichert durch die Einflüsterungen ihres Staatsrates, zögerte und sandte vorerst Lord Scrope und Sir Francis Knollys nach Carlisle, damit sie Maria im Auge behielten. Diese zeigte sich über eine solche Behandlung empört und schrieb am 28. Mai 1568 an Elisabeth: »… ich fand es schon ein wenig sonderbar und hart im Hinblick darauf, daß ich mich, auf Eure durch häufige Briefe zugesagte Freundschaft verlassend, derart wie eine Gefangene in Eurem Schloß zu wohnen und bei der Ankunft Eurer Räte nicht erlangen zu können, Euch in Person mein trauriges Leid zu klagen …«

Langsam wurde sie sich bewußt, daß sie eine Gefangene war. In einem Brief beschwor sie ihren Onkel, den Kardinal von Lothringen, »eilig irgend Hilfe zu schaffen«, und an Elisabeth richtete sie die Bitte, nach Frankreich ausreisen zu dürfen. Diese aber dachte nicht daran, die Cousine gehen zu lassen, denn ihre Berater hatten mittlerweile erkannt, welch hervorragendes Druckmittel sie mit Maria in der Hand hatten, um vor allem die Politik in Schottland zu beeinflussen. So folgte Elisabeth Cecils Rat, ein Zusammentreffen mit Maria und eine Unterstützung so lange hintanzustellen, bis geklärt wäre, ob die Königin von Schottland an der Ermordung ihres zweiten Gatten tatsächlich mitschuldig war.

Im Grunde hatte England kein Recht, über ein Verbrechen, das im Ausland stattgefunden hatte, zu urteilen, noch weniger konnte man eine souveräne Fürstin vor den Richter bringen. Das moralische Argument aber beeindruckte Elisabeth: Man konnte nicht von ihr verlangen, mit einer möglichen Mörderin zusammenzutreffen oder dieser zu helfen.

Nach anfänglichen Protesten willigte Maria Stuart schließlich in eine Untersuchung ein. Am 4. Oktober 1568 trat in York eine Kommission zusammen, die aus Vertretern der englischen Krone, einer schottischen Delegation und den Beratern Maitland und Buchanan bestand. Marias Vertreter waren der Bischof von Ross, Lord Herries, Lord Boyd, Lord Livingstone sowie einige andere vertraute Persönlichkeiten.

Moray, der Regent von Schottland und Marias treuloser Halbbruder, wollte unter allen Umständen einen Schuldspruch erreichen, um zu verhindern, daß Maria mit Englands Unterstützung auf den schottischen Thron zurückkam. Am 11. Oktober legte er deshalb die berüchtigten »Kassettenbriefe« vor. Eineinhalb Jahre zuvor, im Juni 1567, war den protestantischen Lords ein Diener von Bothwell in die Hände gefallen, dem man eine silberne Kassette abgenommen hatte. Diese enthielt angeblich jene für Maria Stuart so belastenden Briefe. Die Königin der Schotten bestritt vehement, die Papiere je geschrieben zu haben, auch verweigerte man ihr die Einsichtnahme. Einige Mitglieder der Kommission dürften ebenfalls an der Authentizität jener Dokumente gezweifelt haben, doch sie verfehlten die von Moray bezweckte Wirkung nicht: die Zweifel an Marias Unschuld blieben bestehen.

Elisabeth schloß am 10. Januar 1569 die Untersuchung, ohne daß man zu einem Ergebnis gekommen wäre. Doch sie hatte erkannt, daß eine Wiedereinsetzung Maria Stuarts sinnlos, ja unmöglich war. Die Schotten wollten ihre Königin um keinen Preis. Einen Vorschlag ihrer Vertreter, ihre erzwungene Abdankung vom Juli 1567 zu bestätigen und fürderhin als Privatperson in England zu leben, lehnte Maria entschieden ab: »... meine letzten Worte, die ich lebend rede, werden die Worte einer Königin von Schottland sein«, schrieb sie am 9. Januar 1569 an ihre Beauftragten. Sie witterte natürlich die Gefahr, die eine Abdankung für sie barg, denn diese käme nicht nur einem Schuldeingeständnis gleich, sie würde sich damit auch ihrer Privilegien als souveräne Herrscherin begeben und müßte sich als Privatperson einem Richterspruch unterwerfen.

Die Situation schien verfahren. Was sollte man mit der Königin von Schottland tun? In ihrem Reich drohte ihr Lebensgefahr, doch nach Frankreich wollte man sie nicht ziehen lassen, wie sie es verlangte. Man befürchtete, sie könnte dort militärische Unterstützung für ihre Sache finden und dann möglicherweise nicht nur für Schottland, sondern auch für England zum Problem werden. Also hielt man sie weiterhin fest, wenngleich es dafür keine rechtliche Grundlage gab. Maria Stuart tobte, ihr ganzer leidenschaftlicher Stolz brach wieder einmal durch und ließ sie alle Vernunft und Vorsicht vergessen. Wenn von Elisabeth keine Hilfe zu erwarten war, dann würde sie sie eben anderswo bekommen, aus dem Ausland. Frankreich und Spanien waren katholische Länder und hätten nichts lieber gesehen als eine katholische Fürstin auf Englands Thron, ganz zu schweigen vom Papst. Ungeniert korrespondierte Maria Stuart mit den Höfen in Madrid und Paris, empfing deren Botschafter, hielt Beratungen ab und spann Intrigen. Bereits am 24. September 1568 hatte sie an ihre Jugendfreundin, die Königin von Spanien geschrieben: »… so könnte mein Mißgeschick der Christenheit dienlich werden; denn mein Aufenthalt in diesem Lande hat mich Bekanntschaften machen lassen, durch welche ich so vieles erfuhr über die hiesige Lage, daß ich, könnte ich auch nur mit ein wenig Hilfe sicher rechnen, der alten Religion wiederum zum Sieg verhelfen wollte … Das gesamte Gebiet ist dem katholischen Glauben ganz und gar ergeben, und dieserhalb und wegen der Anrechte, die ich hier habe, möchte weniges genügen, um diese Königin [Elisabeth] nachdrücklich darüber zu belehren, daß es nicht wohlgeraten ist, aufrührerische Untertanen zu unterstützen gegen ihre Herrscher. Sie ist auf mich dergestalt eifersüchtig, daß nur dies und nichts anderes mich meinem Lande wiedergeben wird.«

Im Oktober 1569 wurde erstmals deutlich, wie recht Elisabeths Berater mit ihren Bedenken hatten. Unter Führung der Grafen Northumberland und Westmorland erhoben sich die englischen Katholiken im Norden des Königreiches und planten einen Sturm auf Tutbury Castle, wo sich Maria Stuart damals gerade befand. Zwar kostete es England wenig Mühe, den Aufstand niederzuschlagen, doch Elisabeth wußte jetzt, auf welchem Pulverfaß sie bei ihrer schottischen Cousine saß.

Darüber hinaus wälzte Maria Stuart wieder einmal Heiratspläne. Sie war jetzt an die 30, aber nach wie vor eine gute Partie. Wenn auch von ihren Untertanen vertrieben, so sah man sie im Ausland nach wie vor als rechtmäßige Herrscherin an und als präsumtive Erbin des englischen Throns. Eine verlockende Mitgift! Als Kandidaten im Gespräch waren diesmal der Herzog von Anjou, Marias Schwager und künftiger König Heinrich III. von Frankreich; weiters Don Juan d'Austria, der illegitime Halbbruder Philipps II. von Spanien, sowie der Herzog von Norfolk. So richtig setzte sich aber keiner für die Königin ein, denn weder Frankreich noch Spanien wollten es sich mit Elisabeth verscherzen. Außer Norfolk …

Thomas Howard, Herzog von Norfolk, war 30 Jahre alt, Protestant und Pair von England, also einer der hochrangigsten Männer seines Landes. Bereits während der Konferenz von York hatte er, unterstützt von der schottischen Partei, heimliche Ehepläne mit Maria gesponnen. Als Elisabeth davon erfuhr, wurde sie zornig, und Norfolk landete für einige Zeit im Tower. Drei Jahre später sollte er nicht mehr so ungeschoren davonkommen.

Im Januar 1570 fiel James Moray einem Mordanschlag zum Opfer. Maria Stuart schöpfte neue Hoffnung, als Elisabeth die Verhandlungen über ihre Wiedereinsetzung wiederaufnahm. Die beiden Damen waren sich bereits über sämtliche Bedingungen einig, als die Schotten, nun unter der Regentschaft von Graf Lennox, Marias Schwiegervater, in letzter Minute den Plan zum Scheitern brachten. Verzweiflung überkam die Königin, und sie begriff langsam, daß sie so bald nicht freikommen würde. Man kann es ihr kaum verdenken, daß sie in ihrer Lage nach jedem Strohhalm griff, der sich bot.

1571 kam es zur sogenannten Ridolfi-Verschwörung, benannt nach einem florentinischen Bankier, der in London seine Geschäfte betrieb und der überdies als Geheimagent des Papstes agierte. Maria Stuart, der nach der Heirat mit Bothwell alle Mächtigen die kalte Schulter gezeigt hatten, war nun ja wieder interessant, weil sie dem katholischen Glauben in England von Nutzen sein konnte. Ridolfi begann, Pläne für einen Aufstand zu erstellen. Maria war natürlich begeistert, und es gelang ihr, Norfolk für ihre Sache zu gewinnen, die folgendermaßen aussah: Der Herzog von Alba, Spaniens Statthalter in den Niederlanden, sollte einige tausend Mann für die englischen Aufständischen senden, sodann würde sich Norfolk mit seinen Freunden erheben, Maria befreien oder Elisabeth als Geisel nehmen. Der katholische Glaube sollte wiederhergestellt werden, Maria mit Norfolk vermählt und beide zu Herrschern über Schottland und England gemacht werden.

Doch die Verschwörung war von Ridolfi mehr als dilettantisch organisiert. Er hatte Englands Spione unterschätzt, das Komplott flog auf, der spanische Gesandte wurde des Landes verwiesen, der Herzog von Norfolk im Januar 1572 unter Anklage wegen Hochverrats gestellt und am 2. Juni 1572 hingerichtet.

Maria Stuart verlor nach diesem Ereignis nicht nur einen Bewerber um ihre Hand und neuerlich eine Illusion, sondern auch das Wohlwollen Elisabeths. Diese ordnete nun eine strengere Bewachung ihrer Cousine an, die mit dieser Verschwörung gezeigt hatte, wie gefährlich sie war. Marias Briefwechsel wurde fortan kontrolliert und ihre Dienerschaft verkleinert. Seit 1569 stand Maria Stuart unter der Obhut von Lord Shrewsbury auf dessen Schloß in Chatsworth und in Sheffield.

Das Verhältnis zwischen den beiden Königinnen war endgültig getrübt. Maria gab sich jedoch keineswegs schuldbewußt, sie beklagte sich unentwegt über die Behandlung, die man ihr zuteil werden ließ. Dabei war Elisabeth wahrscheinlich Marias einzige Freundin in England, denn die öffentliche Meinung war voll des Zornes gegen die Schottin. Von Jahr zu Jahr wurde der Haß im Volk stärker. Die blutigen Ereignisse der Bartholomäusnacht von 1572 in Paris heizten die Wut der Protestanten gegen die Katholikin noch an. Schon forderte das Parlament Marias Hinrichtung wegen ihrer Beteiligung an der Ridolfi-Verschwörung. Elisabeth legte ihr Veto ein, doch kostete es sie viel Mühe, ihre Berater und ihre Untertanen zu beschwichtigen.

Die Jahre zwischen 1572 und 1585 waren in Maria Stuarts Leben außergewöhnlich still. Ihre Hoffnung, die Freiheit wiederzuerlangen, sank mit jedem Jahr. Ihre Krankheiten mehrten sich, ihr Aussehen veränderte sich. Das einst so hübsche Mädchengesicht war schmal geworden, die Nase lang und spitz, der Mund klein und zusammengekniffen. Ihre schlanke Figur, die vor allem ihre Schönheit ausgemacht hatte, war einer matronenhaften Fülle gewichen. Sie alterte vor sich hin, bewacht von Shrewsbury und dessen Frau und umgeben von ihrem Hofstaat, der für eine Gefangene immer noch beträchtlich war. Er umfaßte immerhin 38 Personen, darunter Köche, Ärzte, Apotheker, Reitknechte, Kutscher, Kammermädchen usw. Solch ein Aufwand war natürlich kostspielig und kam der sparsamen Elisabeth hart an. Ihre engste Umgebung, zu der unter anderen die Lords Seton und Livingstone und Andrew Beaton, der Bruder des Erzbischofs, gehörten, bezahlte Maria Stuart aus ihrer eigenen Tasche, bezog sie doch erhebliche Einkünfte aus dem Witwengeld, das ihr Frankreich zugestanden hatte.

Die Königin von Schottland verbrachte die Tage ihrer Gefangenschaft lesend, jagend oder, wie dies immer häufiger wurde, leidend im Bett. Magenbeschwerden und Rheuma suchten sie heim. Die mehrmaligen

Kuren in Buxton hoben zwar ihre Stimmung, weil sie für Abwechslung sorgten, halfen jedoch nicht viel. Niedergeschlagenheit und Depression waren die Folge. Ein wenig Freude bereiteten Maria Stuart ihre kleinen Vögel und ihre Schoßhunde, vor allem aber ihre Garderobe. Die Vorliebe für schöne Kleider verlor sie bis an ihr Lebensende nicht.

Auch die Gespräche mit Lady Shrewsbury amüsierten die gefangene Königin, denn die Dame hatte ein böses Mundwerk und verbreitete allerlei Klatsch über Elisabeth. In ihrer Wut über die Cousine beging Maria Stuart die Taktlosigkeit, ihr das Gewäsch der Lady Shrewsbury mit hämischer Freude zu hinterbringen. Über drei Seiten füllte Maria mit dem bösen Gerede über Elisabeths ausländischen Geliebten und von ihr verratenen Staatsgeheimnissen, um dann scheinheilig zu schließen, sie versichere, »daß dies die reine Wahrheit ist und daß ich es mir auch niemals beifallen ließ, Euch durch Mitteilung und Verbreitung von Ehrenrührigem zu schädigen; ich werde dies auch niemals tun, denn ich halte all dies für Geschwätz. Würde mir das Glück, persönlich mit Euch zu reden, zuteil, so wollte ich Euch noch genauer Namen, Zeit, Orte und andere Einzelheiten angeben, um Euch die Wahrheit zu beweisen dieser Angaben, wie auch noch anderer, die ich mir vorbehalte, bis ich Eurer Freundschaft gänzlich versichert bin, die ich mir inniger als je erwünsche …«

Da Lord Shrewsbury die Korrespondenz seiner Gefangenen kontrollierte, kann man annehmen, daß Elisabeth diesen Brief nie erhielt, dennoch zeigt er, wieviel Verachtung Maria Stuart für die Königin von England hegte und daß sich während ihrer langen Gefangenschaft Verbitterung und Zynismus ihrer bemächtigt hatten.

Maria Stuart, die einst begehrteste Prinzessin Europas, war zu einer Last für alle geworden. Keiner wollte sie. Frankreich, ihre ehemalige Heimat, beließ es bei halbherzigen Protesten, denn es wollte sich nicht mit Elisabeth anlegen. Darüber hinaus hatte es mit den Zwistigkeiten zwischen Katholiken und Hugenotten genug Sorgen. Selbst Marias Sohn, Jakob VI. von Schottland, nun bereits erwachsen und an der Regierung, rührte keinen Finger. Protestantisch erzogen und aufgewachsen in der Obhut der Gegner seiner Mutter, war ihm jedes Gefühl für diese Frau fremd, die ihn als Einjährigen das letzte Mal gesehen hatte. Viel näher stand ihm da schon Elisabeth, seine Patin, wußte er doch, daß er mit an Sicherheit grenzender Wahrscheinlichkeit einmal deren Erbe antreten würde. Allein Maria Stuart konnte diese Hoffnung zunichte machen. So lehnte der junge Mann auch im August 1583 Elisabeths Vorschlag ab, er solle die Krone mit seiner Mutter teilen. Diese dachte aber nicht daran, auf ihren Thron zu verzichten. Sie blieb stur. Enttäuscht über die fehlende Liebe ihres Sohnes, vermachte sie in einem Testament alles – auch ihre Thronansprüche – an Spaniens Philipp II.

Trotz allem hatte sie noch immer nicht resigniert. Ihr Stolz war unbezähmbar, alle Mittel waren ihr recht, um ihre Freiheit und ihren oder den englischen Thron wiederzuerlangen. Und niemand war da, der sie zur Vorsicht gemahnt hätte. Maria kannte keine Geduld. Mit ihren Intrigen forderte sie Elisabeth heraus, zumal diese mit Sir Francis Walsingham über einen hervorragenden Geheimdienstchef verfügte, der fast immer über Marias Tun Bescheid wußte.

Die ausländischen Vertrauten der Königin von Schottland begannen erneut, Pläne zum Sturz Elisabeths und zur Befreiung Marias zu schmieden: Die sogenannte Throckmorton-Verschwörung bahnte sich an, benannt nach einem katholischen Neffen des englischen Botschafters. Dieser förderte das Unternehmen, das eine Beseitigung der Königin von England vorsah. Unterstützt wurde er dabei vor allem von Spanien und Rom, wo der Papst erst kürzlich den Tyrannenmord gutgeheißen und eine Ermordung Elisabeths, der Ketzerin, befürwortet hatte. Das Komplott flog jedoch bereits im Anfangsstadium auf. Die Folge war ein Sturm der Empörung im protestantischen England, das um das Leben seiner verehrten Königin fürchtete. Wenn Elisabeth starb, würde Maria als gesetzmäßige Erbin den englischen Thron besteigen – für viele eine Schreckensvision.

So beschloß das Parlament 1585 ein »Gesetz zum Schutz der Königin«, das jedem Untertanen erlaubte, jede Person, die erwiesenermaßen in ein Mordkomplott gegen Elisabeth verwickelt war, zu töten. Die Angst ging um, denn in den Niederlanden war erst kürzlich Wilhelm I. von Oranien einem Attentat der Katholiken zum Opfer gefallen. Quelle aller Gefahren war und blieb in den Augen der englischen Bevölkerung Maria Stuart. Das Parlament und die Öffentlichkeit forderten immer heftiger ihren Tod. Allein Elisabeth stellte sich weiterhin vor die Verwandte, die gleichrangige Herrscherin, die allein Gott zum Richter hatte wie sie selbst.

Im Januar 1585 wurde Maria Stuart nach Tutbury Castle in Straffordshire übersiedelt, und im April erhielt sie einen neuen Bewacher, den gestrengen Protestanten Amyas Paulet. Von jetzt an wehte ein anderer Wind. Shrewsbury war ein Gentleman gewesen und hatte die schottische Königin mit Respekt behandelt. Paulet hingegen ließ sie fühlen, daß sie eine Gefangene war, und zeigte sich ganz und gar nicht devot. Rigoros unterband er ihren Briefwechsel, auch den geheimen, der Shrewsbury entgangen war.

Doch Maria Stuart gab nicht auf, sie kämpfte weiter und geriet schließlich in die Falle.

Im Dezember 1585 fiel Walsinghams Männern ein gewisser Gilbert Gifford in die Hände, der von Marias Freunden in Paris geschickt worden war, um mit ihr Verbindung aufzunehmen. Der offensichtlich nicht gerade charakterstarke Agent wurde von den Engländern »umgedreht« und agierte fortan als Spion Walsinghams. Er begab sich nach Chartley, wohin man Maria Stuart am 24. Dezember 1585 gebracht hatte, und teilte ihr mit, daß er einen Weg gefunden habe, um ihre Geheimkorrespondenz wiederaufzunehmen. Der Bierbrauer, der das Schloß regelmäßig belieferte, sei bestochen und würde in seinen Bierfässern einen wasserdichten Behälter befördern, in dem man die Briefe hinein- und hinausschmuggeln konnte. Maria Stuart war begeistert, ahnte sie doch nicht, daß sowohl Walsingham als auch Paulet darüber informiert waren. Jedes der solcher Art beförderten Schreiben gelangte daher zuerst in die Hände des Geheimdienstchefs, der es säuberlich kopieren ließ und erst dann an den Empfänger weiterleitete. Er war also immer auf dem laufenden, während sich Maria Stuart völlig sicher fühlte. Die Sache mit den Bierfässern schien genial! Doch diese Frau war zeit ihres Lebens von Lüge und Verrat umgeben und ihr Handeln von Fehlschlägen begleitet, so nahm auch diesmal das Unglück seinen Lauf.

Im Mai 1586 schöpfte die Königin der Schotten ein letztes Mal Hoffnung, doch noch die Freiheit zu erlangen. Und für Walsingham wurde es interessant. Gespannt wartete er darauf, daß sich der Vogel im Netz verfing. Marias französische Freunde hatten unter Mitwirkung Spaniens einen neuen Plan zu ihrer Befreiung ausgearbeitet. Eine Gruppe junger, adeliger Männer unter Anthony Babington sollte die schottische Königin befreien. Zu diesem Zwecke sollten spanische Truppen in England einfallen, während sich die Katholiken des Landes erhoben, ein Teil der sechs jungen Edelleute sollte Elisabeth ermorden, die anderen Maria aus ihrem Gefängnis befreien. So schrieb es Babington am 6. Juli 1586 an

50

Maria. »Vortrefflichste und erlauchteste Herrscherin und Herrin, der ich alle Treue und allen Gehorsam schulde. Ballard* hat mir von dem Plan berichtet, den die christlichen Fürsten, die mit Eurer Majestät befreundet sind, erstellt haben, um unser Land aus der gegenwärtigen elenden Lage zu befreien ... Eure Majestät werden befreit und die Thronräuberin wird getötet werden, eine Tat, bei deren Ausführung sich Eure Majestät ganz auf mich verlassen können. Ich schwöre dem allmächtigen Gott, der Eure königliche Person wie durch ein Wunder dem Gemeinwohl erhalten hat, daß alles Besprochene geschieht oder daß wir in diesem Unternehmen freudig unsere Leben lassen ... Ich selbst nehme mich mit sechs Edelleuten und hundert Gefährten der Aufgabe an, Eure königliche Person von ihren Feinden zu befreien. Der Aufgabe, die exkommunizierte Thronräuberin zu töten, der wir keinerlei Gehorsam mehr schulden, nehmen sich sechs hochherzige Edelleute an, die mit mir befreundet sind und sich für die Sache des Katholizismus und Eurer Majestät begeistern. Angesichts ihres heroischen Aktes wünsche ich mir, daß sie ehrenhaft belohnt werden, wenn sie noch am Leben sind, oder andernfalls ihre Kinder ... Der treueste und ergebenste Diener Eurer Majestät, Anthony Babington.«

Noch konnte man Maria Stuart selbst nichts nachweisen. Doch die Unvorsichtige lieferte am 17. Juli 1586 den Beweis, daß sie von dem geplanten Unternehmen nicht nur wußte, sondern es auch guthieß: »Sind die Vorbereitungen so weit gediehen und alle Kräfte außerhalb wie innerhalb des Königreiches in Bereitschaft, dann müssen die sechs Edelleute ihr Werk tun und werde der Befehl erteilt, sie sollten ihr Vorhaben ausführen, daß ich hier so schnell als möglich befreit werde ...«

Fatale Zeilen! Walsingham rieb sich die Hände. Genau das hatte er hören wollen. Er wartete noch Babingtons Bestätigung ab, daß er den Brief der schottischen Königin erhalten hatte, dann schlug er zu. Am 4. August wurden die Hauptverdächtigen gefangengenommen und am 20. September, nachdem sie alles gestanden hatten, auf unvorstellbar grausame Weise hingerichtet. Sie wurden zuerst aufgehängt, dann noch lebend vom Galgen geschnitten, kastriert und aufgeschlitzt, bevor man sie schließlich enthauptete und vierteilte.

---

* John Ballard: Der in Paris ausgebildete Priester war einer der führenden Köpfe des Unternehmens.

Maria Stuart war völlig ahnungslos, daß die Verschwörung schiefgegangen war, als sie am 16. August einen Ausritt unternahm. Die Hoffnung auf eine baldige Befreiung hatte ihre Lebensgeister geweckt, sie fühlte sich gesünder und kräftiger als sonst. Unterwegs kam ihr ein Trupp Reiter entgegen. Für Sekunden glaubte Maria, es wären ihre Retter, ihr Herz begann schneller zu schlagen. Im nächsten Augenblick jedoch erkannte sie Elisabeths Gefolgsleute und wußte, daß alles aus war. Man brachte sie nach Schloß Tixall, während in Chartley ihre Papiere und Privatdokumente durchwühlt und beschlagnahmt wurden. Erst am 25. August durfte sie nach Chartley zurückkehren. Doch von nun an war vieles anders. Ihre Haft wurde verschärft. Keine Spur mehr von Respekt vor einer Herrscherin. Man entließ fast ihr gesamtes Gefolge, Ausritte und Spaziergänge waren verboten, sogar ihre Barschaft nahm man ihr ab. In London jubelte das Volk über die Aufdeckung der Verschwörung und forderte lautstark den Kopf der Schottin. Diese fand sich in Chartley langsam mit ihrem Schicksal ab, ihr Stolz und ihr Kampfgeist wichen einer sanften Resignation, gepaart mit einer verstärkten Hingabe zur Religion.

Es war in jenen Tagen, als sich eine berührende Szene auf Chartley zutrug. Barbara Curle, die Frau ihres inzwischen verhafteten Sekretärs, gebar eine Tochter. Da Amyas Paulet den Priester weggeschickt hatte, taufte die Königin von Schottland, wozu sie nach römisch-katholischer Auffassung berechtigt war, das Mädchen auf den Namen Mary.

Am 25. September 1586 brachte man Maria Stuart mit einer Eskorte von 200 Berittenen nach Fotheringhay Castle in Northamptonshire. Obwohl das Volk nach einer sofortigen Hinrichtung der Verräterin lechzte, bestand Elisabeth auf einem ordentlichen Prozeß.

Maria Stuart weigerte sich zunächst entschieden, einem Gericht Rede und Antwort zu stehen. Sie bestand auf ihrem Privileg einer souveränen und gesalbten Königin, die allein Gott verantwortlich sei. Dann aber gab sie nach und willigte ein, in einem Prozeß auszusagen, ohne sich jedoch einem Richterspruch zu unterwerfen.

Am 15. Oktober 1586 betrat Maria Stuart schließlich mit ihrem Gefolge den großen Saal von Fotheringhay Castle. 46 der höchstrangigen Männer des Königreiches hatten um den langen rechteckigen Tisch Platz genommen, an dessen Stirnseite ein Thronsessel mit dem Wappen Englands stand. Es war typisch für Maria Stuart, daß sie sofort darauf zusteuerte. Als man ihr jedoch bedeutete, sie solle auf der anderen Seite auf einem Samtsessel Platz nehmen, rief sie voll unbändigem Stolz aus: »Ich bin eine Königin von Geburt, und mein Platz sollte dort oben sein!« Man verlas ihr die Anklage, die sie der Verschwörung gegen das Königreich und gegen das Leben der Königin beschuldigte. Maria verteidigte sich selbst. Sie tat dies klug und mit königlicher Würde. Sie leugnete einfach alles, bestritt, Babington zu kennen, je einen der belastenden Briefe geschrieben zu haben, und verlangte die Originale zu sehen. Damit brachte sie die Richter natürlich in Verlegenheit, weil sowohl Maria als auch Babington ihre Briefe stets sofort vernichtet hatten und Walsingham ja nur über die heimlich und unter höchst dubiosen Umständen angefertigten Kopien verfügte. Mit den Geständnissen Babingtons und ihrer beiden Sekretäre konfrontiert, erklärte Maria Stuart, diese seien Lügen und unter der Folter zustande gekommen. Sie habe von dieser Verschwörung nichts gewußt, allerdings habe sie stets ihre Freiheit gewünscht, »derer man sie beraubt habe, als sie im Vertrauen auf Elisabeths Versprechungen, ihr Hilfe und Unterstützung angedeihen zu lassen, nach England gekommen war«.

Maria, die ohne Rechtsbeistand war, argumenticrte erstaunlich geschickt und verlor keinen Augenblick ihre überlegene königliche Haltung. Dennoch stand das Urteil von vornherein fest. Am 16. Oktober brachen die Mitglieder der Kommission nach London auf, wo sie am 25. mit einer Gegenstimme und 12 Enthaltungen (darunter Lord Shrewsbury) das Urteil fällten. Sie stützten sich dabei auf das Gesetz zum Schutz der Königin von 1585. Als das Todesurteil gegen Maria Stuart am 4. Dezember 1586 öffentlich verkündet wurde, brach unbeschreiblicher Jubel unter der Bevölkerung aus, während aus dem Ausland erwartungsgemäß bestürzte Reaktionen eintrafen. Vor allem Frankreich protestierte heftig, immerhin war Maria Stuart Königinwitwe dieses Landes und Schwägerin des regierenden Heinrich III. Die diplomatischen Schritte der Franzosen blieben jedoch wirkungslos. In Wahrheit waren Heinrich die Hände gebunden, denn in seinem Konflikt mit den Hugenotten war er auf Elisabeths Wohlwollen angewiesen. Das wußten natürlich auch die Berater der Königin von England. Auch Jakob VI. von Schottland hielt sich mit seinem Protest schmählich zurück. Elisabeth versicherte ihm, daß Marias Verurteilung seinem Recht auf die Thronfolge keinerlei Abbruch tue. Er war beruhigt und hielt sich vor weiteren Schritten zugunsten seiner Mutter zurück.

Aus dem Ausland hatte die Königin von Schottland also kaum Hilfe zu erwarten. Sie war unwichtig geworden. Wer wollte ihretwegen schon Krieg führen! Sie war im Grunde den meisten lästig, machte nur Schwierigkeiten. Politik und Allianzen zählten weit mehr als das Leben einer alternden, machtlosen Frau, sei sie auch eine Königin.

Elisabeth hatte also kaum etwas zu befürchten. Ihre Ratgeber und ihr Volk drängten indessen immer mehr auf eine Hinrichtung der gefährlichen Schottin. Alles lag nun bei Elisabeth. Die aber zögerte und zauderte, wurde von Skrupel und Zweifeln geplagt. Mehr noch als das Mitleid mit der Blutsverwandten bereitete ihr die Tatsache Sorgen, daß sie mit der Hinrichtung einer souveränen Königin einen Präzedenzfall setzen würde, der schlimme Folgen für das Ansehen der Person des Herrschers im allgemeinen haben könnte. Die Geschichte sollte zeigen, daß Elisabeths Bedenken berechtigt waren.

Doch der Druck auf sie wurde immer größer. Dann tauchten auch noch neue Gerüchte auf über eine spanische Invasion und eine Flucht Marias, die wahrscheinlich von Burleigh, Walsingham und Co. in Umlauf gesetzt worden waren, um ihre Herrin zu einer Entscheidung zu zwingen. Tatsächlich bekam es Elisabeth mit der Angst zu tun. Aber immer noch zögerte sie, hoffte, daß vielleicht irgendeiner ihrer Untertanen das 1585 so akklamierte »Gesetz zum Schutz der Königin« beim Wort nahm und Maria ins Jenseits beförderte, damit sie sich ihre Hände nicht schmutzig machen mußte. Sogar dem getreuen Amyas Paulet, Marias Bewacher, ließ sie eine unverhohlene Aufforderung zur heimtückischen Ermordung ihrer Cousine zukommen. Doch Paulet, der unsympathische, kleinlich-strenge Mann, weigerte sich empört und legte eine erstaunliche Charakterstärke und Prinzipientreue an den Tag, als er an Elisabeth schrieb: »Mit Bitterkeit erfüllt es mein Herz, daß ich so unglücklich bin, den Tag gesehen zu haben, an dem ich auf den Wunsch meiner gütigen Herrscherin aufgefordert werde, eine Tat zu tun, die Gott und das Recht verbieten. Mein Hab und Gut, meine Stellung und mein Leben sind zur Verfügung Ihrer Majestät, und ich bin bereit, sie schon morgen hinzugeben, wenn sie es wünscht, da ich sie nur einzig Ihrer gütigen Gunst danke. Aber Gott bewahre mich, einen so kläglichen Schiffbruch meines Gewissens zu erleiden und einen so großen Schandfleck meiner Nachkommenschaft zu hinterlassen, daß ich Blut ohne die Zustimmung des Gesetzes und ohne einen öffentlichen Befehl vergossen hätte. Ich hoffe, daß Ihre Majestät mit Ihrer gewohnten Güte meine ergebene Antwort freundlich aufnehmen wird.«

Am 1. Februar 1587 endlich rang sich Elisabeth, obwohl immer noch von Zweifeln geplagt, zur Unterfertigung des Hinrichtungsbefehles durch. Sie hatte kaum eine andere Wahl. Ihr Volk forderte es von ihr, und sie hielt sich an das Gesetz, das für Verräter das Todesurteil vorsah. Wie Elisabeth jedoch nach Maria Stuarts Hinrichtung verfuhr, indem sie alles leugnete und die Verantwortung dem armen Davison, ihrem Sekretär, zuschob, das war fürwahr kein Ruhmesblatt für diese große Königin. Vor allem die Dichtung und nicht wenige Historiker haben Elisabeth nach diesen Vorfällen zur häßlichen Eifersüchtigen gestempelt, während Maria Stuart zur schönen Unschuldigen mutierte.

Aus Angst, ihre Herrin könnte sich alles noch einmal überlegen, wurde unverzüglich das Siegel durch den Lordkanzler auf das Dokument angebracht und beglaubigte Abschriften an die Grafen Kent und Shrewsbury gesandt. Diese machten sich am 3. Februar 1587 auf den Weg nach Fotheringhay Castle. Und auch der Henker von London verließ an diesem Tag die Hauptstadt.

DAS SCHAUSPIEL EINER HINRICHTUNG

Am 8. Februar 1587, 9 Uhr morgens, lag Maria Stuart auf den Knien tief ins Gebet versunken, als es an der Tür klopfte. Amyas Paulet, der Sheriff von Northampton, und die Grafen Kent und Shrewsbury waren gekommen, um sie zu ihrem letzten Gang abzuholen. Die Königin von Schottland war bereit, innerlich und äußerlich. Sie war gewillt, als Märtyrerin für den katholischen Glauben zu sterben und der Welt ein Schauspiel zu bieten, das sie nicht vergessen sollte. Maria Stuart war in ihrem Leben nur wenig gelungen, ihr letzter Auftritt jedoch war so eindrucksvoll, daß selbst die Feinde dieser tragischen Fürstin ihr nicht den Respekt versagen konnten. Im Sterben erreichte Maria Stuart eine Größe, die ihr als Herrscherin zeit ihres Lebens gefehlt hatte. Als hätte sie gewußt, daß vor allem ihr tragisches Ende ihren Ruhm ausmachen würde, sammelte sie all ihre psychischen und physischen Kräfte, die ihr noch geblieben waren, und inszenierte ihren Tod als ein erschütterndes

Drama bis zum letzten Atemzug. Kein Detail wurde vergessen. Sie, die Kleider stets so sehr geliebt hatte, setzte auch nun auf die Wirkung ihrer Aufmachung.

Die ganz mit schwarzem Stoff ausgelegte Halle von Fotheringhay Castle war zum Bersten voll mit Schaulustigen, als die Königin der Schotten eintraf. Da ihre kranken Beine sie kaum mehr tragen konnten, mußte sie von ihrem Haushofmeister Melville und ihrem Arzt Bourgoing gestützt werden.

Die Menge starrte stumm auf die Frau im einfachen schwarzen Atlaskleid mit der langen Schleppe, der weißen Spitzenhaube und dem Schleier aus hauchdünnem Leinen. An ihrem Gürtel hingen ein Rosenkranz und ein Kruzifix, und auch in der Hand hielt sie ein Kreuz – ganz Märtyrerin des katholischen Glaubens. Es war ein makabres Szenario, als sich Maria Stuart mit schweren Schritten und dennoch mit großer Würde auf die Richtstätte zubewegte. Sodann ließ sie sich auf dem bereitgestellten Schemel nieder und vernahm die Verlesung des Hinrichtungsbefehls mit ungerührter Miene, so als hätte man ihr irgendeine Belanglosigkeit mitgeteilt.

Das pathetische Schauspiel wurde nur durch die peinliche Szene gestört, die entstand, als der protestantische Dekan sie zum letzten Gebet aufforderte. Maria Stuart weigerte sich heftig und begann mit ihren Dienern, laut ein katholisches Gebet zu sprechen. Danach wandte sie sich an den Grafen von Kent und sagte: »Tut Eure Pflicht!«, betrat das Schafott und forderte ihre Frauen auf, sie zu entkleiden. Man nahm ihr Oberkleid und Schleier ab, sodaß sie nur in dem dunkelroten Unterkleid und den gleichfarbigen langen Handschuhen vor dem schwarzen Hintergrund dastand. Der Anblick, den sie bot, verfehlte seine dramatische Wirkung nicht.

Als ihre Dienerin beim Abschied in Tränen ausbrach, wies die Königin sie zurecht: »Meine Liebe, du solltest dich lieber freuen als traurig sein, denn jetzt finden Maria Stuarts Sorgen ihr langersehntes Ende.« Dann ließ sie sich von Jane Kennedy mit dem eigens dafür ausgesuchten goldbestickten Taschentuch die Augen verbinden. Nun blieb ihr nur noch, sich auf das schwarze Samtkissen niederzuknien und den Kopf auf den Richtblock zu legen.

Noch einmal Stefan Zweig: »Der erste Hieb des Scharfrichters hat schlecht getroffen, nicht durch den Nacken ist er gefahren, sondern stumpf auf das Hinterhaupt. Ein Röcheln, ein Stöhnen bricht erstickt aus dem Munde der Gemarterten, aber nicht laut. Der zweite Schlag fährt tief in den Nacken und läßt das Blut grell aufspritzen. Aber erst der dritte löst das Haupt vom Rumpf. Und abermalige Gräßlichkeit: als der Henker das Haupt an den Haaren aufheben und zeigen will, faßt er nur die Perücke, und das Haupt löst sich los. Wie eine Kegelkugel rollt und poltert es blutüberströmt auf den Bretterboden, und da der Henker es jetzt abermals faßt und aufhebt, erblickt man – gespenstiger Anblick – das einer alten Frau mit eisgrau geschorenem Haar.«

Karl I. von England

Henry oder Jahre der Einsamkeit
Buckingham oder Der Dämon
Henrietta Maria oder Die Flucht aus der Realität
Strafford oder Das verhängnisvolle Buch
Cromwell

HENRY ODER JAHRE DER EINSAMKEIT

In einer kalten Novembernacht des Jahres 1600 lag die Königin von Schottland auf Schloß Dunfermline in den Wehen. Es war eine überaus schwere und schmerzvolle Geburt. Doch endlich, knapp vor Mitternacht an jenem 19. November, brachte die hohe Frau einen Knaben zur Welt. Aber es wollte keine rechte Freude aufkommen über den neuen Königssohn, denn das Kind war schwach. So schwach, daß man ihm kaum Überlebenschancen gab. Doch wider alle Erwartungen starb der Knabe nicht, und am 23. Dezember wurde Karl im Palast von Holyrood getauft und erhielt den Titel eines Herzogs von Albany. Sein Zustand aber war auch weiterhin besorgniserregend, weshalb man ihn abseits des Hofes der Pflege seiner Gouvernante, Lady Ochiltree, anvertraute.

So trug dieses Kind während der nächsten Jahre auf dem wenige Kilometer von Edinburgh entfernten Schloß Dunfermline unbeachtet von der übrigen Welt einen zähen Kampf um sein Leben aus. Seine Chancen standen schlecht, war er doch in seiner Entwicklung weit hinter seinen Altersgenossen zurück. Karl zeigte deutliche Symptome von Rachitis. Mit drei Jahren konnte er immer noch nicht gehen, und auch mit dem Sprechen hatte er ungewöhnliche Schwierigkeiten. Die ersten fünf Jahre seines Lebens brachte er kaum ein verständliches Wort über die Lippen.

Gottlob hatten Jakob VI. von Schottland und seine Gemahlin Anna bereits zwei gesunde Kinder, Heinrich, den sechsjährigen Thronfolger, und die vierjährige Elisabeth. Beide waren kräftig, aufgeweckt und besonders hübsch, sodaß sie Anlaß zu großen Hoffnungen gaben.

Unter der Regierung Jakobs VI. war Schottland nach all den Turbulenzen vergangener Jahre endlich zur Ruhe gekommen, zumal dieser König auch für einen dauerhaften Frieden mit dem Nachbarn England gesorgt hatte. Daran hatte auch die umstrittene Hinrichtung seiner Mutter, Maria Stuart, nichts geändert. Die allgemeine Empörung war bald verebbt, selbst jene der Schotten, die – man staune – am heftigsten gegen die Exekution der von ihnen selbst vertriebenen Herrscherin protestiert hatten. Jakob VI. dachte nicht daran, seiner Patin Elisabeth irgendwelche Schwierigkeiten zu machen. Im Gegenteil, dieser Stuart erwies sich als echter Freund Englands und vor allem als aufrichtiger Protestant. Obwohl Sohn katholischer Eltern, war er streng im reformierten Glauben erzogen worden, und er hatte seine religiöse Haltung nicht zuletzt durch seine Heirat mit Anna, der Tochter des Königs von Dänemark, unterstrichen. 1586 hatte er zudem mit England den Vertrag von Berwick geschlossen, ein Offensiv- und Defensivbündnis gegen das papsttreue Spanien, womit sich in Schottland endgültig das proenglisch-protestantische Lager durchgesetzt hatte. Darüber hinaus bildete dieser Vertrag den Grundstein für Jakobs Nachfolge auf dem englischen Thron.

Als Elisabeth I. am 24. März 1603 im Alter von 70 Jahren kinderlos starb, ging die Krone Englands friedlich an Jakob VI. von Schottland, den gesetzlichen Nachfolger, über. Die vor rund 80 Jahren von Heinrich VIII. angestrebte Vereinigung der beiden Königreiche war nun endlich Realität geworden, allerdings mit dem Unterschied, daß nun nicht mehr die Tudors, sondern die Stuarts auf dem Thron von England saßen.

Als Jakob die Nachricht vom Ableben Elisabeths erhielt, eilte er unverzüglich nach London, um das langersehnte Erbe anzutreten. Der neue König, der sich nun Jakob I. von England, Schottland und Irland nannte, wurde mit großem Jubel und viel Vorschußlorbeeren empfangen. Im Frühsommer 1603 verließ auch Königin Anna Edinburgh und folgte ihrem Gemahl mit den beiden ältesten Kindern in die englische Hauptstadt. Der kleine Karl wurde in Schottland zurückgelassen, da man befürchtete, er würde wegen seines schwachen Gesundheitszustandes die Reise nicht überleben. So dauerte es noch ein ganzes Jahr, bis er wieder mit seiner Familie vereint war.

In der Zwischenzeit machte sich Königin Anna auf die Suche nach einer Erzieherin für ihren jüngsten Sohn. Die Aufsicht über ein königliches Kind galt normalerweise als höchst ehrenhafte Aufgabe und war dementsprechend begehrt unter den Damen des Hofes. Doch als bekannt wurde, wie schlecht es um die Gesundheit des Jungen bestellt war, schreckten die meisten vor diesem Amt zurück. Bis auf eine gewisse Lady Carey. Die ehrgeizige Dame und ihr Mann, Lord Robert, erhofften sich große Vergünstigungen und Karrierechancen, wenn sie das

Kind »durchbrachten«. Dieser Ehrgeiz zahlte sich aus – sowohl für die Careys als auch für den kleinen Karl.

Lady Carey war eine sehr resolute Frau und meisterte die heikle Aufgabe mit großem persönlichen Engagement. Der Junge wurde unter ihrer Obhut tatsächlich mit der Zeit kräftiger, obwohl er für sein Alter immer noch ziemlich zurückgeblieben war. König Jakob, der befürchtete, sein Sohn werde nie gehen und sprechen lernen, befahl, die Beine des Kindes in Eisenstützen zu stecken, um ihm Halt zu geben, und ihm die Sehnen unter der Zunge zu durchtrennen, um diese zu lockern. Doch Lady Carey hielt nichts von solch drastischen Maßnahmen. Sie vertraute lieber auf die Natur und ihre eigenen Fähigkeiten, und so stellte sie sich mutig gegen den König, der schließlich nachgab.

Der Erfolg gab Lady Carey recht. Mit vier Jahren tat Karl endlich seine ersten Schritte und begann, sich zu artikulieren. Als er im Januar 1605 zum Herzog von York ernannt wurde, bot er dennoch trotz seines prächtigen Gewandes einen ziemlich traurigen Anblick. Nur mühsam hielt sich das Kind auf seinen wackeligen Beinchen, sodaß es von zwei Lords gestützt werden mußte.

Mit den Jahren aber überwand Karl seine körperlichen Schwächen, und das einzige, was später an das zurückgebliebene Kind erinnerte, war eine Tendenz zum Stottern. Seine Psyche allerdings erlitt in diesen Kindheitstagen Verletzungen, die sich auf die Entwicklung seiner Persönlichkeit auswirkten. Der Junge war sich seines physischen Handicaps sehr wohl bewußt und wurde dadurch scheu und zurückhaltend. Die Abgeschiedenheit, in der er aufwuchs, ließ ihn zu einem sehr introvertierten, extrem schüchternen jungen Mann werden. Da ihm gleichaltrige Spielgefährten fehlten, wandte er sich stark seinen älteren Geschwistern zu. Das sonst so reservierte Kind entwickelte eine intensive Zuneigung vor allem zu dem um sechs Jahre älteren Heinrich, an dem er mit bedingungsloser Liebe hing und um dessen Aufmerksamkeit und Zuneigung er geradezu bettelte. In einem rührenden Brief aus dem Jahre 1611 etwa schrieb er an den großen Bruder: »Lieber, lieber Bruder, ich bin bereit, dir alles zu geben, was ich besitze, meine beiden Pferde, meine Bücher, meine Gewehre und meine Armbrust, was immer Du haben möchtest. Guter Bruder, bitte hab mich lieb …«

Karl bewunderte Heinrich aus ganzem Herzen, weil dieser für ihn ein unerreichbares Ideal darstellte. Den zeitgenössischen Berichten zufolge muß Heinrich ein wahrer Märchenprinz gewesen sein, gutaussehend, gewandt, sportlich und vor allem überaus charmant. Er war offensichtlich das, was man einen Sunnyboy nennt, immer bestens gelaunt, mehr dem Vergnügen als den Studien zugetan, oberflächlich und sehr selbstbewußt. Dieses Selbstbewußtsein schöpfte er vor allem aus der Bewunderung, die ihm von allen Seiten entgegengebracht wurde. Jeder bei Hofe liebte Prinz Heinrich, und auch die Bevölkerung war rundweg begeistert von dem feschen und sympathischen Thronfolger.

Je älter Heinrich wurde, umso arroganter benahm er sich allerdings. Er hielt auch mit seinen Ansichten über Politik keineswegs hinter dem Berg und stellte sich manchmal ganz offen gegen seinen Vater. Unverhohlen ließ er erkennen, wie ungeduldig er bereits darauf wartete, den Thron zu besteigen. Jakob I. war äußerst beunruhigt darüber, wie sich sein ältester Sohn verhielt und nicht zuletzt auch über die Tatsache, daß dieser in der Öffentlichkeit mit seinen gegensätzlichen politischen Anschauungen weitaus populärer war als er selbst.

Daß Heinrich jedoch keineswegs so perfekt war, wie ihn das Volk sah, zeigte sich nicht nur in seinem Verhalten dem König gegenüber, sondern auch gegenüber seinem jüngeren Bruder. Karl erfuhr von ihm nichts als Demütigungen und Zurückweisungen. Heinrich hänselte ihn wegen seiner linkischen Art und seiner körperlichen Behinderung, aber auch wegen seines Lerneifers. Einmal standen die beiden gemeinsam mit Bischof Abbot im Audienzzimmer des Königs, als Heinrich dem Bischof den Hut vom Kopf zog, ihn seinem neunjährigen Bruder aufsetzte und erklärte, wenn er König sein werde, werde er Karl zum Erzbischof von Canterbury machen, weil er so ein Streber sei, und außerdem würde die lange Bischofsrobe seine häßlichen, krummen Beine verdecken. Daraufhin verlor der sonst so sanfte Karl die Beherrschung. Er schleuderte den Hut zu Boden und trampelte darauf herum, während ihm die Tränen über die Wangen liefen.

Von seiner Schwester erfuhr Karl mehr Wärme, wenngleich sie Heinrich sehr ähnlich war. Auch Elisabeth war ausgesprochen hübsch und ebenso fröhlich und oberflächlich wie ihr Bruder. Sie neigte ein wenig zur Extravaganz, besaß aber offenbar ebenfalls einen hinreißenden Charme, mit dem sie die Herzen eroberte. Alles Eigenschaften, über die der arme Karl nicht verfügte, und dessen war er sich voll bewußt. Er war so verschlossen und unzugänglich, ernsthaft und immer ein bißchen melan-

cholisch, daß die meisten Leute seiner Umgebung nichts mit ihm anzufangen wußten. Seine Schüchternheit ließ ihn in der gewandten Hofgesellschaft ungeschickt und linkisch erscheinen. Im Gegensatz zu seinen
Geschwistern gelang es Karl nie, die Liebe seines Volkes zu erringen. Er
blieb den Leuten immer ein wenig fremd und rätselhaft, weil er sich nie
locker und volkstümlich geben konnte. Seine Sprechschwierigkeiten
trugen dazu bei, eine zusätzliche Barriere zu errichten.
Karl hatte kaum andere Bezugspersonen außer seinen Geschwistern,
doch auch die sollte er bald verlieren. Am 6. November 1612 erlag
Heinrich, der Prinz von Wales, einer Typhusinfektion. Er hinterließ ein
trauerndes Volk und einen tief getroffenen kleinen Bruder, der nun in
seine Fußstapfen treten mußte. Wenige Monate später heiratete Elisabeth Stuart den Kurfürsten Friedrich V. von der Pfalz, mit dem sie im
April 1613 England für immer verließ. Zurück blieb der zwölfjährige
Karl, trauriger und einsamer denn je.

BUCKINGHAM ODER DER DÄMON

Karl war zwar jetzt der neue Thronfolger, doch änderte diese Tatsache nichts daran, daß er sich allein und ausgegrenzt fühlte. Eine
Beziehung zu seiner Mutter bestand so gut wie nicht, und der Obhut
von Lady Carey war er seit einem Jahr sozusagen entwachsen. Sie hatte
gute Arbeit geleistet, die Liebe einer Mutter jedoch hatte sie nicht ersetzen können. Karls Verhältnis zu seinem Vater war eine Mischung aus
Liebe, Respekt und Angst. Jakob I. widmete zwar der Erziehung seines
Sohnes besondere Aufmerksamkeit, doch legte er dabei eine eher schul-
meisterhafte denn eine liebevoll-interessierte Art an den Tag. Für die
Entwicklung von Karls Persönlichkeit hatte er kein Auge. So war der
heranwachsende Thronfolger mehr oder weniger auf sich selbst gestellt,
er zog sich noch mehr zurück und wurde noch introvertierter.
Dies Verhalten hatte jedoch insofern sein Positives, als Karl ein eifriger
Student war und sich in diesen Jahren unter der Anleitung seines Erzie-
hers Thomas Murray eine solide, umfassende Bildung aneignete. Er
beherrschte Latein und Griechisch, sprach neben Englisch auch Französisch, Italienisch und etwas Spanisch und zeigte ein ausgeprägtes Inter-

esse an der Theologie, vor allem aber an Malerei und Kunstgeschichte. Auch an seinem Körper arbeitete er mit Erfolg. Er trieb viel Sport und wurde ein ausgezeichneter Reiter, Tennisspieler und Schütze. Von dem einst so kränklichen Knaben mit den schwachen Beinen war kaum mehr etwas zu bemerken. Einzig die Sprechschwierigkeiten waren ihm geblieben, sodaß Karl zeit seines Lebens recht schweigsam war. Da halfen auch seine Bemühungen nichts, Steinchen in den Mund zu nehmen und damit Selbstgespräche zu führen. Er wurde nie ein großer Redner.

Dieses Handicap erschwerte auch seine sozialen Kontakte, zumal er seine Unsicherheit durch ein kühles und hoheitsvolles Auftreten zu kompensieren versuchte. Karl hatte eigentlich keine Freunde, da man in seiner Kindheit nie für gleichaltrige Gesellschaft gesorgt hatte. Die Menschen bei Hofe konnten mit dem mundfaulen, extrem schüchternen Jungen nichts anfangen. Um Heinrich, den ersten Thronfolger, hatten sich die Höflinge geschart, Karl jedoch ließ man links liegen. Dieser seinerseits besaß nicht die Fähigkeit, auf andere zuzugehen, noch war er auf die Gesellschaft dieser Leute besonders erpicht. Das ganze ausgelassene Hofleben mit all seinen Ausschweifungen stieß ihn vielmehr ab. Trinkgelage, bei denen bisweilen sogar die Königin unter dem Tisch lag, waren an der Tagesordnung. Jakob I. legte auf Zeremoniell oder Etikette im St.-James-Palast keinen großen Wert. Man ließ sich dort gehen und pflegte eine recht anzügliche, manchmal sogar vulgäre Redensweise. Karl empfand daher seine Anwesenheit bei Hofe mehr als Pflicht denn als Vergnügen. Wann immer er konnte, zog er sich zurück.

Mit zunehmendem Alter machten sich bei König Jakob auch verstärkt seine homosexuellen Neigungen bemerkbar. Er umgab sich gerne mit jungen, gutaussehenden Männern, die, wenn sie das Herz des Fürsten gewonnen hatten, zum Teil beeindruckende Karrieren machten. Den bislang größten Aufstieg unter diesen Günstlingen hatte damals ein gewisser Robert Carr gemacht. Jakob I. war so verliebt in den kraftstrotzenden jungen Schotten, daß er ihn mit Geld und Titeln überhäufte und ihn schließlich zum Grafen von Somerset erhob. Der König machte kein Hehl aus seiner Neigung, und so sah man ihn ungeniert Arm in Arm mit seinem Favoriten durch die Straßen von London spazieren. Je größer Somersets Einfluß auf Jakob I. wurde, um so unruhiger wurden die Mitglieder des Staatsrates seiner Majestät, und sie begannen heimlich darüber zu diskutieren, wie man Somerset stürzen könnte.

Mit Genugtuung stellten sie daher fest, daß der wohlwollende Blick des Königs eines Tages auf einen jungen Mann fiel, der mit Unterstützung einiger Staatsräte an den Hof gekommen war: George Villiers. Der 24jährige entstammte einer alten, aber bedeutungslosen Kleinadelsfamilie normannischen Ursprungs. Er hatte die solide Ausbildung eines englischen Edelmannes genossen, wobei ihm seine Pariser Jahre sozusagen den letzten Schliff gegeben hatten. Der junge Mann war von der Natur wie vom Schicksal überreichlich beschenkt worden. Zeitgenössische Berichte überschlagen sich förmlich in Lobeshymnen über das Aussehen des »schönsten Mannes auf der ganzen Welt«. So berichtete etwa Bischof Goodmann begeistert: »Wer ihn [Villiers] ansah, erblickte das Gesicht eines Engels ... Er hatte den schönsten Körper, den je ein Mann in England gehabt hatte ... Ich habe von mehreren bedeutenden Persönlichkeiten gehört, daß er nicht nur in physischer, sondern auch in moralischer Hinsicht einfach prachtvoll war.« Abgesehen von solch beneidenswerten äußeren Vorzügen verfügte dieser außergewöhnliche junge Mann auch über einen ganz besonderen Charme, der jeden, ob Mann oder Frau, in seinen Bann schlug. Seine Fröhlichkeit und seine Lebenslust waren so ansteckend, sein Selbstbewußtsein und sein Unternehmungsgeist so bewundernswert, daß sich niemand ihm entziehen konnte. Villiers schien überhaupt keinen Fehler zu haben, denn er war auch noch in seinem Verhalten völlig ungekünstelt und niemals arrogant. Kein Wunder, daß er Jakob I. sofort auffiel. Es war Liebe auf den ersten Blick, und Somerset fiel kurze Zeit später in Ungnade.

Der ganze Hof war von dem schönen jungen Mann hingerissen, sogar die Königin behandelte ihn mit Wohlwollen und mütterlicher Zuneigung, während ihr Gemahl ihn mit Gunstbeweisen geradezu überschüttete. Innerhalb eines einzigen Jahres avancierte George Villiers unter anderem zum Ritter des Hosenbandordens, Pair von England, zum Mitglied des Geheimen Staatsrates seiner Majestät und nicht zuletzt zum Grafen von Buckingham. 1623 erhob ihn Jakob I. zum Herzog, ein Titel den damals in England nur Mitglieder der königlichen Familie trugen. Als Herzog von Buckingham sollte George Villiers auch in die Geschichte eingehen.

Eigentlich gab es nur einen Menschen, der den neuen Favoriten nicht leiden konnte, und das war der Thronfolger. Karl fühlte sich von seinem Vater zurückgesetzt, weil dieser so offensichtlich seine Zuneigung für Buckingham zeigte, und er war wohl auch eifersüchtig, weil ihm dieser Villiers in jeder Hinsicht überlegen war. In seiner Abneigung gegen den Günstling ließ sich der sonst so beherrschte Karl sogar zu einigen bösen Streichen hinreißen. Eines Tages begleitete er den König und dessen Favoriten bei einem Spaziergang durch den Park, als sie an einer marmornen Bacchusstatue vorbei kamen, in der sich ein Springbrunnen verbarg. Karl machte sich heimlich an der Statue zu schaffen, und plötzlich schoß ein Wasserstrahl hervor, direkt auf den erschrockenen Buckingham. Der stand völlig durchnäßt da und begann fürchterlich zu jammern, als er sah, daß sein edles Gewand durch diesen zweifelhaften Spaß hoffnungslos verdorben war. Auch der König fand die Sache gar nicht lustig, und erzürnt verabreichte er seinem Sohn ein paar Ohrfeigen. Die umstehende Hofgesellschaft, die den »Kampf« zwischen dem Thronfolger und dem Favoriten seit einiger Zeit verfolgte, verkniff sich nur mühsam ein Kichern. Wer jedoch auf weitere Vorfälle oder Skandale gehofft hatte, wurde enttäuscht. Denn Buckingham – und dies war wohl eines der Geheimnisse seiner Faszination – beantwortete Karls Streiche zur allgemeinen Überraschung nicht mit Feindseligkeit, sondern er ging auf den Jungen zu, ließ seinen Charme spielen und warb um die Freundschaft des Königssohnes. Und siehe da, aus Karls anfänglicher Ablehnung wurde mit der Zeit eine tiefe Zuneigung, die in einer so engen Beziehung der beiden jungen Männer mündete, daß sie nur schwer nachvollziehbar ist. Sie sollte für Karl letztendlich fatale Folgen haben.

Vorerst aber brachte ihn Buckingham dem Vater näher, wenngleich sich Karl mit dem zweiten Platz hinter dem Freund begnügen mußte. So entstand nach dem Tode von Königin Anna im Jahre 1619 ein seltsames Dreiecksverhältnis zwischen Jakob I., seinem Sohn und seinem Favoriten. Die drei verstanden sich blendend und waren wie eine kleine Familie. Der König wurde mit zunehmendem Alter immer sentimentaler und seniler. Liebevoll nannte er seinen Günstling »Steenie«, weil dieser angeblich so große Ähnlichkeiten mit einem Bildnis des Heiligen Stephan hatte, während er seinen Sohn »Baby Charles« rief, da er sein Jüngster war. Und immer, wenn Jakob I. von den beiden jungen Männer sprach, nannte er sie seine »sweet boys«, so vernarrt war er in sie.

Buckingham machte eine ganz erstaunliche Karriere, die einzigartig in der Geschichte ist. Er wurde nicht nur zu einem der reichsten, sondern auch zu einem der mächtigsten Männer Englands. Jakob I. liebte ihn überschwenglich und schenkte ihm uneingeschränktes Vertrauen in sämtlichen Staatsgeschäften. Er betraute seinen Favoriten mit allen wichtigen Aufgaben, ließ ihn schalten und walten, fügte sich stets seinen Ratschlägen und Entscheidungen und wurde so immer abhängiger von ihm. Das Interessante dabei war, daß Buckingham nicht in erster Linie nach Reichtum strebte und auch keineswegs korrupt war, sondern stets loyal zu seinem Herrscher stand und von dem Wunsche beseelt war, Großes zu tun. Ganz im Sinne des damals herrschenden Zeitgeistes strebte Buckingham nach Ruhm. Er wollte ein Held sein. Doch dazu fehlten ihm einige grundlegende Eigenschaften, wie sich zeigen sollte, nämlich Ausdauer, Genauigkeit und System. Ihm war in seinem Leben bisher alles zugefallen aufgrund seines Aussehens und seines einnehmenden Wesens. Daraus hatte er ein auffallend starkes Selbstbewußtsein entwickelt, das Bewußtsein, jedes Hindernis aus dem Weg räumen zu können, das sich der Verwirklichung seiner Träume und Wünsche in den Weg stellte. Er war so sehr von sich und seinen Fähigkeiten überzeugt, daß er niemals Niederlagen oder Mißerfolge zugeben oder hinnehmen konnte.

Die charismatische Persönlichkeit Buckinghams beeindruckte den Thronfolger von England dermaßen, daß er sich eng an den um acht Jahre älteren anschloß. Wann immer der zurückhaltende Karl Gefühle zuließ, dann waren sie intensiv und unvergänglich. Nicht einen Augenblick mehr sollte er von nun an in der Zuneigung zu seinem Freund wanken, immer würde er für ihn da sein und lieber selbst vergehen, als diesen in Gefahr zu bringen. Buckingham war gewissermaßen auch ein Ersatz für den verstorbenen Bruder Heinrich. Auch er stellte für Karl ein unerreichbares Ideal dar, ein Vorbild, das alles hatte, was ihm selbst fehlte. Doch zum Unterschied von Heinrich demütigte Buckingham den jungen Thronfolger nie, ließ ihn nie seine Überlegenheit fühlen, sodaß Karl an der Seite seines Freundes – des einzigen übrigens in seinem ganzen Leben – aufblühte, sich entwickelte und ein wenig von seiner Schüchternheit verlor.

Die Beziehung zwischen dem späteren Karl I. und dem Herzog von Buckingham war die wohl eigenartigste Beziehung, die je zwischen einem Herrscher und seinem Favoriten bestanden hat. Gewiß, die Geschichte kennt viele Günstlinge, die es zu großem Einfluß gebracht haben, doch keiner hat je so sehr über den Willen eines Königs geherrscht wie dieser Buckingham. Weder Bilder noch schriftliche Berichte können dem Charisma dieses Mannes wirklich gerecht werden. Er muß eine geradezu einzigartige Ausstrahlung besessen haben, der der junge Prinz so sehr verfiel, daß er sich bedingungslos dem Freund unterordnete und zu dessen willen- und kritiklosen Mitläufer wurde. Denn Buckingham verstand es, Karl von seinen Ideen und Wünschen zu überzeugen und für seine Phantasien und hochfliegenden Pläne zu begeistern.

Bei Jakob I. war es in erster Linie eine latente Homosexualität, die ihn zu Buckingham hinzog. Der alternde Monarch klammerte sich auch deshalb so sehr an den schönen Jüngling, weil dieser für ihn die Jugend und das Leben verkörperte. Bei Karl jedoch spielte Sexualität keine Rolle, zumindest gibt es nicht den geringsten Hinweis dafür. Vielmehr handelte es sich um eine geistig-seelische Verbundenheit, die seiner Leidenschaft für Buckingham zugrunde lag. Eine fatale Leidenschaft jedoch; fatal für England ebenso wie für den späteren Karl I. Fast ein Jahrzehnt sollte Buckingham die Fäden in England ziehen.

Inzwischen zog der 30jährige Krieg seine blutige Spur quer durch Europa. Jakob I., der sich stets um einen politischen Ausgleich zwischen katholischen und protestantischen Ländern bemüht hatte, machte sich Sorgen um seine Tochter Elisabeth. Böhmen, wo sich starke reformatorische Kräfte regten, wollte sich vom habsburgischen Kaiserreich befreien und bot seine Krone dem Kurfürsten Friedrich von der Pfalz an. Dieser akzeptierte, obwohl sein vorsichtiger Schwiegervater Bedenken hatte. Aber seine ehrgeizige Gemahlin drängte ihn. Die Stuart-Tochter wollte »lieber an einer königlichen Tafel trockenes Brot essen, als an einer kurfürstlichen völlern«.

Der Traum vom Königsthron währte dann nicht lange. Der »Winterkönig«, wie man Friedrich von der Pfalz wegen seiner kurzen Herrschaft nannte, und seine Gemahlin wurden bereits 1620 von den kaiserlichen Truppen aus Prag vertrieben und mußten in die Niederlande fliehen, da mittlerweile auch ihr Stammland, die Pfalz, in den Händen der Habsburger war. Die Vertreibung Elisabeths und Friedrichs löste in England große Empörung aus. Es ging nicht nur um die Solidarität mit der Tochter des Königs, sondern vor allem sah man die protestantische Sache gefährdet. England galt seit jeher als Verteidigerin des neuen Glaubens. Schon rief die Bevölkerung nach Krieg, und auch Karl und Buckingham traten vehement für militärische Maßnahmen zur Rückeroberung der Pfalz ein. Doch Jakob I. hielt an seiner Friedenspolitik fest. Gewiß, er war senil und sentimental, schwach bis zur Lächerlichkeit, wenn es um die Wünsche seiner »sweet boys« ging, aber trotz allem besaß er immer noch Weitblick und politischen Realismus. Er wußte nur zu gut, daß England für einen Krieg nicht gerüstet war. Die Jahre des Friedens hatten zwar Wohlstand gebracht, dafür aber fehlte fast völlig eine schlagkräftige Kriegsflotte und ein ausgebildetes Heer. Jakob I. setzte einmal mehr auf Verhandlungen.

Da brachte Buckingham die spanische Heirat wieder aufs Tapet: Seit Jahren wollte Jakob I. seinen Sohn mit der spanischen Infantin vermählen, um so den katholischen Erzfeind ruhigzustellen. Unterstützung fand Buckingham nun beim spanischen Botschafter Gondomar. Doch trotz des identischen Zieles hatten die beiden völlig verschiedene Motive für diese Verbindung. Gondomar sah darin die Möglichkeit, England wieder zum Katholizismus zurückzuführen, während Buckingham hoffte, Madrid gegen Wien auszuspielen und so dem Kurfürsten von der Pfalz zu Hilfe zu kommen.

Karl, den die Sache ja am meisten betraf, stand ebenfalls auf der Seite seines Freundes und drang darauf, das Heiratsprojekt zu forcieren. Er dachte in erster Linie an seine geliebte Schwester und war bereit, seine persönlichen Gefühle der Staatsräson unterzuordnen, um Elisabeth zu helfen. Doch je mehr er sich mit dem Gedanken an seine baldige Vermählung beschäftigte, umso mehr wuchs seine Liebe, obwohl er die Infantin Maria noch nie zu Gesicht bekommen hatte. Er war jetzt 22 Jahre alt und zum ersten Mal verliebt. Bisher hatte er ein für die damalige Zeit auffallend tugendhaftes Leben geführt, und es gibt nicht den geringsten Hinweis dafür, daß er jemals Mätressen oder auch nur Affären gehabt hätte. Sein Interesse für das andere Geschlecht war offensichtlich ziemlich spät erwacht. Nun aber schwelgte er geradezu in romantischen Phantasien, nicht zuletzt weil Gondomar ihm die spanische Prinzessin Maria Althea als ein Muster an Schönheit und Tugend geschildert hatte. Allein die Spanier zeigten sich nicht gerade begeistert von der Idee einer Verbindung der beiden. Dies hinderte Buckingham jedoch keineswegs daran, seine einmal gefaßten Pläne weiter zu verfolgen und daraus ein »Mantel-und-Degen-Stück« zu machen. Karl sollte nach Madrid reisen, um seiner künftigen Gemahlin persönlich den Hof zu machen. Die Prinzessin würde von einer solchen Werbung beeindruckt sein, in Liebe zu ihm entbrennen, und Philipp IV. würde in die Heirat einwilligen. Der romantische und unerfahrene Bräutigam war bald Feuer und Flamme für dieses Abenteuer, und Buckingham sah sich bereits als Retter der Pfalz und der protestantischen Idee mit ewigem Ruhm bedeckt.

Aber in der Politik ist kein Platz für Gefühle und Phantastereien. Die Realität sah völlig anders aus, was aber weder Karl noch Buckingham erkannten oder erkennen wollten. Beide drängten den König, sie nach Spanien reisen zu lassen. Jakob I. jedoch hatte Bedenken: Sein bis über beide Ohren verliebter Sohn in den Händen der Spanier, das war ein beunruhigender Gedanke. Spanien könnte Druck auf ihn ausüben und ihn zu Zugeständnissen vor allem in religiösen Fragen verleiten oder ihn gar zu einer Konversion zum Katholizismus überreden. Doch der alternde Monarch konnte den Bitten seiner »sweet boys« nicht widerstehen. Er gestattete ihnen die Reise.

Da eine spanische Heirat in der Öffentlichkeit alles andere als beliebt war, brachen Karl und Buckingham am 19. Februar 1623 heimlich und in Verkleidung auf. Der Weg führte sie zuerst nach Paris, wo sie inkognito am Hofe einer Theaterprobe beiwohnten, bei der sie Anna, die schöne Königin von Frankreich und Schwester der Infantin Maria, zu sehen bekamen. Beide waren begeistert. Buckingham verliebte sich damals unsterblich in die junge Königin, und Karl konnte seine Vorfreude auf seine Braut kaum zügeln, da er hoffte, sie würde ebenso schön sein wie Anna. Die beiden waren von Anna so geblendet, daß sie die ebenfalls anwesende Schwester Ludwigs XIII., die erst 14jährige Henrietta Maria, kaum beachteten. Als diese am nächsten Tag von der heimlichen Anwesenheit der beiden Engländer erfuhr, soll sie gesagt haben: »Der Prinz von Wales hätte nicht so weit reisen müssen, um eine Braut zu finden.«

In einer wahren Rekordzeit durchquerten Karl und Buckingham Frankreich und erreichten am 7. März Madrid. Immer noch in Verkleidung suchten sie den englischen Botschafter, Simon Digby, Graf von Bristol, auf, der die Brautwerber am folgenden Tag in den Prado brachte.

Obwohl ihn dieser Besuch im ersten Augenblick in Verlegenheit brachte, sah Philipp IV. darin bald die große Chance, England an einer Intervention auf dem Festland zu hindern. Er mußte dazu nur die beiden Brautwerber möglichst lange hinhalten. Also ließ er den ganzen Pomp der spanischen Monarchie auffahren, um die Gäste aus England zu beeindrucken.

Beide Seiten ergingen sich in Höflichkeiten, und Geschenke von unschätzbarem Wert wurden ausgetauscht. Am nächsten Tag hatte Karl endlich Gelegenheit, einen ersten, kurzen Blick auf die Infantin zu werfen. Was er sah, als sie in ihrer Kutsche an ihm vorüberfuhr, übertraf all seine Erwartungen. Maria Althea war schöner, als er gehofft hatte. Als die Prinzessin bei dieser Begegnung errötete, deutete der verliebte Karl dies als Ausdruck ihrer Zuneigung, nicht ahnend, daß es die reine Zornesröte war, die der jungen Dame ins Gesicht schoß. Hatte sie doch erklärt, lieber in ein Kloster zu gehen als in das Bett eines Ketzers zu steigen.

Buckingham und Karl ließen sich von all dem Zeremoniell, den Empfängen und Feierlichkeiten, die die Spanier zu ihren Ehren veranstalteten, blenden. Doch die Verhandlungen, die dann im April 1623 begannen, holten sie wieder auf den Boden der Realität zurück. So leicht, wie sie es sich ausgemalt hatten, würde diese Brautwerbung nicht vonstatten gehen. Die Spanier stellten Bedingungen, die Jakob I. im Interesse Englands niemals akzeptieren würde. So sollte Maria Althea ihre Kinder bis zum Alter von zwölf Jahren erziehen dürfen, sprich im katholischen Glauben. Darüber hinaus sollten sie und ihr Gefolge völlige Freiheit in der Ausübung ihrer Religion haben, und England sollte als Zeichen des guten Willens seine antikatholischen Gesetze lockern. Vor allem letzteres würde unter der englischen Bevölkerung einen Sturm des Protestes auslösen.

Buckingham war über diese Forderungen verärgert, doch Karl wollte die Infantin unbedingt heimführen. In seinem Überschwang glaubte er wohl, die Dame seines Herzens mit einer verwegenen Tat beeindrucken zu können. Er kletterte eines Tages über die Mauer des Gartens, in dem sich die Prinzessin aufhielt, fiel ihr dort zu Füßen und gestand ihr seine Liebe. Die Infantin jedoch zeigte sich keineswegs beeindruckt. Sie stieß einen gellenden Schrei aus, sodaß Karl vor den herbeieilenden Wachen die Flucht ergreifen mußte. Was für eine Blamage für einen künftigen König! Die peinliche Geschichte nagte noch lange an dem ohnedies so unsicheren, dafür aber umso stolzeren jungen Mann. Seine letzte Illusion verlor der Prinz dann, als schließlich die Gespräche auf die Pfalz kamen und Philipp IV. durchblicken ließ, daß er niemals erwogen hatte, gegen einen anderen Habsburger zu kämpfen. Karl und Buckingham erkannten nun endlich, daß man sie die ganze Zeit über hingehalten hatte.

Verärgert und gedemütigt traten sie mit hängenden Köpfen die Heimreise an. Das romantische Abenteuer war kläglich gescheitert. Doch als die beiden am 5. Oktober 1623 in Dover landeten, erlebten sie eine Überraschung. Eine jubelnde Menge empfing sie, Glocken läuteten und Salutschüsse wurden abgegeben, weil – so sah man es in der englischen Öffentlichkeit – der Prinz und der mittlerweile zum Herzog erhobene Buckingham aus den Fängen des Feindes entkommen waren. Auf einer Welle der Begeisterung trug man die beiden förmlich nach London, wo ein überglücklicher Jakob I. seine »sweet boys« endlich wieder in die Arme schließen konnte. Kein Wort von Niederlage, kein Vorwurf wegen der hohen Kosten, die das zweifelhafte Heldenstück verursacht hatte. Alles war eitel Wonne.

Buckingham und Karl kam diese ihre unerwartete Popularität gerade recht, denn sie schürte ihren Haß gegen die Spanier. Und plötzlich vollführten die beiden eine vollkommene Kehrtwendung: Sie sprangen auf den antikatholischen und spanienfeindlichen Zug auf. Lauthals forderten sie Krieg gegen den Erzfeind und fanden dafür volle Unterstützung in der Bevölkerung. Der Heiratsvertrag wurde einfach annulliert, wobei es Karl an jedem Taktgefühl fehlen ließ. Während Philipp IV. angesichts dieses Affronts sämtliche Geschenke, die er von England erhalten hatte, feierlich zurücksandte, verschenkte Karl die seinen ganz einfach an seine Bedienten.

Der einzige, der sich nicht dem allgemeinen Kriegstaumel anschloß, war der König. Jakob I. klammerte sich immer noch an seine Friedenspolitik. Doch vergebens. Der Druck seines Sohnes und seines Favoriten war so stark, daß er nicht dagegen ankam. Resigniert und müde gab er nach und schickte England 1624 in den Krieg gegen Spanien. Doch der Feldzug zur Befreiung der Pfalz scheiterte an Geldmangel und Lebensmittelknappheit.

England war nach all den friedlichen Jahren nicht für einen Krieg gerüstet. Es brauchte Verbündete. Die protestantischen Länder Dänemark,

Holland und Schweden waren unentschlossen oder stellten zu hohe Geldforderungen. Da zauberte der immer rührige Buckingham einen neuen Heiratsplan aus dem Hut, der England gleichzeitig einen Alliierten sichern sollte. Karl sollte Henrietta Maria von Frankreich, die jüngste Schwester Ludwigs XIII., heiraten. Des Herzogs Hintergedanke dabei: Frankreich und England hatten seit jeher den selben Erzfeind, nämlich Spanien. Ein Bündnis der beiden Länder brächte England die ersehnte Hilfe für die Pfalz und Frankreich, das an so gut wie allen seinen Grenzen auf spanische oder österreichische Habsburger stieß, die Befreiung aus dieser Umklammerung.

Frankreich zeigte sich an einer englischen Heirat interessiert, und sofort wurden die entsprechenden diplomatischen Schritte gesetzt. Natürlich würde dieses Projekt England ebenfalls eine katholische Königin bescheren, doch immerhin war Henrietta Maria die Tochter des großen, wenngleich später konvertierten Hugenotten Heinrich IV.

Karl war rasch für die kleine Französin gewonnen. Seine erste Liebe war ein Fiasko gewesen, doch er schien sie überwunden zu haben. Außerdem war der Vorschlag von seinem angebeteten Freund gekommen, sodaß er sich in seiner Hörigkeit geradezu auf Befehl in die neue Kandidatin verliebte. Doch die Franzosen stellten die gleichen Bedingungen wie die Spanier hinsichtlich der Erziehung der zu erwartenden Kinder und der Religionsausübung der künftigen Königin. Dennoch akzeptierten die Engländer, und im Dezember 1624 unterschrieb der bereits vom Tode gezeichnete Jakob I. den Heiratsvertrag. Drei Monate später, am 27. März 1625 starb er – erst 58 Jahre alt, aber krank und verbraucht und wahrscheinlich voller Sorgen über die Zukunft seines Reiches und seines Sohnes, der nun als Karl I. den Thron bestieg.

Noch strahlte der Glücksstern über Karl I. Trotz seiner französischen Heirat war er unerwartet populär. Seine würdevolle, königliche Art beeindruckte. Im Gegensatz zu seinem verstorbenen Vater war Karl I. von majestätischer Distanziertheit im Umgang mit seinen Untertanen. Die stark puritanisch beeinflußte Gesellschaft begrüßte die strenge und untadelige Lebensweise des neuen Königs. Vorbei war es nun mit den Trinkgelagen und Orgien bei Hofe. Gutes Benehmen und Etikette waren wieder gefragt. Nur eines änderte sich nicht: die Dominanz des Herzogs von Buckingham.

Am 1. Mai 1625 fand in der Kathedrale von Notre-Dame die Hochzeit per procurationem zwischen dem neuen König von England und der französischen Prinzessin statt. Ende des Monats brach Buckingham nach Paris auf, um die Braut in ihre neue Heimat zu geleiten, aber auch um Frankreich zu einer Allianz gegen Spanien zu überreden. Selbstbewußt wie immer vertraute er auf sein Genie und seine Faszination. Doch er überschätzte sich und unterschätzte seinen Verhandlungspartner, der kein Geringerer war als Kardinal Richelieu. Und der hatte nicht die geringste Absicht, sein Land in einen Krieg zu stürzen. Außer einer vagen Zusage, Frankreich werde England finanziell und moralisch im Kampf gegen die Spanier unterstützen, erreichte Buckingham nichts. Das kam einer Niederlage gleich, und es war nicht die einzige, die der selbstverliebte Herzog einstecken mußte. Er hatte sich nämlich Hals über Kopf in die Königin von Frankreich verliebt. Allerdings trieb er es mit seiner Verehrung für die schöne junge Frau so weit, daß er die Grenze des Schicklichen dabei weit überschritt, sodaß er sich Richelieu und Ludwig XIII. zum Feind machte. Der König von Frankreich verbot Buckingham, je wieder französischen Boden zu betreten. Dieses diplomatische Debakel war nicht nur ein schwerer Schlag für den stolzen Mann, sondern auch für England, das nun politisch völlig isoliert dastand.

Am 12. Juni 1625 traf die erst 15jährige Henrietta Maria in England ein. Sie war noch ein richtiges Kind, klein und zart mit knochigen Schultern, aber ihr hübsches Gesicht mit den großen dunklen Augen und den braunen Löckchen war ganz bezaubernd. Als Karl I. am nächsten Tag in Dover eintraf, um seine Frau zu begrüßen, spielte sich eine rührende Szene ab: Henrietta Maria lief auf ihren Gemahl zu und versank vor ihm in einem tiefen Knicks, um ihm die Hand zu küssen. Der ein wenig betretene Bräutigam, dem das Sprechen in solchen Situationen besonders schwerfiel, hob sie auf und bedeckte ihr Gesicht mit Küssen, als sie zu weinen begann. Die beiden jungen Leute gefielen einander auf den ersten Blick. Auch Karl I. hatte sich zu einem durchaus attraktiven Mann entwickelt, wenngleich er sich natürlich nicht mit einem Herzog von Buckingham messen konnte. Er hatte ein sanftes, etwas zu langes Gesicht mit dunklen, melancholischen Augen, sein gewelltes, dunkles Haar reichte ihm nach der damaligen Mode bis auf die Schultern. Er war schlank und nicht besonders groß, wirkte aber insgesamt sehr würdevoll und majestätisch.

Es war höchst selten, daß sich zwei aus dynastischen oder politischen Motiven verbundene Menschen gleich auf Anhieb so gut miteinander verstanden, und es schien, als wäre hier das Kunststück gelungen, eine glückliche Fürstenehe zu stiften. Doch der Schein trog, wie sich schon wenig später herausstellen sollte. Nur sechs Wochen nach dieser ersten zärtlichen Begegnung gingen Karl I. und Henrietta Maria bereits getrennte Wege. Die junge Königin von England und ihr katholisches Gefolge provozierten die englischen Protestanten durch ihr arrogantes Auftreten, und schon flammten die alten Ängste vor einer Gegenreformation wieder auf. Henrietta Maria wurde von Tag zu Tag unbeliebter. Zu jener Zeit wütete gerade die Pest in England, die wöchentlich Tausende Menschen hinwegraffte. Ohne Vorwarnung fielen die Leute auf offener Straße tot um, und wer konnte, floh aus den großen Städten in Gebiete, die von der Seuche verschont geblieben waren. Die Puritaner sahen in dieser Epidemie eine Strafe Gottes für die katholische Heirat ihres Herrschers. Karl I. und Buckingham jedoch hatten keine Zeit, um sich um die Unkenrufe der Puritaner zu kümmern. Sie waren voll mit ihren Kriegsvorbereitungen beschäftigt. Aber ein Krieg kostete Geld, und um dieses Geld aufzutreiben, brauchten sie das Parlament.

Das Parlament im England des 17. Jahrhunderts hatte nur wenig mit dem zu tun, was man heute darunter versteht. Die Regierungsgewalt lag allein beim König, der sich auf sein göttliches Recht berief, und dem von ihm ernannten Rat. Das Parlament konnte vom Herrscher beliebig einberufen und wieder aufgelöst werden. Seine Kompetenzen waren beschränkt und lagen im wesentlichen in der Genehmigung von Geldern und Steuern. Kontrollfunktion hatte es keine. Der König konnte also in Friedenszeiten, wenn keine zusätzlichen Mittel benötigt wurden, ganz gut auch ohne Parlament regieren, wie dies etwa unter Jakob I. der Fall war.

Doch diese Zeiten waren vorbei. Das Abgeordnetenhaus, das sich vorwiegend aus Mitgliedern des Landadels und des zu Wohlstand gekommenen Bürgertums der großen Handelsstädte zusammensetzte, hatte an Selbstbewußtsein gewonnen und forderte immer nachdrücklicher Mitsprache und Kontrolle der königlichen Macht. Mit diesem Anspruch stieß es jedoch gerade bei einem König wie Karl I. auf taube Ohren. Dieser war nämlich wie sein Vater fest von seinem Gottesgnadentum überzeugt und verwehrte sich gegen jeden Angriff auf seine angestammten

Privilegien. Er besaß aber weder die Stärke, um das Parlament mit Gewalt in seine Schranken zu verweisen, noch das diplomatische Geschick, um es mit kleineren Zugeständnissen abzuspeisen und sich gefügig zu machen. Karl I. sah im Abgeordnetenhaus lediglich ein Vollzugsorgan seiner Wünsche. Wenn er da auf Widerstand stieß, reagierte er meist unüberlegt und überzogen, indem er es auflöste. Das war zwar sein Recht, löste aber die Probleme nicht. Der Konflikt zwischen Parlament und Krone, der sich bereits unter Jakob I. abgezeichnet hatte, war somit vorprogrammiert.

Karls ungeschicktes Verhalten gegenüber den Deputierten erklärte sich zum Teil aus seiner Behinderung beim Sprechen. Nun kam erstmals an den Tag, welch großes Handicap sein Stottern für die Ausübung seines Amtes bedeutete. Bei seiner Thronrede am 18. Juni 1625 wirkte er linkisch und konnte niemanden für seine Anliegen gewinnen. Zwar entschuldigte er sich gleich zu Beginn für seine mangelnde Eloquenz und die daraus resultierende Kürze seiner Rede, doch das beeindruckte die Abgeordneten wenig. Vor allem das Unterhaus, die sogenannten Commons, war, ohne daß er es bemerkt hatte, zum entschiedenen Gegner der königlichen Macht geworden.

Karl I. und Buckingham gingen mit großen Erwartungen und voll Optimismus in die erste Sitzungsperiode des Parlaments, hatten ihnen die Abgeordneten vor einem Jahr doch noch zugejubelt und ihre Kriegspläne enthusiastisch begrüßt. Doch jetzt, wo es darum ging, die Gelder für diesen Krieg bereitzustellen, war es mit dem Patriotismus des Parlaments nicht mehr weit her. Von rund 1 Million Pfund, die nötig gewesen wären, um ein Heer aufzustellen, genehmigte es lächerliche 140 000 Pfund.

Noch schlimmer war, daß die Abgeordneten das traditionelle Recht des Königs, Zölle einzuheben, Karl I. nur für die Dauer eines Jahres bewilligten. Diese Zölle (»tonnage and poundage«) wurden aber üblicherweise jedem Herrscher bei seinem Regierungsantritt auf Lebenszeit gewährt, damit er daraus seine Hofhaltung bestreiten konnte. Das war ein schwerer Schlag für den jungen König und ein deutliches Zeichen des Mißtrauens. Aber damit noch nicht genug. Die Mitglieder des Parlaments richteten ihre Angriffe vor allem gegen den Herzog von Buckingham. Der Initiator der katholischen Heirat seines Herrn war zum meistgehaßten Mann in England geworden, seine unumschränkte

Macht gefiel den Leuten nicht, und sie stellten seine Fähigkeiten in Frage. Man begann sogar, ein sogenanntes impeachment, ein Anklageverfahren, vorzubereiten, um den mißliebigen Minister zu Fall zu bringen. Um seinen Freund vor dieser Anklage zu schützen, löste Karl I. das Parlament auf und beging damit den ersten großen politischen Fehler seiner Regierungszeit. Sogar Buckingham selbst hatte den König davon abhalten wollen. Von sich selbst überzeugt, wie er nun einmal war, meinte er, sich schon selbst verteidigen zu können. Doch Karl I. liebte seinen »Steenie« so sehr, daß er sich in diesem Fall sogar den Bitten seines Favoriten widersetzte. Für ihn war der Freund in Gefahr, und er wollte ihn retten, koste es, was es wolle. Karl I. war unfähig, Buckingham aus staatspolitischen Überlegungen, zum Wohle seines Landes und für den inneren Frieden, fallenzulassen. Solche Loyalität gereicht zwar jedem Privatmann zum Ruhme, für einen Herrscher aber galten andere Regeln.

Buckingham und Karl blieben vom Bruch mit dem Parlament letztlich unbeeindruckt. Sie hatten sich diesen Krieg gegen Spanien so sehr in den Kopf gesetzt, daß sie auch ohne Zustimmung des Parlaments die sogenannte Cádiz-Expedition in Angriff nahmen. Der Sieg über die Spanier und die reiche Beute würde alle überzeugen, ihren Ruhm besiegeln und ihnen ihre einstige Popularität zurückbringen. So dachten die beiden Phantasten.

Doch die Wirklichkeit sah wieder einmal ganz anders aus. Ohne Geld ließ sich eben keine schlagkräftige Armee aufstellen. Mit einem bunt zusammengewürfelten Haufen undisziplinierter, in aller Eile ausgehobener Männer startete im Oktober 1625 eine erbärmlich ausgerüstete Flotte in Richtung des spanischen Hafens Cádiz. Da sich sämtliche Kommandanten des Unternehmens auch noch durch völlige Unfähigkeit auszeichneten, endete diese Aktion in einem einzigen Fiasko. Dabei war der Plan gar nicht so schlecht, wenn die Herrn Admiräle nicht so lange gezögert und diskutiert hätten, bevor sie zur Tat schritten. So hatten die Spanier längst Lunte gerochen, Cádiz entsprechend befestigt und die zahlreichen mit Gold und Silber beladenen Schiffe aus der Angriffslinie gebracht. Eine englische Kompanie von 2 000 Mann war vier Meilen südlich von Puntal an Land gegangen, um von dort auf die Hafenstadt vorzurücken. Doch die Soldaten hatten keinerlei Proviant mit dabei. Halb verdurstet, fielen sie in der nächsten Ortschaft über die Weinlager her, und wenig später waren alle stockbetrunken. Als der Feind auftauchte, waren nur die wenigsten fähig zu fliehen. Einige hundert blieben halb bewußtlos zurück und wurden von den Spaniern niedergemetzelt. Völlig ramponiert kehrte die Flotte nach England zurück. Viele waren umgekommen, die königlichen Kassen waren leer und das nationale Prestige zutiefst erschüttert. Diese Cádiz-Expedition ging als eine der schmachvollsten Niederlagen in die englische Geschichte ein.

Inzwischen bahnte sich im Hause Stuart eine Ehekrise erheblichen Ausmaßes an. Henrietta Maria war mit ihren nunmehr 16 Jahren noch viel zu jung und unreif für die schwierige Aufgabe einer Ehefrau und Königin. Sie stand unter dem Einfluß ihres Gefolges, der zahlreichen katholischen Geistlichen, die sie aus Frankreich mitgebracht hatte, und nicht zuletzt der ausführlichen Instruktionen, die ihr die Mutter, Maria von Medici, mit auf den Weg gegeben hatte. Darin hieß es unter anderem: »Schützet die Katholiken gegenüber dem König, Eurem Gemahl, damit sie nicht wieder in das Elend zurückfallen, aus dem sie durch Eure Heirat gerettet wurden … Bittet Gott jeden Tag dafür, daß er Euren Gemahl zur wahren Religion zurückführe, für welche seine Großmutter, die Königin von Schottland, gestorben ist.« Solche Worte machten natürlich großen Eindruck auf das unerfahrene Mädchen, doch daß sie sich tatsächlich mit großem Eifer ihrer Aufgabe als Missionarin widmete, war nicht allein ihre Schuld, sondern die ihres kurzsichtigen, teilweise fanatischen Gefolges und nicht zuletzt auch die Schuld ihres Ehemannes. Denn Henrietta Maria selbst war im Grunde ihres Wesens ein großzügiger und toleranter Mensch wie ihr verstorbener Vater. Das unterstreicht auch einer ihrer ersten Aussprüche kurz nach ihrer Ankunft in London: Auf die Frage einer englischen Lady, ob sie als Katholikin denn den Anblick von Hugenotten überhaupt ertragen könne, hatte sie geantwortet: »Warum nicht, war denn nicht auch mein Vater einer?« Karl I. jedoch erwies sich als wenig einfühlsamer Gatte. Er verstand es nicht, seine junge Frau zu führen und für sich und seine Sache zu gewinnen. Entweder zeigte er sich zu nachgiebig oder er war zu heftig in seinen Reaktionen, wenn ihm etwas am Verhalten seiner Gemahlin nicht paßte. Das größte Hindernis zwischen den jungen Eheleuten jedoch stellte der Herzog von Buckingham dar. Er, der diese Ehe gestiftet hatte, war auf die Königin eifersüchtig, weil er um seinen Einfluß auf Karl fürchtete. Henrietta Maria ihrerseits begann, den allmächtigen Favoriten zu hassen, weil er ihrem Gemahl näher stand als sie selbst.

So kam es, wie es kommen mußte. Henrietta Maria war von ihrem Gatten enttäuscht und wurde aufsässig. Mit ihren 16 Jahren reagierte sie nicht überlegt, sondern verweigerte ihrem Mann einfach seine ehelichen Rechte. Außerdem fing sie an, ihren Glauben ostentativ zur Schau zu stellen und ihre englische Umgebung damit zu brüskieren. Am 2. Februar 1626 kam es sogar zu einem Skandal. Es war der Tag der Krönung Karls I., die wegen der Pestepidemie mit ziemlicher Verspätung stattfand. Wer bei der Zeremonie nicht erschien, war die Königin, die erklärt hatte, ihr Glaube verbiete es ihr, an einem ketzerischen Ritual teilzunehmen. Auch der Parlamentseröffnung vier Tage später blieb Henrietta Maria fern. Ein paar Monate danach ging sie noch einen Schritt weiter. Sie begab sich nach Tyburn, jenem makabren Ort, wo der Galgen stand, an dem einige zum Tode verurteilte katholische Priester hingerichtet worden waren. Vor aller Augen kniete die Königin davor nieder und betete lange für die Märtyrer.

Die englische Öffentlichkeit war über das herausfordernde Benehmen ihrer Königin schockiert, und Henrietta Maria zog sich allmählich den Haß ihrer Untertanen zu. Schließlich verlor Karl I. die Beherrschung und entließ fast das gesamte französische Gefolge seiner Gemahlin. Voll Zorn begab er sich noch am selben Abend in die Gemächer seiner Frau, unterbrach unwirsch ihre Unterhaltung mit den Hofdamen, ergriff ihre Hand und zog sie in das angrenzende Zimmer. »Ich möchte niemanden von diesen Leuten mehr sehen, die mich daran hindern, Euch völlig zu besitzen«, schrie er, während Buckingham im Hintergrund eine triumphierende Miene aufsetzte. Die Königin brach in ein herzzerreißendes Schluchzen aus, fiel vor ihrem Gemahl auf die Knie und flehte ihn an, ihr zu verzeihen, ihr wenigstens ein paar ihrer treuesten Diener zu lassen. Doch Karl blieb hart.

Während sich diese Szene zwischen den königlichen Eheleuten abspielte, wurde dem französischen Gefolge der Königin befohlen, Whitehall zu verlassen und sich nach Somerset House zu begeben, wo es weitere Befehle erhalten würde. Als Henrietta Maria die Schreie ihrer Frauen hörte, die sich dieser Anordnung widersetzen wollten, stürzte sie in ihrer Verzweiflung ans Fenster und schlug es mit der bloßen Hand ein. Mit aller Gewalt zerrte Karl I. sie zurück in den Raum, wobei er ihr das Kleid zerriß, auf das nun auch das Blut ihrer verletzten Hand tropfte.

Der König war kein brutaler Mann, und im Grunde seines Herzens tat ihm sein Vorgehen wahrscheinlich schon wieder leid. Er war nahe daran, schwach zu werden und Henrietta Marias Bitten nachzugeben. Doch Buckingham stachelte ihn weiter auf: Karl soll nun endlich klarstellen, wer an diesem Hofe der König ist. Und so schrieb der König am 7. August 1626 an seinen Favoriten: »Ich befehle Euch, morgen die Franzosen aus der Stadt zu weisen, wenn möglich in aller Güte, aber ohne Zeit zu verlieren und ohne Diskussionen. Andernfalls wendet Gewalt an und vertreibt sie wie wilde Tiere. Der Teufel soll sie holen! ... Ich verbleibe Euer treuer und ergebener Freund, Karl R.«

Frankreich antwortete auf diese unerhörte Behandlung der Königin mit scharfen Protesten und sandte François de Bassompierre als Sonderbotschafter nach London, um zwischen den Eheleuten zu vermitteln. Bassompierre versuchte auch, Henrietta Maria ins Gewissen zu reden, so wie es eineinhalb Jahrhunderte später Mercy d'Argenteau bei Marie Antoinette tun sollte. Schließlich gelang Ende November eine Einigung. Henrietta Maria durfte etwa fünfzig ihrer Bedienten behalten, darunter einen Bischof und sechs Priester. Im Gegenzug sollte Frankreich den noch offenen Teil der Mitgift bezahlen.

Trotzdem blieben die englisch-französischen Beziehungen weiterhin gestört. Buckingham war gegen Frankreich eingestellt, weil er die Zurückweisung durch Königin Anna nicht hinnehmen wollte. Darüber hinaus grollte er den Franzosen wegen der Weigerung, England bei der Rückeroberung der Pfalz zu helfen. Beide Seiten begannen einander zu provozieren, indem sie Schiffe des anderen kaperten, bis 1626 schließlich der Krieg zwischen Frankreich und England ausbrach.

Zuvor jedoch, am 6. Februar 1626, wurde das zweite Parlament der Regierungszeit Karls I. eröffnet. Der König benötigte dringend Geld für den bevorstehenden Krieg: Das Cádiz-Abenteuer hatte große Summen verschlungen, Karl I. war beim König von Dänemark hoch verschuldet, und die Soldaten, die immer noch keinen Sold bekommen hatten, begannen bereits zu meutern. Doch das Parlament wollte die bedrängte Lage des Königs ausnützen und forderte zuerst die Entlassung Buckinghams. Die Abgeordneten gaben dem Herzog die Schuld am Cádiz-Debakel und an der ganzen vertrackten außenpolitischen Situation Englands. Er sei kriminell, korrupt und unfähig, ein Verräter, wetterte Sir John Eliot im Parlament. Der ehemalige Jugendfreund Buckinghams war zu dessen erbittertstem Gegner geworden. Im Mai strengte Eliot ein neuerliches Anklageverfahren gegen den Herzog an, das Karl I. am 15. Juni 1626 wiederum durch Auflösung des Parlaments verhinderte.

Doch die beiden schienen immer noch nichts gelernt zu haben. Schon stürzte sich Buckingham, der Phantast und Ruhmsüchtige, in das nächste Abenteuer, den Krieg gegen Frankreich. Da er vom Parlament kein Geld erhalten hatte, versuchte Karl I. über Zwangsanleihen, sogenannte forced loans, und durch Verpfändung der Kronjuwelen die notwendigen Mittel aufzubringen.

Diesmal übernahm Buckingham selbst den Oberbefehl über das Unternehmen. Am 27. Juni 1627 brach er mit einer Flotte von 100 Schiffen auf. Doch sosehr der Herzog bisher vom Schicksal begünstigt war, der Kriegsgott war ihm nicht hold. Die Expedition zur Insel Ré scheiterte nach hunderttägiger Belagerung des französischen Stützpunktes. Obwohl sich Buckingham äußerst heldenhaft verhielt und alle Gefahren und Entbehrungen seiner Soldaten teilte, änderte dies nichts daran, daß Hunderte Engländer ihr Leben lassen mußten. Der Haß im Volk gegen den »Versager« war unbeschreiblich. Allein Karl I. hielt fest zu dem geliebten Freund.

Immer noch wollten der König und sein Favorit nicht aufgeben und planten bereits den nächsten Kriegszug. Im Oktober 1627 fühlte sich England nämlich aufgerufen, den Hugenotten in La Rochelle, der letzten Bastion des reformierten Glaubens in Frankreich, zu Hilfe zu kommen. Buckingham drängte seinen Herrn, das Parlament einzuberufen, in der Hoffnung, für diesen religiös motivierten Kriegszug Geld zu erhalten. Doch Buckingham hatte sich einmal mehr überschätzt, und der König selbst stieß die Abgeordneten durch seine arrogante Eröffnungsrede vor den Kopf. Seine Überheblichkeit forderte die Abgeordneten neuerlich heraus, und sie schlugen 1628 mit der berühmten »Petition of Right« zurück, von deren Annahme Sir Edward Coke und John Eliot die Gewährung von Geldmitteln abhängig machten. In dieser Petition formulierten die Deputierten zunächst ihre Beschwerden gegen nicht durch das Parlament bewilligte Maßnahmen des Königs. Dazu zählten etwa willkürliche Steuereinhebungen wie die Zwangsanleihe von 1626, Verhaftungen von Steuerverweigerern sowie Truppeneinquartierungen und Zwangsrekrutierungen ohne Parlamentsbeschluß. Weiters richteten sie an den König die Bitte, sich künftig an das bestehende Recht zu halten und Eingriffe in die Rechte seiner Untertanen nur noch unter Hinzuziehung des Parlaments anzuordnen.

Es war lediglich eine Bitte, die hier an den König gerichtet wurde, dahinter jedoch stand die Forderung nach Anerkennung der Rechte des Parlaments, was einer Beschneidung der Kronmacht gleichkam. Da die Petition keinerlei Rechtskraft hatte, nahm Karl I. sie zur Kenntnis in der Meinung, damit endlich vor den Angriffen der Abgeordneten Ruhe zu haben. Doch er irrte. Denn der wortgewandte Eliot reichte nun auch einen neuerlichen Mißtrauensantrag, eine sogenannte remonstrance, gegen Buckingham ein. Er forderte eine Anklage wegen Hochverrats gegen den Herzog, den er »die Hauptursache allen Übels« nannte. Karl I. war entsetzt über diese ungeheuerliche Anklage. Er verweigerte Buckingham, sich selbst zu verteidigen, und zeigte allen, daß er nicht die Absicht hatte, seinen Favoriten fallenzulassen, indem er ihm in aller Öffentlichkeit die Hand zum Kusse reichte. Karl fühlte sich von den Abgeordneten betrogen und vertagte das Parlament auf Oktober. Damit aber goß er nur noch mehr Öl ins Feuer und heizte die ohnedies schon nervöse Stimmung im Lande an. In diesem Sommer 1628 brodelte es in England bereits gewaltig. Längst hatte Karl I. die Liebe seines Volkes verloren, wenngleich sich der Haß vor allem gegen Buckingham richtete, gegen den »Dämon«, den »Teufel«, wie ihn die Puritaner nannten. Der Herzog jedoch gab sich unbeeindruckt und zeigte keinerlei Angst. Er verbat sich jegliche Maßnahmen zum Schutze seiner Person. Unbeirrt verfolgte er seine verwegenen Ziele weiter. Da der erste Versuch, La Rochelle zu entsetzen, im April 1628 fehlgeschlagen war, wollte Buckingham im August zu einem zweiten Vorstoß aufbrechen.

Am Morgen des 23. August 1628 aber schlich sich ein gewisser John Felton, ein kleiner verarmter Leutnant, der sich vom Herzog bei einer Beförderung übergangen gefühlt hatte, in das Haus des Großadmirals und verbarg sich hinter einem Vorhang in der Nähe der Eingangstür. Als Buckingham nach dem Frühstück in Begleitung einiger Offiziere das Haus verlassen wollte, stürzte Felton aus seinem Versteck hervor und rammte ihm ein Messer in die Brust. Blutüberströmt brach Buckingham zusammen. Er war auf der Stelle tot.

Für Karl I. brach eine Welt zusammen, als er vom Tode seines Freundes erfuhr, des einzigen, den er je hatte und haben sollte. Er schloß sich in sein Zimmer ein und gab sich stumm seiner Trauer hin. Als er wieder herauskam, war er ein anderer Mensch. Wie zum Schutz hüllte er sich ab nun noch mehr in seine königliche Würde und ging noch mehr auf Distanz. Aber mit einer Energie, die man bisher nicht an ihm bemerkt hatte, stürzte er sich in die Arbeit. Er war jetzt allein, und alle Verantwortung lag nun bei ihm.

Zuerst wollte Karl I. für »Steenie« ein großes Staatsbegräbnis samt Monument. Als ihn sein Staatsrat jedoch auf die Kosten und den Unmut des Volkes gegen den Herzog hinwies, ließ er die Idee wieder fallen. »Steenie« wurde am 11. September in aller Stille des Nachts in der Westminster-Abtei beigesetzt. Sein Mörder wurde zwei Wochen später hingerichtet. Für die Puritaner aber galt Felton als Held.

Das Parlament hatte jahrelang den Sturz Buckinghams gefordert. Jetzt war er tot, doch das Abgeordnetenhaus bereitete dem König auch weiterhin schlaflose Nächte. Anfang März 1629 überspannten die Commons jedoch den Bogen. Sie richteten eine Protestation an Karl I., in der sie ihre bereits in der Petition of Right formulierten Forderungen noch erhöhten, indem sie nun auch Ansprüche auf die Einhebung der Zölle sowie auf religiöse und kirchliche Belange ausweiteten. Die Protestation bestritt somit nicht nur die Hoheitsrechte des Königs in Kirchenangelegenheiten, sie war zugleich ein Aufruf zum Steuerboykott. Im Unterschied zur Petition richtete sich die Protestation nicht mehr allein an den König, sondern an die Öffentlichkeit. Sie legte es also darauf an, den Widerstand gegen die Krone im ganzen Land zu aktivieren. Doch diese Maßnahme ging selbst einem großen Teil der Parlamentsmitglieder zu weit, sodaß sich das Haus in zwei Parteien, eine gemäßigtere und eine radikale, aufspaltete. Einige Deputierte, darunter auch Sir Thomas Wentworth, der spätere Graf von Strafford, wollten diese Radikalität des Parlaments nicht mehr mittragen und wechselten auf die Seite des Königs. Dieser sah sich durch die Protestation dazu veranlaßt, am 27. März 1629 das Parlament aufzulösen. Für die nächsten elf Jahre sollte er es nicht mehr einberufen. Karl I. machte die Abgeordneten indirekt für Buckinghams Tod verantwortlich und ließ jene, die am lautesten gegen den Herzog aufgetreten waren, in den Tower werfen. Die meisten erhielten nach kurzer Zeit ihre Freiheit wieder bis auf Sir John Eliot, der sich weigerte, Reue und Unterwerfung zu zeigen. Als er jedoch an einem schweren Lungenleiden erkrankte und daher den König um Entlassung bat, blieb dieser hart und verweigerte ihm die Bitte. Eliot starb im November 1631. Er wurde zum ersten Märtyrer der Puritaner und der englischen Revolution.

HENRIETTA MARIA
ODER DIE FLUCHT AUS DER REALITÄT

Von 1629 bis 1640 regierte Karl I., ohne das Parlament einzuberufen. Da mit Buckinghams Tod auch die Kriegspläne gestorben waren, war ihm dies möglich, denn er brauchte keine zusätzlichen Geldmittel mehr. Diese Zeit wurde später von den Gegnern des Königs als »tyranny« bezeichnet. Was die Situation der Bevölkerung betraf, so war es allerdings eine Zeit des Wohlstandes und des Friedens. Handel und Gewerbe blühten, und vor allem für die sozial schwachen Schichten wurde seitens der Regierung so viel getan wie nie zuvor.

Buckinghams Tod war ein schwerer Schock für Karl I. gewesen. Er hatte seinen besten Freund verloren. Nie wieder würde er einem Menschen so vertrauen wie dem Herzog, nie wieder jemanden so bedingungslos lieben. Aber der König von England war ein Mann, der aufgrund seines mangelnden Selbstvertrauens eine Person an seiner Seite brauchte, die ihm Stütze war, Liebe und Sicherheit gab. Er fand sie überraschenderweise gerade in seiner Gemahlin.

Henrietta Maria war in den drei Jahren ihrer Ehe, die alles andere als gut war, reifer und sanfter geworden. Sie hatte nicht nur an Schönheit, sondern auch an Charakter gewonnen. Ihre Eskapaden und Temperamentsausbrüche gehörten der Vergangenheit an. Bereits in den Herbsttagen des Jahres 1627, als sich Buckingham auf der Insel Ré befand, hatte eine Annäherung zwischen ihr und ihrem Gemahl stattgefunden. Der König hatte damals an seinen Favoriten geschrieben: »Ich kann Dir nicht verhehlen, daß meine Frau und ich nie zuvor ein besseres Verhältnis hatten: sie zeigt sich so liebevoll gegen mich und wegen ihres taktvollen Benehmens ruft sie überall Erstaunen und Bewunderung hervor.« Henrietta Maria hatte aufgehört, alles Englische zu hassen. Sie lernte die Sprache des Landes, dessen Königin sie war, und paßte sich den Sitten und Gebräuchen an. Auch nahm sie nun englische Damen in ihr Gefolge auf. Bald sah sie sich selbst nicht mehr als Französin in einem fremden Land, sondern als Engländerin und Landesmutter, und sie wurde die treue Gefährtin ihres Gatten.

Jetzt, wo ihr Gemahl seinen so innig geliebten »Steenie« verloren hatte, ging Henrietta Maria auf ihn zu, tröstete ihn. Kein böses Wort über Buckingham kam über ihre Lippen, obwohl dieser doch die ganze Zeit zwischen ihnen gestanden war und ein Gutteil der Schuld an ihrer Ehekrise trug. Ein tiefes Vertrauen und eine große Zuneigung entstand zwischen den Eheleuten, und sie entdeckten beide die Liebe zueinander, die mit jedem Tag inniger wurde und den Grundstein für eine mustergültige und dauerhafte Partnerschaft bildete. Sichtbares Zeichen dafür war, daß Henrietta Maria nur wenige Wochen nach Buckinghams Tod zum ersten Mal schwanger wurde. Das Kind, ein Sohn, starb jedoch gleich nach seiner Geburt am 13. Mai 1629. Danach folgten in kurzen Abständen insgesamt sieben Kinder: 1630 der Thronfolger und spätere Karl II., 1631 die Tochter Mary, 1633 der spätere Jakob II., 1635 Elisabeth, 1637 Anna, 1639 Heinrich und schließlich 1644 noch Henrietta.

Es waren Jahre des Friedens und des Glücks für das Königspaar. Henrietta Maria widmete sich mit Begeisterung ihrer Aufgabe als Mutter und Ehefrau. Sogar in die anglikanische Taufe und protestantische Erziehung ihrer Kinder willigte sie ein. Die Politik überließ sie ihrem Mann. Auch Karl I. entpuppte sich als begeisterter Familienvater. Er liebte das ruhige Leben im Kreise der Seinen und zog sich, wann immer es ging, ins Privatleben zurück – obwohl das Hofleben im 17. Jahrhundert nur wenig mit dem zu tun hatte, was man sich heute unter Privatsphäre vorstellt.

Der junge König hatte gleich bei seinem Regierungsantritt ein strenges Hofzeremoniell erlassen, ähnlich jenem, das Ludwig XIV. einmal in Versailles einführen würde. Während es beim französischen König aber Ausdruck seiner absoluten Macht sein und auf die Domestizierung des rebellischen Adels abzielen würde, diente es Karl I. eher der Verschleierung seiner eigenen Unsicherheit. Die Etikette sollte eine gewisse Distanz zwischen ihm und der übrigen Gesellschaft schaffen.

Der englische Hof wurde unter Karl I. einer der formellsten in ganz Europa. Sämtliche Mahlzeiten des Königs waren öffentlich, wobei dem

Herrscher die Speisen mit gebeugtem Knie serviert wurden. Der große Aufwand in der Hofhaltung schlug sich natürlich in der Anzahl des Personals und in den Kosten nieder. Die Leibgarde Karls I. allein zählte 210 Personen, sein Stallpersonal 263. Die Königin beschäftigte ihrerseits insgesamt 172 Bedienstete, während für die Kinder etwa 200 Personen zur Verfügung standen. Alles in allem umfaßte der königliche Haushalt zwischen 1800 und 2600 Menschen, das war mehr als doppelt soviel als noch unter Jakob I. Die Kosten dafür lagen zwischen 1631 und 1635 durchschnittlich bei 260 000 Pfund pro Jahr.

Doch es war nicht in erster Linie das Personal, das solche Unsummen verschlang, sondern die vielen Residenzen, die der König zu erhalten hatte. Neben dem Palast von Whitehall gab es da noch den St.-James-Palast, der als Residenz des Thronfolgers diente, sowie Somerset oder Demark House, das der Königin gehörte, und zahlreiche Schlösser in der näheren Umgebung von London, darunter Greenwich Palace, Richmond Palace, Hampton Court oder Schloß Windsor. Zu jener Zeit glich das Leben eines Königs dem eines Nomaden. Man reiste von einer Residenz zur anderen – meist aus hygienischen Gründen, da die Paläste aufgrund des großen Gefolges innerhalb kürzester Zeit ziemlich verdreckt waren und einer gründlichen Reinigung bedurften. Es stank bisweilen ganz enorm, da die Latrinen nahe dem Hause gelegen waren. Ein weiterer Grund für die häufigen Ortswechsel war die Jagdleidenschaft Karls I. Allein im Jahre 1637 zog der König innerhalb von drei Monaten 27mal um.

Die vielen Schlösser hatten aber auch den Vorteil, daß sie genügend Raum für Karls Sammelleidenschaft boten. Der König liebte nämlich alles Schöne, vor allem aber die bildende Kunst, und er zeigte dabei nicht nur einen erlesenen Geschmack, sondern auch hervorragende Kenntnisse. Im Grunde seines Herzens war er viel mehr Künstler als Herrscher. In der Gesellschaft von Malern und Bildhauern fühlte er sich am wohlsten, da verlor er seine Schüchternheit, da fühlte er sich in seinem Element. Der große Rubens war ein gern gesehener Gast am englischen Hofe, ebenso ein junger Holländer, dessen Genie Karl I. mit sicherem Blick erkannte und den er später in den Adelsstand erhob: Sir Anthony van Dyck. Dieser schuf einige Porträts seines Förderers, die eine tiefe Sensibilität des Künstlers für die Seele seines Modells zeigen.

Der König liebte es, die Künstler in ihren Ateliers zu besuchen und mit ihnen in gelöster Atmosphäre zu plaudern, aber auch um Vorschläge hinsichtlich Linienführung und Farbgebung zu machen. Alle lobten seinen Kunstverstand, der weit über das übliche Maß eines interessierten Mäzens hinausging. Schon als Junge hatte Karl während seiner einsamen Jahre viel Zeit dem Zeichnen und Malen gewidmet und dabei ganz Erstaunliches zuwege gebracht. Als 20jähriger soll er ein Bild mit dem Titel »Judith und Holofernes« an Rubens zurückgeschickt haben, als er feststellte, daß dieses großteils von einem Schüler des Meisters stammte. Rubens soll davon so beeindruckt gewesen sein, daß er sich beim damaligen Prinzen von Wales entschuldigte und ihm ein neues Bild, ganz von seiner Hand, versprach. Karl I. besaß Wissen und Begabung gleichermaßen und wer weiß, wäre er nicht als Sohn eines Monarchen, sondern als der eines wohlhabenden Bürgers zur Welt gekommen, vielleicht wäre er ein großer Maler geworden.

Immerhin gelang es ihm, eine der bedeutendsten Kunstsammlungen der Welt zusammenzutragen. Im Jahre 1628 erwarb er die Sammlung des Herzogs von Mantua für 18 280 Pfund, viel Geld für die damalige Zeit, doch der König wußte, daß die Bilder, darunter Meisterwerke von Raffael, Tizian, Correggio und Mantegna den Preis wert waren. 1632 kaufte er allein 546 Bilder, und bei seinem Tode umfaßte seine Sammlung insgesamt 1760 Werke, von denen leider ein Großteil auf Anordnung des Parlaments im Jahre 1649 verkauft wurde.

Karls ausgeprägte Liebe zur Kunst war in gewissem Sinne auch eine Flucht aus der Realität. Doch für immer ließ sich die harte Wirklichkeit nicht verdrängen.

STRAFFORD ODER
DAS VERHÄNGNISVOLLE BUCH

Hinter der schönen Fassade des Friedens gärte es nämlich schon seit geraumer Zeit. Karl I. überließ die Staatsgeschäfte fast ausschließlich seinen Ministern, während er selbst seiner Jagdleidenschaft frönte oder sich seiner Gemäldesammlung widmete. Auch sein Land und seine

Untertanen schienen ihm nicht gerade am Herzen zu liegen. Außer jenen Ausflügen im näheren Umkreis von London unternahm der König so gut wie keine Reisen. Irland und Wales sollte er während seiner ganzen Herrschaft nie betreten, und nach Schottland, dem Land seiner Geburt, begab er sich erst 1633, um sich dort mit etlicher Verspätung krönen zu lassen. Verständlich, daß die Schotten ihrem König eine solche Zurücksetzung übelnahmen. Diese Abkapselung Karls I. gegenüber der Bevölkerung war ein höchst unkluges Verhalten, denn Imagepflege war auch in der Politik des 17. Jahrhunderts nötig. Die Menschen wollten ihren Herrscher zu Gesicht bekommen und den Eindruck haben, daß er sich für ihre Probleme und Anliegen interessierte. Karl I. aber schaffte es nie, sich volkstümlich zu geben.

Die drei Parlamentssessionen seiner bisherigen Regierungszeit in den Jahren 1625, 1626 und 1627 bis 1629 hatten bereits deutlich gezeigt, daß sich die englische Gesellschaft im Umbruch befand. Das Parlament hatte sich zum Gegner der Krone entwickelt. Doch Karl I. fehlte es an Weitblick und Flexibilität. Er war nicht fähig oder nicht gewillt, sich mit den Problemen seines Landes auseinanderzusetzen. Zu sehr beharrte er auf seiner Souveränität und seinen Privilegien. Die angespannte politische Situation eskalierte schließlich durch den religiösen Konflikt, den die Maßnahmen der Regierung auslösten.

Die religiöse Situation im England des 17. Jahrhunderts war ziemlich verworren und ist nach heutigem Verständnis nur schwer nachzuvollziehen. Seit Heinrich VIII. galt England – mit kurzer Unterbrechung während der Regierungszeit der katholischen Maria Tudor – als Zufluchtsstätte der Reformierten aller Richtungen. Der Protestantismus hatte sich im Laufe des vergangenen Jahrhunderts in zahlreiche Strömungen aufgespalten. In England selbst dominierte die anglikanische Kirche, zu der sich etwa zwei Drittel der Bevölkerung bekannten und deren Oberhaupt der König war, der sich wiederum auf die von ihm ernannten Bischöfe stützte. Diese Konstruktion hatte zur Folge, daß die Vertreter der Kirche im weitesten Sinne auch Vollzugsorgane der Regierung waren. Durch die Priester konnte der König Einfluß auf sein Volk nehmen. Die anglikanische Kirche war jung und daher im Grunde noch nicht genau definiert. Sie stellte so etwas wie ein Mittelding zwischen dem strengen Calvinismus, dem die Puritaner anhingen, und – aufgrund ihrer episkopalen Struktur – dem Katholizismus dar. Während die Katholiken längst eine Minderheit im Lande waren, gewannen die Puritaner seit der zweiten Hälfte des 16. Jahrhunderts vor allem aus der wohlhabenden Mittel- und Oberschicht immer mehr Anhänger. Sie strebten eine Reform der Kirche an und gleichzeitig eine Moralisierung der gesamten Gesellschaft. Die zunehmende Strenge des Puritanismus war gleichsam eine Gegenreaktion auf den immer prunkvoller werdenden Hof. Kernpunkt der puritanischen Glaubensauffassung war der Haß gegen die Katholiken. In Auslegung der Lehre Calvins ging es ihnen um den reinen Glauben, wobei sie jede feste Form der Gottesverehrung ablehnten. Jeder sollte nach seinen Gefühlen predigen und beten. Der einzelne sollte sich allein von seinem Gewissen leiten lassen. Die Bischofskirche war den Puritanern daher suspekt, weil sie eng mit der königlichen Macht verbunden war. Außerdem lehnten sie Kirchenschmuck ebenso ab wie Heiligenverehrung und die Messe. Auch die Auffassung, man könne sich durch gute Werke einen Platz im Himmel sichern, negierten die Puritaner. Die Absolution durch Kirchenvertreter war ihnen suspekt: Allein durch Gebet und die Unterwerfung unter den Willen Gottes könne man sein Heil finden. Der Gott der Puritaner aber war grausam und willkürlich, denn nur wenige waren auserwählt.

Karl I. war protestantisch erzogen worden. Er war ausgesprochen fromm und überzeugt, daß die Einheit von Kirche und Staat eine gottgewollte war. Der König neigte in seinem Glauben zum sogenannten Arminianismus, einer protestantischen Strömung, die die Willensfreiheit des Menschen betonte und den Katholiken tolerant gegenüberstand. Darüber hinaus war er durch seine katholische Gemahlin zwar nicht ein Anhänger des Katholizismus geworden, aber er ließ ihn als andere Glaubensauffassung gelten. Solange sich die Katholiken, die ja ohnedies keine Macht mehr im Lande hatten, ruhig verhielten, sah er keinen Grund, sie zu verfolgen. Solche Toleranz erwies sich jedoch in der damaligen Zeit und in dieser prekären religiösen und politischen Situation als fehl am Platze und sollte Karl I. zum Verhängnis werden. Für die Puritaner war diese großzügige Haltung allein schon verdächtig. Sie unterstellten dem König papistische Tendenzen. Karl I. dachte jedoch nie auch nur im geringsten an eine Konversion. Das einzige, was ihn mit den Papisten verband, war die Freude an der Schönheit. Die Restaurierung, Einrichtung und Ausschmückung der bisher vernachlässigten und teilweise verfallenen Gotteshäuser war ihm daher ein Anliegen.

In kirchlichen Fragen vertraute der König voll und ganz auf William Laud, den er 1633 zum Bischof von Canterbury ernannte. Leider sollte sich dieser Mann als schlechte Wahl erweisen. Laud arbeitete an einer Vereinheitlichung der anglikanischen Kirche im ganzen Reich. Überall sollte nach dem gleichen Muster gepredigt und gebetet werden. Das Schwergewicht legte er nicht auf die Predigt, sondern auf die Liturgie und die Sakramente. Insgesamt zielte er auf eine Stärkung der Bischofskirche und eine Zurückdrängung des einzelnen ab. Dies widersprach nun völlig der puritanischen Auffassung von der individuellen Freiheit des Glaubens (die Gruppe der Puritaner, die dieser Auffassung besonders vehement anhing, nannte sich deshalb auch »independents«, Unabhängige). Lauds Bestrebungen nach Reform waren verständlich und logisch, denn die anglikanische Kirche mußte sich irgendwann selbst definieren. Wie der Bischof jedoch dabei vorging, war weder besonders christlich noch staatsmännisch klug. Mitleidlos verfolgte er jeden, der sich ihm in den Weg stellte, übte Druck aus, wann immer es ihm nötig erschien. Der kleinwüchsige, pedantische und cholerische Mann war dabei völlig blind für das, was um ihn herum vorging. Er erkannte nicht, daß sein Vorgehen viel zu rasch und radikal war, daß sich ein erbitterter Widerstand bildete, der noch stumm war, aber bei jeder Gelegenheit losbrechen konnte. Und Karl I. selbst legte wieder einmal sein typisches Verhalten an den Tag: Sobald er Laud sein Vertrauen geschenkt hatte, war er unfähig, Kritik an dem ehrgeizigen Bischof zu üben. Er hielt gegen alle Vernunft und Warnungen an ihm fest. In Glaubensfragen war Laud für ihn das Maß aller Dinge. Mit dieser Uneinsichtigkeit und seiner Unfähigkeit, auf geänderte Gegebenheiten zu reagieren, fügte der König sich selbst und seinem Land einen damals noch unabsehbaren Schaden zu.

Im Jahre 1637 wollte Laud seine Reformen auch auf Schottland ausdehnen, indem er dort das sogenannte »Book of Common Prayer«, das dem englischen Gebetsbuch nachgebildet war, einführte. Damit erntete er beim schottischen Klerus jedoch wilde Proteste. England und Schottland waren nach wie vor zwei eigenständige Reiche, lediglich durch den gemeinsamen König vereint. Die schottische Eigenständigkeit drückte sich nicht zuletzt in der Religion aus. In Schottland herrschte die presbyterianische Kirche, die zwar ebenfalls protestantisch war, sich jedoch von der anglikanischen darin unterschied, daß sie nicht den König als

Oberhaupt anerkannte, sondern eine Versammlung aus gewählten Vertretern, die über den Bischöfen stand. Die schottische »Kirk« wollte keinerlei Einmischung in ihre Struktur dulden. Als im Juli 1637 die neue Liturgie zum ersten Mal in der St.-Giles-Kathedrale von Edinburgh gelesen wurde, kam es zu heftigen Tumulten und lauten Protesten – der Beginn einer Lawine, die die ganze englische Monarchie niederwalzen sollte.

In seiner Engstirnigkeit jedoch wollte Karl I. dieses »unselige Buch«, wie es Henrietta Maria später nannte, unbedingt durchsetzen, und sei es auch mit Waffengewalt. »Ich sterbe lieber, als diesen impertinenten und verdammungswürdigen Forderungen nachzugeben«, schrieb er am 11. Juni 1638. Doch die Schotten ließen sich nicht einschüchtern. Sie waren bereit, für ihre religiöse Sache zu kämpfen, und stellten ein riesiges Heer auf, weshalb die heranrückende kleine Armee des Königs vor einem Angriff zurückschreckte. Der sogenannte »1. Bischofskrieg« war damit zu Ende, bevor er noch begonnen hatte. Der König mußte einlenken. Aber er empfand den Widerstand der Schotten als Schlag gegen seine absolute Königsmacht. In diesem Dilemma berief er im Juli 1639 seinen wahrscheinlich fähigsten, doch gleichzeitig auch umstrittensten Staatsmann zu sich: Sir Thomas Wentworth.

Wentworth war bis 1628 ein Vertreter der parlamentarischen Opposition und Mitgestalter der Petition of Right gewesen. Er hatte sich allerdings geweigert, eine weitere Radikalisierung der Oppositionspolitik mitzutragen, die in der Protestation von 1629 offenbar geworden war, und war auf die Seite der Krone übergewechselt, der er fortan loyal diente. Wentworth war klug und energisch, ein ausgezeichneter Organisator, wenn auch nicht immer zimperlich in seinen Methoden. 1629 hatte ihn Karl I. nach York geschickt, wo der damals 36jährige Wentworth die Autorität des Königs im rebellischen Norden wiederhergestellt hatte. Drei Jahre später, 1632, war er Lord Deputy von Irland geworden, wo er mit eiserner Hand die aufrührerischen Katholiken zur Räson brachte und eine effiziente Verwaltung einführte. Wentworth war der geeignete Mann für schwierige Situationen, trat er doch für ein starkes Königtum ein. Er war der Typ Berater, den ein unsicherer und entscheidungsschwacher Mann wie Karl I. gebraucht hätte, aber er war weit weg. Als ihn der König im Juli 1639 aus Irland zurückberief, war es bereits zu spät, um noch hart durchzugreifen und die Ordnung wiederherzustellen. Zu lange hatte Karl I. gezögert, sodaß sich in der Zwischenzeit die Puritaner, ermutigt durch die Niederlage des Königs, zusammenrotteten. In London kam es bereits zu Aufständen. Der immer mehr in die Enge getriebene König bezeichnete die Schotten und die englischen Rebellen als Verräter. In aller Eile ernannte er Wentworth im Januar 1640 zum Grafen von Strafford und vertraute auf die Stärke und die Fähigkeit dieses Mannes, der allerdings aufgrund seines oft taktlosen, bisweilen brutalen Auftretens sehr viele Feinde im Lande hatte. Strafford setzte auf Waffengewalt. Doch zur Finanzierung des »2. Bischofskrieges« brauchte Karl I. das Parlament, das er am 13. April 1640 nach elfjähriger Pause einberief. Dies bedeutete indessen gleichzeitig eine Wiederbelebung der innenpolitischen Auseinandersetzungen von 1627/29. Der Kampf um die Macht in Staat und Gesellschaft war damit freigegeben. Der führende Mann im Unterhaus hieß damals John Pym, ein radikaler, verbissener Mann, der die Gelegenheit beim Schopf packen und die mißliche Lage des Herrschers für seine Ziele nutzen wollte. Er machte die Bereitstellung der Gelder von einer umfassenden Diskussion und Reform der grundsätzlichen Verfassungs- und Religionsfragen abhängig, sodaß sich Karl I. gezwungen sah, bereits am 5. Mai 1640 das Parlament wieder aufzulösen – wegen seiner Dauer von lediglich drei Wochen ging es als das »Kurze Parlament« in die Geschichte ein. Dieses übereilte Vorgehen des Königs erwies sich als schwerer politischer Fehler, denn von nun an waren die Fronten noch mehr verhärtet.

In der Zwischenzeit hatte Strafford in Irland eine Armee aufgestellt, die jedoch das einfallende schottische Heer auch nicht stoppen konnte. Aufgrund einer heimlichen Absprache fanden die Schotten die Unterstützung des englischen Parlaments. Karl I. sah sich gezwungen, den Forderungen nach einer neuerlichen Einberufung der Abgeordnetenversammlung nachzugeben, die schließlich am 3. November 1640 eröffnet wurde. Sie erhielt später den Namen »Langes Parlament«, weil ihre Sitzungsperiode 20 Jahre dauern sollte: Es gelang den Deputierten nämlich, Karl I. die Zusage abzuringen, daß sie ihre Sitzungsdauer selbst bestimmen konnten.

John Pym, der es verstand, die Massen Londons zu mobilisieren, schritt nun zum Angriff auf die königliche Zentralgewalt. Da die Person des Königs nach wie vor als unantastbar galt, richtete er seine Angriffe nicht direkt auf den Herrscher, sondern auf dessen Berater und die Bischöfe.

Allen voran gegen den Grafen von Strafford, der wegen seines Wechsels auf die Seite des Königs und wegen seiner Macht zum Feindbild der Parlamentarier geworden war. Pym initiierte eine Anklage wegen Hochverrats gegen den Grafen, weil der die Grundordnung von Staat und Kirche gefährdet und dem König geraten habe, irische Truppen gegen sein eigenes Volk einzusetzen. Die Anklage stand auf so wackeligen Beinen, daß weder Karl I. noch Strafford an eine Verurteilung glaubten. Strafford übernahm seine Verteidigung selbst. Doch die beiden hatten die Lage völlig falsch eingeschätzt. Das Unterhaus verurteilte trotz der wenig stichhaltigen Vorwürfe Strafford am 21. April 1641 zum Tode. Der König versicherte seinem Berater: »Ich gebe Euch mein Wort als König, daß Euch weder an Leib, Ehre noch Vermögen ein Leid geschehen wird. Euer treuer Freund. Karl R.« Dann wandte er sich an das Oberhaus und verteidigte Strafford. Vergebens. Auch die Lords hielten dem Druck des Pöbels nicht stand und sprachen sich für das Todesurteil aus. Das letzte Wort lag nun beim König selbst, und dieser weigerte sich natürlich, das Urteil zu unterzeichnen. Abgesehen davon, daß es jeder Grundlage entbehrte, hatte er Strafford sein Wort gegeben, daß ihm nichts geschehen würde.

Der Druck auf den Monarchen wurde indes immer größer. Eine aufgehetzte, entfesselte Volksmasse marschierte nach Whitehall und forderte Straffords Kopf. Karl I. und seine Familie fühlten sich in diesem Hexenkessel ihres Lebens nicht mehr sicher, die Dinge gerieten außer Kontrolle. Henrietta Maria und ihr Gemahl versuchten die Lage zu beruhigen und ihre protestantische Gesinnung unter Beweis zu stellen, indem sie in aller Eile am 2. Mai 1641 ihre erst neunjährige Tochter Mary mit dem zwölfjährigen Prinzen Wilhelm von Oranien verheirateten. Doch auch das nützte nichts mehr. In diesem Augenblick wandte sich der Graf von Strafford aus dem Tower an seinen Herrscher und entband ihn von seinem Versprechen, um damit die Monarchie zu retten. Tagelang rang Karl I. mit sich, bevor er seine Unterschrift unter den Hinrichtungsbefehl setzte. »Ich habe gegen mein Gewissen gesündigt«, schrieb er später an die Königin, »diese Tatsache wurde mir bewußt in dem Augenblick, wo ich aus Schwäche diese schuldhafte Konzession gemacht habe.« Am 12. Mai 1641 fand unter unglaublichem Jubel des Volkes die Hinrichtung Straffords statt. Karl I. und Henrietta Maria waren in Tränen aufgelöst. Der König war völlig verstört, sein ganzes Leben lang verzieh er sich sein ehrloses Verhalten nicht. Auch der zweite einflußreiche Berater des Königs, der unselige Erzbischof Laud, entging dem Zorn der Bevölkerung nicht. Nach vier Jahren im Tower wurde 1645 auch er exekutiert. Straffords Tod erwies sich indes als sinnloses Opfer. Der Sturm, der sich in den letzten Jahren über England zusammengebraut hatte, war nicht mehr aufzuhalten. Am 23. Oktober 1641 brach in Irland der Bürgerkrieg aus und verschlechterte die Situation des Königs noch mehr, denn die Puritaner setzten sofort das Gerücht von einer katholischen Verschwörung in die Welt. Karl I. betonte seine protestantische Gesinnung, doch Pym wollte selbst die Vorkämpferrolle für die wahre Religion übernehmen. Es galt daher zu beweisen, daß der König kein wahrer Protestant war. Am 1. Dezember 1641 formulierte das Parlament in einer Beschwerdeschrift, der sogenannten Grand Remonstrance, seinen Einspruch gegen das alte politisch-kirchliche Herrschaftssystem und forderte die parlamentarische Kontrolle von Staat und Kirche. Diese Forderungen waren so radikal, daß sie nur eine knappe Mehrheit fanden. Aber die Rebellion war da.

In seiner bedrängten Lage versuchte der König die Zügel wieder in die Hand zu bekommen, indem er fünf führende Mitglieder des Unterhauses des Hochverrats beschuldigte, die seiner Meinung nach durch ihr Vorgehen die politische Ordnung und seine rechtmäßige königliche Autorität untergraben hatten. Als Karl I. jedoch am 4. Januar 1642 mit 300 Bewaffneten ins Unterhaus eindrang, um die Angeklagten festnehmen zu lassen, waren diese bereits geflohen. Eine Hofdame der Königin, die Gräfin Carlisle, hatte ihnen das Vorhaben des Königs verraten. Die Gräfin war die ehemalige Geliebte Straffords, und sie haßte das Königspaar dafür, daß es dessen Hinrichtung zugelassen hatte. Um sich zu rächen, wurde die Dame die Geliebte von John Pym, der mit ihr eine unbezahlbare Informantin hatte. Henrietta Maria, die davon natürlich nichts wußte, vertraute gerade dieser Frau mehr als ihren anderen Hofdamen …

Die fehlgeschlagene Aktion des 4. Januar stellte für Karl I. eine doppelte Niederlage dar. Nicht nur, daß ihm seine Gegner entwischt waren, mußte er sich nun auch noch den Vorwurf gefallen lassen, die anerkannten parlamentarischen Privilegien – die Immunität der Abgeordneten während der Sitzungsperiode – verletzt zu haben. Die Lage des Königs hatte sich dadurch weiter verschlechtert. Er fühlte sich und seine Familie bedroht, weshalb er am 10. Januar 1642 mit seiner Gemahlin und den Kindern nach Hampton Court floh. Damit überließ er seine Hauptstadt, Zentrum der Regierung und der Macht, seinen Gegnern. Erst fünf Jahre später sollte er London wieder betreten, doch nicht mehr als Herrscher, sondern als Gefangener.

CROMWELL

Mit der Flucht des Königs aus London waren die Fronten endgültig gezogen. Sowohl die wegen ihrer kurzen Haare so genannten »Rundköpfe« als auch der König mit seinen »Kavalieren« zogen Truppen zusammen. Der Bürgerkrieg war nicht mehr aufzuhalten. Er brach im August 1642 aus. Obwohl es sich um einen Bürgerkrieg handelte, war die breite Bevölkerung nur am Rande davon betroffen. Nicht einmal zwei Prozent der Engländer waren an den Kämpfen beteiligt. Aber alle führenden Männer der Nation engagierten sich auf der einen oder anderen Seite. Der größte Teil des Hochadels und ein Teil des Landadels schlossen sich den Royalisten an, während die Kaufleute in den Hafenstädten, Teile des Landadels und die seefahrenden Schichten auf seiten der Rebellen standen.

Bereits im Februar hatte sich die Königin nach Holland begeben, um ihre Tochter Mary ihrem Gemahl zuzuführen. Der wichtigere Grund für diese Reise war jedoch, Hilfe für Karl I. zu organisieren. Henrietta Maria versetzte ihre Juwelen, um mit dem Geld Waffen und Munition zu besorgen. Enttäuscht mußte sie jedoch feststellen, daß weder die Niederlande noch Dänemark oder Frankreich zu konkreter militärischer Hilfe bereit war. Nur Prinz Rupert von der Pfalz eilte seinem Onkel zu Hilfe. Der junge Mann erwies sich als mutiger und kompetenter Heerführer, der Karl I. eine echte Stütze war.

Im Februar 1643 kehrte die Königin nach England zurück. Mit all ihrer Energie und bewundernswerter Entschlossenheit stand sie ihrem zögerlichen Gemahl in diesen Stunden der Gefahr zur Seite. Die anfängliche Überlegenheit der Kavaliere gab Anlaß zum Optimismus. Der König hatte rund zwei Drittel des Landes unter seiner Kontrolle. Die Rebellen dagegen benötigten dringend einen Erfolg, um ihre Leute bei der Stange zu halten. Da ging John Pym, kurz bevor er im Dezember 1643 starb, ein Bündnis mit den Schotten ein, die dann im Januar 1644 erneut in England einfielen. Damit begann sich das Blatt für die Royalisten zu wenden.

Im April 1644 ereilte Karl I. der nächste schwere Schlag. Henrietta Maria, die wieder schwanger war, fühlte sich plötzlich krank und nervlich am Ende. Sie verließ Oxford, wo der König sein Hauptquartier aufgeschlagen hatte, und begab sich nach Exeter, wo sie am 14. Juni 1644 eine Tochter, Henrietta, zur Welt brachte. Es war eine schwere Geburt gewesen, die Königin war danach körperlich und seelisch so erschöpft, daß sie kaum mehr wiederzuerkennen war. Endgültig geriet sie in Panik, als die feindlichen Truppen immer näher an Exeter herankamen. Die sonst so tapfere und mütterliche Frau ließ Mann und Kinder zurück und schiffte sich am 14. Juli 1644 nach Frankreich ein. Als Karl I., der seiner Gemahlin zu Hilfe eilen wollte, in Exeter eintraf, war sie bereits abgereist. Er sollte die geliebte Frau nie wieder sehen. Nur ihre Briefe trösteten ihn über die nächsten Jahre hinweg, in denen sie ihn in seinem Handeln bestärkte, Ratschläge und Hoffnung gab, denn sie kannte die Schwächen und die Unentschlossenheit ihres Gatten.

Es schien, als hätte Karl I. mit Henrietta Maria auch seinen Glücksstern verloren. Die Zeit der Siege war für ihn vorbei, die Rebellen gewannen an Boden. In den folgenden Jahren war er Flüchtling im eigenen Land. In den Reihen der Rebellen hatte sich inzwischen ein Mann namens Oliver Cromwell besonders hervorgetan. Der 1599 in Huntington geborene Mann aus kleinadeliger Familie war seit 1628 Mitglied des englischen Parlaments, bislang jedoch nicht aufgefallen. Nun aber schien seine Zeit gekommen. Oliver Cromwell zählt wohl zu den umstrittensten Figuren der englischen Geschichte. Seine Persönlichkeit war rätselhaft und faszinierend zugleich. Er hatte eine gute, streng puritanische Erziehung genossen. Durch den frühen Tod des Vaters war er daran gewöhnt, Verantwortung zu tragen, und die puritanischen Ideen fielen bei dem jungen Mann auf fruchtbaren Boden. In den 30er Jahren schien er dann eine Art mystischer Krise durchgemacht zu haben. Von da an hielt er sich auf jeden Fall für einen Auserwählten, für ein Werkzeug Gottes. Er wurde zum erklärten Anhänger der Independenten, jener radikalen Gruppierung unter den Puritanern, die allein das Gewissen des einzelnen als Grundlage des Glaubens anerkannten und jegliche

Karl I. (1600–1649)

Bischofsstruktur ablehnten. Sein puritanischer Eifer brachte ihn rasch in die Führungsschicht der Radikalen um John Pym.

Cromwell war groß und kräftig. Beim Reden lief sein Gesicht vor Erregung rot an, mit seiner scharfen, hart artikulierenden Stimme verschaffte er sich inmitten von Zwischenrufen Gehör. Die zunehmende Radikalisierung bahnte Oliver Cromwell den Weg, schließlich konnte der Hochverrat des Parlaments am König nur durch einen totalen Sieg der Rebellen legalisiert werden. Innerhalb kürzester Zeit brachte er es zum Oberst eines Regiments und machte durch sein hervorragendes Organisationstalent auf sich aufmerksam. Er verstand es, durch religiöse Überzeugungskraft seine Truppe zu einer höchst disziplinierten und mutigen Einheit zu erziehen, die niemals dem Feind wich, weshalb sie auch die »ironsides« genannt wurden. Eine eigenartige Faszination muß von die-

Oliver Cromwell (1599–1658)

sem Mann ausgegangen sein, fast wie bei einem religiösen Führer, daß ihm die Leute so bedingungslos folgten.

Der Sieg der »Rundköpfe« im Juni 1644 bei Marston Moor ging in erster Linie auf das Konto von Cromwell, der damit zum Helden seiner Soldaten wurde. Ein Jahr später, im Juni 1645, siegte er wieder in der Entscheidungsschlacht bei Naseby, und mit der Einnahme von Oxford, dem königlichen Hauptquartier, ging der 1. Bürgerkrieg im Juni 1646 zu Ende.

In Verkleidung ergriff Karl I., begleitet von zwei Getreuen, die Flucht. Er wollte die Uneinigkeit der gegnerischen Verbündeten nützen und begab sich in die Hände der Schotten. Doch die Schotten erwiesen sich als unzuverlässige Helfer. Sie »verkauften« den König für 400 000 Pfund an das englische Parlament. Am 1. Januar 1647 rollten 36 mit Gold und

Silberstücken beladene Karren in Richtung York. Karl I. meinte damals ironisch: »Lieber bin ich mit denen, die so teuer für mich bezahlt haben, als mit jenen, die mich so schändlich verkauft haben.«

Die Rebellen brachten den König nach Hampton Court, wo sie ihn mit allem Respekt behandelten. Er hatte sein Gefolge, und auch das ganze höfische Zeremoniell wurde aufrechterhalten. Karl I. speiste nach wie vor öffentlich, und die Speisen wurden ihm mit gebeugtem Knie gereicht. Er durfte mit seinem Bewacher, dem Grafen von Pembroke, Spaziergänge machen und sogar auf die Jagd gehen, er spielte Schach und Tennis und konnte uneingeschränkt korrespondieren. Die größte Freude war für ihn jedoch, daß man ihm seine Kinder Jakob, Elisabeth und Heinrich brachte (dem Thronfolger Karl war im September 1646 die Flucht nach Frankreich gelungen). Das Wiedersehen des Königs mit seinen Kindern rührte sogar einen harten Mann wie Oliver Cromwell zu Tränen. Im Volk begann die Stimmung langsam zugunsten des Königs umzuschlagen. Man jubelte ihm zu, wenn er mit seinen Kindern vorüberkam. Der Hang zu Tradition und zur alten Ordnung war eben tief in den Herzen der Menschen verwurzelt. Außerdem hatte der Bürgerkrieg die Rebellen-Regierung zu Steuererhöhungen veranlaßt, die viele mit Wehmut an die Zeiten der königlichen Herrschaft denken ließen.

Karl I. konnte dies alles nur recht sein. Er wußte, daß er auch als Gefangener ein wichtiger Faktor war, und setzte auf Zeit. Er hoffte auf die Zersplitterung des gegnerischen Lagers, denn die Armee begann dem Parlament langsam über den Kopf zu wachsen.

Im Juni 1647 war es auch zur ersten Begegnung zwischen Karl I. und Cromwell gekommen. Der strenge Puritaner und Soldat zeigte sich ehrerbietig, wenngleich er sich nicht wie sein Begleiter, General Fairfax, zu der üblichen Demutsgeste überwinden konnte, seinem Herrscher die Hand zu küssen. Gemeinsam mit seiner Frau und seiner ältesten Tochter besuchte er seinen hohen Gefangenen häufig in Hampton Court, während die Verhandlungen zwischen Parlament und König liefen. Karl I. jedoch mißtraute diesem Mann und verhandelte heimlich auch mit der anderen Partei, den Schotten.

Am 11. November 1647 gelang Karl I. die Flucht aus Hampton Court. Doch der König von England war vom Pech verfolgt. Statt, wie einer seiner Getreuen riet, ein Schiff nach Frankreich zu nehmen, entschied er sich ausgerechnet für die Isle of Wight. Der Gouverneur der Festung

Carisbrooke Castle, ein gewisser Robert Hammond, erwies sich nämlich als Verräter und setzte den König wieder gefangen. Jetzt schlug Cromwells ursprüngliche Freundlichkeit in einen abgrundtiefen Haß gegen Karl I. um, hatte dieser doch aus seinem Gefängnis an die Schotten appelliert und ihnen für ihre Hilfe weitreichende Zugeständnisse gemacht – unter anderem die Einführung des Presbyterianismus in England! Cromwell fühlte sich vom König hintergangen: »Der König ist so falsch und hinterhältig, daß man ihm nicht trauen kann. Während er seine Friedensliebe beteuert, verhandelt er hinterrücks mit den Schotten, um das Land in einen neuen Krieg zu stürzen. Die Stunde ist gekommen, daß das Parlament allein regiert und das Königreich rettet.« Nach der fehlgeschlagenen Flucht schien Karl I. zu resignieren, er wurde lethargisch und depressiv. Er war jetzt 47 Jahre alt, doch die vergangenen Mißerfolge und die Strapazen des Krieges hatten ihn vor der Zeit altern lassen. Er wirkte abgezehrt und müde mit seinen schlaffen Wangen und den Tränensäcken unter den Augen; sein Haar und sein Bart waren bereits stark ergraut. Ihm fehlte jede Energie, um weiterzukämpfen für sich und seine Krone.

Gerade in dieser schweren Zeit aber gewann Karl I. an Persönlichkeit und Charakter. Der einst so reservierte und kühle Mann war plötzlich fähig, auf andere Menschen zuzugehen und Freundschaften zu schließen. Vor allem bei einfacheren Leuten fand er menschliche Wärme und unbedingte Loyalität, und es fiel ihm gar nicht mehr schwer, mit ihnen ganz locker zu plaudern und ihnen Vertrauen zu schenken. Diese Menschen waren vielleicht der einzige Lichtblick in jenen schwierigen und manchmal verzweifelten Wochen und Monaten. Der König empfand große Dankbarkeit für Mary Wheeler, die Wäscherin, die seine Briefe in ihren Körben zuverlässig an den Bewachern vorbeitransportierte. Und mit Sir Henry Firebrace, seinem Diener und ehemaligen Pagen, verband ihn eine tiefe Freundschaft. Von ihm stammte auch der Plan zu einem Fluchtversuch aus Carisbrooke. Karl I. sollte mit Hilfe einer Feile, die man ihm zugeschmuggelt hatte, die Gitterstäbe vor seinem Fenster durchtrennen und dann, unterstützt von ein oder zwei Getreuen, über die Mauer des Schlosses entkommen. Doch der zögerliche König weigerte sich – aus Angst, dabei entdeckt zu werden –, die Gitterstäbe zu durchfeilen. Da es ihm bereits gelungen war, seinen Kopf durch die Stäbe zu zwängen, meinte er, daß er auch seinen Körper hindurchquetschen könnte. Doch am Abend des 27. März 1648, als alles zur Flucht bereit war, blieb er mit den Schultern in dem Gitter stecken, und das Unternehmen mußte aufgegeben werden.

Dieser Mann schien der geborene Verlierer zu sein. Nichts glückte ihm. Es mutet daher fast wie eine Entschädigung des Schicksals an, daß er hier auf Schloß Carisbrooke eine zarte und romantische Beziehung zu einer jungen Frau namens Jane Whorwood erleben durfte. Es war wahrscheinlich nur eine rein platonische Liebe, die uns durch die sechzehn zärtlichen Briefe des Königs an die attraktive, rothaarige Jane überliefert ist. Doch es war vielleicht eine der schönsten Episoden im Leben dieses unglücklichen Monarchen.

Auch in der Politik tat sich wieder einiges. Die Schotten wechselten auf die Seite des Königs. Im März 1648 stellten sie ein Heer von 40 000 Mann auf, um die Monarchie zu verteidigen. In Wales und Südengland waren viele wegen der drückenden Steuern vom Parlament abgefallen, der Bürgerkrieg flammte wieder auf. Damit wuchs allerdings auch der Haß der Puritaner gegen den König, dem sie die Alleinverantwortung für die neuerlichen Kämpfe gaben. Vor allem die Independenten sahen in diesem »Karl Stuart« den erklärten Feind, den es zu vernichten galt. Cromwell wandte sich an seine Truppen, bevor es am 17. August 1648 zur entscheidenden Schlacht bei Preston kam: »Der Herr will nicht, daß wir uns noch länger unter dem Joch der Sünde beugen. Er wird das Szepter des Unterdrückers zerbrechen ... Unser Sieg ist das Werk des Allmächtigen. Er erniedrigt die, die sich erheben, und erhöht die, die demütig sind. Fahret fort, seinen Willen zu erfüllen, und vernichten wir die, die nicht in Frieden leben wollen.«

Der Puritaner sah in dieser Schlacht ein Gottesurteil, zumal seine Armee den Royalisten zahlenmäßig unterlegen war und trotzdem einen glorreichen Sieg erringen konnte. Daß die strengen, puritanischen »Rundköpfe« bisweilen eine höchst eigenartige Auffassung des christlichen Glaubens hatten, zeigte sich nicht zuletzt an ihrem äußerst grausamen Vorgehen gegen die Besiegten. Der Kommandant von Woodcroft House in Northampshire etwa hatte sich gegen die Zusage des Pardons ergeben. Doch die Rebellen stießen ihn über die Zinnen. Als er sich dort gerade noch festklammern konnte, hackten sie ihm die Hände ab. Er fiel in den schlammigen Festungsgraben, wo sie ihn schließlich durch einen Kopfschuß von seinen Qualen erlösten.

Sehr zum Unmut von Cromwell und den Anhängern der Armee begann das Parlament im September abermals mit dem König zu verhandeln und rang ihm tatsächlich Zugeständnisse ab. Nach zweimonatigen Verhandlungen akzeptierte Karl I. Einschränkungen seiner Macht sowie eine Reform der Kirche, die weit über die Forderungen hinausgingen, die man ihm im Jahre 1641 gestellt hatte. In seiner bedrängten Lage blieb dem König auch gar keine andere Wahl als nachzugeben. Gleichzeitig schrieb er jedoch an den Herzog von Ormond in Paris: »Gehorcht den Befehlen meiner Frau und nicht den meinen, solange ich Euch nicht wissen lasse, daß ich völlig frei bin von jeglichem Zwang. Diese Verhandlungen sind ebenso lächerlich wie die anderen, nichts wird meine Absichten ändern.«

Die eigentliche Gefahr allerdings drohte dem König nicht vom Parlament, sondern von der Armee, denn die Abgeordneten hatten im Grunde nicht mehr viel zu sagen. Am 29. November 1648 landeten 2000 Soldaten auf der Isle of Wight. Jetzt galt es zu handeln oder unterzugehen. Es blieb keine Zeit mehr. Die Freunde des Königs rieten ihm dringend zur Flucht, doch Karl I. weigerte sich. Er glaubte nicht an einen Erfolg, und so wollte er es nicht einmal versuchen. Am nächsten Morgen war es dann zu spät. Zwei Armeeoffiziere kamen, um ihn nach Hurst Castle zu bringen. Sie zeigten nicht die Spur von Respekt oder Ehrerbietung. Jetzt wußte der König wohl, daß er ausgespielt hatte. Als Karl I. seinem Diener, der zum Abschied niedergekniet war, die Hand zum Kusse reichen wollte, schob ihn einer der Offiziere mit den Worten »Go on, Sir!« unsanft in die Kutsche. Als sich dieser unflätige Mensch dann auch noch, ohne den Hut vom Kopf zu nehmen, neben den König setzen wollte, wurde dieser wütend und rief zornig: »So weit sind wir noch nicht. Hinaus!«

Am 6. Dezember holten die Independenten zum Staatsstreich aus. Die Armee verweigerte der presbyterianischen Mehrheit der Abgeordneten mit Gewalt den Zutritt zum Parlament. Übrig blieben nur die verläßlichen puritanischen Mitglieder, die ein sogenanntes Rumpfparlament bildeten, das sich am 4. Januar 1649 zur obersten Gewalt im Lande erklärte. Die Beschlüsse der Commons hatten von nun an auch ohne Zustimmung des Königs und des Oberhauses Gesetzeskraft.

Zu Weihnachten 1648 hatte man Karl I. nach Windsor gebracht. Der König war darüber froh, barg dieses Schloß doch Erinnerungen an glücklichere Zeiten. Erstaunlicherweise hatte er noch immer Illusionen; er schrieb: »In sechs Monaten wird der Frieden in England wiederhergestellt sein. Wenn nicht, werde ich aus Irland, Dänemark oder Frankreich Mittel erhalten, um wieder in meine Rechte einzutreten.« Immer noch hatte der König seine ganze 16köpfige Dienerschaft, und die Etikette wurde auch weiterhin beibehalten. Doch von einem Tag auf den anderen war plötzlich Schluß damit. Seine Bediensteten wurden entlassen und durch Soldaten ersetzt. Das Parlament hatte entschieden, ihm den Prozeß wegen Hochverrats zu machen. Cromwell, der diesem Prozeß unbedingt den Anschein der Legalität geben wollte, hatte auf einen Parlamentsbeschluß bestanden. Der Puritaner befand sich im Machtrausch. Er ließ sich in Whitehall in den königlichen Gemächern nieder, während man Karl I. in den St.-James-Palast brachte.

Am 20. Januar 1649 begann schließlich die Gerichtsverhandlung gegen den König von England. Doch nur ein Bruchteil der 135 Geschworenen erschien tatsächlich in Westminster Hall. Vielen war dieses radikale Vorgehen Cromwells unheimlich geworden. Zu tief saß die Überzeugung von der unantastbaren Person des Herrschers. Cromwell aber konnte nicht mehr zurück, er mußte den einmal eingeschlagenen Weg weitergehen, um nicht selbst unter die Räder zu kommen. Er war bereit, diesen Prozeß mit allen Mitteln durchzupeitschen und zum gewünschten Ende zu bringen. Das war nicht einfach, denn der König war ein harter Gegner. Der oft so willensschwache Mann schwang sich in den letzten Stunden seines Lebens zu einer bewundernswerten Größe und Festigkeit auf.

Karl I. war nicht bereit, dieses Gericht anzuerkennen. Als souveräner Herrscher war er allein Gott verantwortlich. Als Zeichen seiner Mißachtung des Gerichtes behielt er den Hut auf, als er den Saal betrat und auf dem bereitgestellten, mit Samt bezogenen Sessel Platz nahm. »Ich möchte wissen, aufgrund welcher Macht ich hierher gerufen wurde. Ich möchte wissen, von welcher Autorität, ich meine von welcher gesetzlichen ... Denken Sie daran, ich bin Ihr König, Ihr gesetzmäßiger König. Ich habe von Gott durch alte, gesetzmäßige Abstammung eine Aufgabe übertragen bekommen, die ich nicht zu verraten gewillt bin, indem ich einer neuen ungesetzlichen Autorität Rede und Antwort stehe.«

Das Urteil dieses Prozesses stand von vornherein fest, dennoch irritierte die würdige und kompromißlose Haltung des Königs so manchen der

Richter. Die Verlesung der Anklage gegen den »Tyrannen, Verräter, Mörder und Feind des Volkes« rang Karl I. nur ein kurzes Lachen ab und er erklärte: »Ich stehe für die Freiheit meines Volkes mehr als jene hier, die vorgeben, meine Richter zu sein.«

Cromwell und seine Anhänger hatten erwartet, daß der König aufgrund seines angeborenen Sprachfehlers keine gute Figur bei seiner Verteidigungsrede machen würde. Doch erstaunlicherweise sprach Karl I. zum erstenmal in seinem Leben klar, deutlich und fließend. Er war kaum zu stoppen, und seine Worte beeindruckten viele der Anwesenden. Er verteidigte sich nicht, sondern blieb hartnäckig bei seiner Weigerung, die Legalität dieses Gerichtes anzuerkennen. Genau das aber wollten die Ankläger. Sie versuchten es mit Erpressung, in dem ein Teil von ihnen beschloß, das Schweigen des Königs zu den Punkten der Anklage als Schuldeingeständnis zu werten. Doch Karl I. ließ sich nicht beirren. Es gehe hier nicht allein um seine Person, sondern um »die Freiheit und das Recht des englischen Volkes, für welche er stehe«. Die Kommission wurde immer unruhiger, und bei einigen regten sich Zweifel an der Legalität des Prozesses. Cromwell brauchte all seine Überzeugungskraft und schreckte auch vor Drohungen nicht zurück, um die Richter dazu zu bringen, das gewünschte Urteil zu fällen. Bradshaw, der Vorsitzende der Jury, hielt eine lange, eindringliche Rede, in der er sämtliche Verfehlungen des Königs im Lauf der vergangenen Jahre aufzählte. Vor allem die Tatsache, daß Karl I. Krieg gegen seine Untertanen begonnen hatte, wog schwer. Dies sei ein Bruch des Bündnisses zwischen Volk und Souverän. Der König hätte damit seiner obersten Pflicht, nämlich sein Land zu schützen, zuwidergehandelt. Schließlich verkündete er das Urteil der Jury, das mit hauchdünner Mehrheit zustande gekommen war und auf Tod durch Enthaupten lautete.

Als Karl I. sein Todesurteil vernahm, verlor er für einen kurzen Moment die Fassung. Er begann zu stottern, wollte etwas sagen, doch man ließ ihn nicht mehr sprechen. Dann hatte er sich wieder in der Gewalt und resignierte. Das war am 27. Januar 1649.

Die Bestürzung in Frankreich war groß, als man von der Verurteilung des Königs erfuhr. Vergeblich waren die Appelle Ludwigs XIV., die er auf Druck seiner Tante an Cromwell und General Fairfax gerichtet hatte. Vergeblich auch die Interventionen des französischen und des niederländischen Botschafters.

Man hatte Karl I. nach Whitehall gebracht, wo er seine letzten Stunden in gewohnter Umgebung verbringen konnte. Einmal noch durfte er seine beiden Kinder, Elisabeth und Heinrich sehen (seine jüngste Tochter, Henrietta, war im Dezember 1647 von ihrer Gouvernante heimlich nach Frankreich gebracht worden, und auch Jakob war im April 1648 die Flucht gelungen). Es war eine erschütternde Szene, als der König sich von den beiden verabschiedete. Die 13jährige Elisabeth schrieb alles noch in derselben Nacht nieder: »Er wollte nicht, daß ich mich seinetwillen gräme, denn es sei ein ehrenvoller Tod für die Gesetze und Freiheiten seines Landes und als Märtyrer der wahren, der protestantischen Religion zu sterben.« Zu seinem erst achtjährigen Sohn sagte der König: »Höre, Kind, was ich dir jetzt sage. Sie werden mir den Kopf abschlagen und vielleicht versuchen, dich zum König zu machen. Doch merke dir, was ich dir sage: du darfst nicht König sein, solange deine Brüder Karl und Jakob leben, denn sonst werden sie auch deinen Brüdern die Köpfe abschlagen und deinen schließlich auch.« Der Kleine blieb während der Rede seines Vaters ganz ernst und versprach, sich eher in Stücke reißen, als von diesen Leuten krönen zu lassen. Unter Tränen umarmte der König die beiden Kinder ein letztes Mal, dann blieb er allein. Er wollte niemanden mehr sehen außer seinem Beichtvater.

Am folgenden Tag schrieb Karl I. einen letzten Brief an seine Gemahlin: »Ich bin froh, daß unsere Kinder in Deiner Nähe sind. Deine Zärtlichkeit und Deine Tugend bürgen mir dafür, daß Du für ihr Verhalten Sorge tragen wirst; ich kann Dir kein teureres Pfand meiner Liebe hinterlassen. Ich danke Gott, daß er seinen Zorn nur auf mich allein gerichtet hat. Mein Herz ist voller unverminderter Zärtlichkeit für Dich. Ich werde ohne Furcht sterben, gestärkt durch die Festigkeit, die Du in unseren gemeinsamen Stunden der Gefahr gezeigt hast. Adieu, mein geliebtes Herz, sei versichert, daß ich bis zum letzten Augenblick meines Lebens nichts getan habe, was der Ehre, Dein Gatte gewesen zu sein, unwürdig gewesen wäre.« Den Rest des Tages verbrachte Karl I. im Gebet und in Vorbereitung auf seinen letzten Gang.

Am Morgen des 30. Januar 1649 erhob sich der König zwischen fünf und sechs Uhr früh und ließ sich von seinem Kammerdiener ankleiden. »Heute ist meine zweite Vermählung«, sagte er »ich hoffe, daß ich noch vor dem Abend mit Jesus vereint bin.« Da es ein bitterkalter Tag war, zog Karl I. ein zweites Hemd über, um nicht auf dem Schafott zu zittern:

Keiner sollte den Eindruck haben, er hätte Angst. Nachdem er die Sakramente empfangen hatte, nahm er auf Anraten von Bischof Juxon noch ein paar Bissen zu sich, um nicht vor Hunger einen Schwächeanfall zu erleiden.

Dann begannen die qualvollen Stunden des Wartens. Erst um zwei Uhr nachmittags führte man ihn auf den Platz vor dem Palast von Whitehall, wo das schwarz verhangene Schafott errichtet worden war. Es war von Soldaten umstellt, die die gaffende Menge weit zurückhielten, damit es für den König unmöglich war, zu ihr zu sprechen. So wandte er sich an die unmittelbar um ihn herum Stehenden. Er beteuerte noch einmal seine Unschuld, bevor er, bezugnehmend auf das Schicksal Straffords, sagte: »Ein ungerechtes Urteil, das ich verschuldet habe, wird nun durch ein ungerechtes Urteil an mir gesühnt.«

Dann schob Karl I. sein schulterlanges Haar sorgfältig unter eine weiße Nachthaube und kniete vor dem Richtblock nieder. Dieser aber war so niedrig, daß er gezwungen war, sich flach auf den Boden zu legen. »Warten Sie auf mein Zeichen«, sagte er zu dem Henker. »Wie Ihr befehlt, Euer Majestät«, antwortete dieser. Für ein paar Augenblicke lag eine angsterfüllte Stille über der Menge. Dann streckte der König seine Hände aus. Das war das Zeichen. Mit einem einzigen Schlag erledigte der Henker seine Aufgabe.

Karl I. war tot; der erste Herrscher der Geschichte, der von seinen eigenen Untertanen hingerichtet worden war. England wähnte sich von einem Tyrannen befreit, doch hatte es nur einem neuen den Weg bereitet: Oliver Cromwell. Am 19. Mai 1649 wurde die Monarchie abgeschafft, doch das Experiment der ersten und bisher einzigen Republik in England währte nur ein knappes Jahrzehnt. Alles stand und fiel mit der Person Cromwells. Als dieser 1658 starb, verlor auch der Puritanismus an Anziehungskraft, und die sogenannte »Great Rebellion« fand 1660 ihr Ende. In diesem Jahr nämlich kehrten die Stuarts mit Karls ältestem Sohn, Karl II., auf den Thron von England zurück, wo sie bis 1714 herrschten. Sie wurden vom Haus Hannover abgelöst, das seine Ansprüche von Elisabeth Stuart, der Schwester Karls I., herleitete und bis heute die englische Krone trägt.*

---

* Siehe Stammtafel II und V.

Ludwig XVI.

EIN BÖSES OMEN

Der Himmel über Paris schien in Flammen zu stehen. Unablässig ergossen sich Sternenfontänen in immer neuen Formationen über das nächtliche Schwarz, um schon im nächsten Augenblick wieder zu erlöschen und von neuen, noch prächtigeren Lichterfluten abgelöst zu werden. Begleitet wurde dieses glitzernde Schauspiel von rhythmischen Ah- und Oh-Rufen und dem Beifallklatschen der versammelten Menge.

Es war ein grandioses Freudenfeuer, das hier am 31. Mai 1770 zu Ehren des frischvermählten Thronfolgerpaares entzündet wurde. Tausende waren auf die Place Louis XV., die heutige Place de la Concorde, gekommen, um diesem Ereignis beizuwohnen. Die Zufahrten und Wege zu dem riesigen Platz waren hoffnungslos verstopft. Vergeblich versuchten sich die Karossen der Aristokraten einen Weg durch die Menge zu bahnen.

Während Arme und Reiche immer noch versuchten, einen guten Platz zu ergattern, um möglichst viel zu sehen, zerriß plötzlich ein spitzer Schrei das fröhliche Treiben. Ein zweiter folgte, dann ein dritter, der in ein hysterisches Kreischen und Brüllen überging. Als wären die leuchtenden Sternenbündel vom Himmel herabgefallen, breitete sich eine wütende Feuersbrunst in Sekundenschnelle mitten unter den Zuschauern aus. In panischer Angst ergriffen die Menschen die Flucht, liefen schreiend in alle Richtungen auseinander. Ein entsetztes Drängen und Schieben begann, und wer nicht mithalten konnte, wurde niedergestoßen und totgetrampelt. Was war geschehen?

Eine Feuerwerksrakete hatte sich bei ihrem Flug zum Himmel zu früh entzündet und eine papierene Girlande in Brand gesetzt, die mitten auf den Platz fiel, genau dorthin, wo man den ganzen Vorrat an Raketen gelagert hatte. Diese explodierten nun alle auf einmal und schossen quer durch die Menschenmenge. Es war ein schreckliches Szenario. Die Leute konnten weder vor noch zurück. Sämtliche Fluchtwege waren ihnen durch die Kutschen und die immer noch herbeiströmenden Zuschauer versperrt. Zu allem Unglück war die Place Louis XV. damals gerade eine riesige Baustelle. Überall waren Gräben aufgerissen, die man nur notdürftig für das Spektakel mit Bändern abgesichert oder mit Brettern zugedeckt hatte. In dem allgemeinen Durcheinander aber, das nun auf einmal herrschte, hielten diese spärlichen Absicherungen nicht stand, wurden zerrissen oder weggeschoben, und unzählige Menschen stürzten in die Baugruben, zogen sich arge Knochenbrüche zu oder wurden gar von auf sie fallenden Leibern erdrückt.

Es war eine einzige Katastrophe, mit der die Hochzeitsfeierlichkeiten des späteren Ludwig XVI. und der Erzherzogin Marie Antoinette endeten. Die offizielle Bilanz: 132 Tote. Eine an und für sich schon erschreckende Zahl, doch in Wahrheit dürfte das Unglück weit mehr Opfer gefordert haben, ganz abgesehen von den unzähligen Verletzten, die schwere Brandwunden erlitten hatten oder durch ihre gebrochenen Glieder zu Krüppeln geworden waren.

Ludwig und Marie Antoinette waren zutiefst erschüttert, als sie vom Ausmaß des Unglücks unterrichtet wurden, und spendeten spontan eine große Summe aus ihrer Privatschatulle für die Opfer.

Die Hochzeit des Jahrhunderts, die den Frieden und die Freundschaft der beiden ehemals verfeindeten Länder Frankreich und Österreich besiegeln sollte, wurde mit einem Mal von diesem schrecklichen Ereignis überschattet. Das war kein gutes Omen für die Zukunft des jungen Paares! Und wer an Vorzeichen glaubte, sollte sich schon in wenigen Jahren bestätigt fühlen.

EIN TÖLPELHAFTER JÜNGLING

Seit 1715 trug Ludwig XV., der Urenkel des Sonnenkönigs, die Krone Frankreichs. Zu Beginn seiner Herrschaft war er ungemein beliebt gewesen, man hatte ihn »le bien-aimé« genannt, den Vielgeliebten, doch im Laufe der Jahrzehnte wandelte sich die Verehrung des Volkes immer mehr in Abneigung. Aus dem Vielgeliebten wurde »le bien-haï«, der Vielgehaßte. Einer der Gründe dafür war nicht zuletzt Ludwigs ausschweifender Lebenswandel vor allem in Liebesdingen. Er hatte eine Vielzahl von Mätressen, von denen es eine sogar zu Weltruhm brachte: die Marquise de Pompadour. Fast 20 Jahre lang, von

1745 bis 1764, beherrschte sie das Leben des Königs und des Hofes, förderte Kunst und Kultur, prägte Stil und Geschmack ihrer Zeit. Allerdings mischte sich die Pompadour auch gerne in die Politik ein, weshalb man vor allem sie für den sogenannten »Umsturz der Bündnisse« im Jahre 1756 verantwortlich machte, durch den Frankreich an der Seite Österreichs in den Siebenjährigen Krieg gezogen wurde. Es war ein Krieg, der Frankreich im Grunde gar nichts anging, der zahllose Menschenopfer forderte und Unsummen Geld verschlang. Er endete 1763 mit schmachvollen Niederlagen und dem Verlust fast aller Kolonien. Das außenpolitische Prestige Frankreichs war schwer angeschlagen.

Wenn man von dieser militärischen Schwäche absieht, befand sich Frankreich um die Mitte des 18. Jahrhunderts unbestreitbar auf einem wirtschaftlichen und kulturellen Höhepunkt. Das Reich Ludwigs XV. galt als die führende Nation Europas. Der relative Friede vergangener Jahre hatte die Bevölkerungszahl auf beachtliche 25 Millionen ansteigen lassen, ein Zeichen für Wohlstand oder zumindest verbesserte Lebensumstände. Zur See und zu Lande blühte der Handel, denn die Kolonien lieferten große Mengen an Zucker, Baumwolle, Kaffee und Kakao, während die entstehenden Manufakturen den Weltruf französischer Luxusgüter wie Porzellan, Seidenstoffe und Möbel begründeten. Frankreich prägte den Geschmack und den Stil der Epoche, Europas Höfe blickten neidvoll nach Versailles und imitierten die dort herrschende Mode und den eleganten Lebensstil. Auch die französische Sprache trat ihren Siegeszug über den Kontinent an. Von St. Petersburg bis London, von Stockholm bis Madrid parlierten nicht nur die Diplomaten, sondern jeder, der sich zur gebildeten Oberschicht zählen wollte, mit Vorliebe französisch.

Vor allem aber seine geistige Vorreiterrolle sollte das Bourbonenreich zum Ausgangspunkt für eine Zeitenwende machen. Die Werke der großen Philosophen wie Voltaire, Montesquieu und Rousseau stellten die Weichen für eine neue Art des Denkens und eine kritische Auseinandersetzung mit den tradierten gesellschaftlichen und politischen Strukturen. Die Stimmen, die nach Reform riefen, wurden immer zahlreicher, und allmählich trat die französische Gesellschaft in eine Phase des Umbruchs ein.

Weite Teile des Adels, der seit den Tagen des Sonnenkönigs politisch matt gesetzt war und außer dem Hofdienst so gut wie keine Betätigung hatte, waren unzufrieden und sehnten sich nach neuen Machtbefugnissen. Und auch das erstarkte, wohlhabende Bürgertum, das trotz seiner enormen wirtschaftlichen Leistungen für das Land immer noch von allen hohen Ämtern ausgeschlossen war, drängte nach Mitsprache im Staate und nach Gleichberechtigung. Mit Begeisterung wurden die aufregenden Ideen der Philosophen daher in den Salons der adeligen und großbürgerlichen Damen gelesen und diskutiert, ohne daß man sich jedoch so recht bewußt wurde, welch politischer Sprengstoff sich hinter diesen neuen geistigen Strömungen tatsächlich verbarg. Es kam immer mehr in Mode, aufgeklärt, liberal und human zu sein. Überall fielen die neuen Ideen auf fruchtbaren Boden, und langsam, aber unaufhaltsam ging die Saat auf.

Der Geist der Revolution machte sich im ganzen Lande breit, während man sich am Hofe unvermindert der überschäumenden Lebensfreude hingab, so als würde man überhaupt nicht bemerken, was außerhalb der Palastmauern vor sich ging. Versailles aber war zu einem unüberschaubaren Moloch geworden, der Unsummen verschlang, in dem Korruption und Intrige blühten und wo die libertinen Sitten des 18. Jahrhunderts kulminierten. Eine neue Kaste war entstanden, die des Höflings, der sich, weil ohne echte Funktion, hauptsächlich dem Zeitvertreib, den Vergnügungen und Kabalen widmete. Die Privilegien, die diese dekadente Clique genoß, standen überhaupt nicht mehr im Einklang mit ihren Leistungen für das Königreich. Die Kritik in den außerhöfischen Adelskreisen und im Bürgertum wurde immer lauter, und der Haß gegen Ludwig XV. wuchs.

Der sensible Herrscher litt unter den Anfeindungen und fühlte sich unverstanden, hatte er doch sein Amt mit vielen guten Absichten angetreten. Gekränkt zog er sich in seinen goldenen Käfig von Versailles zurück und mied weitestgehend den Kontakt zu seinem Volk, was zwangsläufig zu einer Entfremdung zwischen dem König und seinen Untertanen führte. Fortan widmete sich Ludwig XV. in erster Linie seinem üppigen Liebesleben, genoß die Gesellschaft der Pompadour und blickte stolz auf seine sich ständig vergrößernde Familie.

Seine Gemahlin, die polnische Prinzessin Maria Lesczynska, hatte gewissenhaft ihre oberste Pflicht als Königin erledigt und insgesamt zehn Kindern das Leben geschenkt, acht Töchter, aber nur zwei Söhne.

Der 1729 geborene Dauphin, der natürlich ebenfalls Ludwig hieß, war nach dem überraschenden Tod seines Bruders der einzige Erbe. Er ähnelte allerdings mehr seiner Mutter als dem Vater, war ernst und streng und bevorzugte ein Leben abseits des höfischen Trubels. In seiner zweiten Gemahlin, Maria Josefa von Sachsen hatte der Dauphin eine ideale Gefährtin gefunden, die seinen ruhigen Lebensstil gerne teilte. Die robuste Sächsin erwies sich noch dazu als ebenso fruchtbar wie ihre Schwiegermutter und brachte zwischen 1751 und 1764 acht Kinder, fünf Söhne und drei Töchter, zur Welt. Endlich war die Thronfolge im Hause Bourbon wieder mehr als gesichert.

Der spätere Ludwig XVI. wurde am 23. August 1754 geboren und war der dritte Sohn des Thronfolgerpaares. Eigentlich hieß er Louis-Auguste, Herzog von Berry, doch jeder nannte ihn einfach nur Berry. Berry teilte das Schicksal der meisten spätgeborenen Söhne: Er wurde wenig beachtet. Während seine beiden jüngeren Brüder, die Grafen von Provence und Artois, durch ihr fröhliches Wesen die Aufmerksamkeit der Eltern und Erzieher auf sich zogen, wurde der stille, unscheinbare Berry beinahe übersehen. Denn alles drehte sich um den Erstgeborenen, den Herzog von Burgund, der – welch erstaunliche Parallele zur Kindheit Karls I. von England – ein wahrer Wunderknabe gewesen sein soll.

Blond, hübsch und kräftig, bezauberte er mit seinen dunkelblauen Augen seine ganze Umgebung, am meisten aber seine Eltern. Schon mit fünf Jahren verfügte er über ein ausgeprägtes Selbstbewußtsein und legte einen erstaunlichen Hochmut an den Tag. Mit Stolz trug er seine prächtig bestickten rosafarbenen oder hellblauen Kleider mit dem Band vom Orden des Heiligen Geistes. Der kleine Burgund begriff rasch, wie hoch er im Rang über den anderen Menschen stand, und entwickelte einen außergewöhnlichen Egoismus, was jedoch niemanden zu stören schien, im Gegenteil. Er wurde allseits bewundert. Man sah ihn schon als zukünftigen König, der jedermann ausstach, sei es durch seine blendende Erscheinung, seine herrische Attitüde oder durch seine bestechenden Geistesgaben.

Der Dauphin und die Dauphine waren mächtig stolz auf diesen wohlgeratenen Sohn, sodaß sie darüber fast ihre anderen Kinder vergaßen. Besonders den kleinen Berry. Der offenbar durch eine Lungenkrankheit in frühester Kindheit geprägte, introvertierte Berry wußte so gar nicht

114

zu faszinieren. Seine starke Kurzsichtigkeit ließ ihn tolpatschig wirken, und bei Geschicklichkeitsspielen, bei denen es auf ein gutes Auge ankam, mußte er zwangsläufig immer der letzte sein. Eine solche Zurücksetzung und der Mangel an Erfolgserlebnissen verstören jedes Kind und hinterlassen Spuren an seiner Persönlichkeit. Noch dazu wo niemand da war, der sich um ihn gekümmert hätte, ihn über seine Schwächen hinweggetröstet und auf seine Vorzüge hingewiesen hätte. Nur Tante Adélaïde, eine Schwester seines Vaters, nahm sich des kleinen Berry an und versuchte ihn zu fördern und zu ermuntern, doch ein wenig aus sich herauszugehen.

Erst als der allseits vergötterte Burgund im Alter von zehn Jahren an Knochen- und später auch an Lungentuberkulose erkrankte, erinnerten sich die Eltern an den nunmehr sechsjährigen Berry und an sein »gutes Herz« – der einzigen positiven Eigenschaft, die sie ihm zugestanden – und zwangen ihn, das Zimmer mit dem bettlägrigen, älteren Bruder zu teilen, damit dieser während seiner Krankheit Gesellschaft habe. Was sie dem kleinen Berry damit antaten, war ihnen offenbar nicht bewußt. Denn noch auf dem Sterbebett ließ Burgund den Jüngeren seine Überlegenheit fühlen und spielte sich als dessen Erzieher auf. Ja, er ging sogar so weit, daß er Berrys Fehler und Unzulänglichkeiten aufschrieb, die dieser dann laut vorlesen mußte. Erst als sich seine Schmerzen verstärkten, wurde Burgund milder, weshalb ihn nun jedermann für einen Heiligen hielt.

Berry aber sank immer mehr in sich zusammen, sein Selbstwertgefühl war kaum noch vorhanden, und er wurde von Schuldgefühlen geplagt. Was jedoch keinem auffiel. Sechs Monate verrichtete er diesen eigenartigen Pflegedienst im Zimmer des sterbenden Bruders, bis er selbst schwer erkrankte. Doch nicht einmal jetzt wurde er besonders beachtet. Aller Augen waren auf Burgund gerichtet, der schließlich zu Ostern 1761 verschied.

Auch nach seinem Ableben hielten die Eltern das Andenken ihres Erstgeborenen hoch und priesen seine Überlegenheit. Für Berry, der jetzt die Stelle des Zweiten in der Thronfolge übernahm, war und blieb der ältere Bruder eine seelische Belastung, und er empfand seine neue Aufgabe als einzige Überforderung. Sosehr er sich auch bemühte, er würde nie an den überragenden Burgund heranreichen. Selbst die beiden jüngeren Brüder galten als klüger und in jeder Hinsicht talentierter. Berry wurde schüchtern und verstockt, während der Vater die Erziehung seines Nachfolgers forcierte. Seine einzige Sorge war, aus Berry einen fähigen künftigen König zu machen. Mit großer Strenge überwachte er die Fortschritte seines Sohnes und ärgerte sich oft über dessen Faulheit und langsame Auffassungsgabe. Allein die Tatsache beruhigte ihn ein wenig, daß aller Voraussicht nach noch sehr viel Zeit vergehen würde, bis Berry den Thron von Frankreich bestieg. Denn sollte Ludwig XV. sterben, so kam ja die Reihe zuerst an ihn selbst.

Doch in den 60er Jahren hielt der Tod Einzug in Versailles. 1764 verschied die Pompadour, im Dezember 1765 erlag der Dauphin erst 36jährig einem Tuberkuloseleiden. Berry wurde somit viel früher als erwartet Thronfolger. Schon im Januar 1767 verlor er seine Mutter, und 1768 starb schließlich noch die unglückliche Königin, Maria Leszcynska, seine Großmutter. Innerhalb weniger Jahre war die königliche Familie auf Ludwig XV., seine drei unverheirateten Töchter und seine fünf Enkelkinder zusammengeschrumpft. In dieser Phase der Trauer und der Einsamkeit widmete sich der Monarch verstärkt seinen Enkeln, kümmerte sich um deren Bildung und spielte sogar mit ihnen. Doch ausgerechnet sein Erbe, Berry, der nunmehrige Dauphin, blieb ihm fremd, weil er gar so unelegant, schüchtern und irgendwie dumpf war.

Auf die Dauer konnte die Großvaterrolle einen Mann wie Ludwig XV. jedoch nicht ausfüllen. Er war nun 58 Jahre alt, aber nach wie vor bei bester Gesundheit, und er hatte sich sein jugendliches Aussehen bewahrt. Immer noch galt der König als einer der attraktivsten Männer des Landes. Außerdem wußte jeder, daß der rüstige Monarch den Freuden der Liebe unvermindert zugetan war. Warum sollte er also nicht ein zweites Mal heiraten? Auch die Minister dachten in diesem Sinne. Es galt ohnedies, das noch relativ junge Bündnis mit Österreich zu vertiefen, und was wäre dazu geeigneter als eine Ehe zwischen den Häusern Bourbon und Habsburg? Maria Theresia hatte ja genug Töchter, die sie zu diesem Zwecke anbieten konnte. Die erste Wahl, Maria Elisabeth, war nach einer Pockenerkrankung so entstellt, daß sie aus dem Rennen fiel. Also faßte man die jüngste Tochter der Kaiserin ins Auge, die 13jährige Marie Antoinette.

Ludwig XV. jedoch dachte wohl mit ein wenig Schaudern an seine Ehe mit Maria Leszcynska zurück, die die Politiker für ihn arrangiert hatten, als er gerade 15 Jahre alt war, und nahm sich doch lieber wieder eine

Mätresse. Schon bei der bürgerlichen Pompadour hatte die Hofgesellschaft die Nase gerümpft, jetzt aber provozierte der König einen regelrechten Skandal, als er eine stadtbekannte Prostituierte zu seiner Favoritin erwählte. Obwohl sich die Mehrheit der aristokratischen Oberschicht hinsichtlich Moral und Sittlichkeit in nichts von ihrem Souverän unterschied – nicht wenige der Herren bei Hofe hatten bereits die Ehre einer intimen Bekanntschaft mit der neuen Mätresse ihres Herrschers gehabt –, machte sich unter diesen sonst so freizügigen Leuten eine unerwartete Scheinheiligkeit breit. Man zeigte sich höchst indigniert, denn es galt als ungeschriebenes Gesetz, daß sich ein König nun einmal eine aristokratische Geliebte zuzulegen hatte. Standesbewußtsein ging über alles, und der Dünkel machte auch vor den Schlafzimmertüren nicht halt.

Ludwig XV. aber scherte sich den Teufel um seine empörten, hochnäsigen Höflinge und kehrte den absoluten Monarchen hervor. Er tat, was er wollte. Mit der um 30 Jahre jüngeren Madame Du Barry erlebte er einen dritten Frühling, fühlte sich verjüngt und erfrischt. Daß sie ihren gräflichen Titel einer Papierehe mit dem Bruder ihres Zuhälters verdankte, störte ihn nicht im geringsten. Die Du Barry ließ ihn vergessen, daß er demnächst 60 wurde, und dafür machte er das blonde Busenwunder aus der untersten Schicht des Volkes zur ersten Dame des elegantesten Hofes Europas. Einige der hohen Adeligen fügten sich der neuen Situation und freundeten sich mit der Du Barry an, andere schmollten und wurden ihre stummen Gegner, denn niemand wagte es, den König oder seine Mätresse offen zu kritisieren. Erst im Jahr darauf sollte ein 15jähriges Mädchen sich diese Frechheit herausnehmen.

Ludwig XV. hatte also die Pflicht einer dynastischen Ehe auf seinen noch nicht 15jährigen Enkel abgewälzt, und so begannen Ende 1768 die diplomatischen Verhandlungen über eine Vermählung Berrys mit der Kaisertochter. Am 19. April 1770 war es dann soweit. In der Wiener Augustinerkirche wurde die 14jährige Erzherzogin Marie Antoinette dem Dauphin von Frankreich per procurationem angetraut. Einen knappen Monat später stand Berry schließlich an der Seite seines Großvaters am Waldrand von Compiègne, um seine Gemahlin zu empfangen. Behende sprang Marie Antoinette aus ihrer Kutsche, lief auf den König zu und versank in einem tiefen Hofknicks vor ihm. Fast bereute der alte Lebemann, sich nicht als Gatte zur Verfügung gestellt zu haben, als er dieses entzückende, anmutige Geschöpf erblickte. Sie war zwar noch ein bißchen schmal und mager um die Schultern, doch ihre ganze Figur, ihre hoheitsvolle Haltung und ihre grazilen Bewegungen versprachen schon bald eine blendende Erscheinung. Diese Kleine war von Kopf bis Fuß würdig, die Königin des elegantesten Hofes von Europa zu werden.

Der Dauphin schien im Gegensatz zu seinem enthusiasmierten Großvater kaum beeindruckt. Er sagte die ganze Zeit kein Wort, begrüßte seine Gemahlin nur kurz in seiner mürrischen Art, um sich dann sofort wieder zurückzuziehen. Wieder einmal hatte die hohe Politik zwei Menschen zusammengeführt, ohne Rücksicht auf Charakter, Temperament oder Vorlieben zu nehmen. Das einzige, was die beiden gemeinsam hatten, war ihre Jugend.

Die hübsche, temperamentvolle und quirlige Marie Antoinette war eine typische Vertreterin des Rokoko. Sie sprühte nur so vor Lebenslust und konnte gar nicht genug bekommen von all den höfischen Vergnügungen. Sie war ein wenig oberflächlich und erschreckend ungebildet, was einigermaßen erstaunt, hatte sie doch nicht nur ausgesprochen intelligente, sondern auch sehr belesene und kultivierte Eltern. Diese hatten es gerade bei Marie Antoinette verabsäumt, sie auf die große und schwierige Aufgabe einer Königin vorzubereiten. Aber die Dauphine von Frankreich war ja noch so jung, und sie würde sich schon noch entwickeln, reifer, ernster und verantwortungsbewußter werden. So hoffte man zumindest, vor allem Maria Theresia hoffte dies, und bis zu ihrem Tode hörte sie nicht auf, mahnende Briefe voll guter Ratschläge an die Tochter zu schreiben.

Berry hatte ein vollkommen anderes Wesen als seine Frau. Zwar war er als junger Mann keineswegs unattraktiv: Er war groß und kräftig mit breiten Schultern, hatte blondes Haar und blaue Augen. Dennoch wirkte er in seiner ganzen Art irgendwie schwerfällig und plump. Seine starke Kurzsichtigkeit verlieh ihm überdies einen etwas dümmlichen Blick und verstärkte sein unsicheres Auftreten. Auf dem glatten Versailler Parkett fühlte er sich so gar nicht wohl, wirkte linkisch unter all den gewandten Höflingen, die ihn hinter seinem Rücken mitleidig belächelten. Berry machte sich auch nichts aus den höfischen Festen und Spielen. Er war lieber allein, ging gerne auf die Jagd oder bastelte in seiner Werkstatt an alten Uhren herum. Auch als Elfenbeinschnitzer und vor allem als Schlosser betätigte er sich gerne. Mit Marie Antoinette, seiner

Gemahlin, wußte der 16jährige im Grunde nicht viel anzufangen. Natürlich gefiel sie ihm. Wem gefiel dieses reizende Geschöpf nicht? Doch sie fanden überhaupt keine gemeinsamen Interessen. So kam es, daß Marie Antoinette ihren Gemahl bald seinen langweiligen Hobbies überließ und lieber mit dessen jüngeren Brüdern, den Grafen von Provence und Artois, durch den Palast von Versailles tollte.

Das Leben am französischen Hof bestand jedoch nicht nur aus Vergnügungen und Festen, es wurde auch von Klatsch, Intrigen und Skandalen beherrscht. In einem dieser Skandale spielte Marie Antoinette schon bald nach ihrer Ankunft eine Hauptrolle, was die sensationslustige Hofgesellschaft in Erregung versetzte. Die stolze kleine Habsburgerin hatte es sich nämlich in den Kopf gesetzt, Madame Du Barry zu ignorieren, nachdem sie von den Tanten, den drei unverheirateten Töchtern des Königs, über die Herkunft und Funktion der Gräfin aufgeklärt worden war. Sie hielt es für unter ihrer Würde, sich mit einer solchen »Kreatur«, wie sie die Du Barry bezeichnete, abzugeben. Ludwig XV. war über diese Anmaßung seiner Schwiegerenkelin äußerst verärgert, Maria Theresia schrieb aus Wien strenge Briefe an die aufsässige Tochter, und der österreichische Botschafter in Paris, Mercy d'Argenteau, hatte die heikle Aufgabe, die Dauphine zur Räson zu bringen. Verzweifelt versuchte er, der jungen Dame klarzumachen, daß sie durch ihr unkluges, engstirniges Verhalten eine Krise in den österreichisch-französischen Beziehungen heraufbeschwor. Endlich, am 1. Januar 1772 ließ sich Marie Antoinette dazu herab, mit den berühmt gewordenen, an die Du Barry gerichteten Worten »Heute sind viele Leute in Versailles« der Etikette Genüge zu tun und das peinliche Schauspiel zu beenden.

Der Gemahl der störrischen Dauphine hatte sich aus dieser Sache völlig herausgehalten. Überhaupt mied er die höfische Gesellschaft, wann immer er konnte, denn er wollte sich der Häme dieser Menschen nicht aussetzen. Louis-Auguste war es zwar gewöhnt, daß man ihn belächelte, aber seit einiger Zeit war er Gegenstand des allgemeinen Gespötts. Der Grund dafür lag in seinem Ehebett.

Daß die Ehe des Thronfolgerpaares in der Hochzeitsnacht nicht vollzogen wurde, war an und für sich nichts Aufregendes. Die beiden waren ja noch halbe Kinder. Es ist allerdings anzunehmen, daß Marie Antoinette von den beiden nicht nur die Reifere, sondern auch die Informiertere war, denn die sinnliche Maria Theresia hatte sich wahrscheinlich kein

Blatt vor den Mund genommen und ihre Tochter mehr oder weniger unverblümt aufgeklärt. Um den bedauernswerten Louis-Auguste hatte sich diesbezüglich wohl niemand so recht gekümmert. Er war nicht nur etwas später entwickelt, sondern hatte offenbar auch überhaupt nichts von dem sexuellen Appetit seines Großvaters geerbt. So vergingen die Nächte, und die Hofgesellschaft wartete neugierig auf einen Beweis für den Vollzug der Ehe. Langsam begann man, hinter vorgehaltener Hand zu tuscheln und zu kichern, was Louis-Auguste nicht lange verborgen blieb. Der junge Mann wurde nur noch verklemmter. Nichts ging mehr. Marie Antoinette erstattete ihrer Mutter regelmäßig Bericht über die Vorgänge – besser gesagt die Nichtvorgänge – in ihrem Bett, und Maria Theresia sparte nicht mit mütterlichen Ratschlägen. In ihrem Brief vom 8. Mai 1771 empfahl sie der Tochter »Zärtlichkeiten und Schmeicheleien; denn zuviel Eifer würde alles verderben; Sanftmut und Geduld sind die einzigen Mittel, deren Sie sich bedienen dürfen. Es ist noch nichts verloren, Sie sind beide so jung: im Gegenteil, es ist für Ihrer beider Gesundheit nur besser.« Die Kaiserin führte die »Verzögerungen« im Eheleben ihrer Tochter auf die Ungeschicklichkeit und Unerfahrenheit des Dauphins zurück und setzte auf die Zeit und die Natur. Doch selbst die raffiniertesten Zärtlichkeiten waren verlorene Liebesmüh, denn Louis-Auguste zeigte auch weiterhin so gut wie kein Interesse an einem intimen Kontakt mit seiner Gemahlin. Erst im Juli 1773 scheint es zu einem schüchternen Versuch in Sachen Liebe gekommen zu sein, denn Marie Antoinette schrieb an ihre Mutter, »sie halte die Ehe nun für vollzogen, wenn auch noch nicht derartig, daß sie schwanger wäre«.

Danach aber herrschte wieder Funkstille im Schlafgemach des Thronfolgerpaares. Offenbar litt der Dauphin an einer Phimose, einer Verengung der Vorhaut, die ihn an der Erfüllung seiner ehelichen Pflichten hinderte. Das war eigentlich nichts Dramatisches und hätte sich durch einen kleinen Eingriff leicht beheben lassen, doch der junge Mann konnte und konnte sich nicht dazu entschließen. Jahrelang drückte er sich vor der Operation, obwohl Marie Antoinette alles tat, um ihn von deren Notwendigkeit zu überzeugen, wie sie noch im September 1775 an ihre Mutter schrieb. Zu diesem Zeitpunkt war sie bereits Königin von Frankreich und schon fünf Jahre verheiratet, aber wahrscheinlich immer noch Jungfrau.

Das Intimleben des Thronfolgerpaares trat jedoch zu Ostern 1774 schlagartig in den Hintergrund des Interesses. Der König war erkrankt. Er fieberte stark und kurz darauf stand fest: er hatte die Pocken. Trotz der aufopfernden Pflege seiner Töchter und der Du Barry erholte sich Ludwig XV. nicht mehr. Er starb am 10. Mai 1774 im Alter von 64 Jahren. »Der König ist tot, es lebe der König«, scholl es durch die Gänge von Versailles, und wie ein Bienenschwarm strömten die Höflinge vom Sterbezimmer Ludwigs XV. in den gegenüberliegenden Trakt des Palastes. Dorthin hatte man den Dauphin und die Dauphine gebracht, um sie vor einer Ansteckung zu schützen. Vor kurzem hatten sie noch über ihn gelacht, jetzt wollte plötzlich jeder der erste sein, um vor dem neuen König auf die Knie zu fallen. Ludwig XVI. war noch keine 20 Jahre alt, als er den Thron von Frankreich bestieg, und seine Angst vor der schweren Aufgabe, die auf ihn zukam, überwog bei weitem die Freude über die absolute Macht, die er nun in Händen hatte.

DER GUTE WILLE

Zu den Ritualen, die ein neuer König zu absolvieren hatte, gehörte neben der Krönung in Reims auch der feierliche Einzug in der Hauptstadt, wobei er die Huldigungen der Bevölkerung und der unterschiedlichsten Standesgruppen empfing.

An einem Junitag des Jahres 1775 bewegte sich also der Zug des jungen Königspaares durch das festlich gestimmte Paris. Trotz des schlechten Wetters herrschte unter den Schaulustigen Begeisterung und Jubel. Es regnete in Strömen, als Ludwig XVI. und Marie Antoinette vor dem Collège Louis-le-Grand eintrafen, wo sie von der versammelten Professorenschaft bereits erwartet wurden. Die Eliteschule hatte einen ihrer besten Schüler ausgewählt, die Begrüßungsrede zu verlesen. Sein Name war Maximilien Robespierre. Völlig durchnäßt kniete der 17jährige in seinem besten Anzug vor der Karosse des Herrscherpaares nieder und hielt seine kleine Ansprache. Er war mächtig stolz über die hohe Auszeichnung, die ihm damit zuteil geworden war. Doch die Freude wich einer herben Enttäuschung, als sich der Zug des Königs gleich wieder in Bewegung setzte, ohne daß Ludwig XVI. das Wort an ihn gerichtet hätte. Das war keineswegs ungewöhnlich und wurde auch von niemandem als Unhöflichkeit oder Geringschätzung gedeutet, denn das Programm des Königs war so dicht gedrängt, daß es einfach nicht bei jeder Station einen längeren Aufenthalt erlaubte. Darüber hinaus waren Ludwig und Marie Antoinette bereits ziemlich erschöpft, und der strömende Regen ließ sie wohl auch schon das Ende dieses anstrengenden Tages herbeisehnen. Der junge, sensible Student jedoch fühlte sich durch diese Nichtbeachtung seiner Person zutiefst gekränkt und wurde sich wieder einmal seiner unterprivilegierten Stellung bewußt. Gleichzeitig aber stachelte dieses Ereignis erneut seinen unbändigen Ehrgeiz an, aus den Niederungen seiner Existenz herauszukommen und sich die Bewunderung der Menschen durch große Taten zu erwerben. Er ahnte nicht, daß sein Schicksal einmal eng mit dem des jungen Königs verbunden sein würde.

Ludwig XV. hatte seinem Enkel ein schweres Erbe hinterlassen. Zahlreiche Probleme harrten dringend einer Lösung. Die kostspielige Hofhaltung und eine umständliche Verwaltung verursachten ein jährliches Staatsdefizit in Millionenhöhe. Die produktiven Bevölkerungsschichten trugen die Hauptlast der Steuern, während der Großteil der Besitzenden von Abgaben befreit war. Und das aufgeklärte Bürgertum sowie auch Teile der Aristokratie sehnten sich nach politischer Mitsprache und nach einer Verfassung. Eine schwelende Unzufriedenheit lastete über dem ganzen Land und ging durch alle Schichten. Überall rief man nach Reform, doch jeder schien darunter etwas anderes zu verstehen. »Der Klerus, der Adel, das Parlamentsgericht, der dritte Stand – jeder erstrebte für sich und seinesgleichen die Ausweitung seiner Vorrechte und die Unterdrückung aller anderen, die ihn nicht betrafen. Der Provinzadel wollte nicht länger das Joch des Hofadels tragen, die niedere Geistlichkeit wollte an den Würden der hohen teilhaben, die Offiziere und Unteroffiziere der Armee führten in diesem Sinne die gleiche Sprache; und der Hofadel fand es durchaus richtig, daß der König überall der absolute Herr war – nur nicht über ihren Stand«, schreibt treffend François Bluche über diese Zeit. Die Aufgabe, die auf Ludwig XVI. zukam, war groß, zu groß für diesen jungen Mann, der von seinem Wesen her so gar nicht zum Herrscher geeignet war. Ludwig XVI. ähnelte mehr einem gutsituierten Bürger des Biedermeier, einem gemütlichen Beamten und einem braven Familienvater denn einem König. Aufgrund seines linkischen Auftretens besaß er weder Majestät noch Autorität.

Alles Herrische war ihm fremd. Er war friedliebend, gutmütig, sparsam und nachgiebig und wagte kaum jemals, sich gegen Widerstände durchzusetzen. Von Kindheit an ohne Vertrauen in seine eigenen Fähigkeiten, hörte er nur allzuoft auf die Meinung anderer, die er für klüger hielt, und war dadurch beeinflußbar. Seine Entscheidungsschwäche sollte ihn letztlich auf den Weg in den Abgrund führen.

Zunächst jedoch strafte dieser Ludwig XVI. all jene Lügen, die ihn für beschränkt, träge und unfähig hielten. Er war klug, obwohl er vielleicht nicht so aussah, und gebildet. Auch er hatte die Philosophen gelesen, und obwohl er wie seine Vorfahren fest vom Gottesgnadentum und der Souveränität des Herrschers überzeugt war, zeigte er sich fortschrittlicher und reformbereiter, als man es ihm zugetraut hätte. Er wollte seinem Volk ein gütiger Vater sein und sich vor allem um die Ärmsten in seinem Lande kümmern, ganz nach dem Vorbild seines großen Vorfahren Heinrich IV., der jedem seiner Untertanen »sonntags ein Huhn im Topf versprochen hatte«. Mit enormem Eifer und großem Idealismus stürzte sich Ludwig XVI. in seine neue Aufgabe. Er hielt auch Ausschau nach einem erfahrenen Berater, dem er vertrauen konnte. Ludwigs Wahl fiel zum allgemeinen Erstaunen auf den 73jährigen Grafen Jean-Frédéric Phelippeaux de Maurepas, über den sich sowohl sein verstorbener Vater als auch Tante Adélaïde stets lobend geäußert hatten. Maurepas war vor über 25 Jahren Minister unter Ludwig XV. gewesen, hatte jedoch wegen der Pompadour seinen Hut nehmen müssen, als sich diese von ihm beleidigt fühlte. In einem rührenden Brief, aus dem die ganze Unsicherheit des Jünglings sprach, wandte sich Ludwig XVI. an den erfahrenen Staatsmann. Zunächst erwies sich der alte Maurepas durchaus als Stütze für den jungen König, bald aber als Hemmschuh für dessen innovative Minister.

Mit seinem Mentor im Rücken tauschte Ludwig XVI. dann das allseits unbeliebte Triumvirat, das seit 1770 die Staatsgeschäfte führte, gegen neue, zum Teil durchaus fähige Minister aus. Die bei weitem wichtigste, aber auch heikelste Funktion, nämlich die des Generalkontrolleurs der Finanzen, übernahm Anne Robert Jacques Turgot, Baron de l'Aulne. Mit Turgot schien der König einen guten Griff getan zu haben. Der Mann hatte an der »Enzyklopädie« Diderots und d'Alemberts mitgearbeitet und erwies sich als integer und reformbereit, ohne die absolute Monarchie in Frage zu stellen. Gemeinsam mit seinem Herrscher ging er daran, verkrustete Strukturen aufzubrechen und die Not des einfachen Volkes zu lindern. Turgots Programm lautete: kein Bankrott, keine Steuererhöhungen, keine Anleihen, dafür jedoch drakonische Sparmaßnahmen. Er begann damit, nutzlose Ämter abzuschaffen, die Budgets des Kriegs- und des Marineministeriums zu kürzen und vor allem die Ausgaben der Hofhaltung einzuschränken. Um gleich mit gutem Beispiel voranzugehen, reduzierte der Minister seine eigenen Bezüge von 142000 auf 80000 Livres jährlich und verzichtete auf die üblichen Aufwandsentschädigungen. Der sparsame Ludwig XVI. war für derlei Maßnahmen leicht zu gewinnen und setzte gleich selbst den Sparstift in seinem Haushalt an, indem er einen Teil der königlichen Küche auflöste. Hinsichtlich seiner Garderobe war er sogar übertrieben zurückhaltend. Bei seinem Regierungsantritt bestellte er lediglich sechs schlichte Ratinéröcke, was bei Hofe doch einiges Kopfschütteln hervorrief. Dafür war das Volk von dem einfachen Lebensstil seines Herrschers beeindruckt und begann ihn bereits mit seinem großen Vorfahren, dem volkstümlichen Heinrich IV., zu vergleichen. Bei der Königin waren solche Sparmaßnahmen weit schwieriger durchzusetzen, denn Marie Antoinette war verschwenderisch, liebte schöne Kleider und Schmuck. Kein Wunder also, daß sie für Turgot nicht viel übrig hatte, ebenso wie die Inhaber einträglicher Hofämter, die nun um ihre Privilegien fürchteten. Für Ludwig XVI. spricht auch, daß er einen ausgeprägten Gerechtigkeitssinn besaß, obwohl sich dieser durchaus positive Charakterzug nicht immer mit seiner Position als absoluter Monarch vereinbaren ließ. Dies zeigte eine seiner ersten Maßnahmen, nämlich die Wiederherstellung des 1771 aufgelösten Pariser Parlaments. Eigentlich handelte es sich dabei um einen Gerichtshof, der unter anderem auch die Aufgabe hatte, die königlichen Edikte zu registrieren und damit zum Gesetz zu machen. Die dort versammelten Juristen und Angehörigen des sogenannten Amtsadels benutzten diese Funktion jedoch mehr und mehr dazu, ihre eigene Macht auszubauen. Sie forderten die Krone heraus, indem sie sich weigerten, Erlässe, vor allem Steuererlässe, zu registrieren, um damit ihre Gesetzwerdung zu verhindern. Der König besaß jedoch das Recht, diese Parlamente jederzeit aufzulösen. In diesem Sinne war Ludwig XV. verfahren, als die Abgeordneten sämtliche seiner Reformen zu blockieren versuchten. Die Maßnahme war durchaus gesetzeskonform, aber dennoch äußerst unpopulär gewesen, da im ganzen Land der

Ruf nach Mitsprache immer lauter wurde. Obwohl seine Vertreter nicht gewählt waren und durchwegs aus der Oberschicht stammten, galt das Parlament als eine Art Volksvertretung.

Natürlich wußte auch Ludwig XVI., daß das Parlament eine unberechenbare Opposition für die Krone darstellte, doch er war bestrebt, die öffentliche Meinung zu berücksichtigen. »Es ist der Wunsch des Volkes und ich möchte volkstümlich sein«, erklärte er. Die Brüder des Königs, die meisten seiner Minister und auch seine kaiserliche Schwiegermutter sahen allerdings im Parlament eine Gefahr für die absolute Macht eines Herrschers, die es in Schach zu halten galt. Doch Ludwig XVI. hörte auf seinen Mentor Maurepas und seine innere Stimme und berief im November 1774 das Parlament wieder ein. Dieser Schritt sicherte ihm großen Beifall in den aufgeklärten Kreisen. Selbst der alte Voltaire lobte den jungen Herrscher dafür in den Himmel. Doch die befürchtete Opposition ließ nicht lange auf sich warten. Das Parlament sollte zum Stolperstein sämtlicher Reformversuche des Königs werden, und rückblickend setzte Ludwig XVI. mit seiner Wiedereinberufung den ersten Schritt auf den Weg in den Abgrund.

Noch jedoch war der junge Monarch, erfreut über den Jubel des Volkes, zuversichtlich, das Richtige getan zu haben. Die Eröffnung des Parlaments wurde für ihn die erste öffentliche Bewährungsprobe. Seine Minister trauten ihm offenbar nicht allzu viel zu, denn sie ließen ihn seine Rede auswendig lernen und mehrmals aufsagen, wobei einer dazu den Takt schlug. Außerdem mahnten sie ihn unentwegt, laut und deutlich zu sprechen. Ludwig XVI. belehrte die alten Herren eines besseren, als er im violetten Rock und mit federgeschmücktem Hut am 12. November 1774 den großen Saal des Justizpalastes betrat und majestätisch auf den mit violettem Samt bezogenen und mit goldenen Lilien bestickten Thron zuschritt. Dann begann er mit klaren, würdevollen Worten seine Rede: »Ich berufe Sie heute wieder in Ihre Ämter, die Sie niemals hätten verlassen sollen; ermessen Sie den Wert meiner Gunstbezeigungen, und vergessen Sie sie nie. Alles, was geschehen ist, soll vergessen sein, und falls innere Zwietracht die Ruhe und Ordnung meines Parlamentsgerichtshofes stören sollte, würde mich das sehr betrüben. Seien Sie ausschließlich darum besorgt, Ihre Aufgaben zu erfüllen und meinen Bemühungen um das Wohl meiner Untertanen zu genügen. Denn dies wird stets mein einziges Ziel sein.«

Ludwigs Bemühungen um das Wohl seiner Untertanen sahen eine Umverteilung der Steuerlast auf alle Bevölkerungsschichten vor, wobei auch der Adel nicht aus der Pflicht genommen werden sollte. Turgot plante die Abschaffung des Frondienstes, der Gilden und der Wegzölle innerhalb Frankreichs sowie eine Freigabe des inländischen Getreidehandels. Diese Maßnahmen aber brachten dem Minister viele Feinde in den Reihen der Privilegierten ein. Vom Hof bis zum kleinen Beamten hatte er bald nur noch Gegner. Der einzige, der noch auf seiner Seite stand und seine Reformen voll unterstützte, war der König. Turgot hatte insgesamt sechs Edikte ausgearbeitet, die am 9. Februar 1776 zur Registrierung an das Parlament gesandt wurden. Zu seiner Enttäuschung mußte Ludwig XVI. erstmals feststellen, welch starke Opposition ihm in diesem Parlament gegenüberstand. Selbst die Prinzen von Geblüt und die beiden Brüder des Königs, die traditionsgemäß an den Parlamentssitzungen teilnehmen durften, übten Kritik an den Reformvorschlägen Turgots. Sie fürchteten um ihre Einnahmen und wehrten sich gegen eine Besteuerung. Ludwig XVI. aber bewies erstaunliche Hartnäckigkeit, wenn es um das Wohl des Volkes ging. Widerwillig registrierte das Parlament die sechs Edikte, während die aufgeklärte Öffentlichkeit die Standhaftigkeit des Königs lobte.

Indes begann man in den Kreisen der Aristokratie und der Hochfinanz bereits gegen den unbequemen Turgot zu intrigieren. Auch Maurepas, der alte Mentor des Königs, mochte den Minister nicht. Zwar hatte er ihn einst vorgeschlagen, doch jetzt war er eifersüchtig auf ihn, weil er solch großen Einfluß auf seinen Schützling hatte. Turgot blieben die Ränke hinter seinem Rücken natürlich nicht verborgen, und er mahnte den König zu mehr Autorität gegenüber dem Hof. In seiner Kritik an seinem Herrscher vergriff sich der Minister allerdings derart im Ton, daß er sich mit seinem Schreiben vom 30. April 1776 wahrscheinlich selbst zu Fall brachte: »Ihr habt zu wenig Erfahrung, Sire; ich weiß, daß Ihr mit zweiundzwanzig Jahren und in Eurer Position nicht wie andere die Möglichkeit habt, Menschen zu beurteilen, doch werdet Ihr in acht Tagen, in einem Monat mehr Erfahrung haben? ... Ich habe Euch alle Übel vor Augen geführt, die durch die Schwäche des letzten Königs verursacht wurden. Ich habe den Gang der Intrigen nachgezeichnet, die seine Autorität untergraben haben. Ich wage es, Euch zu bitten, diesen Brief noch einmal zu lesen und Euch zu fragen, ob Ihr tatsächlich in die gleichen Gefahren laufen wollt, ich sollte besser sagen, in noch größere Gefahren ... Vergeßt nie, Sire, daß es die Schwäche war, die das Haupt Karls I. auf den Block gebracht hat.« Verständlich, daß Ludwig XVI. gekränkt war, dennoch beging er mit der Entlassung Turgots am 12. Mai 1776 einen schweren Fehler, denn allein wagte er offensichtlich nicht, den Weg, den er gemeinsam mit diesem Minister beschritten hatte und der der richtige gewesen war, weiterzugehen.

Während die Reformversuche des Königs im Inneren unentwegt auf Widerstände vor allem bei den privilegierten Klassen stießen, fand seine Außenpolitik allgemeine Zustimmung. Mit Charles Gravier, Graf von Vergennes, hatte Ludwig XVI. einen fähigen Mann zum Außenminister gemacht, der seine Friedensliebe teilte und in Europa eine Politik des Ausgleichs betrieb. Er widersetzte sich den Einflüsterungsversuchen Österreichs und verweigerte Joseph II. die Unterstützung in dessen Feldzügen gegen Bayern und die Niederlande. Die historischen Ereignisse auf der anderen Seite des Ozeans jedoch gingen nicht spurlos an Frankreich vorüber. Die englischen Kolonien in Amerika erhoben sich 1775 gegen ihr Mutterland und erklärten am 4. Juli 1776 feierlich ihre Unabhängigkeit. Die französische Bevölkerung begrüßte diesen Akt der Auflehnung gegen die Autorität mit überschwenglichem Jubel. Spontan erklärten sich zahlreiche adelige, junge Offiziere – darunter der Marquis Marie Joseph Motier de La Fayette – bereit, den Rebellen in der Neuen Welt zu Hilfe zu kommen. Vergennes und Ludwig XVI. blieben zunächst vorsichtig. Dem König war der Gedanke, Aufständische gegen ihren Herrscher zu unterstützen, zuwider. Auch Maria Theresia fand nur ablehnende Worte für das impertinente Vorgehen der Kolonien. Doch Ludwig XVI. konnte sich der öffentlichen Meinung nicht entziehen – schließlich wurde Benjamin Franklin bei seinem Besuch in Paris ein enthusiastischer Empfang bereitet. Am 6. Februar 1778 unterzeichnete der König daher nicht nur einen Handelsvertrag, sondern auch ein Defensiv- und Offensivbündnis mit den Amerikanern. Dies bedeutete nichts anderes als den Eintritt Frankreichs in einen neuerlichen Krieg gegen England. Doch Kriege kosten bekanntlich viel Geld. Und je länger dieser Krieg dauerte, umso mehr wuchs Frankreichs Schuldenberg. Als im September 1783 endlich Frieden gemacht wurde und England die Unabhängigkeit der Vereinigten Staaten anerkannte, konnte Frankreich nur minimale Gebietsgewinne verzeichnen. Dafür stand das Land praktisch vor dem Bankrott. Die Kosten des Krieges beliefen sich auf beinahe 1,5 Milliarden Livres. Mindestens genauso fatal war die Auswirkung, die dieser Krieg auf die Stimmung im Lande hatte, denn die junge, auf demokratischen Prinzipien beruhende Republik der Vereinigten Staaten wurde zum Ideal für die liberalen Kreise. Der Wind der Revolution wehte von der Neuen Welt herüber und sollte sich binnen kurzem in einen alles hinwegfegenden Wirbelsturm verwandeln.

Noch aber hatte Ludwig XVI. seinen Kampf um das Wohl seiner Untertanen und um die Konsolidierung des Staatshaushaltes nicht aufgegeben. Im Oktober 1776 übernahm Jacques Necker die Verantwortung über die Finanzen Frankreichs. Necker war der Repräsentant der Republik Genf in Paris, ein zu ansehnlichem Reichtum gelangter Bankier, der sich mit einem Buch über den Getreidehandel einen Namen gemacht hatte. Der 45jährige galt als Finanzgenie und war vor allem in den Kreisen der Hochfinanz und des aufgeklärten Großbürgertums äußerst angesehen. Mit der Einsetzung Neckers, der übrigens am Sturz Turgots nicht ganz unbeteiligt gewesen war, war Ludwig XVI. den Empfehlungen seiner Berater gefolgt. Er selbst mochte den dominanten und herablassenden Genfer nämlich nicht besonders, fühlte er sich doch in dessen Gegenwart immer ein wenig unsicher. Necker war nicht nur ausgesprochen eitel, sondern auch stets um die öffentliche Meinung besorgt, weshalb er eine Änderung des Steuersystems und Steuererhöhungen zu vermeiden versuchte. Dafür setzte er auf Anleihen, womit er jedoch die Staatsverschuldung nur noch verschlimmerte.

Effektiver als seine Finanzreformen erwiesen sich seine Initiativen auf humanitärem und sozialem Gebiet. Ludwig XVI. war den Tränen nahe, als er einmal eines der Pariser Spitäler besuchte und die erschreckenden Zustände sah. Tatkräftig unterstützte er daraufhin sogleich Neckers Maßnahmen zur Verbesserung der Hygiene, der Ernährung und der medizinischen Versorgung der Patienten in den städtischen Kranken- und Armenhäusern. Gleichzeitig wurde auch in den Gefängnissen eine menschlichere Behandlung der Häftlinge durchgesetzt, die Folter endgültig abgeschafft und die Sklaverei, die teilweise noch in den Überseekolonien praktiziert wurde, verboten.

Neckers Reformen standen ganz im Zeichen des neuen philantropischen Zeitgeistes und wirkten sich positiv auf das Image des Ministers aus. Überall erntete er dafür Lob und Zustimmung. Seine Sparmaßnahmen und die damit verbundene Neuorganisation der Verwaltung brachten ihm jedoch auch eine wachsende Gegnerschaft ein. Die wegrationalisierten Inhaber einträglicher Ämter verschworen sich und arbeiteten am Sturz des mißliebigen Ministers. Um sein Vorgehen zu verteidigen veröffentlichte Necker – mit einem gerüttelt Maß an Selbstbeweihräucherung – im Februar 1781 einen Rechnungsbericht über die königlichen Finanzen, den sogenannten Compte rendu. Erstmals erhielten die Bürger dadurch Einblick in den Staatshaushalt, die Höhe der Einnahmen und Ausgaben, die Gehälter und Pensionen der Höflinge sowie die Kosten für die Hofhaltung. Bei Hofe empfand man diesen Rechnungsbericht als Anschlag auf die Monarchie. Viele verziehen dem Minister nicht, daß er ihre Privilegien und Einkünfte aufgedeckt hatte, und auch der König ging auf Distanz zu Necker. Beleidigt trat der Genfer am 19. Mai 1781 zurück, ohne daß Ludwig XVI. ihn zu halten versuchte.

Neckers Nachfolger, Joly de Fleury und Lefèvre d'Ormesson, verschwanden nach kurzer, erfolgloser Amtszeit wieder von der Bildfläche, ohne besondere Eindrücke hinterlassen zu haben. Der nächste, der sich an die unlösbare Aufgabe der Budgetkonsolidierung heranmachte, hieß Charles Alexandre de Calonne, ein äußerst charmanter und beliebter Mann, der das Vertrauen der Aristokratie besaß. Inzwischen war das Defizit auf 112 Millionen Livres angewachsen. Wenn der Bankrott des Staates verhindert werden sollte, mußten mehr Steuern in die Kassen fließen. Da man aber die breite Masse der Bevölkerung kaum mehr belasten konnte, führte kein Weg an den beiden privilegierten Ständen vorbei.

Nach wie vor waren der Klerus und ein Großteil des Adels ja vom sogenannten Vingtième, einer etwa 10prozentigen Einkommensteuer, befreit. Ging es nach dem Willen des Königs, so sollte dies anders werden. Seinem ausgeprägten Gerechtigkeitssinn folgend, strebte Ludwig XVI. die Gleichheit bei der Besteuerung an. Schon Turgot hatte diesbezüglich Pläne ausgearbeitet, die Calonne nun aufgriff. Doch er wußte nur zu gut, daß er mit seinen Vorschlägen zu einer Änderung des Steuersystems auf den Widerstand des Parlaments stoßen würde. Daher schlug er dem König die Einberufung der Notablenversammlung vor, eine Maßnahme, die Heinrich IV. einst mit Erfolg eingesetzt hatte. Die Notablenversammlung setzte sich aus 144 hochgestellten Persönlichkeiten zusammen, Prinzen, Fürsten, Bischöfen, Bürgermeistern großer Städte und Delegierten der Provinzen. Obwohl auch sie ausschließlich die Oberschicht des Landes repräsentierten, kam ihre Einberufung fast einer Art Volksbefragung gleich. Calonne aber überschätzte den Rückhalt, den er in den Adelskreisen genoß, als er den versammelten Würdenträgern die geplante Grundsteuer, die zwischen 2,5 und 5 Prozent des Einkommens betragen sollte, erläuterte. Zu ihrer herben Enttäuschung mußten Ludwig XVI. und sein Minister feststellen, daß die Notablen nicht bereit waren, Solidarität zu zeigen und ein kleines Opfer für den Staat zu bringen. Sie weigerten sich glattweg, auch nur das kleinste Stück ihrer Privilegien aufzugeben. Calonne mußte nach dieser schmerzlichen Niederlage seinen Hut nehmen und wurde durch den Erzbischof von Toulouse, Loménie de Brienne, ersetzt. Dem König blieb nichts anderes übrig, als im Mai 1787 die störrische Notablenversammlung wieder aufzulösen und sich noch einmal an das Parlament zu wenden.

Die Abgeordneten jedoch zeigten sich unkooperativ wie eh und je. Enerviert und enttäuscht erklärte Ludwig XVI. daraufhin das Parlament für suspendiert. Er war überzeugt, zum Wohle Frankreichs zu handeln, wenn er seine Steuerreform allein durchsetzte und die hinderliche Opposition ausschaltete. Aus der Sicht des absoluten Herrschers war es ein Fehler gewesen, 1774 das Parlament überhaupt wieder einzuberufen. Denn jetzt wurde er es nicht mehr los: Ein Sturm der Entrüstung brach los. Das ganze Land befand sich am Rande des Aufruhrs. Überall riefen die Menschen nach den Generalständen, die, weil sie neben Adel und Klerus auch das Bürgertum, den sogenannten dritten Stand, einbanden, als Vertretung der Mehrheit des Volkes galten. Selbst gestandene Aristokraten wie der Marquis de La Fayette oder der Herzog von Rohan-Chabot sprachen sich dafür aus. Die Situation war derart prekär, daß Ludwig XVI. einen Bürgerkrieg befürchtete. So entschloß er sich einmal mehr, dem Druck der Öffentlichkeit nachzugeben, und versprach am 8. August 1788 gegen seine innere Überzeugung die Einberufung der Generalstände für den 1. Mai des folgenden Jahres. Ein weiteres Zugeständnis war die Entlassung Loménie de Briennes und die Wiedereinsetzung Neckers. Ihm allein traute das Volk noch eine Sanierung der staatlichen Finanzen zu. Der Jubel der Bevölkerung schien dem König zu bestätigen, daß er das Richtige getan hatte.

Die Einberufung der Generalstände war ein Schritt, der gleichzeitig Gefahr und Chance für die absolute Monarchie darstellte. Der Minister des königlichen Haushaltes, Chrétien Guillaume de Lamoignon de Malesherbes, kannte die Schwäche des Königs und mahnte ihn daher mit geradezu prophetischen Worten: »Ich habe kürzlich das Leben Karls I. gelesen. Rufen Sie es sich sorgfältig in Erinnerung: Ihre Position ist ähnlich. Karl I. war tugendhaft, gesetzestreu, und doch starb er auf dem Schafott. Und ich glaube aus folgendem Grund: Er lebte in einer Zeit, als das Volk die Vorrechte der Krone in Frage stellte; er wagte nicht diese Vorrechte aufzugeben aus Angst sich selbst zu demütigen ... Es ist dasselbe heute in Frankreich.« Ludwig XVI. nahm sich die Worte seines Ministers zu Herzen. Er wollte keinesfalls so handeln wie Karl I., sondern liberal und großzügig sein und vor allem jedes Blutvergießen vermeiden.

Malesherbes aber sagte noch etwas anderes, nicht minder Bedeutungsvolles: »Sire, ein König, der sich einer Verfassung unterwirft, fühlt sich erniedrigt. Aber ein König, der eine Verfassung vorschlägt, mehrt den Ruhm seiner Regierung und erwirbt sich die ewige Dankbarkeit seines Volkes. Geben Sie Ihrem Land eine Verfassung, Majestät. Nehmen Sie Ihren Platz in der Welt ein und fürchten Sie nicht, die Rechte des Volkes zu seinem Fundament zu machen. Will man große Entwicklungen steuern, muß man sie selbst einleiten.«

Ludwig XVI. war unsicher und suchte ständig Rat bei anderen. Aber gerade diesen weisen Rat seines Ministers war er unfähig zu befolgen. Zu stark war sein Weltbild von seinem Königtum, von Tradition und Erziehung geprägt, als daß er es revidieren und der neuen Zeit hätte anpassen können. Er hatte viel für sein Volk getan und war vom besten Willen geleitet, doch waren all seine humanitären Maßnahmen und die Bemühungen um eine gerechtere Verteilung der Steuern nicht mehr genug, um die Franzosen glücklich zu machen. Die gebildete Oberschicht des Landes wollte vor allem eines: die Beteiligung an der Macht. Es war wahrscheinlich das entscheidende Versagen Ludwigs XVI., daß er nicht wahrhaben wollte, daß die Zeiten des Absolutismus vorbei waren. Weder besaß er den staatsmännischen Weitblick und die innere Größe, freiwillig in einem Akt der Großzügigkeit einen Teil seiner Macht abzugeben und dem Volk die ersehnte Mitgestaltung an der Regierungsarbeit zu gewähren, noch die Autorität und schon gar nicht den Willen zur Härte, um seine angestammten Rechte gewaltsam zu verteidigen. So scheiterte Ludwig XVI. letzlich an sich selbst, denn seine Schwäche machte seine Gegner stark.

Und es war die besondere Tragik dieses Herrschers, daß er nicht einmal in seiner eigenen Familie ungeteilte Unterstützung fand, sondern auf Verrat und Intrige stieß, wohin er nur sah. Selbst seine geliebte Gemahlin erwies ihm und der Monarchie durch ihr leichtsinniges Verhalten einen schlechten Dienst.

»L'AUTRICHIENNE« ODER DAS GEHEIMNIS LIEGT IM EHEBETT

Als Ludwig XVI. 1774 den Thron von Frankreich bestieg, war er bereits vier Jahre mit Marie Antoinette verheiratet. Die Ehe aber war zu diesem Zeitpunkt aller Wahrscheinlichkeit nach immer noch nicht vollzogen. An einem klatsch- und tratschsüchtigen Hof wie Versailles blieb so etwas natürlich nicht lange ein Geheimnis. Man tuschelte und munkelte, bedauerte und verhöhnte den jungen König und die Königin. Beide litten darunter. Doch während Marie Antoinette sich ins Vergnügen stürzte und versuchte sich abzulenken, zog sich Ludwig zurück, schottete sich ab.

Das war doch kein Zustand! Maria Theresia, die natürlich über alles, was ihre Tochter betraf, informiert war, verstand die Welt nicht mehr. Ein blühendes, hübsches Geschöpf wie Marie Antoinette ließ diesen Mann jahrelang kalt? Das konnte doch einfach nicht wahr sein! Halb Europa redete schon über das nicht vorhandene Eheleben des französischen Königspaares. Immer noch tat sich nichts, wie wir aus einem Brief erfahren, den Marie Antoinette am 12. November 1775 nach Wien schrieb.

»Der König scheint seine Liebe und sein Vertrauen zu mir zu verdoppeln, und ich habe in dieser Hinsicht nichts zu wünschen. Wegen des wichtigen Umstandes, der die Liebe meiner teueren Mama beunruhigt, tut es mir sehr leid, Ihnen nichts Neues mitteilen zu können; die Nachlässigkeit kommt sicherlich nicht von meiner Seite. Ich fühle mehr denn je, wie sehr dieser Umstand für mein Los bedeutsam ist; doch muß meine teuere Mama erkennen, daß meine Lage mißlich ist und ich keine anderen Mittel als Geduld und Sanftmut habe.«

Langsam wurde Maria Theresia nervös, und 1777 ergriff Joseph II.,

Marie Antoinettes ältester Bruder, die Initiative. Er reiste nach Paris und führte ein intimes Gespräch mit seinem Schwager, sozusagen von Mann zu Mann. Offenbar gelang es ihm, Ludwig XVI. von der Notwendigkeit der vielzitierten Operation zu überzeugen. Um die Diskretion des Kaisers war es allerdings nicht besonders gut bestellt. In dem Brief, den er nach seiner Abreise aus Frankreich am 9. Juni 1777 an seinen Bruder Leopold schrieb, ließ er sich über das Sexualleben seines Schwagers und seiner Schwester wie folgt aus: »Das Geheimnis liegt im Ehebett. Er [Ludwig] hat ausgezeichnete Erektionen, führt sein Glied ein, verharrt dort regungslos vielleicht zwei Minuten lang, und ohne sich zu ergießen, zieht er sein noch immer aufrechtstehendes Glied zurück und wünscht seiner Frau Gutenacht. Das Ganze ist unbegreiflich, da er manchmal feuchte Träume hat. Er ist völlig zufrieden und gibt offen zu, daß er den Akt nur als Pflichtübung betrachtet und keinerlei Vergnügen daran findet. Ach, wenn ich nur einmal hätte dabeisein können, ich hätte es ihm schon beigebracht! Man sollte ihn auspeitschen wie einen Esel, damit er ejakuliert. Was meine Schwester betrifft, ist sie auch nicht gerade sinnlich veranlagt, und beide zusammen sind ein Paar von ausgemachten Stümpern.«

Für einen Kaiser ein ziemlich deftiger Stil, aber immerhin schien der etwas grobschlächtige Joseph II. die Situation im Hause Bourbon gerettet zu haben. Das Eheleben des französischen Königspaares begann sich noch im selben Jahr zu normalisieren, und im August 1777 wurde die Ehe nach mehr als sieben Jahren endlich wirklich vollzogen. »Ich befinde mich in dem für mein ganzes Leben größten Glück«, schrieb Marie Antoinette am 30. August 1777 nach Wien. »Schon seit acht Tagen ist meine Ehe vollkommen vollzogen; der Beweis ist wiederholt worden, und noch gestern vollständiger als das erste Mal.« Ludwig XVI. bedankte sich schließlich am 21. Dezember bei seinem Schwager für dessen gute Ratschläge: »Ich bin sicher, das Nötige getan zu haben, und ich hoffe, daß das nächste Jahr nicht vergehen wird, ohne Ihnen einen Neffen oder eine Nichte zu schenken. Ihnen allein verdanken wir dieses Glück, denn seit Ihrer Reise wurde es immer besser, bis zum vorzüglichen Abschluß. Ich zähle auf Ihre Freundschaft und wage es deshalb, Ihnen diese Einzelheiten mitzuteilen.« Ludwig XVI. wurde zwar nie ein begeisterter Liebhaber, doch er führte von nun an ein normales Eheleben. Im April 1778 stand es denn auch endlich fest: die Königin war schwanger.

133

Erleichtertes Aufatmen zwischen Wien und Paris! Am 19. Dezember 1778 kam das erste Kind des Königspaares zur Welt, ein Mädchen, das auf den Namen Marie-Thérèse-Charlotte getauft, aber allgemein einfach Madame Royale genannt wurde. 1781 folgte dann der langersehnte Sohn, der erste Dauphin, dem allerdings nur ein kurzes Leben beschieden war. 1785 wurde der zweite Sohn geboren, der spätere Ludwig XVII., der während der Revolution auf bis heute nicht ganz geklärte Weise ums Leben kommen sollte, und 1786 noch eine Tochter, Sophie-Hélène-Béatrice.

Trotz dieser freudigen Ereignisse blieb das Eheleben von Ludwig XVI. und Marie Antoinette nicht mehr als eine Pflichtübung. »Der König liebt es nicht, zu zweit zu schlafen«, berichtete Marie Antoinette bereits im September 1777 an ihre Mutter, und im Oktober 1780 mußte die alte Kaiserin zu ihrer Enttäuschung lesen, daß ihre Tochter und ihr Schwiegersohn schon »seit langem wieder getrennt schlafen«. Die beiden taten, was sie mußten, mehr aber nicht. Zu verschieden waren ihre Charaktere und Interessen, ihr ganzer Lebensrhythmus, als daß sich Liebe hätte einstellen können.

Ludwig XVI., als Jüngling noch eine durchaus stattliche Erscheinung, nahm mit den Jahren immer mehr an Gewicht zu, was seine ohnedies bereits vorhandene Schwerfälligkeit noch deutlicher werden ließ. Überhaupt wirkte er immer unelegant und legte nur wenig Wert auf sein Äußeres. Seine Hände waren manchmal schmutzig von der Arbeit in der Schlosserwerkstatt, und seine Kleidung war stets schlicht, allzu schlicht für einen König. Fast immer trug er seine einfachen, braunen Ratinéröcke und nur zu besonderen Anlässen legte er eine bestickte Samtweste und seidene Hosen an und trug das blaue Band mit dem Diamanten.

Ludwig XVI. war so sparsam, daß er jeden Monat die Barbestände in seiner Kassa und seiner Börse in ein Heft eintrug. Er fertigte Aufstellungen über seine eigenen und die Ausgaben des Palastes bis ins kleinste Detail an, wußte, was die Melonen oder das Laternenöl, die Waschbürsten oder der Tabak kosteten.

Doch wenn es um seine schöne Frau ging, war der König großzügig. Ohne zu murren, beglich er ihre Schulden, die bisweilen ganz beträchtlich waren. Denn die Königin war im Gegensatz zu ihrem Gemahl verschwenderisch, liebte schöne Kleider und teuren Schmuck und hatte offenbar nicht den geringsten Begriff vom Wert des Geldes. Mit der ihr eigenen Leichtigkeit schrieb sie das Wort »Payez!« auf die vielen Rechnungen, die Tag für Tag ins Haus flatterten, und brachte damit jeden Finanzminister zur Verzweiflung. Selbst ihrer Mutter im fernen Wien mißfielen die Eskapaden ihrer Tochter hinsichtlich Garderobe, Frisur und Spielleidenschaft. Ludwig XVI. aber verlor nie ein Wort darüber. Maria Theresia war offenbar die einzige, die das Verhalten ihrer Tochter richtig einschätzte. Sie mahnte und mahnte, doch vergeblich: »Ihr Glück könnte sich nur zu sehr ändern, und Sie könnten durch eigene Schuld in das größte Unglück stürzen. Das ist die Folge dieser schrecklichen Vergnügungssucht, die Ihnen zu keiner Beschäftigung Zeit läßt … Eines Tages werden Sie das erkennen, aber dann wird es zu spät sein. Ich wünsche nicht, dieses Unglück zu überleben, und bitte zu Gott, meine Tage ehestens zu beenden, da ich Ihnen nicht mehr nützlich sein kann und es nicht zu ertragen vermag, mein teueres Kind, das ich bis zu meinem letzten Atemzug zärtlich lieben werde, zu verlieren und unglücklich zu sehen.« Prophetische Worte der alten Kaiserin.

Mit ihren Eskapaden und ihrer Verschwendungssucht leistete die Königin ihrem Gemahl wahrlich einen sehr schlechten Dienst. Während Ludwigs Sparsamkeit allgemein gelobt wurde, wuchs die Kritik am Lebensstil seiner Gemahlin, der angesichts der hungernden Masse des Volkes und des Staatsdefizits eine Herausforderung darstellte. Verächtlich nannte man sie nur noch »l'Autrichienne«, »die Österreicherin«. Die berühmte »Halsbandaffäre« löste schließlich regelrechte Haßtiraden gegen die Königin aus. Dabei traf Marie Antoinette keine Schuld, vielmehr war sie selbst Opfer eines raffinierten Betrugs geworden. Doch ihre Feinde nahmen diese Affäre zum Anlaß, um den Ruf der Königin endgültig in den Schmutz zu ziehen. Von nun an regnete es Pamphlete und Verleumdungen gegen Marie Antoinette, und wildeste Gerüchte über ihren verschwenderischen Lebenswandel wurden in Umlauf gesetzt. Man sprach von skandalösen Ausschweifungen, wüstesten Orgien, die sich in Versailles abspielen sollten. Die einst verehrte Königin war zur meistgehaßten Person Frankreichs geworden, zum Sündenbock für alle Probleme, mit denen das Land konfrontiert war. Sie war es, der man die Hauptschuld an der finanziellen Krise des Staates gab, und man verlieh ihr sarkastisch den Beinamen »Madame Déficit«. Dies war allerdings noch der harmloseste …

Jetzt erst wurde der Königin langsam klar, was um sie herum vorging. Bisher hatte sie in ihrer Scheinwelt gelebt, Theater und Schäferidylle gespielt und den Luxus genossen, genauso wie die ganze Gesellschaft, die sie umgab. Draußen aber, in der wirklichen Welt, kriselte es, wohin man sah. Die alte Gesellschaftsordnung war morsch geworden, und es ächzte gewaltig in ihrem Gebälk. Nicht mehr lange und sie würde einem Trümmerhaufen gleichen.

1789 ODER DAS ENDE DER ALTEN WELT

Die Bevölkerung hatte die Entscheidung des Königs, die Generalstände einzuberufen, mit großem Jubel begrüßt, und die Popularität Ludwigs XVI. war auf ihrem Zenit. Der Duft des Frühlings mischte sich mit den großen Erwartungen der Menschen, als am 4. Mai 1789 die Delegierten der drei Stände des Landes in Versailles einzogen. Insgesamt waren es 1 139 Männer, davon gehörten 291 dem Klerus an, 270 der Aristokratie und 578 repräsentierten den dritten Stand; der König hatte zuvor einer Verdoppelung dieser Abgeordneten zugestimmt, da sie doch die große Mehrheit der Nation vertraten, während die beiden anderen lediglich etwa drei Prozent der Bevölkerung repräsentierten. Es war lange her, daß die Generalstände zusammengetreten waren, genau 175 Jahre, weshalb man diesen historischen Anlaß mit entsprechendem Pomp beging. Der König wurde mit lauten Jubelrufen begrüßt, als er sich zur Versailler Notre-Dame begab, während die Menschen stumm und abweisend blieben, als Marie Antoinette in ihrer Karosse vorüberfuhr. Dahinter folgten die Abgeordneten des Klerus und der Aristokratie in ihren prächtigen Gewändern, neben denen sich die Masse der Abgeordneten des dritten Standes in ihren düsteren schwarzen Anzügen wie eine Schar devoter Pinguine ausnahm. Schon auf den ersten Blick wurde deutlich, daß es große Unterschiede zwischen den Klassen gab. Die bürgerlichen Abgeordneten empfanden diese Zurücksetzung nicht nur als schmerzvoll und demütigend, sondern wurden dadurch noch mehr in ihrem Wunsche nach Veränderung bestärkt. Allein die Loyalität zur Monarchie und der Wille zur Erneuerung einte sämtliche Vertreter über die Standesunterschiede hinweg.

Am folgenden Tag eröffnete Ludwig die erste Sitzung: »Möge eine glückliche Einigkeit in dieser Versammlung herrschen und diese Ära denkwürdig werden für das Wohlergehen des Königreiches. Dies wünsche ich von ganzem Herzen; es ist der Preis, den ich erwarte für die Gerechtigkeit meiner Vorhaben und meiner Liebe zum Volk.« Danach erläuterte Necker langwierig die Lage der Finanzen. Doch schon diese erste Sitzung brachte Uneinigkeit. Es ging um den Modus der Abstimmung. Der dritte Stand, selbstbewußt geworden durch seine zahlenmäßige Überlegenheit, bestand auf einer Abstimmung nach Köpfen, wodurch er sich eine bequeme Mehrheit sichern würde. Eine Abstimmung nach Ständen kam für ihn nicht in Frage. Damit war die eigentliche Arbeit für die nächsten Wochen blockiert.

Ludwig XVI. befand sich zu diesem Zeitpunkt weit ab vom Ort des Geschehens, auf einem seiner Landschlösser. Er hatte in jenen Tagen andere Sorgen als die Versammlung der Generalstände. Sein ältester Sohn, der Dauphin, lag im Sterben, und es schmerzte ihn zutiefst, hilflos zusehen zu müssen, wie sein siebenjähriger Sohn qualvoll zugrunde ging. Am 4. Juni wurde der Kleine endlich von seinen Schmerzen erlöst. Ludwig und Marie Antoinettes Trauer war so groß, daß sie in den folgenden Tagen kaum ansprechbar waren, sie zogen sich zurück und wollten niemanden sehen. Das war zwar menschlich durchaus verständlich, politisch allerdings fatal. Die Politik nahm keine Rücksicht auf die väterlichen Gefühle des Königs und setzte unbarmherzig ihren Weg fort. Ludwig XVI. verlor in diesen Tagen die Kontrolle über die Generalstände, weil er es verabsäumte, in die Streitigkeiten einzugreifen. Am 20. Juni 1789 taten die Abgeordneten des dritten Standes einen historischen Schritt: Sie erklärten sich zur Nationalversammlung und leisteten den berühmten Schwur, nicht eher auseinander zu gehen, bis Frankreich eine Verfassung hätte. Zu Ludwigs Bestürzung schlossen sich die mehrheitlich liberalen Vertreter des Klerus sowie 47 Aristokraten (darunter der Herzog von Orléans, Vetter des Königs, und der Marquis de La Fayette) dem dritten Stand und dessen Forderungen nach einer Verfassung an. Man wollte die Schwäche des Königs nutzen, um ihm die Macht zu entreißen, und Ludwig XVI. kapitulierte. Er war müde, und die Trauer um seinen verstorbenen Sohn saß noch so tief, daß ihm die Kraft fehlte, diesem Angriff auf die Krone Paroli zu bieten. Von nun an sollte die Nationalversammlung den König vor sich hertreiben und sein und Frankreichs Schicksal bestimmen.

Die loyalen Aristokraten und die Königin zeigten sich enttäuscht über die Schwäche des Königs, während die Abgeordneten ihren Triumph feierten. Die meisten von ihnen hatten große idealistische Ziele, doch sie sahen allesamt nur einen Ausschnitt der Wirklichkeit. Denn auch die Repräsentanten des dritten Standes gehörten fast alle zu einer privilegierten Schicht. Von den nahezu 600 Abgeordneten waren rund 350 Rechtsanwälte. Alle stammten sie aus gutbürgerlichen Verhältnissen, die kaum je richtige Armut oder Hunger gekannt hatten.

Während die Generalstände in Versailles über Verfassung, bürgerliche Rechte und andere hehre Dinge diskutierten, gingen in Paris die Uhren anders. Paris, die damals nach London zweitgrößte Metropole Europas, war ein Pulverfaß, das wohl alle unterschätzt hatten. In den vergangenen Monaten waren zahlreiche sogenannte Clubs entstanden, von denen der Jakobinerclub – benannt nach dem ehemaligen Jakobinerkloster, in dem er sich befand – wohl der berühmteste wurde. Viele Abgeordnete waren dort Mitglieder. Diese Foren des politischen Lebens, in denen zündende Reden gegen die Unterdrückung und die Tyrannei gehalten wurden, bestimmten fortan die sogenannte öffentliche Meinung.

Aber auch Journalisten wie Desmoulins oder Hébert schürten das revolutionäre Fieber, das sich in Frankreich auszubreiten begann: Sie schrieben sich die Finger wund mit Hetzkampagnen gegen den Despotismus und die »österreichische Hure«, während zahllose Flugblätter die Haushalte überschwemmten. Die ganze Stadt sprach von nichts anderem als von Politik und Erneuerung, und dementsprechend stürmisch wurde daher der Sieg des dritten Standes über die königliche Autorität gefeiert.

Doch Paris war nicht nur die Stadt der Intellektuellen und der nach Mitsprache drängenden Bürger. In den vielen engen und schmutzigen Straßen lebte eine bisher anonyme Masse von etwa 800 000 Menschen, die keinem der drei Stände angehörte. Diese Masse sorgte sich weniger um Verfassung, Wahlrecht oder Pressefreiheit als vielmehr um die Bedürfnisse des täglichen Lebens. Aber auch sie blieb den brandenden Reden eines Mirabeau, eines Desmoulins nicht gleichgültig gegenüber, und so mancher Demagoge wußte diese neue Zuhörerschaft bald zu nutzen. Es bedurfte keiner großen Anstrengung, um diese unterste

Schicht des Volkes aufzuhetzen. Gerüchte, Hunger, Angst und nicht zuletzt Geld erwiesen sich schon immer als probate Mittel, um die ungeheure Kraft, die in einer dumpfen Masse steckt, hervorbrechen zu lassen. »Für 100 Louis kann man einen wunderbaren Aufstand haben«, wußte nicht nur der wortgewaltige Mirabeau, sondern auch der Herzog von Orléans, der Vetter des Königs, der während der ganzen folgenden Ereignisse eine recht undurchsichtige Rolle spielen sollte. In ganz Paris kam es zu Plünderungen und Übergriffen. Der Pöbel geriet in Bewegung und eroberte die Straße.

Ludwig XVI. schwankte zwischen Verzweiflung und Verärgerung. Er gab Necker die Schuld an allem, denn dieser hatte ihm geraten, den Forderungen der Nationalversammlung nachzugeben, um nur ja nicht an Popularität zu verlieren. Statt einer bereinigten Situation bot sich ihm nun jedoch das Bild von Anarchie und Chaos. Zum Handeln entschlossen, beorderte Ludwig XVI. mehrere Regimenter aus dem Elsaß nach Paris und entließ am 11. Juli 1789 Necker. Doch es war bereits zu spät. Beide Maßnahmen, die eigentlich geheim bleiben sollten, erregten ziemlichen Unmut. Im Volk ging die Angst vor einer gewaltsamen Niederschlagung der Unruhen und einer Auflösung der Nationalversammlung um. Eine regelrechte Hysterie machte sich breit. In aller Eile wurde unter der Führung von La Fayette, des Helden aus dem Amerikakrieg, eine Bürgerwehr, die sogenannte Nationalgarde, aufgestellt, und auf der Suche nach Waffen stürmte eine wütende Menschenmenge am 14. Juli 1789 die Bastille.

In diesem ihrem ersten Siegesrausch gebar die Revolution das schaurige Ritual, die Köpfe ihrer Opfer auf Piken zu spießen und durch die Straßen zu tragen. Eine Lawine der Gewalt kam damit ins Rollen, die nicht mehr aufzuhalten war. Die in Paris stationierten königlichen Truppen sahen tatenlos zu, und viele ihrer Soldaten schlossen sich den Aufständischen an. Auch im übrigen Land kam es zu Plünderungen, zornige Bauern stürmten die Schlösser, zerstörten und mordeten. Die Revolution war da.

Als Ludwig XVI. über die Ereignisse des 14. Juli durch den Herzog von La Rochefoucauld unterrichtet wurde, schien er deren Tragweite noch nicht richtig zu erfassen. »Das ist ja eine Revolte!« stieß er erschüttert hervor. »Nein, Sire«, antwortete La Rochefoucauld, »das ist eine Revolution!«

Die Aristokraten und die Königin verlangten einen sofortigen Einsatz der Armee gegen die Rebellen, doch der friedliebende König fürchtete einen Bürgerkrieg. Bevor er das Blut seiner Untertanen vergoß, nahm er lieber Demütigungen und die Verärgerung des Adels in Kauf. Betroffen, doch mit all seiner königlichen Würde kapitulierte er ein zweites Mal vor der Nationalversammlung und versprach den Abzug der Truppen aus Paris. Dennoch war die Revolution nicht mehr aufzuhalten. Wie ein Flächenbrand breitete sie sich über das ganze Land aus. Morddrohungen und Übergriffe versetzten die Aristokraten in Furcht und Schrecken und lösten eine erste Fluchtwelle aus. Auch der Bruder des Königs, der Graf von Artois, trat den Weg in die Emigration an. Derart in Panik versetzt, verzichteten die Mitglieder des Adels und des Klerus auf ihre Privilegien und machten damit der Feudalgesellschaft ein Ende. Am 26. August 1789 proklamierte die Nationalversammlung schließlich mit der »Erklärung der Menschen- und Bürgerrechte« die absolute Souveränität der Nation, die Gleichheit aller Bürger, die Freiheit des Individuums und das Recht auf Privateigentum. Ludwig XVI. aber verweigerte seine Zustimmung. Er wollte nicht zulassen, wie er sagte, daß man seinen Adel und seinen Klerus ausplünderte. Für ihn bedeutete dies die Demontage der alten Ordnung, die Zerstörung all dessen, woran er geglaubt hatte. Doch es war längst nicht mehr an ihm, etwas zuzulassen oder zu verweigern. Er war nicht mehr Herr in seinem Lande. Wer nun den Ton in Frankreich angab, das sollte er schon bald am eigenen Leib erfahren.

Der riesige Palast von Versailles war nun fast menschenleer. Der Großteil der einst so fröhlichen, schnatternden Höflingsgesellschaft hatte sich bereits ins Ausland abgesetzt oder auf seine Güter zurückgezogen. Nur noch wenige hielten dem Königspaar die Treue. Eine unheimliche Stille hatte sich dem weitläufigen Schloß ausgebreitet. Es war wie die Ruhe vor dem Sturm. Und dieser Sturm ließ nicht lange auf sich warten.

Der 5. Oktober 1789 brach an, als in den Pariser Markthallen Bewegung entstand: Wieder einmal war das Brot knapp geworden. Aufgehetzt durch gewissenlose agents provocateurs, die vermutlich aus dem Umkreis des Herzogs von Orléans kamen, rotteten sich die Marktweiber und Dirnen der Stadt zusammen, zu denen sich auch viele als Frauen verkleidete Männer gesellten. 3000, nach anderen Angaben sogar 8000 sollen es gewesen sein, die sich hier in den frühen Morgenstunden nach Versailles aufmachten, um vom König Brot zu fordern. Unterwegs fiel diese Meute über sämtliche Wirtshäuser und Weinschenken her, sodaß die meisten schon ziemlich betrunken waren, als sie endlich vor den Gittertoren von Versailles ankamen.

Ganz gütiger Landesvater, empfing Ludwig XVI. eine Delegation der Frauen, um sich ihre Forderungen anzuhören. Dabei fiel eine der Bittstellerinnen angeblich vor Hunger in Ohnmacht und landete in den Armen des Königs. Ludwigs weiches Herz krampfte sich zusammen. Sein armes Volk hungerte! Unverzüglich versprach er Lebensmitteltransporte, und die Frauen zogen mit Hochrufen auf den König wieder ab. Die Sache schien erledigt. Dennoch riet einer der wenigen Getreuen, die Ludwig XVI. noch geblieben waren, der Graf von Saint-Priest, zur Flucht nach Rambouillet. Mit Rücksicht auf die Sicherheit seiner Familie stimmte er nach einigem Zögern zu. Aber das Glück war Ludwig XVI. auch jetzt nicht hold. Die noch immer vor dem Palast lungernde Volksmenge entdeckte die vorgefahrenen Kutschen, stürzte hin, spannte die Pferde aus und verhinderte so die Flucht der königlichen Familie. »Es ist vorbei, wir bleiben!« sagte Ludwig XVI. resigniert.

Inzwischen war La Fayette mit seiner Nationalgarde eingetroffen und verbürgte sich für die Sicherheit des Königs. Einigermaßen beruhigt nach all den Aufregungen ging der Hof, oder vielmehr das, was von ihm übrig geblieben war, schließlich zu Bett. Es sollte ein böses Erwachen geben.

Unbemerkt drang im Morgengrauen eine Gruppe von Demonstranten durch einen Seiteneingang in den Palast ein und steuerte geradewegs auf die Gemächer der Königin zu. Die Leute waren außer Rand und Band. Sie wollten die Königin umbringen, die Österreicherin, die an allem schuld war. Brutal metzelten sie die Leibgarden nieder, die sich ihnen in den Weg stellten. In letzter Sekunde konnte sich Marie Antoinette mit ihren Kindern in das Zimmer des Königs retten, bevor La Fayette mit ziemlicher Verspätung auftauchte und gerade noch verhindern konnte, daß der königlichen Familie ein Leid geschah.

Draußen vor den Toren von Versailles stand die drohende Menschenmasse und brüllte: »Der König nach Paris! Der König nach Paris!« Man hatte die ganze Nacht hindurch gezecht und sich mit den Soldaten verbrüdert. Nur noch wenige standen loyal auf der Seite des Königs. Um seiner und seiner Familie Sicherheit willen, aber auch um dem Wunsch seines geliebten Volkes nachzukommen, erklärte sich Ludwig XVI. bereit, nach Paris zu übersiedeln. Mit unverbrüchlicher Treue und Liebe hing er an seinem Volk, das er nach wie vor für gut hielt. Für ihn waren diese armen Leute nur Opfer gewissenloser Agitatoren. Doch dieselben armen Leute waren auch zu grenzenloser Grausamkeit fähig.

Die Fahrt nach Paris wurde für Ludwig XVI. und seine völlig verstörte Familie zum Martyrium. Johlend begleitete die Menge die Karosse, vor der sich zwei Männer aufgepflanzt hatten, die auf ihren Piken die Köpfe zweier königlicher Leibgarden trugen. »Versuchen Sie mir mein armes Versailles zu retten«, hatte der König vor der Abfahrt zu La Tour du Pin gesagt. Nun entschwanden die Umrisse des Palastes langsam seinem Blick. Ein Abschnitt seines Lebens war zu Ende. Nie wieder sollte er nach Versailles zurückkehren.

Ludwig XVI. fuhr seinem Ende entgegen. Nach sechs qualvollen Stunden erreichte man endlich Paris. Der Jubel, der sie empfing, klang wie Hohn in den Ohren der völlig erschöpften königlichen Familie. Die Tuilerien, das königliche Stadtschloß, sollten von nun an ihr Domizil sein. Mehr schlecht als recht richteten sich der König und die Seinen in den seit vielen Jahren nicht mehr bewohnten, kaum möblierten Gemächern ein. Erst an den folgenden Tagen wurde Mobiliar aus Versailles herangeschafft, um die neue Residenz entsprechend auszustatten, eine Residenz, die der König und vor allem die stolze Königin jedoch als Gefängnis empfanden. Sie fühlten sich von den 600 Nationalgardisten, die das Schloß bewachten, beobachtet und bespitzelt. Zwar wurde die Hofetikette in den Tuilerien beibehalten, Audienzen abgehalten und ausländische Gesandte empfangen, als wäre nichts geschehen, doch Ludwig XVI. wußte, daß er seine einstige Macht verloren hatte und der Nationalversammlung auf Gedeih und Verderb ausgeliefert war. Zwar jubelte ihm das Volk zu, wann immer er sich auf dem Balkon zeigte – sogar vereinzelte »Vive la Reine«-Rufe waren zu hören –, doch Ludwig XVI. ließ sich dadurch über seine wahre Situation nicht hinwegtäuschen. Eine tiefe Lethargie erfaßte den geplagten König nach all den Schrecken der vergangenen Wochen. Oft sprach er tagelang kein Wort. Obwohl es immer noch genug Getreue in seiner Umgebung und im ganzen Lande gab, schreckte Ludwig XVI. davor zurück, eine Gegenrevolution zu organisieren. Seine Furcht vor einem Bürgerkrieg hinderte ihn daran, sein vorübergehendes Popularitätshoch zu nützen. Ohnmächtig und unentschlossen setzte er offenbar auf Zeit. Daher fügte er sich scheinbar in sein Schicksal und tat so, als würde er sich mit den Zielen der Revolution identifizieren. Unwidersprochen nahm er es hin, daß er nun nicht mehr »Seine Allerchristlichste Majestät, König von Frankreich und Navarra«, sondern nur noch »König der Franzosen« war. Ebenso widerstandslos ratifizierte er die Flut der Erlässe, die die Nationalversammlung nun produzierte, selbst wenn er sie nicht mit seinem Gewissen vereinbaren konnte.

Selbst die Galionsfiguren dieser ersten Phase der Französischen Revolution – La Fayette und Mirabeau, beide Verfechter einer konstitutionellen Monarchie – erkannten nun, daß die Revolution im Begriffe war, außer Kontrolle zu geraten, und begannen, mit dem König zu sympathisieren. Doch Ludwig mißtraute dem einen wie dem anderen – was man ihm nicht verübeln kann, hatten doch beide großen Anteil an den vergangenen Ereignissen gehabt. Dennoch schien Honoré Riqueti, Graf von Mirabeau, der immer noch das große Wort in der Nationalversammlung führte, der einzige zu sein, der die Monarchie noch retten konnte. Der sittlich zwar völlig verdorbene, aber hochintelligente Graf begann, sich für eine Stärkung der Position des Königs einzusetzen. Zuerst allerdings hatte er sich die enormen Schulden, in die ihn sein zügelloser Lebenswandel gestürzt hatte, von Ludwig XVI. bezahlen lassen. Wie weit Mirabeau tatsächlich in der Lage gewesen wäre, das Königtum zu retten, läßt sich nicht sagen, denn der Graf starb unerwartet im April 1791. Damit hatte Ludwig XVI. seine letzte Stütze verloren, und sein Verhältnis zur Nationalversammlung verschlechterte sich zusehends. Das Gesetz über die Verstaatlichung der Kirchengüter und die Zivilverfassung des Klerus, wonach die Bischöfe künftig nicht mehr vom Papst, sondern von politischen Instanzen eingesetzt werden sollten, hatte nicht nur das Gewissen dieses frommen Mannes erschüttert, sondern ihn auch aus seiner Lethargie wachgerüttelt. Sein Wunsch zu fliehen nahm jetzt Gestalt an. Der Plan war, sich nach Montmédy in der Nähe von Metz in den Schutz der dort stationierten loyalen Truppen zu begeben. Für den Fall, daß es ihm nicht gelänge, die Zügel in seinem Land wieder in die Hand zu bekommen, stand von dort immer noch der Weg über die nahe Grenze offen.

DIE TRAGÖDIE VON VARENNES

In der Nacht vom 20. auf den 21. Juni 1791 war es dann soweit. Alles war bis ins Detail vorbereitet. Mit Hilfe des schwedischen Grafen Axel von Fersen gelang es Ludwig XVI. und seiner Familie, aus den Tuilerien zu entwischen. (Peinliches Detail am Rande: Fersen war der Geliebte Marie Antoinettes. Dem geplagten König blieb auch nichts erspart! Ausgerechnet diesem Mann, seinem Rivalen, verdankten sie vielleicht ihre Rettung.) In Verkleidung und mit falschen Pässen ausgestattet, reisten sie in einer bereitgestellten Kutsche in Richtung Osten. Die Gouvernante der Kinder, Madame de Tourzel gab sich als Baronin von Korff aus, während Marie Antoinette und Ludwig als ihre Gesellschafterin und ihr Haushofmeister auftraten. Den Kindern hatte man andere Namen gegeben und den Dauphin in Mädchenkleider gesteckt. Zuerst schien alles glatt zu laufen. Ungehindert kamen die Flüchtlinge aus der Stadt heraus. Doch dann begannen die ersten Schwierigkeiten. Die grün-gelbe Karosse war viel zu schwerfällig und außerdem hoffnungslos überladen. Der Zeitplan konnte nicht mehr eingehalten werden, und bald betrug die Verspätung schon über drei Stunden. Trotzdem schienen sich die Reisenden bereits in Sicherheit zu wiegen, denn sie hielten öfter als unbedingt nötig an, um sich die Beine zu vertreten und einen Imbiß zu nehmen. Schon sah sich Ludwig XVI. in seiner goldbestickten Uniform die jubelnden Truppen in Montmédy begrüßen, doch in Pont-de-Somme-Vesle wurde er aus seinen Tagträumen gerissen. Hier nämlich hätte sie der junge Herzog von Choiseul erwarten sollen. An der vereinbarten Stelle aber waren keine Soldaten zu sehen. Choiseul war mit seinen Männern eine halbe Stunde zuvor abgezogen in der Meinung, der König würde an diesem Tag nicht mehr kommen. Beunruhigt setzte die königliche Familie ihren Weg nach Sainte-Ménehould fort. Doch auch dort war weit und breit nichts von den erhofften Dragonern zu sehen. Diese hatten sich bereits in die umliegenden Schenken begeben. Immer noch ohne Eskorte ging die Fahrt weiter in Richtung des kleinen Städtchens Varennes. Dort war dann Endstation für die königlichen Flüchtlinge. Sie wurden erkannt. Ludwig XVI., der in diesen einfachen Leuten keine Gefahr sah, behielt die Nerven und gab sich jovial. Ja, er war fast ein wenig gerührt und nahm erfreut die Einladung des Bürgermeisters von Varennes an. Die Dorfbewohner waren begeistert von der Umgänglichkeit des Königs, und fast hätte Ludwig XVI. mit seiner einfachen Art die Situation und damit sein und seiner Familie Leben gerettet. Doch nicht alle Einwohner des Städtchens waren so königstreu wie der Bürgermeister. Auch hierher waren die revolutionären Ideen gekommen und hatten sich in den Köpfen der Leute festgesetzt. Der Postmeister von Sainte-Ménehould, ein gewisser Jean Baptiste Drouet, der als erster Verdacht geschöpft hatte, sandte unverzüglich Nachricht nach Paris. Dort war inzwischen der Teufel los, nachdem man die Flucht des Königs bemerkt hatte, und der ganze Zorn der aufgebrachten Pariser entlud sich über La Fayette, der bis vor kurzem noch das Idol der Nation gewesen war. Man drohte, ihn am nächsten Laternenpfahl aufzuknüpfen, würde er nicht unverzüglich den König in die Hauptstadt zurückbringen.

Während sich Ludwig XVI. und die Seinen in der engen Stube des Bürgermeisters ein wenig ausruhten, traf ein Trupp Revolutionssoldaten in Varennes ein. Mit einem Mal wurde aus den freundlichen Dorfbewohnern eine haßerfüllte Meute, die »Der König nach Paris! Der König nach Paris!« schrie. Welch ein Schock! Was für eine furchtbare Enttäuschung für den König und die Königin! Ein paar Kilometer weiter und sie wären in Sicherheit gewesen! Aber sie saßen hier in diesem Nest namens Varennes, und in wenigen Augenblicken sollten sie wieder Gefangene sein. All die Träume, denen sie sich in den letzten 24 Stunden hingegeben hatten, all die freudige Erwartung, die Hoffnungen zerplatzten wie Seifenblasen.

Doch da bot sich plötzlich der Funken einer letzten Chance: Der Herzog von Choiseul war mit seinen Husaren in Varennes eingetroffen. Mutig zog er das Schwert, um seinen König zu befreien. Der aber verbot, daß seinetwegen Blut vergossen werde. Ludwigs Reaktion ist kaum zu verstehen und läßt sich wohl nur mit einer tiefen Resignation und unendlichen Schicksalsergebenheit erklären. Dank sollte er für seine Gewaltlosigkeit allerdings nie ernten. Weder von seinen Zeitgenossen noch von der Nachwelt. Die einen nutzten seine pazifistische Haltung schamlos aus, die anderen verhöhnten ihn dafür, und auch die Geschichtsschreibung sollte ihn als den schwächsten Herrscher bezeichnen, den Frankreich je gehabt hatte.

Völlig erschöpft und wie gelähmt durch die tiefe Enttäuschung, bestieg die königliche Familie wieder die gelb-grüne Karosse und trat ihre zweite Schreckensfahrt in Richtung Paris an. Doch diesmal war alles noch viel schlimmer als im Oktober 1789, als man sie von Versailles in die Hauptstadt gebracht hatte. Diesmal flogen Dreck und Steine gegen die Kutsche, es hagelte obszönste Beschimpfungen und Flüche gegen die Königin, und die Soldaten hatten alle Mühe, die blutdürstende Meute zurückzuhalten.

Am 25. Juni 1791 traf die königliche Familie wieder in den Tuilerien ein, wo sie von La Fayette empfangen wurde. Was auch immer in Ludwig XVI. vorging, die stoische Ruhe, die er angesichts der für ihn so demütigenden Ereignisse bewahrte, war geradezu bewundernswert. Kaum je verlor er die Kontrolle über sich selbst. Auch als La Fayette sich nach seinen Befehlen erkundigte, antwortete er nur mit einer Mischung aus Resignation und Sarkasmus: »Mir scheint, Monsieur La Fayette, daß Sie es sind, der die Befehle gibt« und wandte sich von dem Mann ab, dem er die Schuld an seinem Unglück gab. Von nun an waren der König und die Seinen tatsächlich nichts anderes als Gefangene. Auf Schritt und Tritt wurden sie überwacht, ständig waren sie den neugierigen Blicken der Nationalgardisten ausgesetzt, und nur wenn sie sich umzog, durfte Marie Antoinette die Türen ihrer Gemächer verschließen.

Die Flucht nach Varennes war nicht nur eine persönliche Tragödie für den König, sie hatte auch einen Graben zwischen ihm und seinem Volk aufgerissen, der kaum mehr zu überbrücken war. Die Menschen hatten kein Vertrauen mehr zu Ludwig XVI., viele hielten ihn für einen Verräter an den Zielen der Revolution, und der Ruf nach seiner Absetzung und der Abschaffung der Monarchie wurde immer lauter. Noch aber gab es eine dünne Mehrheit in der Nationalversammlung, die sich für eine Beibehaltung der Monarchie aussprach. Deren Vertreter rieten dem König dringend, die mittlerweile ausgearbeitete Verfassung anzunehmen, um seine einstige Popularität zurückzugewinnen. Im September 1791 trat Ludwig XVI. gegen seine Überzeugung vor die Nationalversammlung und legte den Eid auf die Verfassung ab, mit der Frankreich zu einer konstitutionellen Monarchie wurde. Dieser feierliche Akt aber wurde zu einer tiefen Demütigung für den König, machte er ihm doch bewußt, wie tief er gesunken war. Keiner der Abgeordneten erhob sich, als Ludwig XVI. aufstand, um seinen Schwur abzulegen. In die Tuilerien zurückgekehrt, war er den Tränen nahe. »Alles ist verloren«, sagte er zu seiner Gemahlin. »Und Sie mußten Zeuge dieser Erniedrigung sein. Sie sind nach Frankreich gekommen, um das zu erleben.«

Er wußte, wie unerträglich der Machtverlust vor allem für Marie Antoinette war, doch auch ihm tat es in tiefster Seele weh, daß ihm nichts mehr geblieben war außer seinem Titel und einem aufschiebenden Vetorecht. In einem Brief an seinen Bruder, den Grafen von Artois, versuchte er seinen Schritt zu rechtfertigen: »Ich habe mich für den Frieden statt für den Krieg entschieden, weil er mir zugleich tugendhafter und nützlicher erschien; ich habe mich mit dem Volk verbunden, denn dies war das einzige Mittel, um es zurückzugewinnen; und unter zwei Möglichkeiten habe ich jene gewählt, die mich weder vor meinem Volk noch vor meinem Gewissen anklagt.«

In der französischen Öffentlichkeit wurde die Annahme der Verfassung durch den König mit großer Begeisterung begrüßt. Ludwigs Beliebtheit wuchs wieder, und auch seine Lage besserte sich mit diesem Tag schlagartig. Er und seine Familie erhielten ihre Bewegungsfreiheit zurück, konnten wieder Ausfahrten unternehmen, Opern und Theater besuchen, und für kurze Zeit schien es tatsächlich, als wäre die Revolution damit zu Ende gegangen.

Doch eine Revolution ließ sich nicht so einfach beenden. Während La Fayette und all die idealistischen Mitstreiter der Revolution in der Verfassung ein Allheilmittel sahen, hielt Ludwig sie für einen Irrtum des Volkes, den es nur allzubald erkennen würde. Doch sämtliche Hoffnungen, die in der einen oder anderen Weise an die Verfassung geknüpft wurden, sollten sich bald als Illusion herausstellen. Die wirtschaftliche Lage des Landes hatte sich in den letzten zwei Jahren keineswegs gebessert. Die Preise waren nach wie vor hoch, Geld und Lebensmittel knapp. Hinzu kam eine hohe Arbeitslosigkeit, die nicht zuletzt durch die Emigrationswelle noch verschärft worden war: Viele ehemalige Bediente von Aristokraten saßen nun auf der Straße. Unzufriedenheit beherrschte das Volk, und die Angst vor einem Eingreifen der ausländischen Mächte machte sich breit.

Denn außerhalb Frankreichs fand Ludwig XVI. nur wenig Verständnis für sein Handeln, und die Aktivitäten der Emigrierten, allen voran seiner Brüder, schadeten ihm mehr, als sie ihm nützten. Der Graf von Provence, dem die Flucht nach Belgien gelungen war, hatte nichts als Spott und Verachtung für seinen ungeschickten und glücklosen Bruder übrig, nachdem er von der mißlungenen Flucht nach Varennes erfahren hatte. Ludwigs Annahme der Verfassung verurteilte er als schmachvollen Kniefall vor den Revolutionären, und er bildete eine Art Exilregierung, die alles unternahm, um Frankreichs Monarchie zu retten. Ihm ging es allerdings nicht um das Schicksal seines Bruders und seiner Schwägerin, sondern allein um die Erhaltung der Monarchie. Ähnlich dachten auch die anderen europäischen Fürsten, und der schwedische König Gustav III. brachte es auf den Punkt, als er folgende Zeilen verfaßte: »So groß das Interesse auch ist, das ich an dem Geschick der königlichen Familie nehme, so fällt doch die Schwierigkeit der allgemeinen Situation des europäischen Gleichgewichts, der besonderen Interessen Schwedens und der Sache der Souveräne noch mehr in die Waagschale. Alles hängt davon ab, ob man das Königtum in Frankreich wiederherstellen kann, und es kann uns gleichgültig sein, ob jetzt Ludwig XVI., Ludwig XVII. oder Karl X. auf diesem Thron sitzt …«

Ludwig XVI. war betroffen über die Aktivitäten der Emigranten. Ihre Drohgebärden belasteten seine ohnedies schwache Position, da sie ihn in den Verdacht konterrevolutionärer Machenschaften brachten. »Ich weiß«, sagte Ludwig XVI. damals resigniert zu Graf Fersen, als er dessen neuen Fluchtplan ablehnte, »daß man mich der Schwäche und der Entschlußunfähigkeit beschuldigt, aber noch niemand hat sich jemals in einer Lage befunden wie der meinigen. Ich weiß, daß ich den richtigen Augenblick für die Flucht versäumt habe, am 14. Juli, und seitdem habe ich ihn nicht wiedergefunden. Die ganze Welt hat mich im Stich gelassen.«

Bald mußte der König erkennen, welch sinnloses Opfer er mit der Annahme der Verfassung gebracht hatte. Die alten Mitstreiter der Revolution mit ihren idealistischen Zielen waren von der Bildfläche verschwunden, viele von ihnen hatten den Weg in die Emigration angetreten. Nun blies in der Nationalversammlung ein anderer Wind. Die radikalen Girondisten gaben jetzt den Ton an. Das wurde ihm spätestens im November 1791 schmerzlich klar, als man von ihm die Unterzeichnung der sogenannten »Priesterdekrete« verlangte. Damit sollten Geistliche, die sich weigerten, den Eid auf die Verfassung zu leisten, in die überseeischen Kolonien deportiert werden. Ludwig war darüber schockiert. Das konnte er nicht unterschreiben, das verletzte seine religiösen Gefühle zutiefst. Wohl wissend, daß er damit heftige Proteste in der Bevölkerung auslösen würde, legte er dennoch sein Veto ein. Sofort wurden wieder Zweifel an der Aufrichtigkeit seiner Haltung gegenüber den Zielen der Revolution laut.

Die gereizte Stimmung wurde noch zusätzlich durch das Säbelrasseln an den Grenzen angeheizt, denn es löste im Volk eine geradezu hysterische Angst vor einer ausländischen Invasion und einer Konterrevolution aus. Das Gerücht einer großangelegten, vom König und vor allem von der verhaßten Österreicherin unterstützten aristokratischen Verschwörung machte sich breit und entfachte eine Welle des Patriotismus. Der Verdacht des Verrats und der Konspiration mit dem Ausland fiel erwartungsgemäß auf Ludwig.

Und tatsächlich begann Ludwig XVI. ein gefährliches Doppelspiel mit der Kriegsbereitschaft der Franzosen. In einem Brief an den Baron von Breteuil, seinen ehemaligen Minister, schrieb er am 14. Dezember 1791: »Frankreichs gegenwärtiger Zustand erlaubt ihm nicht einmal einen kurzen Feldzug, aber es muß den Anschein haben, als ob ich mich der Sache hingebe, wie ich es in früheren Zeiten getan hätte … Mein Verhalten muß so sein, daß die Nation im Falle einer Niederlage den einzigen Ausweg darin sieht, sich in meine Arme zu werfen …«

Am 20. April 1792 unterzeichnete er deshalb die Kriegserklärung an Österreich, die ihm die Nationalversammlung vorgelegt hatte. Nach außen hin mimte er den Patrioten, doch in Wahrheit hoffte er auf einen Sieg der ausländischen Mächte. Er sah in diesem Krieg die letzte Möglichkeit, vielleicht doch noch seine einstige Macht wiederzuerlangen. Marie Antoinette ihrerseits hatte sich schon längst von Frankreich abgewandt und empfand keinerlei Skrupel, als sie im März die französischen Kriegspläne an die Österreicher verriet.

Doch Ludwigs Hoffnungen blieben unerfüllt. Der Krieg wurde für ihn und Marie Antoinette zur Katastrophe. Die anfänglichen Siege der Österreicher bestätigten zwar seine Vermutung, daß Frankreich für einen Krieg nicht gerüstet war – fehlten ihm doch seit der Emigrationswelle des Adels die meisten fähigen Heerführer –, doch schürten sie auch den Haß und das Mißtrauen des Volkes gegen ihn und seine Gemahlin. Man gab ihnen die Schuld an den Niederlagen. Das Gerücht einer großangelegten vom König und vor allem von der verhaßten Österreicherin unterstützten aristokratischen Verschwörung machte sich breit, und Ludwigs Veto gegen die Priesterdekrete wurde als Beweis dafür angesehen. Die großen Redner der Revolution hatten wieder einmal Hochsaison. Sie hetzten gegen den »Tyrannen und Verräter in den Tuilerien« und malten das Schreckgespenst einer zweiten Bartholomäusnacht an die Wand, die von den Royalisten vorbereitet würde.

Da marschierte eine zornige Menge am 20. Juni 1792 auf die Tuilerien zu. »Nieder mit dem Veto!« brüllte der aufgestachelte Pöbel, der keine andere Absicht hatte, als den König zu ermorden. Doch er hatte nicht mit Ludwigs Mut gerechnet, den dieser sonst so schwache Mann gerade in den Stunden der Gefahr immer wieder an den Tag legte. Ohne eine Spur von Angst zu zeigen, stellte er sich der blutrünstigen Horde. Als ihm einer eine Pike an den Hals hielt, um ihn zu zwingen, die Dekrete anzunehmen, weigerte sich der König standhaft und erklärte ganz ruhig, er halte sich stets an die Verfassung und im übrigen sei dies weder der Ort und noch der Zeitpunkt für politische Eingaben. Mit der gleichen Gelassenheit wie ein Vater, der die Spiele seiner Kinder mitmacht, setzte er sich die rote Mütze, das Symbol der Revolution, auf. Dann hob er die Weinflasche, die man ihm ebenfalls reichte, und sagte: »Volk von Paris, ich trinke auf eure Gesundheit und die der französischen Nation.« Die Geistesgegenwart des Königs rettete ihm wahrscheinlich sein Leben. Die Leute waren beeindruckt von der Ruhe und Würde Ludwigs XVI. Vor fünf Minuten wollten sie ihn noch umbringen, nun standen sie staunend und ein wenig betreten um ihn herum. Drei Stunden dauerte die Szene. Dann kam Bürgermeister Pétion mit einer Garde, um dem König zu Hilfe zu eilen. Diese Verspätung spricht sehr dafür, daß die ganze Aktion von langer Hand geplant war.

Dank des heldenhaften Verhaltens des Königs war die Sache glimpflich verlaufen. Kein Tropfen Blut war geflossen. Besorgt um das Leben ihres Gemahls ließ Marie Antoinette eine Art Brustpanzer aus 15 Schichten Taft für ihn anfertigen. Um seine Frau zu beruhigen, legte Ludwig dieses Ungetüm an, doch zu Madame de Campan, der Hofdame der Königin, sagte er: »Sie werden mich nicht umbringen, ihr Plan hat sich geändert, sie werden mich auf andere Weise beseitigen.« Ahnte er, daß man ihm den Prozeß machen würde?

Die Ruhe nach dem 20. Juni war nur vorübergehend. Der Ruf nach Absetzung des Königs wurde immer lauter, je erfolgloser die französische Armee gegen die vorrückenden Streitkräfte der Österreicher und ihrer

Alliierten war. Die Angst vor einer Rückkehr der siegreichen Emigranten und vor drohenden Vergeltungsmaßnahmen mischte sich mit dem Haß auf das verräterische Königspaar. Die meisten waren mittlerweile überzeugt, daß Ludwig XVI. und Marie Antoinette mit dem Ausland gemeinsame Sache machten. Die Atmosphäre in Paris war vergiftet. Gewalt lag in der Luft. Das Manifest des Herzogs von Braunschweig vom 25. Juli 1792 radikalisierte die Situation noch einmal. Sollte dem König und der Königin auch nur ein Haar gekrümmt werden, so werde er Paris dem Erdboden gleichmachen, drohte der Herzog. Die Wirkung dieser Worte war fatal. Einmal mehr erfaßte Angriffslust die Pariser Bevölkerung. Ludwig XVI. wußte, daß ein neuerlicher Sturm auf die Tuilerien bevorstand, und versuchte, die Verteidigung des Palastes zu organisieren. Immerhin standen ihm mehr als 2 400 Mann zur Verfügung. Seine 900 Schweizer Gardisten waren hundertprozentig verläßlich, doch konnte er den Nationalgardisten vertrauen? Nicht ganz zu Unrecht befürchtete er wohl, daß viele dieser Revolutionssoldaten zur anderen Seite überlaufen würden.

Zweifel und Unsicherheit überkamen ihn, und er bot das Bild eines Verlierers, als er die für ihn typische Anordnung gab, erst dann zu schießen, wenn die Angreifer das Feuer eröffneten.

Dann brach die Nacht vom 9. August 1792 an. Es war drückend heiß. Gespannt und mit blassen Gesichtern wartete der Hof auf das, was da kommen sollte. Es war ein furchterregender Anblick, als am nächsten Morgen vor dem Hintergrund des rotglühenden Sonnenaufgangs eine Masse von 20 000 bewaffneten Menschen heranrückte, die die martialische Hymne der Marseillaise sangen. Angesichts dieser Übermacht entschloß sich der König, seinen Thron widerstandslos aufzugeben. Er konnte es nicht mit seinem Gewissen vereinbaren, daß andere seinetwegen starben. »Gehen wir!«, sagte er knapp, und nur mit dem, was sie auf dem Leibe hatte, verließ die königliche Familie das Schloß. Der Fluchtweg führte sie durch den Park, und eine sonderbare Gelassenheit schien sich in dieser Stunde der äußersten Gefahr des Königs bemächtigt zu haben: »Die Blätter fallen heuer früh«, murmelte er, so als wäre er gerade auf einem Spaziergang und nicht auf der Flucht vor einer mordlustigen Menge. Mit knapper Not erreichte die königliche Familie die schützende Nationalversammlung. Jetzt ging es nur noch um das nackte Leben, nicht mehr um Macht oder Thron.

Um sinnloses Blutvergießen zu verhindern, sandte der König den schriftlichen Befehl an seine Schweizer Garde, die Waffen niederzulegen und sich in ihre Unterkünfte zurückzuziehen. Ludwig wußte nicht, daß er mit diesem Befehl das Todesurteil Hunderter Menschen unterzeichnete. Denn das aufgehetzte, blutrünstige Volk stürzte sich auf die abziehenden, unbewaffneten Soldaten und riß sie regelrecht in Stücke. Die Leichen wurden aufgestapelt und unter Jubelstürmen verbrannt. Mehr als 800 königstreue Männer verloren an diesem Morgen ihr Leben.

Drei Tage verbrachte die königliche Familie in der engen Stenographenloge hinter dem Stuhl des Vorsitzenden der Nationalversammlung. Ohne jede Illusion verfolgte Ludwig XVI. die hektischen Debatten der Abgeordneten, deren Ohnmacht immer deutlicher wurde. Zwar hatten sie für die Sicherheit des Königs und seiner Familie gebürgt, doch auch sie konnten dem Druck der Massen nicht standhalten. Nicht der König, nicht die Nationalversammlung, sondern der Pöbel regierte jetzt Frankreich. Aus Angst vor neuen Übergriffen ließen die Deputierten Ludwig XVI. schließlich fallen und erklärten ihn für abgesetzt.

Als Gefängnis hatte man den sogenannten Temple ausgewählt, wohin man Ludwig XVI. und seine Familie am 12. August 1792 brachte. Diese dritte und letzte Fahrt in der königlichen Karosse wurde einmal mehr zum Alptraum. Von allen Seiten hagelte es Beschimpfungen und Drohungen auf das Königspaar. »Bringt das fette Schwein um! Hängt die Österreicherin auf!« schrien ihnen die aufgebrachten Menschen entgegen. Und ein Blick aus dem Fenster führte ihnen das ganze Ausmaß der Zerstörungswut vor Augen, welche die Massen erfaßt hatte. Sämtliche Symbole der Monarchie waren abgerissen worden, Denkmäler und Statuen einstiger Herrscher gestürzt. »So behandelt man Tyrannen!« brüllte das Volk, als die Kutsche die Place Vendôme passierte, wo das zerschlagene Reiterbildnis Ludwigs XIV. lag.

DER BÜRGER CAPET

Der Temple war einst Sitz des Templer- und später des Malteserordens gewesen, bevor ihn der mittlerweile emigrierte Prinz von Conti zu seinem Stadtpalais gemacht hatte. Das Auffällige daran war eine Art Wachturm, ein bedrohliches Bauwerk mit dicken, grauen Mauern und winzigen Fenstern. Genau darin brachte man nun die königliche Familie unter. Trotz der räumlichen Beengtheit fand man doch eine gewisse Bequemlichkeit vor. Das Essen war reichlich und gut, sogar für angemessene Kleider und Wäsche für die Damen wurde gesorgt.

Resigniert und gefaßt fügte sich Ludwig XVI. in sein Schicksal. All die Beschimpfungen, die von allen Seiten auf ihn herniederprasselten, all die Demütigungen und Schikanen, die ihm seine Wärter zufügten, prallten gleichsam von ihm ab. Gelassen und mit königlicher Würde ertrug er, was man ihm in den letzten Tagen seines Lebens antat. Nie begehrte er auf, kein Wort der Kritik war aus seinem Mund zu hören. Innerlich jedoch litt er: Er hatte Angst um seine Familie, und es schmerzte ihn in der Seele, daß er sie mit in sein Unglück gerissen hatte, daß er nichts für sie tun konnte. Ihm blieb nur die schwache Hoffnung, daß vielleicht in letzter Sekunde doch noch Hilfe von außen kommen würde. Denn die Zeitungsjungen brüllten vor den Mauern des Temple die neuesten Nachrichten von der Front: Die Österreicher waren im Vormarsch, Verdun war gefallen.

Doch was für den König einen Hoffnungsschimmer bedeutete, war für die Nation ein Schreckgespenst. Der Verdacht eines aristokratischen Komplotts nahm immer mehr Gestalt an, die Angst vor einer Invasion breitete sich aus und vermischte sich mit den schwelenden Haß- und Rachegefühlen in der Bevölkerung gegen das Königtum und die Royalisten. Die Brandreden eines Danton und seiner Gesinnungsgenossen im Jakobinerclub schürten bewußt diese Wut im Volk, bis sie sich in den sogenannten Septembermorden aufs grausigste entlud. »Tod den Aristokraten!« schrie der Pöbel, stürmte wie besinnungslos die Gefängnisse und metzelte die großteils monarchistisch gesinnten Insassen auf bestialische Weise nieder. Mehrere Tage dauerte dieses brutale Abschlachten, dem 1 400 Menschen zum Opfer fielen, ohne daß die Regierung eingegriffen hätte. Auch die treue Freundin der Königin, die schöne Prinzessin von Lamballe, fand in diesen Tagen den Tod. Doch das reichte der haßerfüllten Menge noch nicht. Sie spießte den Kopf der jungen Frau auf eine Pike und hielt ihn vor das Fenster des Temple. Entsetzt sank Marie Antoinette ohnmächtig zusammen. Mit den Septembermorden von 1792 wurde das wohl blutigste Kapitel der Französischen Revolution aufgeschlagen. Die Guillotine begann ihr mörderisches Werk. Die

Ludwig XVI. (1754–1793)

niedrigsten Instinkte und der ganze Sadismus, zu dem Menschen fähig sind, brachen hervor und lebten sich in einem erschreckenden Rausch von Gewalt und Blut aus.

Die erstaunliche Folge dieser Ausschreitungen war jedoch eine Wende im Kriegsverlauf. Nach dem Blutrausch ergriff ein Rausch nationaler Gefühle das Volk, und es stürzte sich wie entfesselt in den Kampf gegen den Feind. Mit dem Sieg bei Valmy am 20. September 1792 begann der Siegeszug der französischen Armee in diesem Krieg, der bald ganz Europa erfaßte und erst 1815 mit der Schlacht von Waterloo endgültig beendet wurde.

Für Ludwig XVI. und seine Familie schwand damals auch die letzte Illusion auf eine Rettung. Einen Tag nach dem glorreichen Sieg bei Valmy verkündete die Regierung das Ende der Monarchie in Frankreich und

Maximilien Robespierre (1758–1794)

rief das Jahr 1 der Republik aus. Die Revolutionäre hatten ihr Ziel erreicht. Doch was war aus diesen Männern geworden, die Freiheit, Gleichheit und Brüderlichkeit auf ihre Fahnen geschrieben hatten und für Gerechtigkeit und Menschenrechte eingetreten waren? Die Idealisten mit ihren hehren Zielen waren längst tot oder emigriert. Übrig geblieben war eine Gruppe fanatischer, haßerfüllter und machthungriger Despoten, die selbst den bereits am Boden liegenden Gegner noch mit Füßen traten. Ihre Helfershelfer, die Spitzel und Denunzianten ebenso wie die Gefängniswärter und Wachen, standen ihnen an Grausamkeit in nichts nach. Sie nutzten jede Gelegenheit, um Ludwig XVI. und die Seinen zu demütigen. Da die Monarchie abgeschafft war, redete man den ehemaligen König nicht mehr mit »Sire« oder »Majestät« an, sondern ganz einfach mit »Louis« oder »Capet« (nach seinem Vorfahren

Hugo Capet, der im 10. Jahrhundert die Kapetinger-Dynastie in Frankreich begründete). Nicht einmal zur Anrede »Monsieur« konnte man sich durchringen. Man hatte schon wenige Tage, nachdem die königliche Familie in den Temple gebracht worden war, die wenigen treuen Diener, die ihr noch geblieben waren, entlassen – eine reine Schikane. Und auch das unverschämte Benehmen der Wärter wurde von seiten der neuen Machthaber geduldet. Die primitiven und offenbar völlig gefühlskalten Männer ersparten selbst der 14jährigen Marie Thérèse ihre obszönen Bemerkungen nicht. Völlig ungerührt bliesen sie Ludwig XVI. den Rauch ins Gesicht, wenn er vor ihnen stand, und ständig drohten sie ihm und seiner Familie mit dem Umbringen.

Trotz all der Schikanen und der Lebensgefahr, in der sie schwebten, bemühte sich die Familie um einen geregelten Lebenswandel. Vor allem dem König und seiner Schwester Elisabeth fiel es beinahe leicht, sich in ihr Schicksal zu ergeben. Beide waren sie tiefgläubig und schöpften aus ihrer Frömmigkeit Kraft in diesen schweren Stunden. Marie Antoinette litt weit mehr unter der Gefangenschaft. Ihr unbeugsamer Stolz verwehrte ihr eine solche Gleichmut und stoische Ruhe, für die sie ihren Gemahl bewunderte. Einer der wenigen Augenblicke, in denen der König heftig wurde, war, als man ihm und seiner Familie sämtliche scharfen und spitzen Gegenstände abnahm, darunter sein Rasiermesser und die Nähscheren der Damen. »Halten sie mich für solch einen Feigling, daß ich mir selbst etwas antue?« entfuhr es ihm mit einem Unterton aus Sarkasmus und Verzweiflung.

Jeden Tag erhob sich der König um 6 Uhr, las dann zwei bis drei Stunden und gesellte sich um 9 Uhr zu seiner Familie, um das Frühstück einzunehmen. Den Vormittag verbrachte er damit, seinen Sohn zu unterrichten, während Marie Antoinette und Madame Elisabeth sich der jungen Marie Thérèse widmeten. Nach dem Mittagessen war man dankbar, daß man sich in dem kleinen Garten die Beine vertreten und ein wenig frische Luft schöpfen konnte. Der Nachmittag wurde mit Vorlesen, Näh- und Stickarbeiten der Damen und einem Schläfchen des Königs verbracht. Um 8 Uhr wurde das Abendessen serviert, nachdem der Dauphin zu Bett gebracht worden war. Den Rest des Abends widmete sich Ludwig XVI. wieder seiner Lektüre. Durch einen glücklichen Umstand befand sich eine große Bibliothek im Temple, sodaß der König in den fünf Monaten seiner Gefangenschaft 250 Bücher lesen konnte. Am liebsten vertiefte er sich wie schon in seiner Jugend in Reisegeschichten, aber auch in die Geschichte Karls I., mit dem er sich zu identifizieren begann. Doch wie unvergleichlich besser war es doch dem englischen Herrscher ergangen! Ihm hatte man bis zuletzt seine Getreuen gelassen, und man hatte auch seine Familie verschont. Ludwig XVI. befürchtete zurecht, daß man nicht nur ihn, sondern auch seine Gemahlin und möglicherweise auch seine Kinder töten würde, und es zerriß ihm das Herz, weil er nichts für sie tun konnte.

Außerhalb des Temple ging es weitaus weniger ruhig zu. Die Nationalversammlung war vom sogenannten Konvent abgelöst worden, der jetzt über die Geschicke der Nation entschied. Und über die Geschicke des Königs. Was sollte man mit dem ehemaligen Herrscher tun? Diese Frage wurde zum Gegenstand heftigster Diskussion in der Versammlung, bis am 18. November 1792 die Anzeige eines Schlossers namens Gamain die Entscheidung herbeiführte. Der Mann gestand, im Vorjahr auf Geheiß des Königs in den Tuilerien einen geheimen Eisenschrank angefertigt zu haben, der offenbar bis jetzt nicht entdeckt worden war. Darin befand sich die gesamte brisante Korrespondenz Ludwigs XVI. und Marie Antoinettes mit den ausländischen Fürsten, den Emigrierten, aber auch mit Mirabeau und anderen ehemaligen Führern der Revolution. Wenngleich diese Dokumente keine eindeutigen Beweise für eine konterrevolutionäre Tätigkeit des Königs lieferten, so ließ sich aus ihnen doch der Strick drehen, den die Jakobiner Ludwig XVI. um den Hals legen wollten.

Die große Stunde des Maximilien Robespierre war gekommen. Der ärmliche Student aus dem Collège Louis-le-Grand, der seine unglückliche Kindheit nie überwinden konnte, der ständig nach Aufmerksamkeit und Bewunderung gierte, war auf dem Weg zum Herrscher Frankreichs zu werden. Er hatte es geschafft, aus seinen bescheidenen Verhältnissen in die gutbürgerliche Schicht aufzusteigen, hatte es in Arras zum Anwalt gebracht und war 1789 unter die Abgeordneten des dritten Standes gewählt worden. Das Ziel seines Lebens, Großes zu leisten und die Bewunderung der anderen zu erlangen, schien erreicht. Dabei hatte dieser Robespierre eigentlich nichts von einem Revolutionär an sich. Er war scheu und introvertiert, und seine ganze Erscheinung war durch und durch bürgerlich. Stets achtete er auf ein gepflegtes Äußeres, nie ging er ohne gepuderte und exakt frisierte Perücke aus dem Haus, und die Spitzen an seinen Ärmeln waren stets blütenweiß. Das vornehme »de«, das der Eitle einst seinem Namen hinzugefügt hatte, um gesellschaftliche Anerkennung zu finden, war jedoch mittlerweile wieder verschwunden.

In seinem politischen Denken war Robespierre stark von Rousseaus Werken geprägt. Vor allem die Humanität des großen Philosophen beeindruckte ihn stark, und es klingt geradezu paradox, daß ausgerechnet jener Mann, der zur Inkarnation der Greuel der Französischen Revolution werden sollte, Skrupel gehabt hatte, als junger Richter einmal ein Todesurteil zu fällen.

Wie die meisten Abgeordneten des dritten Standes hatte auch Robespierre anfangs hehre Ideale verfolgt und war für eine konstitutionelle Monarchie eingetreten. Nicht einen Augenblick hatte er damals daran gedacht, die Person des Königs anzutasten. Erst die unselige Flucht Ludwigs XVI. nach Varennes hatte Robespierre auf die Seite der Republikaner gebracht. Von da an sah er im König eine Gefahr für die Revolution. Doch Robespierre hielt sich im Hintergrund. Nie war er an gewaltsamen Auftritten des Volkes beteiligt. Er beobachtete nur, denn wie Ludwig XVI. lehnte er Gewalt ab – wenngleich er stets die Taten des Volkes billigte. Von Rousseau hatte er das Idealbild des guten, von Natur aus tugendhaften Volkes übernommen, und er machte sich zu dessen Fürsprecher. Doch Robespierre blieb immer nur Theoretiker. In Wahrheit kannte er das Volk überhaupt nicht und wollte schon gar nichts mit ihm zu tun haben. Im Grunde seines Herzens blieb er sein Leben lang ein bürgerlicher Aufsteiger. Nie hätte er sich die rote Mütze auf sein gepudertes Haar gesetzt. Im Jakobinerclub wurde Robespierre groß, langsam erregten seine kompromißlosen Reden Aufmerksamkeit. Auf der Seite der Radikalsten im Konvent, als Anführer der sogenannten »Bergpartei« (die »Montagnards« nahmen im Konvent die obersten Sitze ein) hatte er seine politische Heimat gefunden. Noch befanden sie sich gegenüber den gemäßigteren Girondisten in der Minderheit, doch die von kalter Logik geprägten Worte Robespierres sollten unerwartet viele Abgeordnete der ideologisch unentschlossenen Mitte beeindrucken. »Ludwig muß sterben, weil das Vaterland leben muß«, donnerte Robespierre im Konvent.

Er hielt eine Gerichtsverhandlung für überflüssig: »Der Wille des Volkes ist klar«, erklärte er am 3. Dezember 1792, »Ludwig XVI. ist bereits verurteilt. Er muß bestraft werden oder die französische Republik ist ein

Trugbild. Jede Verzögerung wäre eine Falle oder sogar eine Pflichtverletzung. Ich bin der Meinung, daß der Nationalkonvent Ludwig zum Landesverräter und zum Verbrecher gegen die Menschlichkeit erklären muß und ihn als solchen zu bestrafen hat.« Trotzdem entschied sich die Mehrheit der Abgeordneten für einen Prozeß.

Am 11. Dezember 1792 holte man Ludwig XVI. ab, um ihn unter strengster Bewachung in den Konvent zum Verhör zu bringen. Ruhig und gelassen, wie immer in seinen einfachen braunen Rock gekleidet, trat Ludwig vor die versammelten Richter. Was mag er gefühlt haben, als er unter ihnen das Gesicht seines Cousins erblickte, des Herzogs von Orléans, der sich seit kurzem Philippe Égalité nannte?

»Ludwig, Sie dürfen sich setzen«, sagte der Präsident des Konvents und wies auf den bereitgestellten Holzschemel. Dann begann er mit der Verlesung der Anklage: »Ludwig, das französische Volk klagt Sie zahlreicher Verbrechen an, mit denen Sie Ihre Tyrannei erhalten und die Freiheit zerstören wollten.« Aufgezählt wurden unter anderem Ludwigs autoritäres Auftreten gegenüber der Nationalversammlung und das Zusammenziehen von Truppen im Jahre 1789, seine Flucht nach Varennes, seine Verbindung mit den Emigranten, sein Veto gegen die Priesterdekrete, aber auch das Blutvergießen während des Tuileriensturms vom 10. August 1792. Ruhig beantwortete der König die Fragen und widerlegte die ihm zur Last gelegten Punkte klar und logisch. Sein Auftreten war so beeindruckend und seine Unschuld so evident, daß man bereits befürchtete, die Zuschauer auf den Tribünen würden jeden Augenblick in »Vive le roi«-Rufe ausbrechen. Sogar einem Mann wie Marat rang die ebenso würdige wie bescheidene Haltung des Königs Respekt ab. In seinem für seine schmutzigen Pamphlete bekannten »Ami du Peuple« schrieb er nach diesem Tag: »Wäre er unschuldig, so wäre er in meinen Augen in dieser Demütigung groß gewesen.«

Der Nachweis der Tyrannei konnte von seiten des Konvents nicht erbracht werden. Dennoch stand das Urteil bereits seit langem fest. Ludwig XVI. wußte, daß man ihn töten wollte. »Sie haben die Macht und den Willen dazu«, sagte er zu Malesherbes, der gemeinsam mit dem Abgeordneten François-Denis Tronchet und Romain de Sèze seine Verteidigung übernommen hatte. Der einstige Minister war aus der Emigration zurückgekehrt, um seinem früheren Herrn zu helfen. Furchtlos bot er den Revolutionären die Stirn und sprach Ludwig mit »Sire« an, was ihm die unverhüllten Drohungen der neuen Machthaber einbrachte. Malesherbes wußte, was er riskierte, aber er war 76 Jahre alt und hatte nichts mehr zu verlieren. Ein Jahr nach dem König sollte denn auch er sein Leben auf der Guillotine lassen. Malesherbes' Anwesenheit war für Ludwig XVI. ein großer Trost. Die beiden führten lange Gespräche im Temple und bereiteten sich auf die Verteidigung vor, obwohl sie wußten, daß auch das genialste Plädoyer Ludwigs Kopf nicht mehr retten konnte.

Malesherbes berichtete später, daß der König in diesen Tagen oft über die Königin sprach und die Ungerechtigkeiten und Verleumdungen des Volkes ihr gegenüber zutiefst beklagte. Als er am 25. Dezember 1792 sein Testament verfaßte, fand er für seine Gemahlin folgende Worte: »Ich bitte meine Frau um Vergebung für all die Unbill, die sie für mich erträgt, und für den Kummer, den ich ihr während unserer Ehe bereitet haben mag; ebenso mag sie versichert sein, daß ich ihr nichts vorzuwerfen habe, sollte sie glauben, es gäbe irgend etwas, wofür sie sich eine Schuld zuschreiben müßte.« Seinem Sohn trug er auf, falls er einmal das Unglück haben sollte, König zu werden, ihn auf keinen Fall zu rächen, sondern sich vielmehr stets voll und ganz dem Glück seiner Mitbürger zu widmen.

Am 26. Dezember 1792 erschien Ludwig XVI. zum zweiten und letzten Mal vor Gericht. Sein Verteidiger de Sèze hielt eine lange Verteidigungsrede: »Ludwig ist mit zwanzig Jahren auf den Thron gekommen; und er war immer von beispielhafter Moral. Er war sparsam, gerecht, schlicht; er zeigte sich stets als Freund des Volkes. Das Volk wollte die Abschaffung drückender Steuern, er schaffte sie ab. Das Volk wollte die Abschaffung der Fron, er begann, sie auf seinen Ländereien abzuschaffen, das Volk verlangte eine Strafrechtsreform, er führte sie durch, das Volk verlangte die Bürgerlichen Rechte, er erließ die entsprechenden Gesetze. Das Volk verlangte die Freiheit, er gewährte sie.« Der König selbst fügte den Worten seines Verteidigers noch folgendes hinzu: »Ich spreche vielleicht das letzte Mal zu Ihnen und teile Ihnen mit, daß mein Gewissen rein ist und meine Verteidiger Ihnen nichts weiter als die Wahrheit gesagt haben. Ich hatte niemals Angst vor der öffentlichen Prüfung meines Verhaltens, aber es zerreißt mir das Herz, in der Anklageschrift den Eindruck wiederzufinden, daß ich das Blut des Volkes vergießen wollte, und vor allen Dingen, daß ich die unseligen Geschehnisse

des 10. August verschuldet hätte. Ich gestehe, daß meine unzähligen Liebesbeweise an mein Volk und die Art und Weise, wie ich mich immer benommen habe, mir zu beweisen scheinen, daß ich keine Angst hatte, mich in Gefahr zu begeben, um Blutvergießen zu vermeiden, und daß mich dies alles von einem solchen Eindruck auf ewig freispricht.«
Die Abstimmung über die Schuld des Königs verlief erwartungsgemäß. Von den 749 Abgeordneten stimmten 691 mit ja. Robespierre hatte es auf den Punkt gebracht: »Wenn Ludwig XVI. unschuldig ist, ist die Revolution schuldig.« Danach jedoch entflammte eine heftige Diskussion über das Urteil. Die Girondisten, die das Leben des Königs retten wollten, weil sie andernfalls die Reaktionen des Auslandes befürchteten, plädierten für eine Volksabstimmung über die Art des Urteils. Dagegen jedoch sprach sich die Mehrheit der Deputierten aus. Eine Volksabstimmung hätte die Pläne der Jakobiner gründlich durcheinandergebracht. Denn aus dem ganzen Land trafen bereits Briefe ein, die um ein mildes Urteil für den ehemaligen König baten. In der Nacht vom 16. auf den 17. Januar 1793 wurde schließlich namentlich über die Verurteilung Ludwigs XVI. im Konvent abgestimmt. Von den 721 anwesenden Mitgliedern stimmten 334 für lebenslange Haft oder Exil, eine knappe Mehrheit von 387, unter ihnen auch Philippe Égalité, sprach sich jedoch für den Tod ohne weitere Bedingungen aus. Auch die mutige Rede von Thomas Paine, einem gebürtigen Engländer, der lange in Pennsylvania gelebt hatte und nun Abgeordneter des Konvents war, konnte Ludwig XVI. nicht mehr retten: »Die Bürger der Vereinigten Staaten betrachten diesen Mann, den Sie zum Tode verurteilten, als ihren besten Freund, als den Begründer ihrer Freiheit. Dieses Land ist heute Ihr einziger Verbündeter; nun gut, jetzt bin ich zum Sprachrohr dieser Nation geworden und bitte Sie, das Urteil, das Sie eben fällten, auszusetzen. Gönnen Sie dem Despoten von England nicht das Vergnügen, den Mann auf dem Schafott zu sehen, der unsere Brüder in Amerika von der Tyrannei befreit hat.«
Am 20. Januar wurde Ludwig XVI. sein Urteil offiziell mitgeteilt: »Der Nationalkonvent erklärt Louis Capet, den letzten König von Frankreich, für schuldig der Konspiration gegen die Freiheit der Nation ... Der Nationalkonvent verfügt, daß Ludwig Capet die Todesstrafe erleidet.« Ludwig nahm gelassen zur Kenntnis, was er ohnedies schon wußte, und versuchte den alten Malesherbes zu trösten, der schluchzend

zusammengebrochen war. Noch am selben Abend verfaßte er einen Brief an den Konvent, in dem er um eine Frist von drei Tagen bat, damit er sich auf seinen Tod vorbereiten könne, sowie um den Beistand eines unvereidigten, von ihm bestimmten Priesters und um eine letzte Begegnung mit seiner Familie – seit Anfang Dezember des Vorjahres hatte er sie wegen des Prozesses nicht mehr sehen dürfen. Die Frist wurde ihm zwar verwehrt, doch sowohl den Priester als auch seine Familie durfte er empfangen.

Fast zwei Stunden, berichtete der Diener Cléry, dauerte der herzergreifende Abschied Ludwigs XVI. von den Seinen. Alle waren in Tränen aufgelöst und umarmten einander ständig. Was genau hinter der verschlossenen Glastür gesprochen wurde, konnte Cléry nicht hören, nur daß der König zum Schluß noch versprach, seine Frau und seine Kinder am nächsten Morgen noch einmal wiederzusehen.

Dann nahm Ludwig XVI. mit gutem Appetit das Abendessen ein und unterhielt sich noch lange mit seinem Beichtvater, dem Abbé Edgeworth de Firmont, dem wir einen genauen Bericht über die letzten Stunden des Königs verdanken.

Im Morgengrauen des 21. Januar 1793 wurde Ludwig XVI. von seinem Diener geweckt, machte Toilette und empfing vom Abbé die heilige Kommunion. Im letzten Augenblick entschloß er sich, auf eine weitere Begegnung mit seiner Familie zu verzichten. Statt dessen rief er um 7 Uhr Cléry und überreichte ihm sein Siegel für den Dauphin und seinen Trauring für Marie Antoinette. Weinend sagte er: »Sagen Sie der Königin, meinen lieben Kindern und meiner Schwester, daß ich ihnen trotz meines Vesprechens, sie heute früh zu sehen, den Schmerz einer solch grausamen Trennung ersparen will – wieviel es mich auch kosten mag, auf ihre letzten Umarmungen zu verzichten! Ich beauftrage Sie hiermit, ihnen an meiner Stelle Adieu zu sagen.«

Es war 9 Uhr, als ein Trupp Wachen unter der Führung eines gewissen Santerre die Tür aufriß, um ihn abzuholen. Ludwig XVI. bat den Abbé um seinen letzten Segen, dann wandte er sich im Befehlston an Santerre: »Gehen wir, ich bin fertig!« Im Hof, wo ein geschlossener Wagen wartete, warf er noch einen letzten, wehmütigen Blick zum Turm, in dem sich seine Familie befand. Ahnte er, was ihr bevorstand? Nur wenige Monate nach ihm würden auch seine Gemahlin und seine Schwester ihren Kopf unter das Fallbeil legen. Sein Sohn, für Royalisten Ludwig

XVII., sollte im Juni 1795 erst zehnjährig im Gefängnis zugrunde gehen, und nur seine Tochter sollte diesen Alptraum überleben. Im Dezember 1795 sollte man sie gegen Gefangene austauschen und den Österreichern übergeben.

Der Weg zur Place de la Revolution (früher Place de Louis XV. und heute Place de la Concorde) war von Soldaten und einer neugierigen Menge gesäumt.

Am Fuße des Schafotts angekommen, forderte man Ludwig XVI. auf, seinen Rock auszuziehen. Ohne eine Miene zu verziehen, gehorchte der König. Kaltblütig öffnete er Kragen und Hemd. Doch als ihm der Henker die Hände auf den Rücken binden wollte, empfand er dies als Demütigung und stieß ihn wütend zur Seite. Ein Blick auf den Abbé brachte ihm die Ruhe wieder, und resigniert meinte er: »Tun Sie, was Sie wollen.« Widerstandslos ließ er sich die Hände fesseln und die Haare abschneiden. Gestützt auf den Abbé stieg er dann die Stufen zur Guillotine hinauf. In der nächsten Sekunde aber riß er sich los, lief nach vorne und brüllte mit hochrotem Gesicht: »Volk, ich sterbe unschuldig! Ich vergebe den Verursachern meines Todes! Ich flehe zu Gott, daß mein Blut nicht auf Frankreich zurückfällt!« Der plötzlich einsetzende Trommelwirbel übertönte seine letzten Worte. Der Henker und sein Helfer packten ihn und banden ihn auf das Brett. Ludwig XVI. stieß einen gellenden Schrei aus, dann sauste das Messer herab, und für einige Augenblicke wurde es ganz still auf dem riesigen Platz. Erst als der Henker den Kopf hochhielt und dem Volk präsentierte, erscholl der Ruf »Es lebe die Republik!« Das Volk brach in hysterische Freudentänze aus. Einige stürzten nach vor und tauchten ihre Taschentücher in das Blut des Königs, dem eine heilende und glückbringende Wirkung zugesprochen wurde. Der Mythos des Königtums war eben nicht so leicht auszulöschen.

Ludwig XVI. war tot. Die Revolution aber lebte weiter. Frankreich versank in Blut und Terror. Jeder, der auch nur im geringsten verdächtigt wurde, nicht mit den Zielen der Revolution übereinzustimmen, landete auf der Guillotine.

Selbst die Väter des Terrors – Danton, Saint-Juste, Robespierre – entkamen dem Henker nicht. Und auch Philippe Égalité wurde zur Guillotine geschleift.

Maximilian von Mexiko

Staatsstreich in Paris
Jugend in Wien
Träume und Enttäuschungen in Italien
Die Versuchung aus Paris
Die Tragödie von Mexiko
Das Verhängnis von Queretaro

STAATSSTREICH IN PARIS

Die Nacht vom 1. Dezember 1851 senkte sich über die französische Hauptstadt. Alles schien ruhig. Nichts deutete auf die historischen Ereignisse hin, die die winterliche Dunkelheit in sich barg. Auch das gesellschaftliche Leben nahm scheinbar seinen gewohnten Gang. Im Élysée-Palast begrüßte der Präsident der jungen 2. Republik die Gäste zu seinem wöchentlichen Abendempfang. Seine freundliche Miene verriet nichts von den Gedanken, die ihm durch den Kopf gingen, als er mit der üblichen Höflichkeit Konversation trieb.

Draußen in den Straßen des schlafenden Paris aber gingen Dinge vor sich, die für Frankreich entscheidende Veränderungen bringen sollten. Soldaten waren unterwegs und besetzten nach genau vorbereitetem Plan die strategisch wichtigen Punkte der Stadt. In den frühen Morgenstunden des 2. Dezember wurde dann auch die Polizei aktiv und verhaftete all jene Männer, die sich den Absichten des Präsidenten hätten entgegenstellen können.

Um 10 Uhr morgens war die nächtliche Aktion abgeschlossen, ohne daß es zu größeren Zwischenfällen gekommen wäre, und der Präsident schwang sich auf sein Pferd, um sich den Truppen zu zeigen. Als ihn die Menge mit Hochrufen begrüßte, wußte Louis Napoleon Bonaparte, daß sein Unternehmen erfolgreich gewesen war.

Nach Jahren des Exils, der Gefangenschaft und nach mehreren fehlgeschlagenen Konspirationen war der Neffe des großen Napoleon 1848 beinahe mühelos zum Präsidenten der 2. Republik gewählt worden. Dieser Erfolg hatte ihn in seiner Überzeugung bestätigt, von der Vorsehung dazu berufen zu sein, das Werk seines Onkels fortzuführen. Nun, drei Jahre später, war er im Begriff, die Macht an sich zu reißen und sich der lästigen Nationalversammlung zu entledigen. Der Mythos »Napoleon« war immer noch lebendig. Der Name allein stand schon für Ordnung, Wohlstand und nationale Größe. Und genau auf diesen Bonus baute Louis Napoleon. Doch ganz so, wie er es sich vorgestellt hatte – nämlich ohne Blutvergießen – sollte dieser coup d'état nicht ablaufen. Nach dem ersten Schock formierten sich die Linksdeputierten in aller

Eile und organisierten den offenen Aufstand gegen den Präsidenten. Wollte er im letzten Augenblick nicht noch scheitern, mußte Louis Napoleon diesem Widerstand mit äußerster Gewalt begegnen. Geschätzte 1 300 Tote – genaue Zahlen wurden nie bekannt – und mehrere tausend Verhaftete und Deportierte pflasterten so Louis Napoleons Weg an die Macht, eine Schuld, unter der der von seinem Wesen her so friedliebende Mann sein ganzes Leben leiden sollte. Allein das Plebiszit vom 21./22. Dezember 1851 konnte sein Gewissen ein wenig beruhigen: Mit einer überwältigenden Mehrheit von 7,1 Millionen Stimmen gegen 650 000 bestätigte die französische Bevölkerung den Staatsstreich und stattete den Präsidenten auf zehn Jahre mit umfangreichen Machtbefugnissen aus.

Ermutigt durch diesen großen Vertrauensbeweis der Franzosen erklomm Louis Napoleon ein Jahr später auch noch die letzte Stufe auf seiner persönlichen Erfolgsleiter. In einem neuerlichen Referendum im November 1852 holte er sich die Zustimmung der Masse des Volkes für die Errichtung des Zweiten Kaiserreiches. Auf den Tag genau ein Jahr nach dem Staatsstreich war Louis Napoleon Bonapartes Traum Wirklichkeit geworden. Als Napoleon III., Kaiser der Franzosen, trat er das Erbe seines verehrten Onkels an.

Das Ausland verfolgte die Entwicklungen in Frankreich mit sehr gemischten Gefühlen. Die Erinnerungen an Napoleon I. ließen noch so manchen der alteingesessenen europäischen Fürsten erzittern. Was war von dessen Neffen zu erwarten?

Zunächst einmal nichts Kriegerisches, denn der frischgebackene Kaiser begab sich schlicht und einfach auf Brautschau. Gleich seinem Onkel erstrebte auch er eine Verbindung mit einer der großen Dynastien Europas an. Doch die Herrscher mit den langen Ahnentafeln rümpften nur die Nase über den Emporkömmling und zeigten ihm die kalte Schulter. Abgesehen von der Unebenbürtigkeit des Hauses Bonaparte hatte Frankreichs Thron seit jeher den ausländischen Prinzessinnen kein Glück gebracht. Entweder lief ihnen eine Mätresse den Rang ab, oder sie verloren ihre Krone, wenn nicht gar ihren Kopf. Das tragische Schicksal der Marie Antoinette lag ja noch nicht allzu lange zurück.

Napoleon III. tröstete sich über den Dünkel der europäischen Fürsten, indem er eine Liebesheirat einging und dafür sogar den Widerstand im eigenen Land in Kauf nahm. Am 30. Januar 1853 führte er die spanische Grafentochter Eugénie de Montijo heim. Die junge Dame mit den blauen Augen und dem rotblonden Haar war in jeder Hinsicht würdig, Kaiserin der Franzosen zu sein. Sie besaß gleichermaßen Geist und Ehrgeiz, und ihre Schönheit konnte es durchaus mit jener der österreichischen Elisabeth aufnehmen.

Der Aufstieg des französischen Kaisers begann, und bald schon konnte Europa ihn nicht mehr ignorieren. Vor allem für das Haus Habsburg sollten Napoleon III. und seine Gemahlin eine bedeutende Rolle spielen. Denn Bonaparte war nicht der einzige, der damals nach Kaiserwürden strebte. Auch in Wien träumte ein junger Erzherzog von einer Krone.

JUGEND IN WIEN

In den habsburgischen Landen war nach den Turbulenzen der Napoleonischen Kriege und nach dem Trubel des Wiener Kongresses wieder Ruhe eingekehrt. Doch es war eine trügerische Ruhe, denn hinter der biedermeierlichen Fassade von Hausmusik und süßem Wiener Mädel regierte die eiserne Hand des mächtigen Staatskanzlers Metternich, dessen Zensur und Bespitzelung jegliche Reformbestrebungen im Keim erstickten.

Kaiser Franz I. von Österreich ließ Metternich gewähren, denn er haßte jede Veränderung und liebte das beschauliche Leben. Er war bereits in vierter Ehe verheiratet, doch nur aus seiner zweiten Verbindung mit Maria Theresia von Bourbon-Neapel waren ihm sechs Kinder geblieben. Während seine vier Töchter durchwegs gut geraten waren, zeigten sich bei den beiden Söhnen die unseligen Auswirkungen jahrhundertelanger Inzucht in den Häusern Habsburg und Bourbon. Der ältere, Ferdinand, der seinem Vater dereinst auf den Thron folgen sollte, war Epileptiker und galt allgemein als schwachsinnig. Und auch der zweite Sohn des Kaisers, Franz Karl, verfügte über kaum größere geistige Fähigkeiten als sein Bruder. Für ihn hatte man die bayerische Prinzessin Sophie als Gemahlin auserwählt. Die hübsche und intelligente junge Dame war darüber verständlicherweise alles andere als erbaut, doch sie war fest entschlossen, das Beste aus ihrer Situation zu machen, als sie – gerade 19

Jahre alt – 1824 nach Wien kam. Obwohl die Ehe mit Franz Karl für die begabte Frau eine einzige Enttäuschung war, fügte sie sich dennoch mit Würde in ihr Schicksal. Sophie besaß nicht nur eine gehörige Portion Ehrgeiz, sondern auch ein ausgeprägtes Pflichtbewußtsein. 1830 erfüllte sie denn auch nach sechsjähriger Ehe ihre oberste Aufgabe und brachte ihren ersten Sohn zur Welt, den späteren Kaiser Franz Joseph. Knapp zwei Jahre später, am 6. Juli 1832, schenkte sie wieder einem Knaben das Leben. Er erhielt den Namen Ferdinand Maximilian und wurde ihr erklärter Liebling.

Sophie war eine überaus liebevolle Mutter, die über genügend Weitblick verfügte, um für eine exzellente Erziehung ihrer Söhne zu sorgen. Franz Josephs Unterricht, an dem auch Ferdinand Maximilian teilnahm, umfaßte 55 Wochenstunden, wobei vor allem auf Fremdsprachen viel Wert gelegt wurde – ein Muß für den künftigen Kaiser des Vielvölkerstaates Österreich.

Obwohl er Mutters Liebling war, begriff Max – wie Ferdinand Maximilian einfach gerufen wurde – irgendwann doch, daß er eben nur der Zweite war. Daraus mochte vielleicht der große Ehrgeiz resultieren, den er mit der Zeit entwickelte. Er wollte beweisen, daß er Franz Joseph um nichts nachstand, und tatsächlich überragte er seinen älteren Bruder sowohl bei sportlichen Leistungen als auch hinsichtlich des Lernerfolges. Max besaß zweifellos die raschere Auffassungsgabe. Vor allem aber verfügte der blonde, blauäugige Junge mit den beinahe femininen Zügen über einen hinreißenden Charme, sodaß ihm die Herzen nur so zuflogen. Franz Joseph beneidete den jüngeren Bruder bisweilen um dessen Beliebtheit. Dennoch verstanden die beiden einander zumindest in ihrer Jugend blendend, wenngleich ihre Charaktere und Interessen sehr unterschiedlich waren. Franz Joseph war ernst und ausgeglichen, aber ziemlich phantasielos, und er beschäftigte sich schon früh am liebsten mit militärischen Dingen. Max dagegen zeigte sich oft recht launisch, und seine allseits bewunderte Lebensfreude konnte in tiefe Melancholie umschlagen. Im Gegensatz zu seinem Bruder besaß er künstlerische Begabung und eine überschäumende Phantasie. Er liebte Tiere und exotische Pflanzen und las mit Vorliebe Bücher, die von fernen Ländern erzählten. Zu seinem neunten Geburtstag erhielt er deshalb eine kleine strohgedeckte Hütte im Park von Schönbrunn, aus der er sich dann ein richtiges Urwaldparadies zauberte.

Max liebte alles, was ihn irgendwie aus der Realität abheben ließ. Wie seine spätere Schwägerin Elisabeth ritt er am liebsten im wilden Galopp über die Felder. Das gab ihm das Gefühl, wie er sagte, »nicht länger von dieser Erde zu sein«. In dieses Bild paßt auch sein ausgeprägtes Interesse für die Ballonluftfahrt. Es wäre jedoch verfehlt, in Max nur einen Träumer zu erkennen. Sein Charakter war komplexer, als es den Anschein hatte. Der junge Erzherzog besaß viel Gefühl, das allerdings kaum je besonders tiefgehend war. Er konnte weich und gütig sein, legte jedoch zeit seines Lebens nie seinen Standesdünkel ab. Er liebte die Leichtigkeit des Lebens und neigte zu romantischen Schwärmereien, und trotzdem schlummerte ein verzehrender Ehrgeiz in seiner Brust. Zwar erklärte er: »Das letzte, was ich will, ist Kaiser zu sein. Alles, was ich vom Leben möchte, ist ein schönes Schloß mit einem großen Garten am Meer«, doch in Wahrheit sollte ihm das nie genügen. Vielleicht wußte Max um die Widersprüchlichkeiten seines Wesen, seine Neigung zu unüberlegtem Handeln und seine allzu große Vertrauensseligkeit gegenüber anderen und trug deshalb stets ein Blatt mit 27 Lebensregeln mit sich herum, das er dann und wann zu Rate zog. Darin hieß es unter anderem: »Nie mit Untergebenen scherzen, nie mit der Dienerschaft konversieren«, »Jeden hören, wenigen trauen«, »Bei jedem Schritt an die Folgen denken«, »Sich nie vom ersten Eindruck hinreißen lassen«. Diese Ermahnungen sollten jedoch keine Früchte tragen …

Im Jahre 1845 stellte eine Italienreise die Weichen für Maximilians Zukunft. Der damals 13jährige verliebte sich in das schöne Land und begeisterte sich augenblicklich für die Seefahrt. Sein Besuch der Uffizien in Florenz sechs Jahre später gewinnt rückblickend eine seltsame, geradezu prophetische Bedeutung. Ausgerechnet Van Dycks Bildnis von Karl I. hatte es dem jungen Erzherzog angetan, und er schrieb darüber in sein Tagebuch: »Auf Carls ernsten Zügen ruht gleich einem Flor die Trauerzukunft, er ist ein Schlachtopfer edelster Art, welches sich zu passiv, zu widerstandslos in das Schicksal fügte; er fehlte durch Schwäche … (Ihm) war es gegeben, wenn auch nicht kräftig zu leben, doch kräftig zu sterben.«

Das Jahr 1848 brachte nicht nur folgenschwere Ereignisse für die Habsburgermonarchie, sondern auch einen Wendepunkt im Leben von Erzherzog Max.

1835 war Kaiser Franz I. gestorben. Seither regierte Ferdinand I. – oder besser gesagt der alte Staatskanzler Metternich. Doch sosehr Metternich auch alles mit eiserner Hand kontrollierte, der Lauf der Zeit ließ sich nicht einfach anhalten. Die Französische Revolution von 1789 hatte eine neue Epoche in der europäischen Geschichte eingeläutet, und sosehr die Herrscher der übrigen Staaten auch versuchten, sich an ihre tradierte Macht zu klammern, früher oder später würden auch sie von der Wirklichkeit eingeholt werden. Und wieder war es Frankreich, das den Startschuß für eine neue Entwicklung gab, für eine neuerliche Revolution, die diesmal auch die anderen europäischen Länder erfaßte. Im Februar 1848 gingen in Paris die Menschen nach 1789 und 1830 zum dritten Mal auf die Barrikaden und fegten die Herrschaft des Bürgerkönigs Louis-Philippe hinweg. Die 2. Republik wurde ausgerufen und ein Präsident vom Volk gewählt: Louis Napoleon Bonaparte, der Neffe des einstigen Kaisers der Franzosen.

Die Geschwindigkeit, mit der sich die Pariser Ereignisse auf die habsburgischen Lande auswirkten, überraschte das Kaiserhaus. Bereits im März begann es auch in Wien zu brodeln. Unruhe machte sich breit, und vor allem die Studentenschaft gab ihrer Unzufriedenheit Ausdruck. Der Ruf nach einer Verfassung, nach Bürgerrechten und Pressefreiheit, nach all dem, was sich die Franzosen bereits erkämpft hatten, wurde immer lauter. Am 13. März 1848 kam es zum Aufruhr vor dem niederösterreichischen Landhaus in der Wiener Herrengasse und zu Ausschreitungen in den Vorstädten. Der Haß richtete sich vor allem gegen Metternich, doch weder der Rücktritt des Staatskanzlers noch die vom erschrockenen Kaiser gewährte Verfassung konnten der aufgeflammten Protestbewegung mehr Einhalt gebieten. Überall im Reich brachen Aufstände und Bürgerkriege aus. Menschenmassen umlagerten die Hofburg, die kaiserliche Familie geriet in Panik und trat die Flucht ins mährische Olmütz an, wo es schließlich zu einem historischen Schritt kam.

Der 16jährige Max hatte keine Ahnung, worum es ging, als er gemeinsam mit seinen Brüdern, sämtlichen Mitgliedern des Hofes und der Regierung am 1. Dezember 1848 den Thronsaal des erzbischöflichen Palais von Olmütz betrat. Dann hörte er seinen Onkel Ferdinand eine kurze Rede verlesen, in der er seine Abdankung und den Thronverzicht seines Bruders Franz Karl verkündete und sodann die Krone Österreichs an seinen 18jährigen Neffen Franz Joseph übergab. Als man seinen Bruder mit »Majestät« ansprach, begriff Maximilian langsam, daß von nun an alles anders sein würde.

Tatsächlich tat sich zwischen den beiden Brüdern mit diesem Tag eine Kluft auf, die sich immer mehr vergrößern sollte und die keiner von beiden jemals wieder zu überbrücken vermochte. Max war zwar jetzt Thronfolger, solange Franz Joseph keine männlichen Nachkommen hatte, doch wurde ihm schmerzlich bewußt, daß er nur eine Nebenfigur war, ein Platzhalter für seinen zukünftigen Neffen, zurückgedrängt in die Rolle eines Zuschauers. Und das, was er zu sehen bekam, erschreckte ihn.

Eine der ersten Handlungen des jungen Kaisers Franz Joseph war nämlich die rasche Niederschlagung der Aufstände in seinem Reich. In Italien setzte sich Feldmarschall Radetzky durch, die Ungarn jedoch waren nicht so leicht zur Räson zu bringen. Eine Welle des Patriotismus hatte das Land erfaßt, die quer durch alle Schichten der Bevölkerung ging. Nur mit äußerster Brutalität und um den Preis zahlreicher Menschenleben konnten sich die Österreicher im Sommer 1849 in Ungarn behaupten. Hunderte Todesurteile und Tausende Verhaftungen waren die Folge dieses Blutvergießens, das einen ersten Schatten über die Regierungszeit Franz Josephs warf. Erschüttert über das unnachgiebige und grausame Vorgehen der österreichischen Armee schrieb Maximilian später in sein Tagebuch: »Wir nennen unser Zeitalter das der Aufklärung, aber es gibt Städte in Europa, wo man in kommenden Generationen voll Unverständnis und Entsetzen auf die Ungerechtigkeit von Tribunalen zurückblicken wird, die, von Rachegeist getrieben, Menschen zum Tode verurteilen, deren einziges Verbrechen darin bestanden hat, daß sie etwas anderes gewollt haben als die Willkürherrschaft von Regierungen, die sich selbst über das Gesetz gestellt haben.«

TRÄUME UND ENTTÄUSCHUNGEN
IN ITALIEN

Der Aufstieg des Bruders weckte in Maximilian nicht nur Neid, sondern auch Tatendrang. Er war überzeugt, ebenso fähig zu sein wie Franz Joseph, und suchte nach einem Wirkungsfeld, in dem er seine

Talente unter Beweis stellen konnte. Zuerst bot er dem Bruder seine Mithilfe an der Regierungsarbeit an, doch dieser lehnte das Ansinnen kalt ab. Die latente Eifersucht aus Kindheitstagen wurde deutlich, zumal die Bevölkerung ihre Sympathien für den fröhlichen Erzherzog Max nur allzu gerne zeigte. Maximilian war über die abweisende Haltung des Kaisers gekränkt, und er wollte weg aus Wien, wo er offensichtlich unnötig war. So ging er im Oktober 1850 als Marineleutnant nach Triest – ein Entschluß, der Franz Joseph nur allzu recht war.

Zunächst stürzte sich der enttäuschte Erzherzog in seine neue Aufgabe als Offizier der österreichischen Marine, seinen Ehrgeiz und seine Überzeugung, genauso wie Franz Joseph zum Herrscher geboren zu sein, konnte er damit allerdings nicht unterdrücken. Als er anläßlich eines Spanienaufenthalts die Königsgruft seiner Vorfahren in Granada besuchte und die königlichen Insignien von Ferdinand dem Katholischen in der Hand hielt, kamen all seine verborgenen Sehnsüchte durch und er schrieb in sein Tagebuch: »Stolz, lüstern und doch wehmütig griff ich nach dem gold'nen Reif und dem einst so mächtigen Schwerte. Ein schöner glänzender Traum wäre es für den Neffen der spanischen Habsburger, letzteres zu schwingen, um ersteres zu erringen.« Aber Maximilian war jung, und daher gab es auch noch andere Dinge für ihn im Leben als Politik und Macht: die Liebe.

Im Winter 1851/52 hatte Maximilian während der Wiener Ballsaison seine erste leidenschaftliche Romanze mit einer jungen Dame namens Paola von Linden, Tochter des württembergischen Gesandten. Aber wegen des Standesunterschiedes hatte diese Affäre von Anfang an keine Zukunft. Für einen Erzherzog kam nur eine Prinzessin, möglichst auch noch aus einem regierenden Hause in Frage. Um den offensichtlich bis über beide Ohren verliebten Maximilian auf andere Gedanken zu bringen, schickte man ihn im Frühsommer 1852 auf eine ausgedehnte Reise durch das Mittelmeer, die ihn unter anderem auch nach Lissabon führte, wo seine Cousine, Maria da Gloria, regierte, die Tochter des ehemaligen Kaisers von Brasilien, Dom Pedro I.

Am portugiesischen Hofe weilte aber auch noch eine weitere Tochter Dom Pedros, die 20jährige Prinzessin Maria Amalia von Braganza. Sie war eine Frau wie aus dem Märchenbuch, zart, kultiviert und wunderschön. Maximilian verliebte sich auf den ersten Blick in das sanfte Wesen, das so sehr seine romantische Natur ansprach. Obwohl er sich nur zwei Wochen in Portugal aufhielt, war er sich bei seiner Abreise sicher, daß er in Maria Amalia die Frau fürs Leben gefunden hatte. Sein Glück war vollkommen, als er bei seiner Rückkehr nach Wien das Einverständnis des Kaisers zur Vermählung mit der portugiesischen Prinzessin erhielt. Im Sommer des kommenden Jahres sollte die Hochzeit stattfinden.

Doch das Schicksal wollte es anders. Im Februar 1853 erhielt er die niederschmetternde Nachricht, daß Maria Amalia einem Lungenleiden erlegen war. Obwohl er sie nur wenige Tage gekannt hatte, blieb die Braganza-Prinzessin die große Liebe seines Lebens. Bis zu seiner letzten Stunde wird er den Ring aus den Haaren der geliebten Frau bei sich tragen.

Der Kummer um die verlorene Liebe legte gleichsam Maximilians romantische Seite bloß. Wie um sich seine eigene Traumwelt zu schaffen, begann er mit dem Bau eines Schlosses auf einem Felsvorsprung an der Bucht von Triest. Miramar nannte er seinen Palast, der einer mittelalterlichen Burg ähnelte und die ganze Sehnsucht des jungen Mannes nach Romantik und Flucht aus der Realität widerspiegelte. Das Schloß mit seinem paradiesischen Garten wurde zu einer Zufluchtsstätte für Maximilian, wo er immer wieder neue Kraft schöpfte.

Im Mai 1856 ereilte den Erzherzog der Ruf seines kaiserlichen Bruders. Er sollte in diplomatischer Mission nach Paris reisen, um dort die Lage zu sondieren und sich ein Bild von Napoleon III. zu machen, der sich im jüngst zu Ende gegangenen Krimkrieg als geschickter Vermittler zwischen Rußland und England großes außenpolitisches Prestige erworben hatte. Wie die meisten gekrönten Häupter Europas sah auch Maximilian in dem neuen Kaiser der Franzosen einen Parvenu, und mit dem übersteigerten Selbstbewußtsein eines Habsburgers, der auf eine 600jährige Tradition zurückblickte, machte er sich auf den Weg: »Durch meine vielen Reisen kenne ich schon die Franzosen ... und weiß, daß etwas Komödie zur Sache gehört; ich habe mich daher angetan in Gold und Flitter, mit einem Küraß von Orden, und an meinem Halse hing wie eine mächtige Glocke ein Vlies, in dem die Diamanten wie ein Feuerwerk sprühten und glänzten; ich war anzusehen wie ein Schlittenpferd am frohen Karnevalstage. So paßt es für den Hof der Imperatoren.« Der blasierte junge Mann aus Österreich hörte gar nicht mehr auf, sich über alles und jeden am französischen Hof zu mokieren, so voreingenommen war er. Den zu seinen Ehren abgehaltenen Hofball in St-Cloud fand er »unwiderstehlich komisch«, die Toiletten der Damen »garstig« und das Benehmen der Gesellschaft »taktlos«.

Auch an Napoleon III. und seiner Gemahlin ließ Maximilian kein gutes Haar. In der Tat hatte der Kaiser der Franzosen nicht viel Majestätisches an sich. Seine gedrungene Statur und seine O-Beine ließen ihn fast ein wenig lächerlich aussehen. Und auch Kaiserin Eugénie war in jenen Tagen nicht im Vollbesitz ihrer in ganz Europa gerühmten Schönheit, hatte sie sich doch noch nicht von den Strapazen ihrer Niederkunft erholt. Außerdem waren die beiden anfangs ein wenig befangen gegenüber ihrem hohen Besuch, und ihre aufgesetzte Würde und die ein wenig deplaziert wirkende Etikette veranlaßten Maximilian einmal mehr, überlegen in sich hineinzulächeln.

Doch schon nach kurzer Zeit mußte der Habsburger seine Meinung über das französische Kaiserpaar grundlegend ändern. Die beiden hatten unzweifelhaft Charme, dem sich auch der voreingenommene Erzherzog nicht entziehen konnte. Die drei wurden einander immer sympathischer, je näher sie einander kennenlernten. Maximilian teilte die sozialen Ideen und die modernen Ansichten des Kaisers voll und ganz, vor allem aber beeindruckte ihn die Tatsache, daß Napoleon III. ein vom Volk gewählter Monarch war. Seit die Entfremdung zu seinem Bruder stattgefunden hatte, regte sich in Maximilian der Widerspruchsgeist immer stärker, und er sympathisierte immer mehr mit liberalen Anschauungen, die ganz im Gegensatz zu der autoritären, zentralistischen Politik Österreichs standen. Der Habsburger, der als Kritiker Napoleons III. nach Paris gekommen war, verließ die französische Hauptstadt als erklärter Bewunderer des Kaisers der Franzosen. Noch ahnte Maximilian nicht, daß dieser Paris-Besuch für ihn von schicksalhafter Bedeutung sein sollte.

Dem diplomatischen Erfolg in Paris folgte eine Reise nach Brüssel, wo der Coburger Leopold I. seit 1830 regierte. Der damals 66jährige König übte einen beträchtlichen Einfluß auf die europäische Politik aus, nicht zuletzt wegen seiner verwandtschaftlichen Verbindung zur Großmacht England. Königin Viktoria war seine Nichte und ihr Gemahl Prinz Albert sein Neffe. Der österreichische Erzherzog genoß den Aufenthalt in Belgien, weil es dort, wie er meinte, weitaus weniger gespreizt zuging als in Paris, dafür aber mit gediegener Würde. Doch sein Standesdünkel holte ihn auch hier wieder ein, als er über einen Empfang am belgischen Hof schrieb: »Da das belgische Regime die Aufstellung einer festen Norm für die Hoffähigkeit nicht gestattet, daher nicht leicht eine Prätention zurückgewiesen werden kann, so läßt sich denken, wie gemischt die Gesellschaft auf einem solchen Balle sein muß. Der hohe Adel des Landes wird hier von seinem Schneider und Schuster condoyiert; alle englischen Shopkeepers, die, um Ersparnisse zu machen, sich nach Brüssel zurückziehen, finden hier mit ihren respektiven Familien Zutritt.«

Maximilians Belgien-Visite hatte allerdings weniger ein politisches denn ein privates Motiv. Der junge Mann war auf Brautschau. Und das, was er in Brüssel zu sehen bekam, gefiel ihm sehr: Leopold I. hatte eine Tochter namens Charlotte. 1840 geboren, war sie nicht nur überaus hübsch mit ihren dunklen Haaren und samtbraunen Augen, sie besaß auch außergewöhnliche Intelligenz und einen starken Willen. Charlotte hatte im Alter von zehn Jahren ihre Mutter verloren und war daher wohl früh gereift. Sie verliebte sich sofort in den feschen Erzherzog und schlug sämtliche andere Bewerber um ihre Hand aus. Auch Maximilian war von der kleinen Belgierin entzückt, wenngleich seine Gefühle eher oberflächlich waren. Vielleicht hatte er die Erinnerungen an Maria Amalia noch nicht ganz aus seinem Herzen verbannt. Charlotte war ganz anders als die ätherische, gefühlsbetonte Portugiesin. Sie war ernsthaft und ehrgeizig und sprach somit die andere Seite von Maximilians Charakter an. Der junge Mann war von der belgischen Prinzessin ziemlich beeindruckt, doch er wollte sich noch ein wenig Zeit lassen, bevor er sich erklärte. Erst im Dezember 1856, bei seinem zweiten Besuch in Brüssel, hielt er um Charlottes Hand an. Als es um die Mitgift ging, benahm sich der sonst so standesbewußte Habsburger allerdings wie ein gewöhnlicher Krämer, der um jeden Groschen feilschte. Grund dafür war nicht zuletzt sein Geldbedarf, denn Schloß Miramar verschlang beträchtliche Summen.

Nach der prachtvollen Hochzeit in Brüssel am 27. Juli 1857 hielt Maximilian mit seiner strahlenden Frau im September Einzug in Mailand. Im April hatte ihn sein kaiserlicher Bruder zum Generalgouverneur der österreichischen Provinz Lombardei-Venetien ernannt, eine Position, die er nicht zuletzt dem Drängen seines Schwiegervaters verdankte. Endlich hatte er die große, verantwortungsvolle Aufgabe übertragen bekommen, nach der er sich so lange gesehnt hatte. Endlich konnte er regieren und seine Ideen verwirklichen. Er war voll Energie und guter Absichten, und er träumte von einer autonomen Regierung in Lombardei-Venetien. Seine durchaus liberale Einstellung kontrastierte allerdings eigenartig mit der pompösen Hofhaltung, die er in seiner Residenz aufzog. Dort fühlte man sich beinahe ins 18. Jahrhundert zurückversetzt angesichts des Prunks, der prächtigen Livreen der Diener und der afrikanischen Pagen. Lange allerdings sollte er sich nicht an seiner hohen Position und all der Pracht erfreuen dürfen.

Die italienischen Gebiete des Habsburgerreiches glichen damals nämlich einem Pulverfaß. Zwar bereiteten die Mailänder dem frischgebackenen Generalgouverneur und seiner Gemahlin einen freundlichen Empfang, doch betrachteten sie ihn mit gemischten Gefühlen. Trotz seiner liberalen Gesinnung, trotz seiner sympathischen Art war und blieb auch Maximilian ein Habsburger. Und die Habsburger standen für Zwang und Unterdrückung. Schon seit langem gab es nicht nur in der Lombardei, sondern auch in den übrigen habsburgisch dominierten Kleinstaaten nationale Einigungsbestrebungen. Immer wieder kam es zu Unruhen und zur Auflehnung gegen die zentralistische Regierung in Wien.

Der König von Sardinien-Piemont, Viktor Emanuel II., und sein Minister Graf Camillo Cavour waren die Betreiber dieser Unabhängigkeitsbewegung, die sich seitens der Österreicher nur noch mit rigiden Maßnahmen in Schach halten ließ. Dies mußte auch Maximilian erkennen. Umsonst waren seine und Charlottes Bemühungen, sich beliebt zu machen, indem sie sich als Mäzene betätigten, Spitäler und Schulen errichten ließen und sich für eine Belebung der Wirtschaft in ihren Provinzen einsetzten. Der Großteil der Intellektuellen und der Oberschicht boykottierte den Habsburger, was immer er auch tat. Doch auch in Wien fand er keine Unterstützung. Im Gegenteil, man warf ihm sogar noch Steine in den Weg und untersagte ihm jegliche Lockerung der strengen Gesetze. Franz Joseph und seine Minister sahen die liberalen Ideen des Erzherzogs mit äußerster Mißbilligung. Sie hatten eine völlig andere Auffassung davon, wie Italien zu regieren sei. Zwischen den Brüdern kam es daher immer wieder zu Unstimmigkeiten und gegenseitigen Vorwürfen.

Maximilian hatte längst erkannt, daß er in der italienischen Provinz nicht willkommen war und hier im Grunde auch nichts zu schaffen hatte. Er fühlte sich bald als Störenfried. Enttäuscht über seine aussichtslose Lage schrieb er an seine Mutter: »Es ist nunmehr eine Stimme, die der Entrüstung und Mißbilligung, die durch das ganze Land hinzieht ... und mitunter frage ich mich schon selbst, ob das Gewissen es erlaube, den Anordnungen der Wiener blind Folge zu leisten.«

Die Entwicklung gab seinen Ahnungen recht. Überall schlug ihm Ablehnung entgegen, im Theater wurden er und Charlotte ausgepfiffen, selbst vor Drohungen waren sie nicht mehr gefeit. Maximilian war verbittert und beklagte die seiner Meinung nach falsche Politik Österreichs. Franz Joseph indes gab seinem eigenwilligen Bruder die Schuld an den Zuständen in Italien und enthob ihn Anfang 1859 seines Postens. Das war ein schwerer Schlag für den jungen Erzherzog, doch mag es eine gewisse Genugtuung für ihn gewesen sein, daß auch sein Nachfolger, Graf Gyulay, trotz seiner brutalen Vorgangsweise an der unlösbaren Aufgabe scheiterte. Mittlerweile hatte sich Sardinien-Piemont die Unterstützung Napoleons III. gesichert, und im Frühjahr 1859 brach schließlich der Krieg aus, der den Österreichern bereits im Juni desselben Jahres in der Schlacht von Solferino eine schwere Niederlage bescherte. Es war Napoleon III., der eine noch größere Schmach für Österreich verhinderte, als er überraschend einen Waffenstillstand anbot. Franz Joseph mußte sämtliche italienischen Gebiete bis auf Venetien abtreten. Wie tief sein Mißtrauen gegen den Bruder saß, zeigte seine Antwort auf Napoleons Vorschlag, Maximilian doch zum Regenten eines unabhängigen Staates Venetien zu machen: »Bevor das passiert, wird Österreich eher den Krieg weiterführen.«

Innerhalb der Familie Habsburg war der Bruch zwischen dem Kaiser und seinem Bruder nicht mehr zu übersehen. Zwar kam es im Sommer 1859 in Bad Ischl zu einer Versöhnung, sie hatte jedoch nur formalen Charakter. So zog sich der jüngere Bruder nach Miramar zurück. Nach der bitteren Enttäuschung über den Verlust seiner Position als Generalgouverneur wurde Maximilian von Versagensängsten heimgesucht, und er vergrub sich gleichsam in der künstlichen Welt seines Schlosses. In der mediterranen Idylle tauchten allerdings erstmals Spannungen zwischen dem Erzherzog und seiner Gemahlin auf: Während sich Maximilian durchaus vorstellen konnte, den Rest seines Lebens in beschaulicher Zurückgezogenheit zu verbringen, litt Charlotte unter der erzwungenen

Untätigkeit. Bisher war sie glücklich gewesen und hatte ihren Max geradezu vergöttert. Der einzige Wermutstropfen in ihrem erfüllten Leben war die Tatsache, daß ihnen bis jetzt Kinder versagt geblieben waren. Dafür aber hatte Charlotte ihre Rolle als »Vizekönigin« genossen, denn ihre ehrgeizige Persönlichkeit und ihr ausgeprägter Stolz verlangten nach Repräsentation und Arbeit. Die bescheidene spanische Grafentochter Eugénie war Kaiserin der Franzosen, die unbedeutende Herzogstochter aus Bayern Kaiserin von Österreich, und sie, Charlotte, die Tochter eines regierenden Königs, mußte sich mit dem »simplen« Titel einer Erzherzogin begnügen. Sie, die es hinsichtlich Schönheit mit den beiden Kaiserinnen ohne weiteres aufnehmen konnte und sie an Intelligenz bei weitem überragte, wollte sich einfach nicht mit einem Leben ohne Bedeutung abfinden. Voll Zuversicht schrieb sie ihrer einstigen Erzieherin im Sommer 1860: »Der Tag wird kommen, da der Erzherzog neuerlich an einen hohen Platz gestellt wird, das heißt irgendwohin, wo er zu herrschen haben wird, denn er ist dazu geschaffen.« Als Charlotte diese Zeilen schrieb, trübten allerdings bereits erste Schatten ihr anfängliches Eheglück. Maximilian nahm es offenbar mit der Treue nicht so genau. Daß etwas nicht stimmte, wurde bereits im November 1859 deutlich, als sich der Erzherzog auf eine große Reise über den Ozean aufmachte: Er ließ Charlotte auf der Insel Madeira zurück und segelte allein weiter nach Brasilien zu einem offiziellen Staatsbesuch bei Dom Pedro II.

Als er im Frühjahr 1860 wieder nach Europa zurückkehrte, überfielen ihn bald wieder trübsinnige Gedanken. Seit dem Verlust der italienischen Gebiete, der seinen habsburgischen Stolz so sehr verletzt hatte, glaubte Maximilian nicht mehr an die Zukunft Österreichs. »Die Zustände unseres armen Landes«, schrieb er an seinen Schwiegervater in Brüssel, »fand ich, wie erwartet, wirr und dunkel. Die Fäulnis einerseits, die Gärung andererseits treten immer stärker und beängstigender hervor. Es herrscht wie zu Zeiten Ludwigs XVI. Rat- und Tatlosigkeit; man begreift die Situation nicht und will sie nicht begreifen … Vielleicht sehe ich zu schwarz, aber ich treffe in meinem Privatleben alle Vorbereitungen zu einer Krise.« In dieser deprimierten Stimmung drang im Oktober 1861 plötzlich der Sirenengesang aus Paris an sein Ohr, der von einem fernen, exotischen Land erzählte: von Mexiko.

DIE VERSUCHUNG AUS PARIS

Das einst sagenumwobene Aztekenreich auf der anderen Seite des Ozeans wurde seit Beginn des 19. Jahrhunderts von einer ununterbrochenen Serie politischer Krisen heimgesucht. Nach 300 Jahren spanischer Herrschaft hatte sich Mexiko 1821 die Unabhängigkeit erkämpft. Doch die mexikanische Monarchie unter dem selbsternannten Kaiser Augustín Itúrbide währte nur wenige Monate. 1823 rief Antonio López de Santa Ana die Republik aus, aber auch sie brachte das Land nicht zur Ruhe. Während die überwiegende Mehrheit der Bevölkerung, die sich aus Mestizen und Indianern zusammensetzte, weiterhin mehr oder weniger recht- und besitzlos blieb, stritten sich die konservativen kreolischen Großgrundbesitzer, die Adeligen und die katholische Kirche mit den Liberalen um die Macht. Mit atemberaubender Geschwindigkeit wechselten in den folgenden Jahren die Regierungen, indes das Land immer mehr im Chaos versank und sein Schuldenberg wuchs und wuchs. Hinzu kam die ständige Bedrohung Mexikos durch die Expansionsbestrebungen seines nördlichen Nachbarn, die 1846 in einem Krieg eskalierte. Mexiko verlor damals fast die Hälfte seines Territoriums an die Vereinigten Staaten.

1855 wurde Präsident Santa Ana endlich gestürzt, und die Liberalen kamen ans Ruder. In deren Reihen befand sich ein Mann von herausragender Persönlichkeit: Benito Juárez García. Der 1806 geborene Indianer stammte aus kleinsten Verhältnissen, und trotzdem war ihm durch eine glückliche Fügung des Schicksals der Aufstieg gelungen. Im Alter von zwölf Jahren konnte er angeblich noch nicht lesen und schreiben, als sich ein begüterter Kaufmann des Jungen annahm und ihm eine Ausbildung und danach ein Studium der Rechtswissenschaft finanzierte. Juárez nützte seine Chance. Der Indianer mit dem undurchdringlichen Gesicht war ebenso furchtlos wie unbeugsam und besaß einen eisernen Willen. Er war ein überzeugter Anhänger der liberalen Grundsätze und fand die Unterstützung des einstigen Feindes USA. Juárez war maßgeblich an der Einführung einer Verfassung in Mexiko beteiligt und veranlaßte die Verstaatlichung der Kirchengüter, was naturgemäß bei der

Geistlichkeit heftige Proteste erregte. Die Konservativen Mexikos verweigerten der liberalen Regierung die Anerkennung und stellten mit Miguel Miramón einen Gegenpräsidenten auf. Erst nach einem jahrelangen erbitterten Bürgerkrieg konnte Juárez Ende 1860 in die Hauptstadt einziehen und wurde 1861 zum Präsidenten von Mexiko gewählt. Sein schwerwiegendstes Problem stellte jetzt die desaströse finanzielle Lage des Landes dar. Die vorangegangenen Regierungen hatten hohe Anleihen in Europa aufgenommen, die zurückzuzahlen Mexiko absolut nicht in der Lage war. So entschloß sich Juárez kurzerhand, im Juli 1861 die Rückzahlung der Schulden für zwei Jahre auszusetzen. Damit brüskierte er nicht nur die europäischen Gläubigerländer, sondern auch jene Mexikaner, die ihre krisengeschüttelte Heimat verlassen hatten und nun ein angenehmes Leben in Europa führten. Eigentlich zog es kaum einen von ihnen wieder zurück, aber die meisten von ihnen hatten große Besitzungen in Mexiko, die sie nicht gerne verlieren wollten. So kam es, daß einige dieser Emigranten in Europa recht umtriebig wurden. Offiziell ging es ihnen um ihre »arme, von Anarchie bedrohte Heimat«, in Wahrheit jedoch waren ihre Motive höchst egoistischer Natur. Mit europäischer Hilfe erhofften sie sich eine Wiederherstellung der ursprünglichen Feudalstrukturen im Lande und dadurch eine Bewahrung ihrer Ländereien und Privilegien. Also erzählten sie jedem, der es hören wollte, von den furchtbaren Zuständen in Mexiko und verbreiteten die Legende, nur eine Monarchie unter einem europäischen Fürsten könne das arme, gemarterte Land wieder zur Ruhe bringen. In Mexiko selbst gab es kaum jemanden, der diese Ansicht teilte, außer den Angehörigen der dünnen konservativen Oberschicht und den Anhängern des skrupellosen Expräsidenten Santa Ana, dem jedes Mittel recht war, um wieder an die Macht zu kommen. Ein Kaiser von Mexiko schien ihm eine nützliche Marionette, um wieder die Fäden im Lande ziehen zu können.

Vor allem zwei Männer brachten die »mexikanische Tragödie« ins Rollen. Einer von ihnen hieß José-María Gutierrez de Estrada und war ein enger Freund des Expräsidenten Santa Ana. Schon seit den 40er Jahren bestürmte er die Kanzleien der europäischen Regierungen mit seinen Berichten und Vorschlägen. Doch niemand nahm den pathetischen Mann wirklich ernst, zumal man mit den Revolutionen von 1848, mit Krim- und Italienkrieg genug andere Sorgen hatte.

1857 aber schaffte ein junger Mann namens José-Manuel Hidalgo y Esnaurrizar, Sohn eines spanischen Offiziers, am Pariser Hof einen ersten Durchbruch in der mexikanischen Angelegenheit. Hidalgo hatte fast seine ganze Jugend in Spanien verbracht, und seine Kenntnis von Mexiko resultierte aus einem wenige Jahre dauernden Aufenthalt in diesem Land, das er nun als Diplomat in Europa vertrat. Der Mexikaner hatte einst zum Freundeskreis der Comtesse de Montijo gehört, die nun Kaiserin der Franzosen war. Eugénie war daher hoch erfreut, als sie eines Tages dem Bekannten aus Jugendtagen zufällig begegnete. Auch Napoleon III. fand den jungen Mann äußerst sympathisch und lieh ihm ein geneigtes Ohr, als dieser eindringlich und mit großer Beredsamkeit über die traurige Situation in seiner Heimat berichtete. Er schilderte Mexiko als ein Land, das förmlich nach Errettung schrie, weil es nicht nur innenpolitisch am Rande des Zusammenbruchs stand, sondern auch noch von außen einer ständigen Bedrohung durch die Vereinigten Staaten ausgesetzt war. Hidalgo verstand es, die richtigen Worte zu finden und das Vertrauen des französischen Kaiserpaares zu gewinnen. Mit seiner Eloquenz traf er sowohl bei Eugénie als auch bei Napoleon III. ins Schwarze. Die Kaiserin, die ja gebürtige Spanierin war, begann aufgrund der farbigen Schilderungen Hidalgos um den Fortbestand der romanischen Rasse und der katholischen Religion in Amerika zu bangen und schwang sich alsbald zu deren Verteidigerin auf. Napoleon III. wiederum zeigte sich als ein echter Bonaparte, dem es um den Ruhm Frankreichs ging. Die Hegemoniebestrebungen der Vereinigten Staaten waren ihm seit jeher ein Dorn im Auge, und er sah in der Unterstützung Mexikos eine Möglichkeit, Frankreichs Einfluß auch auf dem amerikanischen Kontinent zu etablieren. Es wäre jedoch unfair, die durchaus hehren Motive des Kaisers unerwähnt zu lassen. Napoleon III. hatte eine ausgeprägte soziale Ader, und es ging ihm ernsthaft darum, einem Land zu Frieden, Wohlstand und modernen sozialen Strukturen zu verhelfen. Allerdings war er gar nicht oder nur äußerst mangelhaft über die politische Lage in Mexiko informiert. Das, was er darüber wußte, hatte er aus den Erzählungen Hidalgos und dessen mexikanischen Freunden.

Als 1861 der amerikanische Sezessionskrieg ausbrach, hieß es, die Gelegenheit beim Schopf packen: Die USA waren hinreichend mit eigenen Angelegenheiten beschäftigt, und es schien, als würden die Südstaaten als Sieger aus dem Konflikt hervorgehen. Gerade zu diesem Zeitpunkt gab auch Mexiko selbst den Anlaß für eine Intervention, indem es 1861 – wie schon erwähnt – die Aussetzung der Schuldenrückzahlungen verkündete.

Gemeinsam mit den beiden anderen Gläubigerländern, Spanien und England, schickte Frankreich Ende des Jahres zum Zwecke der Schuldeneintreibung Truppen nach Mexiko. Während sich Engländer und Spanier ziemlich rasch mit Juárez einigen konnten und wieder abzogen, fanden sich die Franzosen zu keinerlei Kompromiß bereit. Napoleon III. hatte nämlich andere Pläne: die Errichtung eines Kaiserreiches in Mexiko. Sowohl der englische General Sir Charles Wykes als auch auch sein spanischer Kollege Prim hatten sogleich erkannt, daß diese Absicht der Franzosen kaum eine reelle Chance auf Verwirklichung hatte, und Prim zögerte auch nicht, Napoleon III. davon in Kenntnis zu setzen: »Es wird für Eure Majestät leicht sein, Erzherzog Maximilian zum Kaiser zu machen, aber sobald Ihr Eure Truppen zurückruft, wird er keine Überlebenschance haben.« Das waren ziemlich deutliche Worte. Nicht umsonst hatte US-Präsident Lincoln im März 1862 unter Berufung auf die Monroe-Doktrin erklärt, daß die Vereinigten Staaten eine fremde Monarchie auf mexikanischem Boden als Herausforderung betrachten und alles unternehmen würden, den amerikanischen Kontinent von einer europäischen Kontrolle zu befreien. Doch Napoleon ignorierte diese doch recht unmißverständlichen Warnungen und glaubte lieber den optimistischen Darstellungen seines Botschafters in Mexiko, Dubois de Saligny. Er sandte noch mehr Truppen nach Mexiko, obwohl die einheimische Bevölkerung die fremden Soldaten nicht eben mit Jubel empfing. In La Puebla trafen die Franzosen unter dem skrupellosen General François-Achille Bazaine auf langen, erbitterten Widerstand; erst im Juni 1863 erreichten sie die Hauptstadt Mexico City. Juárez war indessen in den Norden geflohen, wo er von nun an einen zähen Guerillakrieg gegen die Eindringlinge führte. Die siegreichen Franzosen setzten eine Notabelnversammlung aus 215 durchwegs konservativen Abgeordneten ein, die am 10. Juli 1863 die Abschaffung der Republik und die Einführung der Monarchie in Mexiko beschloß. Die Krone sollte auf Vorschlag Napoleons III. Erzherzog Ferdinand Maximilian von Österreich angeboten werden.

Es war Kaiserin Eugénie gewesen, die 1861 als erste den Namen des

Habsburgers im Zusammenhang mit Mexiko hatte fallenlassen. Ihr sympathischer Gast aus dem Jahre 1856 war ihr noch in guter Erinnerung. Seine liberalen, modernen Ansichten befähigten ihn ihrer Meinung nach besonders für die große Aufgabe. Nicht zuletzt konnte die Kandidatur des Erzherzogs auch der französischen Politik dienlich sein: »Endlich will ich nicht verbergen«, räumte Eugénie später ein, »daß die Erhebung eines österreichischen Erzherzogs auf den Thron von Mexiko … einmal als Argument dienen sollte, um von Franz Joseph die Abtretung Venetiens an Italien zu erlangen.«

Maximilian selbst erfuhr erstmals im Oktober 1861 von den Plänen des französischen Kaiserpaares. Fürst Richard Metternich, der österreichische Botschafter in Paris und Sohn des großen Staatskanzlers, hatte schon längere Zeit davon Kenntnis, tat die ganze Sache jedoch ebenso wie Außenminister Graf Rechberg als »Hirngespinst« ab. Doch als die Franzosen schließlich in Wien anfragen ließen, ob ein Interesse an der mexikanischen Angelegenheit bestehe, und Kaiser Franz Joseph nicht grundsätzlich ablehnte, wurde Rechberg im Oktober 1861 nach Miramar geschickt, um den Erzherzog zu informieren.

Die Nachrichten aus Paris weckten den ewig schlummernden Ehrgeiz des jungen Mannes wieder und seine Sehnsucht nach einem anspruchsvollen Wirkungskreis. Auch Franz Joseph zeigte sich erstaunlicherweise der Idee nicht abgeneigt, obwohl er nichts von Napoleon III. hielt. Er sah darin die Möglichkeit, den kritischen und bei der österreichischen Bevölkerung allzu beliebten Bruder loszuwerden und gleichzeitig das Prestige des Hauses Habsburg aufzumöbeln. Sogar der sonst so klarsichtige Leopold von Belgien zeigte sich äußerst angetan von dem Gedanken, daß seine Tochter Charlotte Kaiserin werden sollte.

Maximilians unzweifelhaft vorhandenes Streben nach Krone und kaiserlichem Rang, die ihn dem beneideten älteren Bruder gleichstellen würden, ging mit einem auffallenden Sendungsbewußtsein einher, das der schwärmerischen Natur des Erzherzogs entsprach. Ein Volk zu beglücken, ein Land zu modernem Wohlstand zu führen schien ihm eine edle Aufgabe. Um jedoch nicht in ein Abenteuer ohne Zukunft hineinzuschlittern, das dem Hause Habsburg mehr Schaden als Ehre einbringen konnte, stellte Maximilian auf Anraten seines Bruders gewisse Bedingungen: Er verlangte die Zusicherung einer Unterstützung durch die Seemächte Spanien, England und Frankreich sowie die Bestätigung, daß seine Ernennung zum Kaiser der eindeutige Wille des mexikanischen Volkes sei.

Natürlich wurden auch bald Stimmen laut, die vor Mexiko warnten. Auch Charlotte blieb vorerst auf dem Boden der Realität. Die Notiz, die ihr Gatte am 20. November 1863 verfaßte, klingt beinahe wie eine Selbstrechtfertigung, zeigt aber auch deutlich, daß es in erster Linie sein von Neid und Verbitterung geprägtes Verhältnis zu Franz Joseph war, das ihn in dieses gefährliche Abenteuer getrieben hat: »Mein Freimut, mein burschikoses, offenes Wesen genieren, meine liberalen Ansichten schockieren ihn [Franz Joseph]; meine ungebundene Zunge fürchtet er, mein aufbrausendes Temperament erschreckt ihn, meine auf Reisen gesammelten Weltanschauungen erregen seine Eifersucht. Er ist der Herr, ihm ist die Macht, die mein strenges Rechtsgefühl jederzeit anerkennt; was bleibt mir also unter solchen Verhältnissen vom Standpunkt der Klugheit und des religiösen Gefühls übrig, als auszuweichen, ohne Kränkung und Ostentation mich zurückzuziehen. … Nun tritt plötzlich der mexikanische Kronantrag an mich heran und mit ihm eine Gelegenheit, auf ehrenhafte und gesetzliche Weise die schweren Bande einer tatenlosen Existenz, eines vergessenen Vegetierens auf immer zu lösen. Wer hätte da … nicht mit beiden Händen zugegriffen!« Maximilian hatte sich schon so sehr mit Mexiko identifiziert, daß er auch keinen anderen Thron mehr wollte. Als man ihm 1863 die griechische Krone anbot, lehnte er rundweg ab. Er empfand es sogar als Beleidigung, daß man ihn erst fragte, nachdem schon mehrere andere europäische Fürsten diese Ehre abgelehnt hatten. Ebenso wies er Pläne, ihn zum König von Polen zu machen, zurück.

Es war das große Versäumnis des Erzherzogs, daß er sich nicht eingehend und vor allem nicht selbst über die wahren Zustände in Mexiko informierte. Er vertraute einfach den Leuten, die an ihn herantraten – meist selbstsüchtige Einflüsterer. Er wußte offenbar nichts von dem Gesetz, das Juárez erlassen hatte und das sich gegen fremde Eindringlinge richtete, und er wußte auch nicht, daß die Notabeln, die sich für eine Monarchie ausgesprochen hatten, überhaupt nicht zu diesem Schritt berechtigt waren und schon gar nicht die Mehrheit des mexikanischen Volkes repräsentierten. Zu diesem folgenschweren Fehler gesellte sich auch noch eine gewisse Sturheit, die den Erzherzog auszeichnete und ihn hinderte, seinen Entschluß noch einmal zu überdenken. Er konnte nämlich nicht behaupten, daß ihn niemand gewarnt hätte. Sogar der konservative Expräsident Miramón erklärte, als er nach Europa kam, daß es in Mexiko keine Partei gäbe, die eine Monarchie unterstütze. Dies war eine Information aus erster Hand.

Es ist durchaus möglich, daß diese und andere Meinungen weder Napoleon III. noch Maximilian zu Ohren gekommen sind, da Hidalgo und Gutierrez sehr darauf Bedacht nahmen, sämtliche Nachrichten von den beiden fernzuhalten, die ihren Plänen schaden konnten.

Allerdings scheint zumindest Botschafter Metternich die Dinge klar gesehen zu haben. »Wie viele Kanonenschüsse wird es wohl brauchen, um in Mexiko einen Kaiser einzusetzen, und wie viele, um ihn dort zu halten«, erklärte er und hörte bis zuletzt nicht auf, Maximilian von der mexikanischen Sache abzuraten. Von London bis Madrid schüttelten Botschafter und Diplomaten den Kopf über das Abenteuer, in das sich der Erzherzog hier einließ. Ja sogar in Wien zeigte sich die Zeitung »Der g'rade Michl« weitaus besser informiert als der angehende Kaiser: »Das Volk von Mexiko bietet die Krone nicht an, und das Volk von Mexiko ist überhaupt nicht in der Lage, jetzt einen Willen zu haben. Mit Gewalt, ohne einen Schein von Recht, sind die Franzosen in Mexiko eingedrungen, ohne einen Schein von Recht berufen sie die klerikale Partei zur Herrschaft, und diese Partei ist es nun, die die Verfassung des Landes umändert und einen Kaiserthron schafft. Wie kann es reizen, in ein Land einzuziehen, das einem französischen General gehorcht, einen Thron zu besteigen, der sich auf französische Bajonette stützt, mit einer Partei zu regieren, welche die im Lande verhaßteste ist?! Wie kann ein Prinz, selbst vom besten Willen beseelt, unter solchen Vorbedingungen sich die Liebe der Unterthanen erringen!«

Maximilian aber hörte nur noch auf Napoleons enthusiastische Worte, die genau das ausdrückten, was er hören wollte. »Niemals wird in meinen Augen ein Werk in seinen Resultaten großartiger sein, denn es handelt sich darum, einen Kontinent der Anarchie und dem Elend zu entreißen.« Und freudig schenkte er den Nachrichten der von den Franzosen eingesetzten und keinesfalls das mexikanische Volk repräsentierenden Notabeln Glauben, als sie vom Ergebnis einer Volksabstimmung berichteten, wonach sich eine überwältigende Mehrheit von sechs der acht Millionen Einwohner für ein Kaiserreich ausgesprochen habe. Daß diese Wahlen manipuliert waren, das kam dem verblendeten Erzherzog nicht in den Sinn. Er sah darin nur die Erfüllung einer seiner Bedingungen: den Ruf des mexikanischen Volkes.

Im März 1864 reiste Maximilian mit Charlotte nach Paris, wo man sie bereits mit kaiserlichen Ehren empfing. Gemeinsam mit dem französischen Kaiserpaar schwelgten sie im Vorgefühl ihres hohen Ranges und ihres künftigen Ruhmes. Schon hatten sie in Brüssel die Livreen für ihren Hofstaat in Auftrag gegeben, und auch eine Verfassung hatte Maximilian bereits für sein Kaiserreich konzipiert. Sie sollte ein Mittelding zwischen der belgischen und der französischen Konstitution sein. Doch während sich Napoleon dem Erzherzog gegenüber weiterhin voll Enthusiasmus und Optimismus gab, zeigten die Worte, die er damals zu Herzog Ernst II. von Coburg, Charlottes Cousin, sagte, daß ihm bereits Zweifel am Erfolg des mexikanischen Unternehmens gekommen waren: »Eine sehr ungute Sache«, meinte er, »ich an seiner Stelle hätte nicht angenommen.«

Mittlerweile stand Charlotte Maximilian in ihrer Begeisterung für die neue Würde um nichts nach. Ja, sie zeigte sich nun sogar noch stärker vom Gelingen des Unternehmens überzeugt als ihr Gemahl, der bisweilen von heftigen Stimmungsschwankungen geplagt wurde. Charlotte negierte sämtliche Schwierigkeiten, die sich abzuzeichnen begannen, und erklärte stolz: »Es kann keine Rede von einem fremden Einfluß oder einer fremden Eroberung sein, da Mexiko Teil der dynastischen Besitzungen Österreichs ist. Die erste Aufgabe des neuen Souveräns wird es sein, ausländische Unterstützung so rasch wie möglich überflüssig zu machen.«

Plötzlich aber geriet Maximilian ins Wanken. In letzter Sekunde wollte er umkehren. Grund dafür war die Aufforderung aus Wien, nun endlich den sogenannten Familienpakt zu unterzeichnen. Damit sollte er auf sämtliche Rechte als Erzherzog, insbesondere die Thronfolge – er stand ja nach Kronprinz Rudolf an der zweiten Stelle – verzichten. Obwohl man ihn bereits zu Beginn des Jahres damit konfrontiert hatte, hatte Maximilian in seiner Euphorie ob der verheißenen Kaiserkrone dieses Thema ganz einfach ignoriert. Jetzt aber mußte er sich damit auseinandersetzen, denn Franz Joseph hatte deutlich gemacht: ohne Verzichtserklärung keine Zustimmung zum mexikanischen Abenteuer. Das war ein schwerer Schlag. Maximilian fühlte sich in die Enge getrieben und wollte um keinen Preis seine dynastischen Rechte aufgeben, obwohl Franz

Joseph nur gesetzmäßig vorging: Ohne einen Verzicht Maximilians hätte ja der untragbare Fall eintreten können, daß ein Kaiser von Mexiko Österreich regierte. Ein wochenlanger, zäher Kampf zwischen den Brüdern setzte ein. Es gab Erpressungsversuche von beiden Seiten, unschöne und unwürdige Szenen spielten sich im Hause Habsburg ab. Maximilian drohte, sich an den Papst zu wenden und überall zu erzählen, wie man ihn behandelte, ja gleichsam dazu zwänge, sein Versprechen gegenüber acht Millionen Mexikanern zu brechen. Er wollte zumindest eine Zusatzklausel, die ihn in seine Rechte wiedereinsetzte, sollte er den mexikanischen Thron verlieren. Offenbar war er sich der Sache doch nicht so sicher, wie er vorgab. Franz Joseph aber blieb hart. Lediglich zu einem Zugeständnis hinsichtlich der jährlichen Apanage und einem Freiwilligenkorps von 6000 Mann konnte sich der Kaiser durchringen. In seinem gekränkten Stolz stürzte Maximilian in eine Krise. War es eine innere Stimme, waren es Vorahnungen oder einfach bloß Sentimentalität? Denn mit einem Mal wurde Maximilian klar, daß er mit der Annahme der mexikanischen Krone alles würde zurücklassen müssen, woran er hing. Vor allem sein geliebtes Miramar und seinen nicht minder idyllischen Wohnsitz auf Lacroma. Vielleicht aber war er auch einfach überfordert von all der Verantwortung und den schwierigen Entscheidungen, die auf ihn zukamen. Und obwohl er sie bis jetzt immer vom Tisch gefegt hatte, hatten sich die Warnungen Metternichs, Rechbergs und seiner Mutter Sophie in seinem Unterbewußtsein festgesetzt; sie verunsicherten ihn nun mehr und mehr, je näher der Tag der Entscheidung rückte. Hin- und hergerissen zwischen Gefühl und Verstand, konnte und wollte er plötzlich nichts mehr von Mexiko hören. So schrieb er an Napoleon, daß er aufgrund von Familienzwistigkeiten in letzter Sekunde von seiner Kandidatur zurücktreten müsse.

Mit dieser Entscheidung löste er beinahe eine europäische Krise aus, erschien sein Verhalten in der ganzen Angelegenheit doch ziemlich engstirnig und von beinahe kindischer Sturheit. Botschafter Metternich sah die Ehre des Hauses Habsburg gefährdet und sprach von »einer höchst unwürdigen Sache, die ihn vor Scham erröten lasse«.

Napoleon III. war von dieser Nachricht wie vom Donner gerührt. Eine Absage Maximilians hätte ihn in eine sehr mißliche Lage gebracht, hatte er doch seit über zwei Jahren Truppen in Mexiko stationiert und große Summen in das Unternehmen investiert. Die französische Öffentlichkeit würde ihm einen solchen Fehlschlag kaum verzeihen. In höchster Not telegrafierte er daher am 28. März 1864 an Maximilian: »Ich bin bestürzt über die Nachricht, die uns zugekommen ist. Eure kaiserliche Hoheit sind mit Ihrer Ehre mir, Mexiko und den Zeichnern der Anleihe* gegenüber verpflichtet. Die Familienzerwürfnisse können Eure kaiserliche Hoheit nicht hindern, anderswo höhere Aufgaben zu erfüllen. Denken Sie doch an Ihren eigenen Ruhm. Eine Absage erscheint mir heute unmöglich.«

Die Depesche zeigte Wirkung. Napoleon hatte sehr geschickt an Maximilians Ehrgefühl appelliert. Dieser, obwohl innerlich immer noch aufs höchste verunsichert, riß sich zusammen und war nun entschlossen, seine Versprechungen zu erfüllen.

Am 9. April 1864 traf Kaiser Franz Joseph mit mehreren Erzherzögen und Ministern, die als Zeugen fungieren sollten, in Miramar ein. Nach einem zweistündigen, leidenschaftlichen Gespräch der Brüder unter vier Augen unterzeichnete Maximilian schließlich schweren Herzens den Familienpakt, in dem er auf alle Erbrechte in Österreich verzichtete. Aller Unstimmigkeiten zum Trotz waren Maximilian und Franz Joseph beim Abschied so bewegt, daß sie ihre Tränen nicht zurückhalten konnten. Es war, als ahnten sie, daß sie einander nie wiedersehen sollten.

Am 10. April 1864 empfing Maximilian die seit Tagen wartende mexikanische Delegation im Zeremoniensaal von Miramar. Es war die große Stunde von Gutierrez und Hidalgo, die so lange auf diesen Tag hingearbeitet hatten. Blaß und ein wenig verstört stand der Erzherzog in der Galauniform eines Admirals den Delegierten gegenüber und vernahm die emphatische Rede von Gutierrez, der ihm im Namen des mexikanischen Volkes die Kaiserkrone anbot.

Tief bewegt und mit zitternder Stimme las Maximilian daraufhin auf spanisch die Worte vor: »Ich kann mich dank dem Ausspruch der Noabeln von Mexiko nun mit Berechtigung als den Erwählten des mexikanischen Volkes betrachten. So ist die erste Bedingung erfüllt. Auch die Bürgschaften, von denen ich zur Zeit der ersten Anwesenheit der Deputation gesprochen, sind dank der Großmut des Kaisers der Franzosen nunmehr gegeben.« Maximilian hatte auf die Unterstützung Englands

---

* Maximilian hatte bei seinem Paris-Besuch Anfang des Monats im Namen Mexikos bereits eine Anleihe über 80 Millionen Francs gezeichnet.

und Spaniens verzichtet, die dem Unternehmen skeptisch gegenüberstanden, und sich damit in die alleinige Abhängigkeit Frankreichs begeben, obwohl ihn sein Bruder eindringlich davor gewarnt hatte. In diesem feierlichen Augenblick aber dachte er nicht daran, welch fatale Folgen sich daraus für ihn ergeben könnten. »Mit Hilfe des Allmächtigen«, fuhr er in seiner Rede fort, »nehme ich die Krone aus den Händen der mexikanischen Nation an, die sie mir anbietet. Sie hat von dem Recht Gebrauch gemacht, sich eine harmonische Regierung nach ihren Wünschen und Bedürfnissen zu geben und sie hat ihr Vertrauen in einen Nachfahren des Hauses Habsburg gesetzt, das vor drei Jahrhunderten auf seinem Boden die christliche Monarchie begründet hat.« Kaum hatte er geendet, brachen die Versammelten in Hochrufe aus: »Es lebe Kaiser Maximilian! Es lebe Kaiserin Charlotte!« Draußen wurden 21 Kanonenschüsse abgegeben und die mexikanische Fahne auf den Zinnen von Miramar aufgezogen.

Während Charlotte im Hochgefühl ihrer neuen Würde die Repräsentationspflichten mit Stolz und Begeisterung erfüllte, brach ihr Gemahl physisch und psychisch völlig zusammen. Er benötigte ärztliche Hilfe, und die für den folgenden Tag geplante Abreise mußte verschoben werden.

Erst am 14. April 1864 hatte sich der neue Kaiser soweit erholt, daß er die im Hafen von Triest liegende Fregatte »Novara«, auf der bereits die mexikanische Flagge wehte, mit seiner Gemahlin unter dem Jubel der Menge besteigen konnte. Doch seine Stimmung war nach wie vor bedrückt. Der sensible Mann war von dem soeben eingetroffenen Telegramm seiner geliebten Mutter erschüttert: »Lebe wohl«, hieß es darin, »unser Segen – von Papa und mir –, unsere Gebete und Tränen begleiten Dich, Gott schütze und geleite Euch, zum letztenmal lebe wohl auf heimatlicher Erde, wo wir Dich leider nicht mehr sehen sollten. Wir segnen Dich wiederholt aus tiefbetrübtem Herzen.« Die lebenserfahrene Sophie hatte die ganze Zeit über versucht, ihren Lieblingssohn von dem zweifelhaften Abenteuer abzuhalten. Die Mutter in ihr fühlte wohl, daß er sich in Gefahr begab. Und noch eine ältere Dame hatte böse Vorahnungen gehabt: Marie-Amélie, die Exkönigin von Frankreich, Charlottes Großmutter, hatte ihre Enkelin und deren Gemahl gewarnt, sich nicht von falschem Ehrgeiz zu unüberlegten Handlungen hinreißen zu lassen. Und als sie sah, daß Maximilian und Charlotte nicht mehr zur

Umkehr zu bewegen waren, entfuhren der weinenden alten Frau die prophetischen Worte: »Sie werden sie umbringen!«

DIE TRAGÖDIE VON MEXIKO

Das schöne Wetter und die erfrischende Brise an Bord der »Novara« ließen Maximilians Lebensgeister langsam wieder zurückkehren. Die Freude über seine neue, große Aufgabe war wieder da.

Erste Station seiner Reise war ein Besuch beim Papst, der das Kaiserpaar mit allen Ehren empfing. Pius IX. erhoffte sich insgeheim vom frischgekürten Kaiser von Mexiko eine Rückgabe der von Juárez konfiszierten Kirchengüter, ohne jedoch das heikle Thema zur Sprache zu bringen. Man hat fast das Gefühl, als hätte schon damals jeder außer Maximilian gewußt, auf welch gefährliches Unternehmen er sich einließ. In Rom ging nämlich in jenen Tagen ein Lied mit geradezu seherischem Text von Mund zu Mund:

> *Massimilio non ti fidare*
> *Torna al Castelo di Miramare*
> *Quel trono facile di Montezuma*
> *E un nappo gallico colmo di spuma.*
> *Del timeo Danaos, del ti ricorda*
> *Sotto il porpora trova la corda.**

Mit dem Segen des Heiligen Vaters ging es weiter durch das Mittelmeer, und schließlich begann die sechswöchige Überfahrt quer über den Atlantik.

Aller Trübsinn, alle Sorgen und Aufregungen der vergangenen Tage waren wie weggeblasen, und mit Schwung machte sich Maximilian an die Arbeit. Er strotzte nun derart vor Selbstbewußtsein, daß er sogar vor Zeugen einen Widerruf seiner Verzichtserklärung verfaßte. Er habe den

---

* Maximilian, laß dich nicht verführen / kehre zurück nach Schloß Miramar / der wankende Thron von Montezuma / ist eine französische Falle / ein Danaergeschenk / denn unter dem Purpur befindet sich des Henkers Seil.

Familienpakt unter Zwang unterschrieben, behauptete er. Das war ein höchst unrühmliches Vorgehen des Habsburgers, und es sollte, als Franz Joseph durch eine Indiskretion eines der Zeugen davon erfuhr, die Brüder erneut entzweien. Dann stürzte sich der frischgebackene Kaiser in die Vorbereitungen für seine neue Stellung. Doch es waren nicht etwa politische Gedanken oder Reformpläne, die er zu Papier brachte, auch kein Regierungsprogramm, sondern höchst oberflächliche Dinge. Maximilian vergeudete über 600 Seiten damit, ein Hofzeremoniell für seinen künftigen Kaiserhof zu entwerfen. Fragen der Etikette, Posten und Titel sowie die Livreen der Dienerschaft wurden diskutiert und festgelegt. Die Angelegenheit war ihm ungeheuer wichtig, und stolz schrieb er später aus Mexiko nach Wien: »Unser Hofreglement, ein dickes gedrucktes Buch, eine Riesenarbeit, ist endlich auch fertig, ich darf mir schmeicheln, wohl das vollkommenste erreicht zu haben, was bisher in dieser Art gemacht worden ist.« Selbst in seinen letzten Tagen als Kaiser von Mexiko, als es um Leben und Tod ging, mitten im Kugelhagel des Feindes würde er seinem Sekretär noch ein neues Hofzeremoniell diktieren. Am 28. Mai 1864 lief die »Novara« endlich im Hafen von Vera Cruz ein, und schon gab es ein erstes Zeichen für kommende Schwierigkeiten, denn in ebendiesem Augenblick verließ der US-Botschafter demonstrativ das Land. Die Vereinigten Staaten hatten klipp und klar erklärt, daß sie Maximilian nicht anerkannten und daß Benito Juárez für sie weiterhin der legitime Präsident der Republik Mexiko war.

Die nächste Enttäuschung ließ nicht lange auf sich warten. Vera Cruz lag vollkommen still da. Kein Jubel war zu hören, kein Empfangskomitee zu sehen, nirgends eine begeisterte Menschenmenge. Nur die »zopilotes«, die allgegenwärtigen Bussarde, tummelten sich in den Straßen, und von den umliegenden Sumpfgebieten wehte ein ungesunder Wind herüber. Die großteils liberal-republikanisch eingestellte Bevölkerung von Vera Cruz war in ihren Häusern geblieben. Erst gegen Abend traf General Almonte, der den Kaiser bisher quasi als Regent vertreten hatte, in der Hafenstadt ein. Seine »demokratische« Begrüßung schockierte den auf Rang und Standesunterschied bedachten Habsburger ein wenig, wagte es der Mexikaner doch, ihm einfach die Hand zu schütteln. Nicht minder pikiert war die Kaiserin, als sie von Señora Almonte nach mexikanischem Brauch herzlich umarmt wurde. Charlotte traute ihren Augen nicht, als die Dame dann auch noch ganz ungeniert eine

Tabatiere hervorholte und ihr eine Zigarette anbot. Aber das junge Kaiserpaar war noch so voller Illusionen, daß es lächelnd über dieses seltsame Benehmen hinwegging. Maximilian und Charlotte waren entschlossen, alles positiv zu sehen. So schien es ihnen auch keineswegs bedenklich, daß sie auf das Eintreffen einer Eskorte warten mußten, die sie in die Hauptstadt geleiten sollte, denn es war nicht eben opportun, in Mexiko ohne militärischen Schutz eine größere Reise zu unternehmen. Von einer Pazifizierung des Landes, wie Napoleon III. sie angekündigt hatte, konnte nämlich keine Rede sein. Zwar hatten die Franzosen einige größere Städte unter ihrer Kontrolle, aber Juárez' Guerillabanden waren immer präsent, und Überfälle standen auf der Tagesordnung.

Endlich konnte man den Zug besteigen. Doch das mexikanische Bahnnetz war noch ausgesprochen dürftig, und nach 400 Kilometern waren die Gleise zu Ende. Eine beschwerliche Weiterfahrt in der Kutsche folgte, wobei sich der aus Wien mitgebrachte kaiserliche Prunkwagen inmitten der kargen und nach dem einsetzenden Regen völlig verschlammten Gegend nicht nur höchst seltsam ausnahm, sondern sich auch als recht unpraktisch erwies. Am 12. Juni 1864 erreichte das Kaiserpaar schließlich die Hauptstadt Mexiko City, wo es für all die Unbequemlichkeiten und Enttäuschungen der letzten Tage entschädigt wurde. Die Franzosen und die konservative Partei Mexikos, die die Stadt dominierten, hatten einen glänzenden Empfang vorbereitet, der Maximilian und Charlotte vorgaukelte, sie seien tatsächlich in diesem Land willkommen. Die beiden waren so angetan von ihrer kaiserlichen Würde, daß sie nicht einmal vor der Residenz erschraken, in die man sie nun brachte. Das riesige Gebäude mit den 1100 Zimmern war ziemlich heruntergekommen, und die Räume waren spärlich und geschmacklos möbliert. Außerdem schien es, als hätte dort schon seit langem niemand mehr Staub gewischt oder geputzt. Das schlimmste aber war das Ungeziefer, das dem Kaiserpaar gleich die erste Nacht vergällte. Wanzen und Kakerlaken trieben sie aus dem Bett, sodaß Charlotte in einem Lehnstuhl Zuflucht suchte und Maximilian die Nacht auf einem Billardtisch verbrachte.

Doch das Kaiserpaar war durch nichts zu erschüttern. Großzügig sah es über derlei Unzulänglichkeiten hinweg. Schon regte sich in Maximilian die Baulust, die sich schon in Miramar gezeigt hatte. So war eine seiner ersten Aktivitäten als Kaiser von Mexiko die Renovierung und Adaptierung des Palastes. Dennoch entsprach die Anlage nicht seinen Wünschen, und schon zwei Wochen nach seiner Ankunft zog er in das etwas außerhalb gelegene Chapultepec um. Das ungleich bequemere und weitaus schönere Lustschloß erhob sich dort, wo einst der Palast des Aztekenherrschers Montezuma gestanden war. Maximilian, der Chapultepec das »mexikanische Schönbrunn« zu nennen pflegte, war hingerissen von der prachtvollen Kulisse, den riesigen Zypressen und dem Blumenmeer, das sein neues Heim schmückte. Voller Begeisterung berichteten er und Charlotte über die Schönheiten des Landes nach Europa, kein Wort der Enttäuschung fand sich in ihren Briefen, sodaß man hätte meinen können, alles stünde in Mexiko zum besten. Doch die beiden logen, wenn sie zur Feder griffen, und am meisten belogen sie sich selbst. »… so lebe ich hier in einem freien Lande«, schrieb Maximilian damals nach Wien, »unter einem freien Volke, in dem Grundsätze herrschen, die man daheim in Österreich nicht einmal in der Nacht träumen darf. Keine Schranken beengen mich mehr, und hier darf ich offen sagen, daß ich das Gute will. Ist Mexiko auch in vielem zurück, mangelt ihm materieller Wohlstand und Entwicklung, so sind wir doch in den sozialen Fragen … Europa und zumal Österreich weit vor. Hier bei uns herrscht eine gesunde Demokratie, ohne kränkliche Phantasterei nach europäischer Art, sondern mit jener Kraft und Überzeugung, wie sie vielleicht einstens bei Ihnen nach fünfzigjährigem schwerem Ringen sich entwickeln wird.« Vor kurzem noch hatte er so sehr auf seine Erbrechte als österreichischer Erzherzog gepocht, jetzt war im Habsburgerreich alles schlecht und in Mexiko alles hundertmal besser.

Doch das Bild, das er von Mexiko zeichnete, entsprach überhaupt nicht der Wahrheit, denn während er sich in Lobgesängen über sein neues Reich erging, mußte er gleichzeitig erkennen, daß nicht alles so war, wie es sein sollte, und von Tag zu Tag war er mit größeren Problemen konfrontiert. Von Tag zu Tag zeigte sich auch, daß Maximilian alles andere als der geborene Herrscher war. Man muß ihm zugestehen, daß er voll guten Willens war, voller Idealismus und Ideen, daß es ihm jedoch sowohl an Weitblick als auch an Durchschlagskraft, vor allem jedoch an der richtigen Einschätzung der Situation fehlte. Der neue Kaiser beging von Anfang an Fehler um Fehler. Gemäß seiner Gesinnung bemühte er sich um eine engere Zusammenarbeit mit den Liberalen in der Regierung, womit er jedoch die Konservativen und die Franzosen im Lande verärgerte, die ihn ja auf den Thron gebracht hatten und in Wahrheit seine einzige Stütze waren. Die Liberalen konnte er mit seiner Haltung keineswegs für sich gewinnen, waren sie doch im Herzen Republikaner. Daß Juárez, der Präsident von Mexiko, noch lange nicht ausgespielt hatte, auch das mußte Maximilian alsbald zur Kenntnis nehmen. Von einer Befriedung des Landes konnte überhaupt nicht die Rede sein. Weite Gebiete des Landes waren in den Händen der Juaristen. Viele Städte konnten nur mit Gewalt von den Franzosen und den konservativen mexikanischen Truppen gehalten werden. Immer klarer wurde es dem Kaiser, wie sehr er doch von der französischen Armee abhängig war.

Ohne klare Linie, ohne richtiges Konzept und vor allem ohne fähige Berater stürzte sich Maximilian in die Arbeit, erließ ein Dekret nach dem anderen und wollte alles von einem Tag auf den anderen verbessern. Der sensible Mann war entsetzt über die Korruption, die in der Verwaltung überall anzutreffen war, vor allem aber erschütterte ihn die himmelschreiende soziale Ungleichheit. Zwar gab es in Mexiko offiziell keine Sklaverei, doch das Abhängigkeitsverhältnis der indianischen Arbeiter von den Großgrundbesitzern war kaum etwas anderes. Wohlmeinend erließ der Kaiser ein Dekret, wonach die Indianer einen gerechten Lohn zu erhalten hätten und niemand für die Schulden seiner Väter mehr zu belangen sei. Die Reaktion der empörten hacendados waren Entlassungen, die zur Folge hatten, daß die Indianer nun dem Kaiser die Schuld an ihrer Lage gaben. Überhaupt hatten sich die einfachen Leute ihren neuen Herrscher ganz anders vorgestellt. Sie hatten einen Fürsten mit allem Prunk früherer Epochen erwartet und waren nun enttäuscht von dem hageren, blonden Mann in seiner mexikanischen Tracht, der sich schlicht und volkstümlich gab.

Sogar mit der Kirche hatte er sich zerstritten. Der mexikanische Klerus stieß sich nämlich an den allzu liberalen Ideen des Kaisers. Zum Entsetzen des Papstes und der Geistlichkeit sprach sich Maximilian für eine freie Ausübung jedes Bekenntnisses in seinem Land aus, wenngleich der Katholizismus als Staatsreligion gelten sollte. Noch schlimmer für die reichen Pfaffen war jedoch die Weigerung des Kaisers, die von Juárez verstaatlichten Kirchengüter zurückzugeben. Trotz heftiger Proteste bestätigte er Ende Dezember 1864 die Reformgesetze des Präsidenten. Auch Charlottes Vermittlungsbemühungen konnten ein Zerwürfnis mit dem mächtigen Klerus nicht verhindern.

Anstatt sich mit diesen Schwierigkeiten konsequent auseinanderzusetzen, steckte Maximilian den Kopf in den Sand. Er begab sich wochenlang auf Reisen durch das Land und überließ Kaiserin Carlota, wie sich Charlotte jetzt hispanisiert nannte, die Regierungsgeschäfte. Dann widmete er sich dem Bau eines Theaters und eines archäologischen Museums und gründete eine Akademie der Wissenschaften. Bildung war dem Kaiser ein großes Anliegen, doch angesichts der riesigen Probleme, mit denen sein Land zu kämpfen hatte, erregten solch teuren Aktivitäten nur Kopfschütteln. Maximilian machte bisweilen den Eindruck, als lebte er in einer Traumwelt oder wäre gar dem Größenwahn verfallen: »Denn unsere wahre Bestimmung besteht darin, das Kaiserreich als Zentralmacht des neuen Kontinents zu sehen, während man die Beherrschung des Nordens den Vereinigten Staaten, jene des Südens dem brasilianischen Kaiserreich überläßt«, schrieb er an Charlotte.

Mit solchen Gedanken befaßte sich der Habsburger, während es in seinem Land drunter und drüber ging und der offene Bürgerkrieg nur noch eine Frage der Zeit war. Maximilian aber war offenbar immer noch nicht aus seinen Träumen erwacht. Außer ein paar größeren Städten und einigen wenigen Landstrichen hatte er fast ganz Mexiko zum Feind. Juárez und seine Anhänger drangen vom Norden aus immer weiter in das Land vor und ließen der kaiserlichen Armee keine Chance, die Oberhand zu gewinnen. Die rund 28 000 Franzosen und das 8 200 Mann umfassende österreichisch-belgische Freiwilligenkorps reichten bei weitem nicht aus, um eroberte Posten zu halten, geschweige denn irgendwann dieses riesige Land ganz unter Kontrolle zu bringen. In blitzartigen Überfällen eroberten die Republikaner Stadt um Stadt, Gebiet um Gebiet zurück. Nur äußerste Gewalt und hartes Durchgreifen konnten das Kaiserreich in Mexiko noch sichern. Das sah auch Maximilian ein. Langsam schien er zu begreifen, daß es mit humanitären Maßnahmen allein nicht getan war. Er war nicht der vom Großteil der Bevölkerung ersehnte und gerufene Fürst, wie Gutierrez und Hidalgo ihn glauben gemacht hatten. Wenn er seinen Thron behalten wollte, mußte er kämpfen und zu Mitteln greifen, die er sonst immer abgelehnt hatte. Von mehreren Seiten riet man ihm bereits zu mehr Härte, und die chaotische Lage veranlaßte den sonst so liberalen Maximilian am 3. Oktober 1865 schließlich zu den verhängnisvollen »Oktoberdekreten«, die nichts anders besagten, als daß jeder, der sich bewaffnet gegen das Kaisertum erhob, auf der Stelle standrechtlich erschossen werden konnte. Wenn Maximilian meinte, damit die Dinge in den Griff zu bekommen, dann irrte er. Da die Maßnahme einige hochgeschätzte Republikaner traf, schuf sich der Kaiser in der Bevölkerung neue Feinde. Letztendlich aber sollte gerade dieses Dekret für sein eigenes Ende verantwortlich sein.

Maximilian war all diesen Schwierigkeiten nicht gewachsen. Er magerte zusehends ab, war nervös und reizbar. Wie immer, wenn er seelisch überfordert war, begann er zu kränkeln und sich zurückzuziehen. Er vernachlässigte sein Äußeres und versuchte seine gereizten Nerven mit schweren Weinen und ständigem Zigarrenrauchen zu besänftigen. Immer wenn Maximilian in solch depressive Zustände verfiel, mußte Charlotte für ihn einspringen, repräsentieren und politische Entscheidungen treffen, was ihr den Vorwurf einbrachte, sie mische sich zuviel ein und beeinflusse ihren Gemahl.

Maximilian indessen unternahm ausgedehnte Ausflüge durch das Land, um in der Natur sein inneres Gleichgewicht wiederzufinden. Auf einem dieser Ausritte entdeckte er das etwa 60 Meilen von der Hauptstadt entfernte Cuernavaca, wo sich ein idyllischer, schon recht verfallener Landsitz befand. La Borda Quintas, das einst dem Eroberer Hernán Cortes als Sommerpalais gedient hatte, übte eine große Faszination auf den romantisch veranlagten Kaiser aus. Vor allem der üppige, halb verwilderte Garten des Anwesens hatte es ihm angetan. Das war genau das, was der verträumte, immer noch seinen Sehnsüchten nachhängende Kaiser gesucht hatte: ein zweites Miramar. Als gäbe es all die Schwierigkeiten und Gefahren in seinem Lande nicht, berauschte er sich an der faszinierenden Schönheit der tropischen Vegetation. Umgehend ließ er La Borda Quintas adaptieren und verbrachte dort die glücklichsten Tage während seines gesamten Aufenthaltes in Mexiko. Grund dafür war nicht allein die berückende Landschaft, sondern auch die eine oder andere Affäre, die Maximilian dort mit so mancher mexikanischen Schönheit verlebte. Am bekanntesten wurde die Beziehung des Kaisers zu der schönen Gärtnerstochter Concepción Sedano, um die sich später die Legende rankte, sie habe Maximilian einen Sohn geboren. Tatsächlich tauchte während des Ersten Weltkrieges ein gewisser Sedano in Frankreich auf, der sich als Sohn des ehemaligen Kaisers von Mexiko ausgab. Er wurde 1917 wegen Spionagetätigkeit für Deutschland von den Franzosen hingerichtet. Sein Ende dürfte jedoch mit großer Wahrscheinlichkeit das einzige gewesen sein, was ihn mit Maximilian verband, denn die Fakten sprechen gegen eine Vaterschaft des Kaisers von Mexiko. Ein anderes Gerücht jedoch scheint der Wahrheit näher zu kommen. Danach soll sich Maximilian bei einer Prostituierten mit einer Geschlechtskrankheit angesteckt haben, was eine Zeugungsunfähigkeit zur Folge hatte und der Grund war, weshalb seine Ehe nach fast zehn Jahren immer noch kinderlos war.

Die Kaiserin allerdings hatte die Hoffnung auf ein Kind von ihrem geliebten Max immer noch nicht aufgegeben. Sie war ja erst 25 Jahre alt. In einem ihrer Briefe an ihre Großmutter gab sie selbst zu, daß ihre Überaktivität, die sich auch in politischen Angelegenheiten manifestierte, nicht zuletzt eine Kompensation für ihre Kinderlosigkeit war.

Charlotte litt aber auch unter der Untreue ihres Gemahls, die ihr nicht verborgen blieb. Der schlimmste Schlag aber kam, als Maximilian im September 1865 seine Nachfolge regelte und den damals zweijährigen Augustín Itúrbide, den Enkel des ehemaligen Kurzzeit-Kaisers Augustín I. von Mexiko, als Erben einsetzte. Die Kaiserin war so sehr getroffen, daß sie ihren ganzen Optimismus und ihre gewohnte Energie verlor. Sie wurde still, und kaum mehr ein Lächeln zeigte sich auf ihrem immer strenger werdenden Antlitz. Charlotte zog sich völlig aus der Politik zurück und widmete sich fortan nur noch der Wohltätigkeit. Der im allgemeinen, vor allem aber wenn es um ihn selbst ging, so sensible Habsburger legte bei dieser Nachfolgeregelung eine für ihn ungewöhnliche Taktlosigkeit an den Tag. Nicht nur, daß er damit seine Gemahlin zutiefst verletzte und keinerlei Rücksicht auf ihre Gefühle nahm, scherte er sich auch nicht um die Mutter des Kleinen. Doña Alicia kämpfte mit allen Mitteln um ihren Sohn, doch der Kaiser ließ sie und ihre Familie des Landes verweisen. Nur eine Tante des Knaben durfte als Erzieherin am mexikanischen Hofe bleiben. Offenbar wollte Maximilian mit der Einsetzung des kleinen Itúrbide als seinen Nachfolger die Sympathien der Mexikaner gewinnen, indem er ihnen in Aussicht stellte, daß nach ihm kein Fremder mehr die Krone des Landes tragen würde, sondern einer von ihnen. Nur: Die Mehrheit in Mexiko wollte nach wie vor überhaupt keinen Kaiser.

Währenddessen zogen auch am Himmel der internationalen Politik dunkle Wolken auf. Im April 1865 hatten in den USA die Nordstaaten den Sieg davongetragen und begannen nun nach allen Seiten Druck aus-

zuüben. Sie unterstützten offen den von ihnen nach wie vor als recht-
mäßigen Präsidenten anerkannten Juárez. Außerdem setzten sie nun
auch den Europäern zu. Sie machten Napoleon III. unmißverständlich
klar, daß sie die Anwesenheit französischer Truppen in Mexiko als Einmischung in die inneren Angelegenheiten Amerikas und als Casus belli
betrachteten. Der Kaiser der Franzosen kam in eine heikle Lage. Er hatte Maximilian die militärische Unterstützung für mindestens drei Jahre
versprochen, nun aber konnte er sich nicht mehr länger gegen die
öffentliche Meinung im eigenen Land stemmen. Diese forderte immer
lauter einen Abzug der Truppen aus Mexiko, einerseits wegen der Drohungen Amerikas, andererseits auch, weil sich das ganze Unternehmen
finanziell als Faß ohne Boden erwiesen hatte. Für Napoleon III. stand
einfach zuviel auf dem Spiel. Sein Brief vom 15. Januar 1866 riß den
Habsburger schließlich brutal aus seinen Träumen: »Mein Herr Bruder!
Ich schreibe Euer Majestät nicht ohne peinliches Gefühl, denn ich bin
gezwungen, Ihnen den Entschluß bekanntzugeben, den ich angesichts
all der Schwierigkeiten, die mir die mexikanische Frage bereitet, fassen
mußte. Die Unmöglichkeit, vom corps législatif neue Hilfsgelder für
den Unterhalt des Armeekorps in Mexiko zu erlangen, und die
Erklärung Euer Majestät, außerstande zu sein, selbst noch dazu beizu-
tragen, zwingen mich, endgültig einen Schlußtermin für die französische Besetzung zu bestimmen …«
Diese Nachricht traf Maximilian wie ein Keulenschlag. Plötzlich wurde
ihm bewußt, wie abhängig er von der französischen Unterstützung war.
Doch kein Wort der Enttäuschung, keine Bitte kamen über seine Lippen. Stolz antwortete er dem Bonaparte: »Es liegt mir fern, die Ursache
einer Gefahr für Euer Majestät Person oder Dynastie sein zu wollen. Ziehen Sie Ihre Truppen augenblicklich zurück. Ein Habsburger wie ich
wird mit Würde mit seinen mexikanischen Untertanen auszukommen
versuchen. Ich werde meine Seele und mein Leben weiter meinem neu-
en Vaterlande weihen.«
Natürlich wußte auch der weltfremde Maximilian, daß er ohne fremde
Hilfe in Mexiko auf verlorenem Posten stand. Er hoffte nun, anderswo
Unterstützung zu erhalten. Doch neuerlich folgte Enttäuschung auf
Enttäuschung. Österreich dachte nicht daran, dem ehemaligen Erzherzog zu Hilfe zu eilen. Keinesfalls wollte man sich mit den Amerikanern
anlegen, die bereits deutlich zeigten, daß sie die kommende Weltmacht

waren und ihr Wort in der internationalen Politik Gewicht hatte. Darüber hinaus hatte Österreich genug Sorgen im eigenen Land. Die Ungarn forderten immer lauter den Ausgleich, und die Probleme mit Preußen spitzten sich immer mehr zu. Franz Joseph hatte nicht die mindeste Absicht, sich in einer für sein Land derart heiklen Situation auch noch mit dem Tausende Kilometer entfernten Mexiko zu befassen. Sollte sein besserwisserischer Bruder doch sehen, wie er allein zurechtkam.

Zu Maximilians Unglück kamen auch aus Belgien keine positiven Signale. König Leopold I. war im Dezember 1865 gestorben. Er war stets die einzige wahre Stütze seines Schwiegersohnes gewesen und hatte getan, was er konnte. Nun saß sein Sohn, Leopold II., auf dem Thron, der nie viel für seine Schwester Charlotte übrig gehabt hatte und sich weigerte, weitere belgische Freiwillige nach Mexiko zu senden. In Europa glaubte überhaupt niemand mehr an Mexiko und an ein Überleben der Monarchie.

Alles schien sich gegen den Kaiser von Mexiko verschworen zu haben. Maximilian fühlte sich allein und von aller Welt verlassen. Wie immer in kritischen Situationen versank er in Trübsinn und Handlungsunfähigkeit. Immer öfter kam ihm nun der Gedanke, abzudanken und sich in sein geliebtes Miramar oder nach Lacroma zurückzuziehen. Auch wohlmeinende und klarsehende Leute in seiner Umgebung rieten ihm eindeutig zu diesem Schritt. Da aber brach es aus der stolzen Kaiserin förmlich hervor. Ihre ganze Traurigkeit der letzten Monate war wie weggeblasen, ihre gewohnte Energie und ihr Kampfgeist kamen wieder zutage. Der ganze Stolz der Belgierin bäumte sich gegen des Wort »Abdankung« auf. Niemals würde sie die Schmach einer Rückkehr nach Europa ertragen, und es war ihr eine entsetzliche Vorstellung, taten- und bedeutungslos, höchstens bemitleidet, den Rest ihrer Tage irgendwo im Exil dahinzuvegetieren. Sie war doch erst 26 Jahre alt, und sie hatte das Schicksal ihrer Großeltern – Louis Philippe mußte 1848 ins Exil gehen – vor Augen, die ihren Thronverlust nie überwinden konnten! »Abdanken heißt, sich verurteilen, sich selbst ein Unfähigkeitszeugnis ausstellen, und das ist nur annehmbar bei Greisen und Blödsinnigen, das ist nicht Sache eines Fürsten von vierunddreißig Jahren voller Leben und Zukunftshoffnung …« Diese scharfen Worte schleuderte die Kaiserin von Mexiko ihrem Gemahl in der ganzen Aufwallung ihrer Gefühle entgegen. Und sie zeigten Wirkung, trafen sie doch Maximilians allzu bekanntes Ehrgefühl. An der Stärke seiner Frau richtete er sich wieder auf. Er wollte bis zum bitteren Ende um seine Krone kämpfen. Irgendwie war er Charlotte fast dankbar für ihre Kraft, und er bewunderte und verehrte sie dafür. Sogar seine Liebe zu der ihm überlegenen Frau flackerte wieder auf, als sie sich bereit erklärte, die beschwerliche Überfahrt nach Europa auf sich zu nehmen und sich persönlich an Napoleon III. zu wenden, um ihn an sein gegebenes Versprechen zu erinnern. Sie würde Europa aufrütteln. Sie war überzeugt, daß man dann ihrem Gemahl die dringend benötigte Unterstützung nicht versagen würde.

Am 13. Juli 1866 bestieg sie das Schiff, das sie nach Europa brachte. Es sollte ein Abschied für immer sein.

DAS VERHÄNGNIS VON QUERÉTARO

Am 8. August 1866 traf Kaiserin Charlotte im französischen Hafen Saint-Nazaire ein. Der Empfang, der ihr dort bereitet wurde, war bereits ein Vorgeschmack auf die schweren Enttäuschungen, die sie erwarteten. Außer dem hastig herbeigeeilten Bürgermeister der Stadt war nämlich niemand da, um sie gebührend zu begrüßen. Nicht einmal die mexikanische Flagge hatte man aufgezogen. Die stolze Frau zeigte sich über diese Mißachtung ihres Ranges berechtigterweise aufs höchste indigniert, war sie doch regierende Kaiserin eines befreundeten Staates.

Prompt folgte auch schon der nächste Schlag, als ihr Napoleon III. via Telegramm ausrichten ließ, er sei aus gesundheitlichen Gründen nicht in der Lage, sie zu empfangen. Tatsächlich litt der Kaiser der Franzosen an einer schmerzhaften Blasenkrankheit. Darüber hinaus plagten ihn schwerwiegende politische Probleme. Preußen war mit Bismarck und dessen deutschen Einigungsbestrebungen in den vergangenen Jahren zu einer europäischen Bedrohung herangewachsen. Erst vor einem knappen Monat, am 3. Juli 1866, hatte die preußische Armee bei Königgrätz über die Österreicher triumphiert.

Aber auch im eigenen Land hatte Napoleon III. mit einer immer stärker werdenden Opposition zu kämpfen. Es war nicht zuletzt das unselige mexikanische Unternehmen, das ihm herbe Kritik eingebracht hatte.

Maximilian von Mexiko (1832–1867)

Verständlich, daß Charlottes Besuch Napoleon III. äußerst ungelegen kam.

Die resolute Frau jedoch ließ sich nicht so leicht abwimmeln und reiste unverzüglich von Saint-Nazaire weiter nach Paris, wo sie ein Zusammentreffen mit dem Kaiser erzwang. Mit einem wahren Wortschwall überfiel sie den sichtlich von seiner Krankheit gezeichneten Napoleon III. und verlangte eindringlich die Fortsetzung der französischen Unterstützung für Mexiko, wie man es ihr und ihrem Gemahl versprochen hatte. Sie hatte ja recht, doch der Kaiser konnte ihr nicht helfen. Ihm waren die Hände gebunden, Politik war eben Politik. Trotzdem plagten ihn und seine Gemahlin schwere Gewissensbisse, denn sie wußten um ihre Mitschuld an der verzweifelten Lage des mexikanischen Kaiserpaares. Obwohl Napoleon III. tiefes Mitleid empfand und großes

Benito Juárez García (1806–1872)

Verständnis für die Empörung und Verzweiflung Charlottes aufbrachte, konnte er ihr die bittere Wahrheit nicht ersparen. Tränen traten ihm in die Augen, als er ihr sagen mußte, daß sie von Frankreichs Seite nichts mehr zu erhoffen hatte. Angst überkam Charlotte, Erschöpfung, und die Enttäuschungen der letzten Wochen und Monate zerrten an den Nerven der zarten Frau, und gebrochen telegrafierte sie an Maximilian: »Todo es inútil«, »Alles vergebens«.

Ihre letzte Hoffnung galt Rom, wo sie am 27. September 1866 vom Papst in Audienz empfangen wurde. Doch auch Pius IX. konnte oder wollte nicht helfen. Die französischen Truppen im Vatikan waren sein einziger Schutz gegen Viktor Emanuel, der den Kirchenstaat dem italienischen Königreich einverleiben wollte, daher wagte er nicht, sich mit Napoleon III. zu überwerfen. So handelte auch der Papst wie ein Staats-

203

mann und verweigerte der Kaiserin von Mexiko mit sanften, gütigen, aber bestimmten Worten jegliche Unterstützung. Das war nun zuviel für die gemarterte Frau. Sie brach in Tränen aus, schreiend und wirre Worte ausstoßend, fiel sie dem Papst zu Füßen und klammerte sich an sein Gewand. Charlotte war wahnsinnig geworden.

Fast eine Woche hielt die Kaiserin von Mexiko Rom in Atem. Ihr Zustand verschlechterte sich täglich, und es war unverkennbar, daß sie an Verfolgungswahn litt. Sie war überzeugt, man wolle sie im Auftrag Napoleons vergiften. Sogar ihren geliebten Max verdächtigte sie. Er wolle sie loswerden, weil er sie nicht mehr liebte und weil sie ihm keine Kinder schenken konnte. Am 7. Oktober traf schließlich der Graf von Flandern, Charlottes Bruder, in Rom ein, um sie nach Miramar zu bringen. Die bekanntesten Wiener Ärzte bemühten sich um die hohe Patientin, doch auch sie konnten nur feststellen, daß es für Charlotte keine Heilung gab. 61 lange Jahre mußte sie im Zustand geistiger Umnachtung noch dahinvegetieren, bis sie 1927 auf dem belgischen Schloß Bouchout im Alter von 86 Jahren als letzte Zeugin der mexikanischen Tragödie starb.

Inzwischen wurde in Mexiko die Lage für den Kaiser immer prekärer, um nicht zu sagen aussichtslos. Juárez' Truppen waren überall im Vormarsch. Als Maximilian am 18. Oktober die niederschmetternde Nachricht von der Erkrankung seiner Frau erreichte, löste das bei ihm einen völligen seelischen und körperlichen Zusammenbruch aus. Gerade die letzten Monate hatten ihm Charlotte wieder näher gebracht. Ihr Mut und ihre Stärke hatten seine Liebe zu ihr wieder erwachen lassen. Ohne sie verlor er nun den Boden unter den Füßen. Er konnte nicht mehr, fühlte sich hilflos und unfähig, weiter zu kämpfen. Er wollte nur noch abdanken und zu Charlotte eilen. In diesen schweren Stunden war ihm sein treuer Freund aus früheren Tagen, Stefan Herzfeld, eine große Stütze. Herzfeld, der nach Mexiko gekommen war, um dem Kaiser zu dienen, überblickte als Außenstehender klar die Lage. So wie Dr. Basch, Maximilians Leibarzt, bestärkte auch er ihn in seinem Wunsch nach Abdankung. Sogar General Bazaine und Napoleon III. rieten ihm dazu. Und so entschloß sich Maximilian zu gehen. Erleichtert begann er seine Angelegenheiten zu ordnen. Erste Gepäckstücke wurden bereits in den Hafen von Vera Cruz gesandt. Schon atmeten Minister und Botschafter in den Vereinigten Staaten auf, als ihnen Maximilians beabsichtigte Abreise aus Mexiko bekannt wurde.

In diesem Augenblick jedoch betrat ein Mann die Bühne, dessen Einflüsterungen Maximilian ins Verderben stürzen sollten: Pater Augustin Fischer. Der Pater war 1864 an den mexikanischen Hof gekommen und genoß seither die Sympathie und das Vertrauen des Kaisers. Es war geradezu typisch für die mangelnde Menschenkenntnis des Habsburgers, daß er ausgerechnet auf Fischer hereinfiel. Dieser war nämlich eine ausgesprochen zwielichtige Gestalt, groß und von kräftiger Statur mit einem feisten Gesicht, das nicht eben von einem asketischen Lebenswandel zeugte. Ein solcher war dem ehemaligen protestantischen Geistlichen, der nach einer Karriere als Goldsucher in Amerika zum Katholizismus konvertiert war, auch völlig fremd. Es war kein Geheimnis, daß Fischer für einen Jesuitenpater ein ziemlich ausschweifendes Leben führte. Unter anderem hatte er eine junge Mätresse, die ihm zwei Kinder geschenkt hatte. Maximilian jedoch war von der starken Persönlichkeit dieses Mannes fasziniert. Mit sanfter und eindringlicher Stimme, die so eigentümlich mit seiner derben Gestalt kontrastierte, verstand es der ebenso intelligente wie dominante Pater, den schwachen Kaiser zu beeinflussen. Obendrein erwies sich dieser Fischer als geschickter Psychologe, als er genau das sagte, was Maximilian im Grunde seines Herzens wahrscheinlich hören wollte: »Es entspricht weder der Ehre noch der Würde eines Kaisers auf diese Weise zu – fliehen.«

Fischer setzte alles daran, um den Kaiser zum Bleiben zu überreden. Aber warum? Der wenig fromme Pater hatte Gefallen an der Macht gefunden, ohne Maximilian wäre seine politische Karriere zu Ende gewesen. Außerdem stand er in enger Verbindung mit den erzkonservativen Kreisen Mexikos, für die eine Abdankung des Kaisers den Verlust sämtlicher Privilegien, Ämter und Besitzungen bedeutet hätte. Der Mensch Maximilian interessierte diese Leute nicht im geringsten, aber seine Person war der Garant für ihre Stellung. Man brauchte ihn. Und so setzte eine regelrechte Psycho-Kampagne von seiten der Konservativen und Fischers ein, die auch schon bald die gewünschte Wirkung zeigte: Der ewig unentschlossene und an sich selbst zweifelnde Kaiser geriet ins Wanken, ungeachtet der sich rund um ihn täglich verschlechternden militärischen Lage.

Noch am 9. November 1866 hatte Maximilian erklärt, er habe »weder den Wunsch noch den Mut in Mexiko zu bleiben«, doch gleichzeitig wuchsen seine Zweifel an der Richtigkeit seiner Entscheidung, denn

Fischer und Konsorten beschworen ihn, doch nicht alles hinzuwerfen. In Orizaba organisierte Fischer einen wahrhaft festlichen Empfang für den Kaiser, der ihm vorgaukelte, er sei doch populärer, als er gedacht hatte. Das schmeichelte Maximilian ungemein, und schon begann er, sich wieder der verhängnisvollen Illusion hinzugeben, er sei in diesem Land willkommen und habe hier auch in Zukunft eine hehre Aufgabe zu erfüllen.

In seiner Verwirrung und Unsicherheit stiegen Bilder von einer peinlichen Rückkehr nach Europa vor seinem inneren Auge auf. Er würde seinem Bruder gegenüber seinen Mißerfolg eingestehen müssen ... Und was würde die Geschichte einmal über ihn sagen? Solche und ähnliche Gedanken plagten den Habsburger, und er geriet immer mehr in den Sog von Fischers gefährlichen Einflüsterungen, obwohl er noch genug wohlmeinende Freunde um sich hatte, die ihn eindringlich warnten. Der gefinkelte Pater verstand es, den treuen Herzfeld so lange vom Kaiser fernzuhalten, bis er die Rückreise nach Europa antrat. Aus Havanna aber richtete er noch einen letzten, verzweifelten Appell an Fischer, den er unglücklicherweise für einen Freund des Kaisers hielt: »Hochwürdiger Herr«, schrieb Herzfeld. »Ich hoffe, daß Sie dieses Schreiben nicht mehr auf mexikanischem Boden trifft – jede Stunde Verzug wird zur furchtbaren Gefahr ... Fort, fort, aus diesem Lande, das in wenigen Wochen der Schauplatz blutigsten Bürgerkrieges wird ... Retten Sie den armen edlen Gebieter – Österreich, Europa, das Kaiserliche Haus wird es Ihnen danken.«

Die Worte verhallten ungehört. Fischer dachte nicht daran, Maximilian von diesem Brief zu erzählen. Wahrscheinlich lächelte er befriedigt über die glückliche Fügung, daß der naive Herzfeld das Schreiben ausgerechnet an ihn adressiert hatte. Und so konnte das Unheil seinen Lauf nehmen.

Wie Herzfelds Brief, so verheimlichte Fischer dem Kaiser auch Juárez' Erfolge und die Tatsache, daß täglich mehr Soldaten zu den Republikanern überliefen. Im Gegenteil, er übte weiter Druck auf Maximilian aus, indem er ihn an den Eid erinnerte, den er in Miramar geleistet hatte, und auch an seine frühere Aussage, daß es nicht Sache eines Habsburgers sei, in der Stunde der Gefahr zu fliehen. Da erhielt Fischer auch noch Unterstützung vom zweiten »bösen Geist« im Leben des unglücklichen Habsburgers: Gutierrez de Estrada, der Initiator dieser unheilvollen Unternehmung, schrieb aufgeregt aus dem sicheren Paris an Maximilian: »Welcher General verläßt in der Stunde der Schlacht seine Befehlshaberstelle über das Heer aus einem privaten Grunde, welcher Natur er auch immer wäre? Die Kaiserin hat ihre Gesundheit dargebracht, wie sie auch gerne ihr Leben geopfert hätte, alle Welt ist sich in der Bewunderung darüber einig und würde Euer Majestät Beifall klatschen, wenn Sie den gleichen Opfermut zeigen. Dann würde es einen glorreichen Sieg geben und die Kaiserin vielleicht gesund wieder an Euer Majestät Seite zurückkehren können. Wenn aber trotzdem alles mißlingt, dann haben Sie, Sire, das Bewußtsein, alle menschlichen Mittel angewandt und Ihre Ehre ebenso wie die Euer Majestät erhabenen Stammes gewahrt zu haben.« Das waren geradezu verantwortungslose Worte, aber sie beeindruckten den Kaiser.

Am Vormittag des 28. November 1866 hatte Maximilian noch Abschiedsschreiben an die mexikanischen Gesandten verfaßt, am Nachmittag entschloß er sich zum Bleiben und zur Rückkehr in die Hauptstadt.

Der Kaiser schenkte der optimistischen Darstellung seiner Generäle Marquez, Miramón und Mejía Glauben, die von einem 30 000 Mann starken Heer phantasierten. Dennoch enttäuschte ihn die Tatsache, daß von den Österreichern lediglich 800 bereit waren, sich der mexikanischen Armee anzuschließen. Die restlichen Soldaten waren entweder tot, in Gefangenschaft oder kehrten nun gemeinsam mit den Franzosen nach Europa zurück.

Maximilians Entschluß, in Mexiko zu bleiben, rief im Ausland, vor allem in den Vereinigten Staaten, Entsetzen hervor. Auch der abziehende General Bazaine riet dem Kaiser noch einmal, doch noch abzudanken. Keiner wußte besser als Bazaine, daß Maximilian ohne die Unterstützung fremder Truppen verloren war. Doch der Habsburger war nun fest entschlossen, den Helden zu spielen. Er löste damit einen blutigen Bürgerkrieg aus, der mit aller Grausamkeit geführt wurde. Schon vier Tage nach dem Abzug der Franzosen aus der Hauptstadt schien Maximilian endlich den furchtbaren Zustand Mexikos erfaßt zu haben, als er am 9. Februar 1867 an seinen Premierminister Teodosio Larès schrieb: »Die derzeitige Situation in Mexiko erschüttert mich tief. Jede Resolution, die den Bürgerkrieg beenden soll, facht ihn nur noch mehr an … Das Kaiserreich hat weder moralische noch materielle Kräfte auf seiner Seite; Männer und Geld fliehen es, und die öffentliche Meinung spricht sich in jeder Weise gegen es aus.« Endlich sah auch Maximilian die Tatsachen richtig. Fischer und die Konservativen hatten ihn schlichtweg getäuscht. Sogar für Juárez fand er plötzlich anerkennende Worte und gab zu, daß das Volk von Mexiko »von der grandiosen Idee beherrscht war, die Unabhängigkeit der Nation zu verteidigen, die sie durch die Gründung des Kaiserreiches gefährdet sah«. Aber wie so oft vertraute der Kaiser nicht auf seine Gefühle und seine persönlichen Eindrücke, sondern ließ sich einmal mehr von anderen beeinflussen.

Natürlich hatten auch Larès und die Regierung längst eingesehen, daß ihre Sache verloren war, doch wollten sie noch retten, was zu retten war. Dazu brauchten sie den Kaiser, denn bei einer Abdankung hätte Juárez keinen Grund für Zugeständnisse gehabt. Maximilian sollte also mit Juárez verhandeln, um eine Amnestie für seine Anhänger zu erreichen und deren materielle Zukunft zu sichern. Um jedoch überhaupt als Verhandlungspartner akzeptiert zu werden, durften die Kaiserlichen nicht von vornherein das Bild eines Verlierers bieten, sondern mußten noch einmal Geschlossenheit und Stärke demonstrieren. Zu diesem Zwecke riet man Maximilian, sich an die Spitze seiner Truppen zu stellen und sich in das kaisertreue Querétaro nördlich der Hauptstadt zu begeben. Das war ein Vorschlag ganz nach dem Geschmack des unverbesserlichen Romantikers, der ständig von Ruhm und vergangener Habsburgergröße träumte. Der Brief seiner ahnungslosen Mutter, der ihn in diesen Tagen erreichte, bestärkte ihn wahrscheinlich noch in seinem Heldentum: »Ich kann nur vollständig billigen, daß Du in Mexiko geblieben bist, denn so hast Du den Anschein vermieden, wegpraktiziert worden zu sein, und nun, da Dich soviel Liebe, Teilnahme und Anerkennung und wohl auch die Angst vor der Anarchie nach Dir in Deinem neuen Lande zurückhält, kann ich mich nur darüber freuen und innig wünschen, daß die Reichen im Lande Dein Bleiben und Ausharren möglich machen.«

Querétaro, wo Maximilian am 19. Februar 1867 eintraf, war strategisch gesehen wohl der schlechteste Ort, den er hatte wählen können: Die Stadt war auf drei Seiten von Hügelketten umgeben und damit eine regelrechte Falle für die kaiserliche Armee. Überdies waren die 9000 Mann, die Maximilian zur Verfügung standen, den 25000 Soldaten von Juárez hoffnungslos unterlegen. Maximilian aber blieb bis zuletzt ein Utopist reinsten Wassers. Der jubelnde Empfang, den ihm die kaisertreue Stadt bereitete, verführte ihn zu völlig falschen Hoffnungen. Überdies glaubte er allen Ernstes immer noch, sich mit Juárez verständigen zu könnnen. Er wollte kein Blutvergießen, aber durch sein uneinsichtiges Handeln verursachte er genau das immer wieder. Sosehr Maximilians persönliche Tragik auch berühren mag, mit seiner Entscheidung, in Mexiko zu bleiben, hatte er die Verantwortung für einen grausamen Bürgerkrieg übernommen, und mit seinem Entschluß, nach Querétaro zu gehen, besiegelte er nicht nur sein eigenes Schicksal, sondern riß auch unzählige Männer mit sich in den Tod. Außerdem überschätzte er die Fähigkeiten seiner Generäle Miramón, Mejía, Marquez und Mendez, die gemeinsam mit ihm die »magischen 5 Ms« genannt wurden.

Während der Kaiser und seine Generäle sich kaum je über ihr weiteres Vorgehen einigen konnten, strotzte der Gegner nur so vor Entschlossenheit. Präsident Juárez, der Vollblutindianer mit den liberalen Ideen, wußte ganz genau, was er wollte. Er besaß Autorität und Führungsqualitäten, und mit derselben Zähigkeit, mit der er all die Jahre gegen den Usurpator gekämpft hatte, würde er ihn jetzt endgültig vernichten. Überdies wußte Juárez die Mehrheit der Bevölkerung und die mächtigen Vereinigten Staaten hinter sich.

Dem kaiserlichen Lager mangelte es aber nicht nur an effektiven Strategien, sondern vor allem am Geld. Aus der Hauptstadt kam kein Nachschub, sodaß die Einwohner von Queretaro unter Androhung rigider Strafen zur Kasse gebeten werden mußten.

Einziger Lichtblick in diesen schwierigen Zeiten war für Maximilian, der den körperlichen Strapazen des Krieges kaum gewachsen war, die Freundschaft mit Prinz Felix Salm-Salm, der sich ihm angeschlossen hatte. Salm war ein ehemaliger preußischer Offizier, der aus Geldsorgen sein Glück in Amerika versucht hatte und dann mit seiner schönen Frau Agnes, einer ehemaligen Zirkusreiterin, in Mexiko gelandet war. Der Prinz war ein Draufgänger und Abenteurer, und Maximilian empfand sogleich große Sympathie für diesen Mann, der zum Begleiter seiner letzten Tage wurde.

Als die Lage immer aussichtsloser wurde, sandte der Kaiser in der Nacht vom 22. auf den 23. März 1867 General Leonardo Marquez nach Mexiko City, um dort für Ordnung zu sorgen und dann mit Verstärkung zurückzukehren. Doch die Hoffnungen, die Maximilian in seinen General gesetzt hatte, sollten sich nicht erfüllen. Allein schon die Tatsache, daß Marquez 1200 Mann mit sich nahm, erwies sich als schwere

Fehlentscheidung, standen doch nun kaum mehr als 7000 Mann den mittlerweile auf 40000 Mann angewachsenen Republikanern unter General Mariano Escobedo gegenüber. Noch schlimmer war jedoch, daß Marquez' Mission mit einem Debakel endete. Denn anstatt von Mexiko City mitsamt den Truppen direkt zurück nach Querétaro zu eilen, entschloß sich der General, zuerst nach Süden zu marschieren, um die bedrohte Stadt La Puebla zu entsetzen. Die Republikaner aber waren ihm zuvorgekommen, und der General mußte fliehen, während sich seine Armee in alle Himmelsrichtungen zerstreute.

Inzwischen wartete der gesundheitlich angeschlagene Kaiser – er litt schon seit Wochen an schwerem Durchfall – in Querétaro vergeblich auf Hilfe. Mit der Verteilung von Tapferkeitsmedaillen versuchte er die Moral seiner Soldaten aufrechtzuerhalten, doch die Lage wurde immer unerträglicher. Prinz Salms Versuch, sich nach Mexiko City durchzuschlagen, scheiterte ebenfalls kläglich. Der Kaiser und seine Getreuen waren in Querétaro eingeschlossen und, wenn nicht bald Hilfe kam, verloren. Am 22. April erhielt Maximilian die ernüchternde Nachricht von Marquez' Niederlage. Dennoch weigerte er sich zu kapitulieren, als ihm am selben Tage ein republikanischer Kurier dafür freien Abzug anbot: Er wollte seine Armee nicht verlassen. Also ging der grausame Kampf weiter.

Der Kaiser war müde und krank, und seine Leute litten unter der Versorgungsnot. Schon mußte man Pferde schlachten, um die Männer noch ernähren zu können. Zu alldem hatten die Republikaner in den letzten Tagen auch noch die Wasserzufuhr nach Querétaro abgeschnitten, sodaß jetzt Seuchengefahr drohte. Das sinnlose Töten, Hunger, Durst und die Hoffnungslosigkeit der Lage machten Soldaten und Kaiser mürbe. Gemeinsam mit seinen Generälen beschloß Maximilian einen letzten, verzweifelten Ausbruchsversuch: Mejía sollte mit seinen Männern den Feind ablenken, während der Kaiser und der Rest seiner Armee versuchen würden, Querétaro zu verlassen. Die Aktion sollte in der Nacht vom 14. auf den 15. Mai 1867 stattfinden. Doch es kam nicht mehr dazu.

Maximilian hatte dem Plan zugestimmt, obwohl er ihn innerlich ablehnte, war es doch nichts anderes als eine Flucht. Dieser Gedanke schmerzte den so auf seine Ehre und das Urteil der Geschichte bedachten Habsburger in tiefster Seele. Viel lieber hätte er nun in Würde kapituliert und das Land verlassen. Doch er wußte, daß seine Generäle dem niemals zustimmen würden. Sie waren bereit, bis zum letzten Atemzug zu kämpfen. Kapitulation kam für sie nicht in Frage. Und der stets unsichere Maximilian fand offenbar nicht die Kraft, mit ihnen über eine Aufgabe zu diskutieren.

Nur mit einem Mann scheint der Kaiser über seine Bedenken gesprochen zu haben. Es war Oberst Miguel López, ein gutaussehender junger Mann, der bereits seit 1864 in den Diensten des Kaisers stand und dessen uneingeschränktes Vertrauen besaß. So gut wie alle Maximilian-Biographen bezeichnen López als Verräter, als Judas, der den Kaiser und seine Leute für Geld an den Feind auslieferte. Nur der bekannte französische Historiker André Castelot stellt die Ereignisse der Nacht auf den 15. Mai 1867 in einem etwas anderen Licht dar. Er beruft sich dabei auf Protokolle des Generals Escobedo, aus denen hervorgeht, daß López mit Wissen und im Auftrag Maximilians handelte, als er sich am Abend des 14. Mai in das feindliche Lager begab, um dort mit dem republikanischen Kommandanten zu verhandeln. Escobedo zufolge erklärte ihm López, der Kaiser wolle jedes weitere Blutvergießen für seine Sache vermeiden und sei bereit, zu kapitulieren, wenn er mit seinem Gefolge Mexiko ungehindert verlassen könne. Der General der Republikaner aber bestand nun auf einer bedingungslosen Kapitulation. Allerdings deuten die späteren Ereignisse darauf hin, daß Escobedo zumindest sein stillschweigendes Einverständnis zu einer Flucht des Kaisers gegeben hat. Das wäre durchaus logisch, denn als Gefangener würde der Habsburger nur ein Problem darstellen. Außerdem wies López dem Republikaner eine Stelle, an der er noch in derselben Nacht widerstandslos in Querétano eindringen könne.

Inzwischen hatte Maximilian den Ausbruch um einen Tag verschoben. Um 11 Uhr führte er schließlich ein langes Vieraugengespräch mit López, über dessen Inhalt nur spekuliert werden kann, in dem er jedoch höchstwahrscheinlich über seine Verhandlungen mit Escobedo berichtete.

Maximilian schlief in dieser Nacht schlecht, ihn plagten wieder starke Bauchschmerzen. Es war 3 Uhr früh, als ein Offizier in das Zimmer von Maximilians Sekretär Blasio stürzte und schrie: »Schnell, wecken Sie den Kaiser! La Cruz ist in den Händen des Feindes. Die Liberalen umstellen das Kloster!« Blasio eilte sofort zum Kaiser, der jedoch seltsamerweise nicht im geringsten erstaunt über die Nachricht schien und sich in aller

Seelenruhe ankleidete, während sich draußen seine Soldaten reihenweise dem Feind ergaben. Erst als Prinz Salm kam und zur Eile mahnte, verließ er mit ihm und ein paar weiteren Getreuen das Kloster, um sich zum Cerro de las Campañas, dem Glockenhügel, zu begeben. Obwohl es überall vor republikanischen Soldaten wimmelte, hielt niemand die Gruppe an. Hatte Escobedo seinen Leuten Auftrag gegeben, den Kaiser, der ja kaum zu verkennen war, entkommen zu lassen? Auf ihrem Weg kam ihnen Oberst López entgegen, der anbot, den Kaiser in ein sicheres Versteck zu bringen, was dieser jedoch kategorisch ablehnte. Verstecken? Niemals! Am Cerro angekommen, fand Maximilian eine Handvoll tapferer Männer vor, die noch zu kämpfen bereit waren. Doch es war zu spät. Er stand im grellen Morgenlicht auf dem Hügel und mußte zusehen, wie sich die Masse der feindlichen Soldaten von allen Seiten auf ihn zubewegte. Widerstand war zwecklos.

Nachdem er sich General Escobedo ergeben hatte, erklärte der Kaiser etwas pathetisch: »Ich habe bereits im März abgedankt* und bitte, daß kein Blut mehr vergossen wird. Falls dies aber doch nötig sein sollte, so soll man mein Leben nehmen und sich damit begnügen. Andernfalls bitte ich, da ich nun den Wunsch habe, Mexiko zu verlassen, an irgendeinen Einschiffungsplatz gebracht zu werden. Behandeln Sie aber meine Leute gut, denn sie haben sich in schwerer Zeit treu und tapfer bewährt.«

Inzwischen machte das Gerücht die Runde, López habe den Kaiser verraten, und es fand sich auch niemand, der dem widersprach. General Escobedo schrieb nach mehreren Unterredungen mit Maximilian in seinem Protokoll, der Kaiser habe ihn gebeten, seine Mitwirkung an der heimlichen Kapitulation zu verschweigen. Er wollte die Achtung seiner Generäle nicht verlieren, die ihr Leben für ihn aufs Spiel gesetzt hatten. Und er fürchtete das Urteil der Geschichte.

»Wenigstens wurde kein Blut vergossen«, sagte Maximilian zu Dr. Basch, nachdem er in seine Klosterzelle zurückgekehrt war – vor wenigen Stunden noch sein Hauptquartier, jetzt sein Gefängnis. Wenn López tatsächlich Verrat begangen hat, dann hatte er damit Hunderten oder Tausenden Soldaten das Leben gerettet, die in einem sinnlosen Ausbruchsversuch gefallen wären. Wenn er im Auftrag von Maximilian

---

* Er hatte sein Abdankungsschreiben dem Staatsrat übergeben, der es veröffentlichen sollte, wenn er in Gefangenschaft geriete.

gehandelt hatte, so war es das Verdienst des Kaisers, nicht noch mehr Menschen seiner längst verlorenen Sache geopfert zu haben.

In einem hatte sich Maximilian jedoch geirrt: Diese Kapitulation gab ihm nicht mehr die Möglichkeit, Mexiko zu verlassen. Diese Chance hatte er endgültig verspielt, als er López' Angebot eines sicheren Verstecks abgelehnt hatte. Nun war er ein Gefangener, der in den Augen der Republikaner zu viel Schuld auf sich geladen und zu lange gezögert hatte. Man behandelte den Kaiser und seine beiden Generäle Miramón und Mejía – Mendez war erschossen worden, weil er sich den Republikanern nicht ergeben hatte – nicht wie Kriegsgefangene, sondern wie Verbrecher und wandte äußerste Strenge an.

Die Bevölkerung von Querétaro, vor allem die Frauen, zeigten Mitleid mit dem Kaiser. Sie versorgten ihn mit Wäsche und Nahrung, ja sogar Geld wurde ihm zur Verfügung gestellt. Die republikanischen Sieger aber waren nicht zu Gnade bereit. Juárez lehnte eine persönliche Unterredung mit dem Exkaiser ab. Maximilian sollte wie ein gewöhnlicher Verbrecher vor Gericht gestellt werden. Das aber bedeutete das Todesurteil, denn es galt ja immer noch das Gesetz von 1862, das jede fremde Einmischung in Mexiko mit dem Tode bestrafte.

Als dies bekannt wurde, setzte eine Welle von Interventionsversuchen seitens der europäischen Höfe ein. Sogar die Vereinigten Staaten, die Maximilian nie anerkannt hatten, baten bei Juárez um Gnade für den Habsburger. Doch der Präsident von Mexiko blieb hart. Die Republik mußte mit aller Strenge vorgehen, um klarzumachen, daß Mexiko keine fremde Einmischung duldete. Abgesehen davon hätte er es auch nicht vertreten können, Miramón und Mejía abzuurteilen, während er den eigentlichen Initiator des Bürgerkrieges ungeschoren nach Europa reisen ließ. Außerdem kannte Juárez Maximilians Wankelmut und Unzuverlässigkeit. Er könnte seine Versprechungen nachträglich für erzwungen erklären und wieder nach Mexiko zurückkehren.

In dieser verzweifelten Situation, in der es nun nur noch um Leben und Tod ging, entwarf Prinz Salm mit Hilfe seiner mutigen Frau für den 3. Juni einen Fluchtplan. Offiziere und Wachen wurden bestochen, wobei Agnes Salm ihre ganze Schönheit und Verführungskunst einsetzte. Hatte Maximilian die Gefahr, in der er schwebte, noch immer nicht erfaßt, oder sehnte er bereits den Tod herbei? Denn er brachte die seltsamsten Einwände gegen den zwar kühnen, aber nicht unbedingt aussichtslosen

Plan vor. So weigerte er sich etwa strikt, seinen auffälligen Bart, der ihn sofort verraten hätte, abzurasieren oder auch nur zu stutzen. Und im letzten Augenblick ließ er die waghalsige Aktion verschieben, weil er noch den österreichischen und den preußischen Gesandten empfangen wollte, die ihren Besuch angesagt hatten.

Mit dieser Verschiebung der Flucht aber hatte Maximilian die letzte Möglichkeit verspielt, sein Leben zu retten, denn die Botschafter konnten ihm auch nicht helfen. Kurz darauf flog der Plan zu einer zweiten Rettungsaktion auf, und Agnes Salm wurde aus Querétaro ausgewiesen.

Am 13. Juni 1867 begann schließlich die Gerichtsverhandlung im Theatersaal von Querétaro. Maximilian hatte sich geweigert, daran teilzunehmen, und Escobedo war so generös, ihn nicht zu zwingen. Bereits bei einer früheren Einvernahme hatte der Exkaiser die Kompetenz des Militärgerichts bestritten und sich geweigert, zu seiner Meinung nach politischen Fragen, wie etwa jener nach dem Grund seiner Einreise nach Mexiko, Stellung zu nehmen. So standen nur Miramón und Mejía vor dem siebenköpfigen Richtertribunal. Die Anklageschrift umfaßte 13 Punkte, wobei vor allem der Vorwurf der Usurpation sowie der Bürgerkrieg und das grausame Gesetz vom 3. Oktober 1865 schwer wogen.

Die Richter waren sich über die Schuld des Habsburgers einig. Drei von ihnen sprachen sich für eine lebenslängliche Verbannung aus, vier aber verlangten die Todesstrafe für den ehemaligen Kaiser von Mexiko und seine beiden hauptangeklagten Generäle.

Maximilian nahm den Urteilsspruch mit relativer Gelassenheit auf. Die Krankheit hatte ihn schwer gezeichnet. Er war stark abgemagert, seine Wangen waren eingefallen und seine Augen lagen tief in den Höhlen. Trotz seiner erst 35 Jahre glich der Kaiser einem alten Mann, und die Strapazen der letzten Zeit hatten ihn so müde gemacht, daß er den Tod geradezu herbeisehnte. Ruhig und gefaßt traf er Anordnungen für die Einbalsamierung seines Körpers und bat nur um gute Schützen, »denn es passe sich nicht für einen Kaiser, sich in Todeszuckungen am Boden herumzuwälzen«.

Noch ein letztes Mal versuchte Agnes Salm, den Kaiser zu retten. Sie warf sich Juárez, der die ganze Zeit über in San Luis Potosí weilte, zu Füßen und bat um Gnade. Der Präsident aber blieb unbeeindruckt und sagte nur: »Es tut mir weh, Madame, Sie auf den Knien vor mir zu sehen; allein wenn alle Könige und Königinnen Europas an Ihrer Stelle wären, könnte ich sein Leben nicht schonen. Ich bin es nicht, der es nimmt; es ist mein Volk und das Gesetz, und wenn ich deren Willen nicht tun würde, so nähme das Volk sein Leben und das meinige dazu.« Ebenso wenig rührten ihn die Bitten und Tränen von Frau Miramón und Frau Mejía. Auch Maximilians Telegramm an Juárez , in dem er um Schonung für Miramón und Mejía bat, hatte keinen Erfolg. Allein ein Aufschub von drei Tagen wurde den Delinquenten gewährt.

Maximilian nützte diese Zeit, um Abschiedsbriefe zu verfassen. An seine Mutter schrieb er: »Ich sterbe ruhig und in dem wahren Trostgefühle, das Gute gewollt und angestrebt zu haben, und mit der Genugthuung, viele wahre und edle Freunde in diesem Lande zurückzulassen, denen mein Andenken theuer bleiben wird. – Ein Freund bringt Ihnen, beste Mutter, mit diesen letzten Zeilen als Andenken für Sie den Ring mit den Haaren der seligen Amalie v. Braganza, den ich täglich trug, und für meine arme, geliebte Charlotte den Ehering ...«

Dann brach der Morgen des 19. Juni 1867 an. Gemeinsam mit Miramón und Mejía hörte Maximilian die Messe. Er verabschiedete sich von dem verzweifelten Dr. Basch und dem Priester, bevor er sich an seine beiden Generäle mit den Worten wandte: »Sind Sie bereit, meine Herren? Ich bin schon fertig.« Unheimliche Stille herrschte in der Stadt, als die drei Männer, die alle schwarze Zivilkleidung trugen, die bereitgestellten Wagen bestiegen, die sie zum Cerro de las Campañas brachten. Aufrecht schritten sie den Hügel hinan und nahmen, das Gesicht zur Stadt gewandt, vor einer niederen Steinmauer Aufstellung. Selbst in der letzten Stunde bewahrte Maximilian Haltung und kaiserliche Würde. Mit einer hoheitsvollen Geste überließ er Miramón den Ehrenplatz in der Mitte und bedachte Mejía mit ehrenden Worten. Schon legte das Erschießungskommando an, als der Kaiser auf spanisch ausrief: »Ich vergebe allen, bitte, daß auch mir alle vergeben, und wünsche, daß mein Blut, das nun vergossen wird, dem Lande zum Wohl gereichen möge. Es lebe Mexiko, es lebe die Unabhängigkeit ...« Sieben Schüsse fielen, der Kaiser brach vornüber zusammen. Da trat einer der Offiziere heran, drehte den noch zuckenden Körper mit der Säbelspitze um, deutete auf das Herz und ließ einen einfachen Soldaten den Gnadenschuß abgeben. Dann kam die Reihe an Miramón und Mejía.

Nikolaus II.

EIN GRAB IM WALD

Auf einem Waldweg in der Nähe des sibirischen Dorfes Kopatje, unweit von Jekaterinburg, war zu nächtlicher Stunde ein Lastwagen im Schlamm steckengeblieben. Er transportierte eine grausige Fracht: elf von Kugeln durchsiebte und mit Stichwunden übersäte Leichen, die nun von grauuniformierten Männern abgeladen und auf einen Haufen geworfen wurden. Man hatte sie aus dem nahegelegenen Bergwerksschacht wieder herausgeholt, in den man sie zwei Nächte zuvor geworfen hatte, da sich dieser als ungeeignete, weil allzu leicht zu entdeckende Begräbnisstätte erwiesen hatte. Die Leichen waren vollkommen nackt, denn man hatte ihnen nicht nur ihre Wertsachen abgenommen, sondern auch ihre Kleider verbrannt. Eigentlich wollte man nun auch die Toten allesamt verbrennen, um sie für immer und ewig verschwinden zu lassen. Aber bald schon stellte sich heraus, daß diese Prozedur viel zu lange dauern würde. Die Zeit drängte. Schon graute der verräterische Morgen des 19. Juli 1918. Also übergoß man die Gesichter der Toten mit Säure, um sie unkenntlich zu machen, und zerstückelte ihre Gliedmaßen mit Äxten. Dann verscharrte man die derart verstümmelten Körper in einer eilends ausgehobenen Grube. Mit Reisig und ein paar Bahnschwellen versuchte man anschließend, alle Hinweise auf das unheimliche Grab mitten im Wald zu verwischen. Niemand sollte je erfahren, was wirklich mit Nikolaus II., seiner Gemahlin Alexandra, seinen Töchtern Olga, Tatjana, Maria und Anastasia, seinem Sohn Alexej und seinen vier Bediensteten geschehen war.

Obwohl die Mörder bei der Beseitigung ihrer Opfer nicht gerade professionell vorgegangen waren, rätselte die Welt mehr als 70 Jahre lang über das Schicksal der letzten Zarenfamilie. Erst Glasnost und Perestrojka machten es möglich, den Schleier dieses blutigen Geheimnisses zu lüften. Anhand von Protokollen und Aufzeichnungen der Mörder und von Mittätern an jenem staatlich sanktionierten Verbrechen hatten Historiker die Stelle im Wald von Kopatje identifiziert. 1991 begann man schließlich dort zu graben und fand tatsächlich mehrere zertrümmerte Skelette. Wissenschaftliche Untersuchungen ergaben, daß es sich um die Überreste der Romanow-Familie und vier anderer Personen handelte. Damit hätte man nun eigentlich eines der dunkelsten Kapitel der russischen Geschichte schließen können. Allein: Zwei Leichen fehlen. Jene des ehemaligen Thronfolgers Alexej und die einer seiner Schwestern, wobei bis jetzt nicht eindeutig feststeht, ob es sich dabei um Anastasia oder um Maria handelt. Sofort denkt man natürlich an die Anastasia-Geschichten, die jahrzehntelang durch die Weltgeschichte geisterten. Sollte vielleicht doch jemand das Massaker in der Nacht vom 16. auf den 17. Juli 1918 überlebt haben? Mit ziemlicher Sicherheit nicht, denn es spricht vieles dafür, daß die bolschewistischen Mörder zwei ihrer Opfer verbrannt haben, bevor sie die übrigen aus Zeitmangel vergruben. Dennoch ist das Rätsel um das unheimliche Grab im Wald bis zum heutigen Tage nicht völlig gelöst …

EIN JUNGER MANN
MIT SANFTEN, BLAUEN AUGEN

Seit 1613 lenkten die Romanows die Geschicke Rußlands. Berühmte Persönlichkeiten wie Peter der Große oder Katharina II. waren aus dieser Dynastie hervorgegangen. Auch Nikolaus II. war ein Romanow und sollte Geschichte schreiben. Doch nicht Ruhm und Macht sollten seinen Namen zieren, vielmehr war es ihm beschieden, das russische Zarenreich in den Untergang zu führen.

Überzeugt, daß alles, was auf der Welt geschah, Gottes Wille sei, ertrug dieser letzte Zar sein Los mit geradezu unfaßbarem Gleichmut. Der tiefreligiöse und mystisch veranlagte Mann deutete es stets als Zeichen der Vorsehung, daß er ausgerechnet am Tage des Heiligen Hiob, des frommen Dulders, zur Welt gekommen war. Sein ganzes Leben lang sollte ihn dieser Gedanke nicht loslassen. Resignierend wird er einmal zu seinem Ministerpräsidenten Stolypin sagen: »Was ich auch unternehme, nichts gelingt mir. Ich habe kein Glück … Wissen Sie, wann ich Geburtstag habe?« Auf Stolypins Einwand, Hiob sei doch nach Erduldung der furchtbarsten Prüfungen mit Gottes Segen und mit Wohlergehen belohnt worden, wird er antworten: »Nein, glauben Sie mir, Pjotr

Arkadjewitsch, ich habe mehr als ein Vorgefühl. In mir ist die tiefe Gewißheit, daß ich zu schrecklichen Prüfungen verurteilt bin. Doch ich werde nicht hier auf Erden belohnt werden. Wie oft habe ich Hiobs Worte auf mich bezogen: ›Denn was ich gefürchtet habe, ist über mich gekommen, und um was ich mich sorgte, hat mich getroffen.‹«

Als der spätere Nikolaus II. am 18. Mai 1868* geboren wurde, regierte noch sein Großvater, Alexander II. Dieser galt als Rußlands liberale Hoffnung, ermöglichte er doch erstmals nach Jahrhunderten der Unterdrückung eine Entfaltung politischen Denkens auf breiterer Ebene. Der Geist der Französischen Revolution war auch am Zarenreich nicht spurlos vorübergegangen. Schon seit geraumer Zeit sehnten sich die Mitglieder der gebildeten Oberschicht nach Freiheit und Mitsprache, wobei ihnen das westliche Europa als Vorbild diente. 1861 hob Alexander II. die Leibeigenschaft auf und erwarb sich damit den Beinamen »Bauernbefreier«. Er lockerte die Zensur und gestattete die Bildung der sogenannten Semstwos, jener Organe lokaler Selbstverwaltung, in denen vor allem Vertreter des Adels und des wohlhabenden Bürgertums saßen. Alexander II. stand auch im Begriffe, seinem Volk eine Verfassung und gesetzlich abgesicherte bürgerliche Rechte zu gewähren, doch er konnte seine Reformvorhaben nicht mehr verwirklichen. Auf dem Weg zum Ministerrat tötete ihn am 13. März 1881 die Bombe eines Anarchisten. Den zerfetzten Körper seines Vaters vor Augen, bestieg Alexander III. den Thron im Bewußtsein, daß Liberalismus nur Undank und Gefahr heraufbeschwor. Er schlug für die nächsten 13 Jahre einen reaktionären Regierungskurs ein. Damit waren die Hoffnungen der »Intelligenz« des Landes und der liberalen Kreise zunichte gemacht. Alexander III. regierte als Autokrat und war nicht bereit, auch nur eine Handbreit seiner Macht abzugeben. Unerschütterlich vertrat er die althergebrachte Meinung, die Russen brauchten eine starke Hand, und er erklärte die politischen Ideen, die sich seit der Französischen Revolution in Europa durchsetzten, für dumm und gefährlich. Alexander III. machte einen Großteil der Reformen seines Vaters wieder rückgängig und verordnete

---

* Der russische julianische Kalender hinkt hinter dem im Westen geltenden gregorianischen Kalender nach; bis 1900 ergab sich eine Verschiebung um 12 Tage, von 1900 bis 1917 sogar um 13. Nach russischem Kalender fällt die Geburt Nikolaus' II. auf den 6. Mai. 1918 stellte schließlich auch Rußland auf die westliche Zeitrechnung um.

seinem Land eine gewaltsame Russifizierung. Dies bedeutete nicht nur die Pflege slawischer Traditionen, sondern manifestierte sich auch in einer regelrechten Zwangsassimilierung der fremden Nationen im Lande wie der Finnen oder der Polen wie auch in einer verstärkten Diskriminierung der jüdischen Bevölkerung. Das autoritäre Regime Alexanders III. brachte die liberalen Kräfte des Landes vorläufig zum Schweigen. Selbst das kleinste Aufbegehren wurde rigoros unterdrückt. Wie 1887, als der Polizei eine Gruppe von Studenten in die Hände fiel, die ein Attentat auf den Zaren geplant hatten. Die Verschwörer, unter ihnen ein gewisser Alexander Iljitsch Uljanow, landeten alle auf dem Galgen. Uljanow aber hatte einen Bruder, den damals 17jährigen Wladimir Iljitsch, der einmal unter dem Namen Lenin in die Weltgeschichte eingehen und blutige Rache nehmen sollte für das, was Zaren ihm und seinem Bruder angetan hatten.

Der Herrscherstil des Zaren korrespondierte mit seiner äußeren Erscheinung. Alexander III. war ein wahrer Hüne von Gestalt und verfügte über Bärenkräfte. Angeblich konnte er mit einer Hand eine Gabel zerdrücken, ein Kunststück, das er zum Ergötzen seiner Kinder gerne vorführte. Wie viele autoritäre Männer war auch Alexander III. ein ausgesprochener Familienmensch und liebender Vater. Seine Gemahlin, Maria Fjodorowna, geborene Prinzessin Dagmar von Dänemark, hatte ihm fünf Kinder geschenkt, mit denen er gerne seine Zeit verbrachte. Der 1868 geborene Nikolaus war der Älteste, nach ihm kamen Georgij, Xenia, Michail und Olga.

Trotz aller Liebe achtete der Zar streng darauf, daß seine Kinder nicht verwöhnt wurden. Sie schliefen auf gewöhnlichen Feldbetten und mußten jeden Morgen ein kaltes Bad nehmen. Süßigkeiten zwischen den Mahlzeiten waren verboten, dafür wurde sowohl beim Essen als auch bei der Kleidung großer Wert auf russische Tradition gelegt. Seine Kinder sollten zumindest durch ihre Erziehung zu richtigen Russen werden, denn von der Abstammung her hatten sie ja kaum noch russisches Blut in ihren Adern: Die Zaren hatten sich seit Peter III., der selbst zur Hälfte bereits Deutscher war, ihre Frauen fast ausschließlich aus deutschen Adelshäusern geholt.

Der Erziehung und Ausbildung des Thronfolgers wurde naturgemäß eine besondere Aufmerksamkeit zuteil. Die Lieblinge der Eltern aber waren die beiden jüngsten Kinder, Michail und Olga. Der sensible

Nicky, wie Nikolaus in der Familie genannt wurde, reagierte darauf mit
einer gewissen Verschlossenheit und Schüchternheit. Er war ein ruhiges
und gehorsames Kind und stets ein wenig verträumt. Seine schulischen
Leistungen gingen kaum über den Durchschnitt hinaus. Lediglich in
den Fremdsprachen erwies er sich als besonders begabt. Neben Russisch
beherrschte er auch perfekt Englisch und Französisch und vermochte
sich auch im Deutschen recht gut auszudrücken. Seine geistigen Interessen waren eher beschränkt, dafür hatte er eine besondere Vorliebe für
sportliche Betätigungen jeder Art. Er segelte, ritt, spielte Tennis, jagte
mit Begeisterung, und er liebte zeit seines Lebens ausgedehnte Spaziergänge. Später machte er es sich zur Angewohnheit, täglich ein paar Län-
gen im eigens eingerichteten Hallenbad seines Palastes zu schwimmen
und sich mit Klimmzügen am Reck in Form zu halten. Ein solches ließ
er sogar in den kaiserlichen Bahnwaggons anbringen, damit er auch auf
Reisen nicht auf sein gewohntes Fitneßprogramm verzichten mußte.
Nikolaus wuchs zu einem ausgesprochen attraktiven jungen Mann heran. Obwohl er nur 1,72 Meter maß, wirkte sein Köper schlank und ath-
letisch. Er hatte rotblondes Haar und regelmäßige Gesichtszüge. Das
Schönste an ihm aber waren seine sanften, blauen Augen, die vor allem
auf Frauen besonders anziehend wirkten. In ihrem stets ein wenig sehn-
suchtsvoll-verträumten Blick spiegelte sich die ganze Sanftheit von
Nikolaus' Wesen wider. Der Englischlehrer seiner Kinder, Sidney Gibbes, charakterisierte den Zaren später einmal folgendermaßen: »Er hatte eine ›Präsenz‹, die unvergleichlich war, erfüllt von ruhiger und siche-
rer Selbstbeherrschung und Würde. Aber sie flößte nie Furcht ein. Das
tiefste Gefühl, das sie erweckte, war Ehrfurcht, nie Furcht. Ich glaube,
dies lag an seinen Augen. Ja, ich bin sicher, daß es seine Augen waren,
sie waren so wundervoll. Sie waren von zartestem Blau und blickten
einem so geradlinig mit dem freundlichsten, zärtlichsten, liebevollsten
Ausdruck ins Gesicht … Darin lag sein großartiger Charme und in politischer Hinsicht seine große Schwäche.«
Nikolaus war von seinem Wesen her so wenig zum Herrscher geboren,
und doch war er durch den Zufall der Geburt für diese künftige Aufgabe ausersehen, eine Aufgabe, vor der er zitterte, bevor er sie überhaupt
noch übernommen hatte. Die Zarenkrone hatte für diesen jungen
Mann nichts Erstrebenswertes, nichts Verheißungsvolles, sie lastete wie
ein Damoklesschwert über ihm. Nikolaus mangelte es eindeutig an

Selbstvertrauen. Die starke Persönlichkeit seiner Mutter und vor allem die Dominanz seines Vaters schüchterten ihn ein und ließen seinen Glauben an die eigenen Fähigkeiten verkümmern. Wie sollte er jemals an diesen Mann heranreichen, mit dem er so wenig gemeinsam hatte? Allein schon an körperlicher Größe überragte Alexander III. seinen Sohn bei weitem, und auch seine laute, polternde Art unterschied sich so sehr von Nickys feinem, zurückhaltendem Auftreten. Die Überlegenheit des Vaters blieb ihm durch ein Ereignis im Jahre 1888 für immer in Erinnerung. Damals entgleiste der Zug, in dem sich die kaiserliche Familie befand, wahrscheinlich als Folge eines Attentats. Zwar blieben der Zar und die Seinen unverletzt, doch der Waggon war so schwer beschädigt worden, daß die Decke jeden Augenblick einzustürzen drohte. Da stemmte sich Alexander III. mit seiner ganzen Kraft gegen das Dach, bis seine Familie in Sicherheit gebracht werden konnte.

Nikolaus liebte und respektierte seinen Vater, aber er fürchtete ihn auch. So war er wohl ganz froh, als er mit 19 Jahren in die Kaserne von Krasnoje Selo übersiedeln durfte, wo er seine militärische Ausbildung erhielt. Aus seinen Tagebucheintragungen geht hervor, daß er sich dort wohl fühlte. Der Drill und die Kameradschaft, aber auch die exzessiven Trinkgelage, die unter den jungen Offizieren üblich waren, scheinen dem scheuen Zarewitsch gefallen zu haben. Weit weniger gefiel es ihm allerdings, als ihn sein Vater wenig später in die Regierungsgeschäfte einzubinden versuchte. Dafür interessierte er sich wirklich nicht. Noch als 24jähriger notierte er in seinem Tagebuch: »Vor zwei Tagen bin ich zum Mitglied im Finanzausschuß berufen worden; viel Ehre, aber wenig Vergnügen! Vor der Sitzung des Ministerrates habe ich sechs Vertreter dieses Gremiums empfangen, von dessen Existenz ich offen gestanden nichts ahnte. Wir haben lange getagt, ungefähr bis $3^3/_4$ Uhr, weswegen ich zeitlich in Verzug kam und nicht die Ausstellung besuchen konnte.« Nikolaus' Interesse an den Staatsangelegenheiten war mehr als gering. Viel lieber genoß er das gesellschaftliche Leben von St. Petersburg. Die Feste und der Luxus der russischen Aristokratie stellten damals alles in den Schatten, was man von den westlichen Monarchien her kannte. Kaum ein Tag, an dem es nicht irgenwo einen Ball oder ein Champagnerdiner gab, eine Theatervorstellung oder eine Ballettpremiere. Nikolaus wäre kein Russe gewesen, hätte er nicht eine Vorliebe für das Ballett gehabt, das zu jener Zeit gerade mit den großen Werken Tschaikowskys eine Hochblüte erlebte. Einer der aufgehenden Sterne des klassischen Tanzes hieß damals Mathilde Kschessinskaja. Die 18jährige Ballerina gefiel dem Zarewitsch auf Anhieb, als er sie das erste Mal im März 1890 nach einer Vorstellung kennenlernte. Die Anziehung beruhte auf Gegenseitigkeit: Auch »die kleine K.«, wie Nikolaus die Kschessinskaja in seinen Tagebüchern nannte, war sogleich von dem zärtlich-verträumten Blick des jungen Mannes fasziniert. Es gehörte damals zwar in den Kreisen der russischen Aristokratie beinahe zum guten Ton, eine Affäre mit einer Tänzerin zu haben, doch Nikolaus war keiner von diesen übersättigten, dekadenten Lebemännern. Er war wirklich verliebt. Ganz, ganz langsam und vorsichtig bahnte sich die Liebesgeschichte zwischen der Ballerina und dem Zarewitsch an. Nikolaus war trotz seines Charmes nämlich ziemlich schüchtern. Zwar machte er Mathilde Geschenke, schickte ihr Blumen und schrieb ihr Briefe, doch es dauerte ganze zwei Jahre, bis er ihr endlich eine Wohnung mietete, in der diese zarte Liebe schließlich eine kurze, aber leidenschaftliche Erfüllung fand. Denn schon nach wenigen Monaten war alles zu Ende, mußte zu Ende sein. Obwohl Nikolaus' Zuneigung zu der Tänzerin tief und echt war, gehörte sein Herz seit langem einer anderen. Beide rangen mit den Tränen, als sie einander adieu sagten, und Nikolaus zeigte Sensibilität und Respekt vor Mathildes Gefühlen, als er ihr zum Abschied schrieb: »Was auch immer in meinem Leben geschehen wird, die Tage, die ich in Deiner Nähe verbracht habe, werden mir als die strahlendsten Erinnerungen an meine Jugendzeit im Gedächtnis bleiben.« Mathilde litt lange unter der Trennung, doch schließlich tröstete sie sich mit einem anderen Romanow, Großfürst Sergej Michailowitsch, einem Cousin von Nikolaus. Ihm folgte später Großfürst Andrej Wladimirowitsch, ebenfalls ein Vetter des Zaren. Er war auch der Vater ihres Sohnes und sollte sie später sogar im französischen Exil ehelichen.

Die andere in Nikolaus' Leben hieß Alix von Hessen und war die Tochter des Großherzogs Ludwig IV. von Hessen-Darmstadt und der englischen Prinzessin Alice. Alix war vier Jahre jünger als er und eine entfernte Cousine. Als sie einander im Jahre 1884 das erste Mal begegneten, war Nikolaus 16 und Alix erst 12. Sie war nach Rußland gekommen, um an der Vermählung ihrer Schwester Elisabeth, genannt Ella, mit Nikolaus' Onkel Großfürst Sergej teilzunehmen. Obwohl sie noch sehr jung waren, war es Liebe auf den ersten Blick, zumindest was Nikolaus betraf. Er schrieb damals in sein Tagebuch: »Wir ritzten unsere Namen in die Fensterscheibe des italienischen Pavillons (wir lieben uns nämlich).« Fünf Jahre später begegneten sie einander wieder und verbrachten die ganze Wintersaison miteinander in St. Petersburg. Nikolaus' Liebe zu dem bildhübschen, aber schüchternen Mädchen wuchs mit jedem Tag. Obwohl sie sich bald wieder für einige Jahre trennen mußten, war sich der Zarewitsch sicher: diese oder gar keine. »Ich träume davon, irgendwann einmal Alix von H. zu heiraten. Ich liebe sie seit langem, aber noch tiefer und stärker seit 1889, als sie im Winter sechs Wochen in Petersburg verbrachte«, schrieb er im Dezember 1890 in sein Tagebuch. Leider mußte er jedoch feststellen, daß seine Eltern ganz andere Pläne für ihn hatten. Obwohl Alix durchaus eine standesgemäße Partie gewesen wäre – immerhin war sie eine Enkelin der Königin Viktoria von England, und das Haus Hessen hatte bereits zwei Zarinnen gestellt – planten Alexander III. und seine Gemahlin anderes. Ihnen wäre eine Braut aus einem bedeutenderen und mit Rußland verbündeten Land lieber gewesen. Sie schlugen Hélène von Orléans vor, die Tochter des Grafen von Paris. Zwar war Frankreich seit 1872 eine Republik, aber es war der wichtigste Bündnispartner Rußlands. Auch Margarethe von Preußen, die Schwester Wilhelms II., war im Gespräch.

Abgesehen von den politischen Gründen, hatte Alix bei ihrem letzten Besuch in Rußland auch gar nicht gefallen. Das lag nicht an ihrem Aussehen, sondern an ihrem steifen Auftreten. Sie wirkte gerade so, »als hätte sie ein Lineal verschluckt«, wie kritische Beobachter bemerkten. Man fand sie kühl und ohne jeden Charme. Alix lächelte nie und war alles andere als amüsant. Dies störte vor allem die Zarin, die für ihre Lebensfreude bekannt war. Die Reserviertheit des Mädchens, dessen Kosename ausgerechnet »Sunshine« war, war jedoch nichts anderes als Ausdruck einer extremen Schüchternheit, offenbar Folge einer ziemlich traurigen Kindheit. Vielleicht war Alix in ihren ersten Lebensjahren tatsächlich ein fröhliches Kind mit sonnigem Gemüt gewesen, doch als sie im Alter von sechs Jahren ihre Mutter verlor, wurde ihr so hübsches, feines Gesicht für immer von einem Schleier der Traurigkeit überschattet. Kaum einer hat sie jemals wieder richtig lachen sehen. Sie entwickelte eine fast krankhafte Menschenscheu. Nie gelang es Alix, auf andere zuzugehen, Freundschaft oder Liebe zu erwecken. Nur Nikolaus war es offenbar gelungen, hinter die kühle Fassade der jungen Frau zu blicken und ihre extreme Verletzlichkeit und ihre Sehnsucht nach Liebe und Zärtlichkeit zu erkennen. Nur ihm gegenüber ging Alix aus sich heraus und offenbarte ihre ganze Liebesfähigkeit. Da hatten einander zwei schüchterne Menschen gefunden, die einander brauchten und gegenseitig Stärke gaben. Der später für seine Unentschlossenheit und seine Zögerlichkeit bekannte Nikolaus war sich nie wieder in seinem Leben einer Sache so sicher wie der, daß Alix die Frau seines Lebens war, daß er sie brauchte, daß er sie liebte. Nie wieder hat er eine Sache mit solcher Ausdauer und inneren Stärke verfolgt wie seine Heirat mit Alix von Hessen. Es war das erstemal, daß der bisher so gehorsame und konfliktscheue Nikolaus seinen Eltern Widerstand leistete. Nicht offen, das war nicht seine Art, aber hartnäckig. Er lehnte einfach jede andere als Braut ab und hoffte, daß die Zeit für ihn arbeiten würde. Eine gewisse Schicksalsergebenheit und Passivität sollten für Nikolaus noch charakteristisch werden und ihn ins Unglück stürzen. Diesmal aber ging seine Taktik auf. Zwar hatte Alexander III. gehofft, daß sein Sohn durch die Affäre mit der Kschessinskaja Alix von Hessen vergessen würde, doch er hatte sich getäuscht. Selbst eine ausgedehnte Fernostreise, bei der er 1891 in Japan nur knapp einem Attentat entgangen war, hatte nichts an Nikolaus' Gefühlen für Alix geändert. Im Frühjahr 1894 gab der Zar dann dem innigsten Wunsch seines Sohnes nach, denn erste Anzeichen einer Krankheit machten sich bei Alexander III. bemerkbar. Bevor er starb, wollte er Nikolaus verheiratet sehen.

Überglücklich reiste Nikolaus im April 1894 nach Coburg, wo die Hochzeit von Alix' Bruder, Großherzog Ernst Ludwig, mit Victoria Melitta, Prinzessin von Sachsen-Coburg, stattfand. Zu diesem Anlaß hatte sich aus der hochadeligen Verwandtschaft alles eingefunden, was Rang und Namen hatte. Sogar die alte Königin Viktoria und auch der deutsche Kaiser Wilhelm II. waren gekommen. Die eigentliche Vermählung wurde jedoch von der brennenden Frage in den Schatten gestellt, ob sich Alix von Hessen mit dem russischen Thronfolger verloben würde. Denn es gab dabei ein nicht unwichtiges Problem: Wenn Alix Zarin werden wollte, mußte sie zum russisch-orthodoxen Glauben konvertieren. Doch die junge Frau war eine strenggläubige Protestantin, und trotz aller aufrichtigen Liebe zu Nicky quälte sie der Gedanke, ihre Religion aufzugeben. Es spricht für Nikolaus' Zuneigung und sein Feingefühl, daß er Alix Zeit ließ, über diese Angelegenheit nachzudenken, daß er ihr in langen Gesprächen die Vorzüge des orthodoxen Glaubens in den wärmsten Farben schilderte. Für einen Thronfolger war das eine nicht zu unterschätzende Sensibilität, denn immerhin galt die Aussicht auf eine Krone damals als hinreichender Grund für eine Frau, ohne langes Zögern die Religion zu wechseln. Nikolaus aber imponierte Alix' Festigkeit, und er zeigte großes Verständnis für ihre Gefühle. Dann aber siegte auch bei Alix die Liebe, sie willigte in den Religionswechsel ein und nahm am 20. April 1894 Nikolaus' Antrag an. Überglücklich schrieb der Bräutigam in sein Tagebuch: »Ein wunderbarer, unvergeßlicher Tag in meinem Leben! Der Tag meiner Verlobung mit der kostbaren, heißgeliebten Alix. Nach einer Aussprache waren wir uns einig. Wie freuten sich Papa und Mama. Ich ging den ganzen Tag wie betäubt herum.«

Der Himmel hing für Alix und Nicky voller Geigen. Fast täglich schrieben sie einander, er schickte ihr ihre Lieblingsblumen und hatte sogar bei Tisch ein Foto von ihr neben seinem Teller stehen. Doch es war ihnen keine lange und unbeschwerte Verlobungszeit vergönnt. Denn im Oktober 1894 rang sein Vater im Sommerpalast von Liwadia auf der Halbinsel Krim bereits mit dem Tode. Er litt an einer schweren Nierenentzündung, offenbar Folge einer inneren Verletzung, die er sich bei dem Zugsunglück 1888 zugezogen hatte. Die Ärzte waren machtlos, und nach zehntägiger Agonie starb Alexander III. am 1. November 1894 im Alter von erst 49 Jahren.

Nikolaus packte das blanke Entsetzen, als er sich bewußt wurde, welche Verantwortung ihm mit dem Tode seines Vaters nun zugefallen war. »Ich bin nicht vorbereitet, Zar zu sein! Ich wollte nie einer werden«, rief er verzweifelt aus.

NIKOLAUS DER BLUTIGE

Die Zeit der unbeschwerten Vergnügungen war vorbei. Doch niemand ahnte damals, welches Schicksal die Zarenkrone für Nikolaus mit sich brachte.

Der junge Mann, der bisher nichts anderes im Kopf gehabt hatte als das Ballett und das Theater, als Paraden und Feste, war nun plötzlich Kaiser des riesigen russischen Reiches mit seinen mehr als 150 Millionen Einwohnern. Kaum jemand war für diese Rolle weniger geeignet als Nikolaus. Der 26jährige war so friedliebend, so weich und sanft und besaß so überhaupt keine Autorität und Härte. Zu all dem hatte ihn niemand wirklich auf seine verantwortungsvolle Aufgabe vorbereitet, denn keiner hatte damit gerechnet, daß der kraftstrotzende Alexander III. so früh und so plötzlich diese Welt verlassen würde. Nikolaus wußte wohl selbst um seine Schwächen, denn er fühlte sich völlig überfordert, unfähig, allein Entscheidungen zu treffen, geschweige denn, diese durchzusetzen. So suchte er auf allen Seiten Rat und Hilfe, vor allem bei seiner Mutter und bei seinen Onkeln. Die vier Brüder des verstorbenen Zaren – Wladimir, Alexej, Sergej und Paul – bekleideten hohe Ämter und spielten daher eine große Rolle in Nikolaus' Leben, ebenso sein Cousin Nikolaj Nikolajewitsch, der eine bedeutende Position in der Armee innehatte. Abgesehen von der Verwandtschaft erlangte auch der ehemalige Rechtsberater von Alexander III., Konstantin Pobedonoszew, großen und unheilvollen Einfluß auf den jungen Zaren. Der erzkonservative Mann war ein Anhänger der Autokratie und hämmerte Nikolaus die Unterdrückung jeglicher Reformen ein. Er machte ihm angst, indem er erklärte: »Frankreich ist ein Beispiel dafür, wohin Demokratie führt!«

Nikolaus, dessen Willensschwäche immer deutlicher zutage trat, unternahm nicht einmal den Versuch, sich von der Einflußnahme, die all diese Leute auf ihn ausübten, zu befreien. Es fehlte ihm das Selbstvertrauen, um die unumschränkte Macht, die er besaß, allein auszuüben. Sein Mangel an Willenskraft war so evident, daß beinahe jeder, der mit ihm zu tun hatte, darauf hinwies. So meinte der englische Botschafter Sir George Buchanan: »Im Besitz von Begabungen, die für die Rolle eines konstitutionellen Monarchen völlig ausgereicht hätten – lebhafte Intelligenz, gebildeter Geist, ausdauernder Fleiß und Methode bei der Arbeit, nicht zu reden von einem außergewöhnlichen angeborenen Charme –, hatte Kaiser Nikolaus von seinem Vater nicht den festen Charakter und die Entschlußkraft geerbt, die für einen autokratischen Monarchen unerläßlich sind.«

In seiner Angst, der Bürde, die die Zarenkrone für ihn bedeutete, nicht gewachsen zu sein, brauchte Nikolaus nun mehr denn je einen Menschen, der ihm Liebe und Rückhalt gab. Daher wollte er auf keinen Fall das vorgeschriebene Trauerjahr abwarten, um mit seiner geliebten Alix endlich vereint zu sein: Nur wenige Tage nach den Begräbnisfeierlichkeiten für Alexander III. fand die Vermählung von Nikolaus II. und Alexandra Fjodorowna, wie Alix jetzt hieß, statt. Die Trauung wurde am 26. November 1894 in aller Stille im Winterpalais von St. Petersburg vollzogen. Arme Alexandra. So hatte sich die junge Frau ihre Hochzeit wohl nicht vorgestellt. Sie schrieb in ihr Tagebuch: »Meine Hochzeit erschien mir wie eine bloße Fortsetzung der Totenmessen; mit dem einzigen Unterschied, daß ich nun ein weißes Kleid statt eines schwarzen trug.« Alexandra war wie ihr Gemahl völlig von der neuen Situation überfordert, hatte man sie doch ohne jede Vorbereitung vom kleinstädtischen Darmstadt in die Riesenmetropole St. Petersburg verpflanzt. Nun war sie Zarin eines riesigen Landes, das sie nicht kannte und dessen Sprache sie nicht verstand. Umgeben von lauter fremden Menschen, die ihr nicht gerade mit großer Wärme begegneten, verfiel sie noch mehr in ihre Schüchternheit. Der einzige Mensch, zu dem sie Vertrauen hatte, war Nikolaus. So banden sich die beiden von ihrer neuen Aufgabe verängstigten jungen Menschen noch enger aneinander. Ihre Liebe wuchs mit jedem Tag und sollte bis zum Ende ihres Lebens nicht erlöschen. Gemeinsam versuchten sie, die Bewährungsproben, die auf sie zukamen, zu meistern.

Nach der reaktionären Herrschaft von Alexander III. schöpften nun viele Menschen im Lande wieder Hoffnung. Vor allem die aufgeklärten Kreise und die Semstwos versprachen sich vom neuen Zaren die Erfüllung ihrer großen Sehnsüchte: eine Verfassung und bürgerliche Rechte. Gespannt wartete Rußland daher auf die erste Ansprache des neuen Zaren, denn niemand wußte so recht, wer dieser junge Mann eigentlich war, welche politischen Ansichten er vertrat und was künftig von seiner Regierung zu erwarten war. Die liberalen Kreise hofften natürlich, daß er die Reformpolitik seines Großvaters wiederaufnehmen und Rußland endlich auf den Weg in die Demokratie führen würde. Doch Nikolaus II. hatte überhaupt kein politisches Programm. Nur die eindringlichen Worte seines sterbenden Vaters hallten ihm noch im Ohr: »Wenn die Autokratie zusammenbricht, was Gott verhüten möge, bricht mit ihr auch Rußland zusammen.«

Der übermächtige Vater und der alte Pobedonoszew standen sozusagen hinter ihm, als er am 29. Januar 1895 vor der versammelten Adelsgesellschaft und den Delegierten der Semstwos mit unsicherer, fast überkippender Stimme zu seiner ersten Thronrede anhob: »Es ist mir zu

Ohren gekommen, daß in jüngster Zeit in einigen Semstwos unvernünftige Hirngespinste hinsichtlich einer Beteiligung von Vertretern der Semstwos an der Staatsregierung geäußert worden sind. Man möge zur Kenntnis nehmen, daß ich alle meine Kräfte für das Wohl des Volkes einsetzen und das Prinzip der Autokratie ohne Abstriche aufrechterhalten und ebenso strikt anwenden werde, wie es mein unvergeßlicher Vater getan hat.«

Das war eine klare Absage an all jene, die sich nun mehr Freiheiten und Mitsprache erhofft hatten. Die Enttäuschung unter den fortschrittlichen Leuten der Oberschicht war entsprechend groß. Hinzu kamen kurz danach Entsetzen und Betroffenheit aufgrund eines Ereignisses, das abergläubische als böses Omen werteten …

Nikolaus' Amtsantritt schien unter keinem guten Stern zu stehen. Die Krönungsfeierlichkeiten waren für den 26. Mai 1896 in Moskau angesetzt. Mehr als eine Million Menschen waren gekommen, um das prächtige Spektakel mitzuverfolgen. Vertreter aller europäischen Königshäuser waren anwesend, als Nikolaus, gekleidet in die schlichte Uniform des Preobraschenskij-Regiments, auf einem weißen Pferd zur Mariä-Himmelfahrts-Kirche ritt. Hinter ihm kamen die Großfürsten und die Monarchen anderer Länder, dann die goldene Kutsche mit der Mutter des Zaren und dahinter die Karosse mit der Zarin. Alexandra sah sehr eindrucksvoll aus in ihrer großen Galarobe mit der langen Schleppe und dem Kokoschnik, der diamantbesetzten Krone im Haar. Die Zeremonie dauerte mehrere Stunden. Man hängte Nikolaus den hermelinbesetzten Krönungsmantel aus goldenem Brokat um, bevor er aus der Hand des Metropoliten die prunkvolle Krone empfing. Sie war einst für Katharina II. angefertigt worden und trug in der Mitte ein riesiges Diamantkreuz, geziert von einem großen Rubin und gesäumt von 44 großen und zahllosen kleinen Diamanten sowie 38 rosa Perlen.

Vier Tage später, am 30. Mai 1896, fand das traditionelle Fest für das Volk auf dem Chodynka-Feld außerhalb von Moskau statt, bei dem freies Essen und Getränke sowie Geschenke verteilt wurden. Der Ansturm war größer als erwartet, mehr als 500 000 Menschen strömten auf das Feld. Aus Angst, keine Geschenke mehr zu bekommen, entstand unter den Menschen ein fürchterliches Gedränge. Panik brach aus. Die unzureichend abgesicherten Gruben, die irgend jemand dort aus unerfindlichen Gründen hatte ausheben lassen, wurden zur tödlichen Falle für viele Menschen. Andere wurden niedergestoßen, zertrampelt und erdrückt. Mehr als 2 000 Tote wurden gezählt und Hunderte Verletzte. Ein böses Omen, raunten Abergläubische wie schon 120 Jahre zuvor, als sich in Frankreich anläßlich der Hochzeit von Ludwig XVI. und Marie Antoinette ein ähnliches Unglück ereignet hatte.

Nikolaus war tief betroffen, als er davon hörte. Seine erste Reaktion war, sämtliche Veranstaltungen für diesen Tag abzusagen und sich in ein Kloster zum Gebet zurückzuziehen. Doch seine einflußreichen Onkel rieten ihm von diesem Schritt ab. Es war doch schon öfter bei großen Feierlichkeiten zu Unglücksfällen gekommen, deswegen konnte man nicht einfach alles absagen und den versammelten Hochadel von halb Europa vor den Kopf stoßen. Nikolaus ließ sich überzeugen und zum Entsetzen vieler Menschen in Rußland wurde das Programm wie geplant fortgesetzt. Noch am selben Abend nahm der Zar an einem Ball in der französischen Botschaft teil. Auf dem Weg dorthin mußten sich die prächtigen Karossen der Adeligen den Weg zwischen den Lastwagen bahnen, die gerade die Toten vom Chodynka-Feld abtransportierten. Zu Nikolaus' Rechtfertigung muß man jedoch fairerweise anmerken, daß er nicht nur großzügig aus eigener Tasche für die Familien der Unglücksopfer spendete, sondern an den folgenden Tagen auch mehrere Besuche in den Krankenhäusern der Stadt absolvierte, um den Verletzten Trost zuzusprechen. Außerdem ordnete er eine Untersuchung über die Ursachen des tragischen Vorfalls an. Die Verantwortlichen sollten die Konsequenzen tragen. Leider war ausgerechnet Nikolaus' Onkel, Großfürst Sergej Alexandrowitsch, in seiner Eigenschaft als Gouverneur von Moskau für die Organisation des Volksfestes verantwortlich gewesen. Der Zar beschloß zwar seine Entlassung, doch stieß er mit dieser Entscheidung auf den Widerstand seiner Familie. Es war typisch für Nikolaus, daß er unter dem Druck nachgab und sich mit der Entlassung eines Untergebenen des Großfürsten begnügte, während Onkel Sergej ungeschoren blieb. Auch diese Aktion hinterließ bei vielen Beobachtern einen bitteren Nachgeschmack. Solches Handeln strich einmal mehr die zaristische Macht und Willkür hervor, die bei immer mehr Menschen in Rußland Unbehagen erzeugte.

Das erste Jahrzehnt der Regierungszeit von Nikolaus II. wurde vor allem von zwei Männern geprägt: dem Finanzminister Sergej Witte und dem Innenminister Wjatscheslaw Plewe, die ihre Ämter bereits unter Alexander III. bekleidet hatten. Die beiden Minister vertraten völlig gegensätzliche Auffassungen, wie Rußland zu regieren sei. Ihre Rivalität spiegelte die Widersprüchlichkeit der Politik unter Nikolaus II. wider. Während Plewe in Fortsetzung des Regimes von Alexander III. auf einen starken Polizeiapparat setzte, die Russifizierung des Landes vorantrieb und sämtliche revolutionären Bewegungen im Keim zu ersticken versuchte, sprach sich der liberalere Witte stets für Mäßigung und vorsichtige Reformen aus. In seiner Eigenschaft als Finanzminister steuerte er einen Wirtschaftskurs, der eigentlich in krassem Gegensatz zur konservativen Politik der Regierung stand. Unter Wittes Führung erlebte Rußland innerhalb der nächsten zehn Jahre einen ungeheuren Aufschwung. Er öffnete das Zarenreich gegenüber Europa und stabilisierte die Währung durch Einführung des Goldstandards. Mit Hilfe ausländischen Kapitals, das vor allem vom Bündnispartner Frankreich kam, forcierte er den Ausbau der Industrie und trieb den 1891 begonnenen Bau der Transsibirischen Eisenbahn voran. Innerhalb von zehn Jahren verdreifachte sich die Produktion von Kohle, Gußeisen und Erdöl. Rußland war auf dem besten Wege, seinen wirtschaftlichen Rückstand gegenüber Europa aufzuholen. So entwickelte sich mit ungeheurer Geschwindigkeit, ja eigentlich zu rasch, ein Hochkapitalismus mit all seinen sozialen Begleiterscheinungen. Neben einem wohlhabenden Großbürgertum entstand ein immer größer werdendes Proletariat – die Zahl der Arbeiter hatte sich von 1887 bis 1900 auf drei Millionen verdoppelt –, das trotz des wirtschaftlichen Aufschwungs in bitterem Elend dahinvegetierte. Daran änderten auch soziale Maßnahmen wie die Einführung der Sonntagsruhe, ein Verbot der Arbeit für Kinder unter zwölf Jahren, eine Begrenzung der Arbeitszeit für zwölf- bis fünfzehnjährige Kinder auf acht Stunden und für Erwachsene auf elfeinhalb Stunden täglich nichts. Die Ausbeutung der Menschen war evident. Die niedrigen Löhne reichten kaum zum Überleben. Auch der ländlichen Bevölkerung ging es kaum besser. Um die Jahrhundertwende gab es immer noch zehn Millionen landlose Bauern. Die Unzufriedenheit manifestierte sich bald in Streiks und Aufständen, denen mit Gewalt und verstärktem Polizeieinsatz begegnet wurde. So ebnete der zweifellos positiv zu bewertende wirtschaftliche Aufschwung unter Witte, der das brutale Vorgehen seines Ministerkollegen immer wieder kritisierte, ungewollt der späteren Revolution den Boden.

Da von seiten der Regierung keinerlei Liberalisierung auf politischem Gebiet zu erwarten war, begannen sich die oppositionellen Bewegungen zu radikalisieren. Wenn die ersehnte Verfassung und bürgerlichen Rechte nicht auf friedlichem Wege zu erreichen waren, dann mußte man eben den Druck verstärken. Durch die Repressionspolitik der Regierung in den Untergrund gedrängt, verbanden sich liberale und revolutionäre Kräfte aller Schattierungen, um der Autokratie den Kampf anzusagen. Das gespannte soziale Klima kam ihnen bei der Verwirklichung ihrer Ziele entgegen. Offiziell gab es keine Opposition, doch die revolutionären Kräfte waren da und auch die härtesten polizeilichen Maßnahmen vermochten sie nie ganz auszurotten. Viele Sozialdemokraten waren emigriert und hatten sich 1894 in der Union der russischen Sozialdemokraten formiert. Vom Ausland aus unterstützten sie die Aktivitäten ihrer Gesinnungsgenossen in Rußland.

Ende 1893 kam ein junger Anwaltsanwärter von 23 Jahren nach St. Petersburg. Er war klein gewachsen und breitschultrig, hatte breite Backenknochen und leicht schräg gestellte, besonders auffällige Augen, waren sie doch von eigenartiger rot-goldener Farbe. Der Name des jungen Mannes war Wladimir Iljitsch Uljanow. Er entstammte einer wohlhabenden Familie aus Simbirsk, und er war der Bruder jenes 1887 hingerichteten Attentäters Alexander Uljanow. Dessen Schicksal hatte die Entwicklung des zukünftigen Lenins bestimmt. Als Bruder eines Staatsfeindes war er der Diskriminierung durch die zaristische Macht ausgesetzt gewesen. Man hatte ihn von der Universität verwiesen, sodaß er gezwungen war, ein Fernstudium zu absolvieren. Damals begann sich sein revolutionäres Bewußtsein zu entwickeln. Bereits als 18jähriger hatte er sich mit dem »Kapital« von Karl Marx auseinandergesetzt und war der Faszination des Klassenkampfes und der Diktatur des Proletariats erlegen. Die Revolution wurde zu seinem Lebensinhalt. Kaum in der Hauptstadt angekommen, nahm Lenin, der dank seiner guten finanziellen Situation keiner Arbeit nachgehen mußte, Kontakt mit den marxistischen Gruppierungen auf und begann mit seiner Propagandaarbeit, deren Ziel der Sturz des Zarismus war. Ende 1895 gründete er den »Kampfbund zur Befreiung der Arbeiterklasse«, fiel jedoch kurz darauf mit einigen Mitarbeitern der Polizei in die Hände. Nach einem Jahr im Gefängnis wurde er 1897 nach Sibirien verbannt, von wo er erst im Jahre 1900 wieder zurückkehrte, um sich sogleich ins schweizerische Exil zu begeben, wo er unermüdlich seine revolutionäre Tätigkeit fortsetzte. 1903 übernahm Lenin in Brüssel die Führung der radikalen Bolschewiken.

In Rußland selbst war die revolutionäre Bewegung bunt gemischt. Sie setzte sich aus Liberalen zusammen, die vor allem auf politische Mitsprache und eine Verfassung abzielten, aus gemäßigten Sozialdemokraten, unter denen sich viele Intellektuelle befanden, und aus den Sozialrevolutionären, die im Terror das einzige Mittel sahen, um den Zarismus zu stürzen. Die Ziele der einzelnen Gruppen waren verschieden, doch der Wunsch nach Veränderung und mehr Freiheit einte sie vorerst.

Wenn Nikolaus II. auch nicht die ganze Tragweite dessen, was in seinem Reich im Untergrund vorging, erfaßte – das taten übrigens die wenigsten –, so gab es doch deutliche Zeichen, daß Rußland nicht nur nach wirtschaftlicher, sondern auch nach politischer Reform verlangte. Die sogenannte »Intelligenz« des Landes schwieg nicht. Im Januar 1902 richtete der alte, wegen seiner Weltanschauung in Ungnade gefallene russische Dichterfürst Leo Tolstoj einen bemerkenswerten Brief an den Zaren: »Lieber Bruder«, schrieb Tolstoj, »... Ein Drittel Rußlands steht unter schärfster Bewachung, das heißt außerhalb des Gesetzes. Die Armee der Polizisten – der öffentlichen und der geheimen – wird ständig vergrößert. Die Gefängnisse, die Verbannungsorte und Zuchthäuser sind, abgesehen von Hunderttausenden krimineller Häftlinge, mit politischen Häftlingen überfüllt, zu denen jetzt auch die Arbeiter gerechnet werden. Die Zensur hat in ihren Verboten einen Grad von Torheit erreicht, wie sie ihn in der schlimmsten Zeit der vierziger Jahre nicht erreichte. Die religiösen Verfolgungen sind noch nie so häufig und grausam gewesen wie jetzt, und sie werden immer grausamer und häufiger. Überall in den Städten und Fabrikzentren sind Truppen konzentriert, und sie werden mit scharfer Munition gegen das Volk eingesetzt. An vielen Orten ist es schon zu brudermörderischem Blutvergießen gekommen, und neues und noch grausameres Blutvergießen wird überall vorbereitet und wird unweigerlich stattfinden.«

Die Zeichen dafür, daß es im Lande gärte, waren da, doch kaum jemand kümmerte sich ernstlich darum. Tolstojs Warnungen verhallten ungehört. Es zeugte von der widersprüchlichen Persönlichkeit des Zaren, daß er, der gegenüber seiner engsten Umgebung so weich und nachgiebig war, das brutale Vorgehen gegen unzufriedene Arbeiter und politisch Andersdenkende duldete. Nikolaus vermochte sich nie von dem Gedanken zu befreien, die Autokratie sei eine von Gott gewollte Einrichtung, die es gegen alle Angriffe zu verteidigen galt. Es fehlte diesem Zaren an Weitblick. Er vermochte einfach nicht, die geistigen und sozialen Entwicklungen in seinem Land zu erfassen und darauf zu reagieren. Mit dem wirtschaftlichen Fortschritt allein war es nicht getan, um das Zarenreich ins 20. Jahrhundert zu führen. Aber Nikolaus verstand sein Volk, als dessen »Väterchen« er sich doch fühlte, einfach nicht. Zeit seines Lebens blieb er ein Gefangener seiner eigenen Welt, einer Welt des Luxus und der materiellen Sorglosigkeit. Er wußte kaum etwas über die wahren Bedürfnisse seiner Bevölkerung und interessierte sich viel zu wenig für die Vorgänge in seinem Land. Weitaus lieber beschäftigte er sich dagegen mit internationalen Fragen.

Alexander III. hatte während seiner ganzen Herrschaft Rußland aus kriegerischen Auseinandersetzungen herausgehalten, weshalb man ihn »Friedenszar« nannte. Nikolaus war bestrebt, es seinem Vater darin gleichzutun, was seinem durch und durch friedlichen Wesen voll entsprach. Auch mit Witte lag der Zar dahingehend auf einer Linie. Bertha von Suttners Roman »Die Waffen nieder!« und »Der Krieg der Zukunft« des russischen Schriftstellers Iwan Bloch hatten Nikolaus tief beeindruckt und ihn dazu angeregt, sich für Abrüstung und weltweiten Frieden einzusetzen. Am 18. Mai 1899 wurde auf Nikolaus' Initiative in Den Haag die »Kammer des Internationalen Schiedsgerichtshofes« einberufen, der internationale Konflikte künftig friedlich schlichten sollte. 30 Länder, darunter auch die USA, Mexiko und China, nahmen an dieser ersten Friedenskonferenz teil. Die Ergebnisse blieben jedoch bescheiden. Das weltweite Wettrüsten konnte nicht gestoppt werden, und es blieb bei Absichtserklärungen. Bertha von Suttner aber war von Nikolaus' Initiative so begeistert, daß sie eine Postkarte mit dem Porträt des Zaren drucken und versenden ließ. Andere jedoch fanden nur hämische Worte dafür, darunter Nikolaus' Cousin, der deutsche Kaiser Wilhelm II., der ihm kühl telegrafierte: »Sich nur einen Monarchen vorzustellen, der seine von Hunderten Jahren Tradition geweihten Regimenter auflöst und seine Städte damit womöglich Anarchisten und der Demokratie überläßt!«

Vetter Willy – die beiden Monarchen titulierten einander in ihrem Briefverkehr mit »Willy« und »Nicky« – sollte überhaupt eine unselige

Rolle in Nikolaus' Leben spielen. Die beiden Cousins waren so verschieden, wie Menschen nur sein konnten. Wilhelm war neun Jahre älter als Nikolaus, laut und protzig, launenhaft und intrigant. Er hielt sich für weitaus intelligenter als Nikolaus und bildete sich ein, diesen für seine Zwecke benutzen zu können. Allerdings hatte er weit weniger Einfluß auf den Zaren, als er meinte. Der bescheidene und stille Nikolaus mochte den deutschen Cousin nicht. Er fühlte sich von dem martialischen Gehabe Wilhelms eingeschüchtert und von dessen überheblichen, gönnerhaften Art gedemütigt. Außerdem ärgerte er sich über Willys ständige Einmischung. Bei jeder Gelegenheit wurde er von ihm mit Ratschlägen bombardiert. Der deutsche Kaiser versuchte, durch seine verwandtschaftliche Beziehung, Rußland auf seine Seite zu ziehen. Ihn störte das russisch-französische Bündnis, und er fürchtete eine Annäherung des Zarenreiches an seinen zweiten Erzfeind, England. Dies würde im Fall des Falles für Deutschland einen Zweifrontenkrieg bedeuten. Doch trotz Wilhelms Intrigen hielt Rußland seinem Alliierten die Treue.

Umso lieber sah der deutsche Kaiser, daß sich Nikolaus allmählich dem asiatischen Raum zuwandte. Auch dem Kaiser von Österreich war es nur recht, daß der Zar vom Balkan abgelenkt wurde. Obwohl Witte zur Zurückhaltung in der Asien-Politik mahnte, forcierten die Generäle des Zaren, unterstützt von Plewe und Pobedonoszew, die Ausdehnung des russischen Einflußbereiches nach Osten. 1898 hatte Rußland den Hafen von Port Arthur von China gepachtet und von den Chinesen die Erlaubnis erhalten, den Bau der Transsibirischen Eisenbahn in der Mandschurei fortzusetzen. Auch Nikolaus II. war nicht frei von den imperialistischen Bestrebungen, die die Herrscher damals auszeichneten. So begann Rußland seine Einflußsphäre trotz der Proteste Japans über die Halbinsel Liaotung bis nach Korea auszuweiten. Die Japaner fühlten sich dadurch derart bedroht und provoziert, daß sie am 9. Februar 1904 ohne Kriegserklärung Port Arthur überfielen. Der Krieg, den Nikolaus nicht gewollt und vor dem Witte gewarnt hatte, war da. Schlimmer noch: er wurde zu einem Debakel für Rußland, und es war allein Wittes Verhandlungsgeschick zu danken, daß der Friedensvertrag vom August 1905 nur geringe territoriale Einbußen mit sich brachte. Für die innere Lage des Zarenreiches aber stellte dieser Krieg eine Katastrophe dar. Er war der Funke, der das Pulverfaß entzündete.

Sowohl die liberalen Kreise als auch die Sozialdemokraten sahen in einer Niederlage Rußlands eine Möglichkeit, ihre Forderungen nach mehr Demokratie durchzusetzten. Man schloß sich im September 1904 zusammen und setzte eine gemeinsame Deklaration auf, die die Abschaffung der Autokratie forderte und die Einführung eines demokratischen, auf dem allgemeinen Wahlrecht beruhenden Regimes sowie das Recht auf Selbstbestimmung jeder Nationalität. Parallel dazu überreichten die Vertreter der Aristokratie dem Zaren eine im Wortlaut zwar gemäßigtere, im Inhalt aber kaum sich unterscheidende Denkschrift, in der sie erklärten, »daß das heilige Prinzip der Autokratie nur bei Beteiligung der Gesellschaft an der gesetzgebenden Arbeit aufrechtzuerhalten sei«. Nikolaus II. aber schreckte vor dem Gedanken an eine Verfassung zurück. Immer noch fühlte er sich an das Vermächtnis seines Vaters gebunden, und er war sich offenbar nicht im klaren darüber, wie gespannt die Situation in seinem Reich wirklich war. Bedauernd und gleichzeitig prophetisch schrieb Fürst Peter Trubezkoj, einer der Unterzeichner der Denkschrift, damals an Plewes Nachfolger, Innenminister Swjatopolk-Mirski: »Rußland ist von nun an in eine Epoche der Revolution und Anarchie eingetreten …, worin eine furchtbare Gefahr für das Vaterland und die geheiligte Person des Kaisers selbst liegt … Wenn der Kaiser nur alle loyalen Kräfte um sich scharen wollte und sie aussprechen ließe, was ihnen am Herzen liegt, könnten Rußland alle Greuel der blutigen Revolution, von der es bedroht ist, erspart bleiben.« Nikolaus aber hörte auf die Falschen und war darüber hinaus viel zu sehr mit dem Russisch-Japanischen Krieg beschäftigt, um sich mit den innenpolitischen Problemen auseinanderzusetzen. Bis es zu spät war und ihm die Dinge aus der Hand glitten.

In den Arbeitervierteln wurde es unruhig. Die kriegsbedingten Versorgungsengpässe hatten die soziale Not der unteren Schichten noch vergrößert. Das Elend der Massen wurde täglich schlimmer. Es kam zu Protesten und Ausschreitungen und einer Attentatswelle, der sowohl Innenminister Plewe als auch Großfürst Sergej Alexandrowitsch, Nikolaus' Onkel, zum Opfer fielen. In zahlreichen Unternehmen wurde die Arbeit niedergelegt. Agitatoren waren am Werk und heizten die Stimmung noch mehr an, während sich die Revolutionäre die sozialen Anliegen der Arbeiter auf ihre Fahnen schrieben.

Am 4. Februar 1905 formierte sich ein riesiger Demonstrationszug von

Arbeitern unter der Führung des Priesters Gapon, dessen Rolle bei dem ganzen Ereignis äußerst zwielichtig war. War er ein Spitzel der Polizei, ein Agent provocateur? Von Gewalt aber gab es zunächst keine Anzeichen. Mit Transparenten und Zarenporträts zogen etwa 200 000 unbewaffnete Menschen durch die schneebedeckten Straßen von St. Petersburg in Richtung Winterpalais, um dem Zaren eine Petition zu überreichen. Die Forderungen betrafen sowohl politische Freiheiten als auch soziale Maßnahmen zur Linderung der Not des Volkes. Es sollte ein friedlicher Bittgang sein. Viele Kinder und Frauen begleiteten den Zug. Die Polizei aber geriet angesichts der herannahenden Menschenmasse in Panik und begann plötzlich, in die Menge zu schießen. Die Bilanz waren über 1 000 Tote und 2 000 Verletzte und ein Volk, das die Liebe zu seinem Herrscher verloren hatte. Der Zar nämlich hatte, aus welchem Grund auch immer, am Vorabend St. Petersburg verlassen, obwohl halb Rußland seit Tagen von nichts anderem sprach als von der geplanten Bittschrift. Offenbar war Nikolaus völlig falsch informiert. Möglicherweise hatte man ihm Angst gemacht und von einem drohenden Sturm auf seine Residenz gesprochen, sodaß er um sein und seiner Familie Leben fürchtete, wenn er in der Hauptstadt blieb. Auch dürfte der Zar nur die offizielle Version der Vorgänge erfahren haben, zumindest läßt seine Tagebucheintragung vom 4. Februar 1905 darauf schließen: »Ein schwerer Tag!« schrieb er. »In Petersburg kam es zu ernsten Unruhen, weil die Arbeiter zum Winterpalast vordringen wollten. Die Truppen waren in verschiedenen Stadtteilen gezwungen zu schießen, es gab viele Tote und Verwundete. Mein Gott, wie schmerzlich und schwer!«

Welche Auswirkungen dieser als »Blutiger Sonntag« in die russische Geschichte eingegangene Tag jedoch für ihn haben sollte, das wußte der Zar zu diesem Zeitpunkt noch nicht. Mit seiner Abreise aus St. Petersburg hatte Nikolaus II. nämlich einen der schwerwiegendsten Fehler seiner ganzen Regierungszeit begangen. Dieser 4. Februar wäre für ihn die Chance gewesen, das traditionelle Band zwischen Zar und Volk wieder fester zu knüpfen, denn kaum je richtete die Bevölkerung ihre Proteste direkt gegen die geheiligte Person des Monarchen, sondern immer nur gegen die Regierung und den Adel. Nikolaus aber hatte die Gelegenheit versäumt, sich die Bitten der Menschen anzuhören und zu zeigen, daß er ihre Sorgen und Ängste Ernst nahm. Seine Abwesenheit wurde als Desinteresse interpretiert und riß eine Kluft zwischen ihm und seinem

Volk. Die Revolutionäre zögerten nicht, Nikolaus den Beinamen »der Blutige« zu verleihen, und der Dichter Mandelstam schrieb: »Jede Kindermütze, jeder Kinderhandschuh, jedes Frauentuch, das an diesem Tag in Petersburg in den Schnee fiel, ist ein Merkzeichen dafür, daß der Zar sterben muß, daß der Zar sterben wird ...«

Ein Sturm der Entrüstung und Verbitterung ging durch das ganze Reich. Streiks, Meutereien und Aufstände verkündeten: Das ist eine Revolution! Noch einmal konnten Zar und Regierung das Ruder herumreißen, indem sie weitgehende Zugeständnisse machten. Daß diese Revolution nicht in ein noch größeres Blutbad ausartete, war vor allem Witte zu danken. Er hatte im Sommer 1905 einen annehmbaren Frieden mit den Japanern ausgehandelt, und nun riet er Nikolaus eindringlich zu dem, was schon längst fällig gewesen wäre: »Wenn wir dem Land keine Verfassung geben, wird das Volk sie erzwingen.« Für Nikolaus war diese Forderung ein Schlag ins Gesicht. Er fühlte sich als Verräter am Vermächtnis seines Vaters, als er am 30. Oktober 1905 widerwillig ein Manifest unterzeichnete, in dem er Rußland eine Verfassung und eine gesetzgebende Körperschaft, die sogenannte Duma, Presse-, Religions- und Versammlungsfreiheit gewährte. Zum Ministerpräsidenten der neuen Regierung wurde Witte ernannt. Wie einst Ludwig XVI. war auch Nikolaus II. in Tränen aufgelöst, als er damit seine absolute Macht aufgab. »Liebe Mama«, schrieb er am 1. November an seine Mutter, »Du kannst Dir nicht vorstellen, was ich gelitten habe. Mein einziger Trost, daß es Gottes Wille ist und daß diese schwere Entscheidung das teure Rußland aus dem unerträglichen, chaotischen Zustand herausführt, in dem es sich fast ein Jahr befindet ...«

Auch die Zarin reagierte wie weiland Marie Antoinette, war sie doch ebenso von Herrscherstolz erfüllt wie diese. Sie entwickelte einen leidenschaftlichen Haß auf Witte, dem sie die Schuld gab, daß Nikolaus dieses erbärmliche Papier unterschrieben hatte. In Großfürst Nikolaj Nikolajewitsch, Nikolaus' Cousin, der eben noch auf Wittes Seite gestanden war, fand sie einen Verbündeten. Da zeigte sich der schwankende Charakter des Zaren und seine ewige Beeinflußbarkeit: Es gelang den beiden Intriganten, Nikolaus' Vertrauen in seinen Premierminister zu unterminieren, bis dieser im April 1906 von selbst die Konsequenzen zog und seinen Rücktritt einreichte. »Graf Sergej Juljewitsch! Gestern morgen erhielt ich Ihren Brief, in dem Sie um Entbindung von allen

Ämtern bitten. Ich komme Ihrer Bitte nach. Nikolaus«, antwortete der Zar kalt dem Manne, der ihm so viele Jahre treu gedient und dem er so viel zu verdanken hatte. Nur noch als Zuschauer verfolgte Witte den Weg des Zarenreiches in den Abgrund. Seinen Untergang zu erleben blieb ihm erspart. Er starb 66jährig im März 1915.

DIE ZARIN UND DER STAREZ

Nikolaus II. war seinem schweren Amte nicht gewachsen. Obwohl er sich nach dem ersten Schrecken mit seiner Bestimmung abgefunden hatte, sie gleichsam als göttlichen Willen annahm, empfand er nie Lust an der Macht. Viel lieber wäre er wahrscheinlich ein Gutsbesitzer gewesen, der sich um seine Ländereien kümmert und sich mit Begeisterung seiner Familie widmet. Stets genoß dieser Zar den kleinen Kreis und das Zusammensein mit seiner geliebten Alexandra. Die Staatsgeschäfte waren für ihn immer nur eine lästige Pflicht. Dennoch erledigte er sie mit Gewissenhaftigkeit und Disziplin. Sein Tagesablauf war immer der gleiche. Um 8 Uhr stand er auf, schwamm eine halbe Stunde im Hallenbad des Palastes und frühstückte dann mit seiner Familie bevor er sich auf einen ausgiebigen Spaziergang begab. Von halb 10 bis halb 11 beschäftigte er sich mit Hofangelegenheiten und bis zum Mittagessen mit Regierungsgeschäften. Nach dem Essen empfing er Botschafter und Bittsteller und ließ sich von seinen Ministern berichten. Dazwischen begab er sich regelmäßig um halb 6 Uhr abends zu Alexandra zum Tee. Nach dem Abendmahl saß die Familie zusammen, man las, nähte oder klebte Fotos ein. Um 11 Uhr zogen sich Zar und Zarin zurück und besprachen oft noch bis tief in die Nacht Staatsangelegenheiten. Alles hatte seinen gewohnten Rhythmus. So liebten es Nikolaus und Alexandra. Nikolaus, der früher all die Festlichkeiten und Veranstaltungen von St. Petersburg genossen hatte, hatte sich der Vorliebe seiner Gemahlin für ein idyllisches Familienleben angepaßt.

Trotzdem konnte sich das Herrscherpaar dem Protokoll nicht völlig entziehen. Dieses verlangte, daß sie in der Wintersaison, also im Januar und Februar, an den traditionellen Hofbällen in der Hauptstadt teilnahmen. Bei diesen Anlässen wurde der ganze sagenhafte Reichtum der russischen Aristokratie deutlich. Nirgendwo in Europa ging es so prächtig zu wie am Zarenhof. Die Pelze und goldbestickten Uniformen der Herren, vor allem aber der kostbare Schmuck der Damen stellte alles in den Schatten, was man an anderen Höfen zu sehen bekam. Auch Alexandras Schönheit überstrahlte dabei die meisten anderen Damen. Trotzdem war sie froh, wenn die Saison vorüber war und sie St. Petersburg wieder verlassen konnte. Ihr Leben lang kam die Zarin nicht aus ihrer Isolation heraus. Sie blieb stets eine Fremde am Zarenhof, nur schwer lernte sie die Sprache ihrer neuen Heimat, mit Nikolaus unterhielt sie sich immer in ihrer Muttersprache, Englisch. Auch ihre Tagebücher führte sie ihr Leben lang in Englisch. Niemals nahm sie die Sitten und den Lebensstil der russischen Aristokratie an. Sie verabscheute das ausgelassene und frivole Treiben, den übertriebenen Luxus, die Verschwendung und die oberflächlichen Gespräche. Mit ihrer Haltung aber machte sie sich die Hofgesellschaft zum Feind, die in ihr eine Spielverderberin sah. Vor allem in ihrer Schwiegermutter, der lebenslustigen Maria Fjodorowna, hatte Alexandra eine Rivalin. Die Zarinmutter zeigte überhaupt kein Verständnis für die scheue, junge Frau. Im Gegenteil, sie machte es Alexandra noch schwerer, indem sie stets auf ihre Rechte pochte, die ihr laut Protokoll zustanden. Der Mutter des Zaren kam nämlich eine größere Bedeutung zu als der Ehefrau. Ihr gebührte bei öffentlichen Auftritten der Platz an der Seite des Zaren, wogegen Alexandra erst an zweiter Stelle kam. Selbst die Kronjuwelen wollte sie nicht hergeben. Alexandra litt unter dieser Zurücksetzung, denn in der schüchternen jungen Frau schlummerte ein leidenschaftlicher Stolz. Nikolaus, dem die Spannungen zwischen den beiden Frauen nicht entgingen, befand sich in einer schwierigen Lage. Er liebte seine Mutter, brauchte ihren Rat und wagte daher nicht, sie zurechtzuweisen. Allein hinsichtlich der Kronjuwelen sprach er schließlich ein Machtwort. Die Situation war umso schlimmer für die junge Zarin, da sie die erste Zeit im Palast der Schwiegermutter lebten, bevor sie endlich ihr eigenes Heim bekamen.

Nikolaus und Alexandra entschieden sich für Zarskoje Selo, das etwa 25 Kilometer südlich von St. Petersburg lag. Schon Katharina die Große hatte diesen Ort geliebt. Dort gab es zwei Paläste, den riesigen, prunkvollen Katharinenpalast und das kleinere, intimere Alexanderpalais. Das Zarenpaar entschied sich für letzteres, da es ihren Bedürfnissen nach Intimität besser entsprach. Der Bau verfügte nur über etwa 100 Zimmer, was geradezu winzig war verglichen etwa mit den 1500 Räumen des Winterpalastes in der Hauptstadt. Alexandra begann, ihr neues Heim nach ihrem eigenen Geschmack zu adaptieren. Man fühlte sich fast wie in einem englischen Landhaus in der heimeligen, etwas überladenen Einrichtung. Die Zarinmutter, die Pomp und Luxus liebte, konnte sich ein Lächeln über den provinziellen Geschmack Alexandras kaum verkneifen. Auch die Tatsache, daß ihre Schwiegertochter für ihre Familie Schals strickte, fand sie für eine Zarin in höchstem Maße unwürdig. Nikolaus und Alexandra aber fühlten sich in Zarskoje Selo wohl. Ihr privates Glück steigerte sich noch, als Alexandra im November 1895 ihr erstes Kind zur Welt brachte. Es war ein Mädchen, das auf den Namen Olga getauft wurde. Der Zar reagierte beinahe wie einer der »neuen Väter« der 90er Jahre unseres Jahrhunderts, so begeistert war er von seiner Tochter: »Heute«, schrieb er in sein Tagebuch, »war ich dabei, als unsere Tochter gebadet wurde. Sie ist ein großes Kind, 10 Pfund schwer und 55 Zentimeter lang. Es ist nicht zu fassen, daß wir ein Kind haben! Gott, was für eine Freude!!!!« Auch am nächsten Tag war er beim Baden des Kindes dabei, wie er seinem Tagebuch anvertraut, und auch über die erste, gelungene Stillprobe berichtet er.

Es war eine schwere Geburt gewesen für Alexandra, die immer schon über alle möglichen körperlichen Beschwerden geklagt hatte. Der Großteil dieser Krankheiten dürfte jedoch psychosomatischer Natur gewesen sein: Bei Alexandra zeigten sich wie schon bei ihrer Mutter Symptome von Überspanntheit. Dennoch war ihr Körper offenbar zäher, als sie selbst annahm. In Abständen von zwei Jahren wurde sie schwanger. 1897 gebar sie wieder eine Tochter, Tatjana, 1899 folgte Maria und 1901 schließlich Anastasia. Alle Mädchen waren gesund und außerordentlich hübsch. Das Familienglück schien geradezu perfekt.

Alexandra aber machte ihr Glück abhängig von einem Sohn. Nur wenn sie einen Thronfolger gebar, konnte sie die Dominanz ihrer Schwiegermutter brechen.* Sie griff zu allen möglichen und unmöglichen Mitteln, um endlich einen Sohn zu haben. Immer deutlicher wurde Alexandras latente Hysterie und ihr Hang zur Mystik. Sie pilgerte zu Wunderhei-

---

* Seit Paul I. gab es ein Gesetz, das nur männliche Nachkommen zur Thronfolge zuließ. Paul I. war der Sohn Katharinas der Großen gewesen. Er hatte seine Mutter zutiefst gehaßt und daher dieses Gesetz erlassen.

lern und Wahrsagern. Und endlich, im August 1904, mitten im Russisch-Japanischen Krieg, wurde ihr größter Wunsch erfüllt. Sie gebar einen Sohn, der den Namen Alexej erhielt. Die Freude aber war nur kurz, denn die Wunde am Nabel des Kleinen wollte und wollte nicht heilen, hörte nicht auf zu bluten. Wie ein Blitz durchfuhr es Alexandra: Ihr Sohn war Bluter. Sie wußte, was das bedeutete. Ihr Onkel und ihr Bruder hatten ebenso wie ihre beiden Neffen an Hämophilie gelitten. Sie wußte auch, daß sie ihrem Kinde diese Krankheit vererbt hatte – nur Frauen konnten sie übertragen. Es war ein entsetzlicher Schock für die Zarin. Die besten Ärzte aus ganz Europa wurden konsultiert, doch sie schüttelten nur bedauernd den Kopf. Hämophilie galt zu Beginn des 20. Jahrhunderts noch als unheilbar.

Die Krankheit des Thronfolgers wurde geheimgehalten und führte dazu, daß sich die Zarenfamilie, die ohnedies schon immer ein ziemlich zurückgezogenes Leben geführt hatte, nun in die völlige Isolation begab. Alexandra trat überhaupt nicht mehr in der Öffentlichkeit auf. Ihr einziges Sinnen und Trachten galt ihrem Sohn. Baby, wie der Kleine in der Familie zärtlich genannt wurde, wurde zum Mittelpunkt ihres Lebens. Ständig wachte eine der Schwestern über ihn, denn die geringste Verletzung, der kleinste Stoß konnte bereits eine tödliche Blutung hervorrufen. Die nervenschwache Alexandra zitterte jeden Tag um das Leben ihres Sohnes, aber sie gab nicht auf. Sie kämpfte. Sie wollte nicht wahrhaben, daß diese Krankheit unheilbar war. Immer mehr wandte sie sich der Religion und der Mystik zu. In ihrer übersteigerten Frömmigkeit umgab sie sich mit Nonnen und Mönchen und pilgerte zu heiligen Männern in der Hoffnung, irgend jemand würde ihr und ihrem Sohn helfen.

In diesem Augenblick der höchsten Verzweiflung nannte die Hofdame Anna Wyrubowa, die einzige Freundin Alexandras, einen Namen: Rasputin.

Grigorij Rasputin war ein Wanderprediger von 40 Jahren, der in dem Rufe stand, heilende Kräfte zu besitzen. Tatsächlich hatte der ehemalige sibirische Bauer, der eigentlich Grigorij Nowych hieß, seine Karriere als Pferdedieb begonnen, bevor er irgendwann eine »Erleuchtung« hatte. Prägender war für ihn der Kontakt mit einer Sekte namens »Chlystis«, einer Flagellantengemeinschaft, die die sittliche Läuterung durch öffentliche Unzucht lehrte. Das war genau nach dem Geschmack des alten

Wüstlings, der sich mit seinen Predigten und seiner höchst eigenwilligen Interpretation der »Nächstenliebe« bald eine große Anhängerschaft fand. Obwohl ein halber Analphabet, war dieser Rasputin nicht ohne Intelligenz. Er verstand es, Menschen in seinen Bann zu ziehen. Mit seinen starren, durchdringenden Augen nahm er jeden geradezu gefangen, den er ansah, und der Klang seiner Stimme hatte etwas seltsam Beruhigendes.

In ihrer Angst um ihr Kind griff die Zarin verständlicherweise nach jedem Strohhalm. So kam der einfache, schmutzige Mann aus dem kleinen sibirischen Dorf Tjumen im November 1905 erstmals an den Zarenhof. Seine Frömmelei gepaart mit seiner eigenartig-faszinierenden Ausstrahlung machte großen Eindruck auf die mystisch veranlagte Zarin. Tatsächlich hatte dieser Rasputin einen unzweifelhaft positiven Einfluß auf die Gesundheit ihres Sohnes. Alexej fühlte sich besser, wenn dieser seltsame Mensch so sanft auf ihn einredete.

Von da an wurde Rasputin für die Zarin unentbehrlich. Sie sah in ihm einen »Starez«, einen alten weisen Mann, mehr noch einen von Gott gesandten. Wer konnte es ihr vorwerfen? Die Ärzte versagten, aber Rasputin half ihrem Kind. Welche Mutter hätte nicht so wie Alexandra gehandelt?

Unglücklicherweise stieg Rasputin jedoch die Macht, die er mit seinen angeblichen Fähigkeiten über die Zarin erlangt hatte, zu Kopf. Er verfiel in einen Größenwahn und begann sich auch in die Politik einzumischen: Der unheimliche Mensch wurde zum Feindbild der Aristokratie. Außenstehende sahen wohl auch deutlicher, welch unseligen Einfluß Rasputin auf die Zarin hatte. Alexandra selbst jedoch lauschte jedem Wort des Starez, als wäre es ein Evangelium. Sie verteidigte ihn gegen alle Angriffe. Für sie war er unfehlbar. Selbst das ausschweifende Privatleben dieses selbsternannten Gottesmannes konnte sie nicht abschrecken. Dabei benahm sich dieser sibirische Bauer abstoßend und vergaß jede Rücksicht auf den Ruf seiner Wohltäterin. In seiner Petersburger Wohnung empfing er nicht nur Heilungsuchende aus allen gesellschaftlichen Schichten, er feierte dort auch erwiesenermaßen wilde Orgien. Seine Klientel setzte sich hauptsächlich aus Frauen zusammen, die ihm bedingungslos, ja bis zur Hörigkeit verfielen. Damen aus den höchsten und allerhöchsten Kreisen nahmen an den Trinkgelagen und Sexexzessen bei Rasputin teil. Es gab sogar Polizeiberichte über diese Ausschweifungen, die natürlich auch irgendwann einmal am

Zarenhof bekannt wurden. Alexandra gegenüber besaß Rasputin die Frechheit zu behaupten, er tue all dies, um sich sittlich zu stählen. Nur wenn man die Sünde kenne, könne man sie auch bekämpfen. Alexandra glaubte ihm sogar das.

Auch Nikolaus konnte sich dem Charisma des Starez nicht völlig entziehen, wenngleich er ihm nicht so verfallen war wie Alexandra. Aber er wagte es einfach nicht, seine Frau zu enttäuschen und Rasputin wegzuschicken. Er fürchtete einen hysterischen Anfall von Alexandra, und er fürchtete auch um das Leben seines Sohnes. Doch als die Berichte über Rasputins Privatleben immer untragbarer wurden, schritt er ein. Rasputin wurde zwar nicht gerade mit Schimpf und Schande vom Hofe verjagt, aber man legte ihm nahe, sich zurückzuziehen. Der Gottesmann begab sich auf eine Pilgerreise nach Jerusalem.

Die Verbannung aber dauerte nicht allzu lange. 1912 lag Alexej nach einem Sturz im Sterben, als die verzweifelte Zarin ein Telegramm von Rasputin erhielt: »Gott hat deine Tränen gesehen und deine Gebete erhört. Sei nicht traurig, dein Sohn wird leben.« Die Ärzte waren fassungslos, als die Blutungen des Kindes aufhörten und Alexej genas. Rasputin kehrte an den Hof zurück, womit sein unheilvoller Einfluß auf die hysterische Zarin erst richtig begann. Alexandra tat keinen Schritt, traf keine Entscheidung mehr, ohne Rasputin zu fragen. Sogar politische Angelegenheiten begann sie mit ihm zu besprechen. Sogar ihre Töchter hielt sie an, auf Rasputin zu hören. Die Mädchen mußten sein Bildnis an einer Kette um den Hals tragen. Offenbar beunruhigte es Alexandra keineswegs, als die Erzieherin der Großfürstinnen, Fräulein Tutschewa, ihr Amt zurücklegte, um gegen die Vertraulichkeiten zu protestieren, die sich der »Gottesmann« gegenüber den Mädchen herausnahm. Für die Zarin war alles, was gegen Rasputin vorgebracht wurde, nur böse Verleumdung. Mit ihrer Verehrung für den »Freund«, wie sie Rasputin nannte, brachte Alexandra nicht nur den ganzen Hof, sondern auch die Regierung gegen sich auf. Man sah in Rasputin einen Feind des russischen Zarenreiches. Bald waren wilde Gerüchte über sein Verhältnis zur Zarin im Umlauf. Und das alles, während Nikolaus langsam die Zügel der Macht entglitten.

DER WEG IN DEN ABGRUND

Am 10. Mai 1906 wurde die erste Duma im Winterpalais feierlich durch den Zaren eröffnet. »Mögen sich meine innigen Wünsche erfüllen, mein Volk glücklich zu sehen und meinem Sohn ein starkes, wohlgeordnetes und aufgeklärtes Reich zu übergeben«, erklärte Nikolaus in seiner Rede. Die Erwartungen waren groß, wurden jedoch nicht erfüllt. Zum einen betrachtete Nikolaus II. das Parlament als seinen Gegner, die Verfassung als ein ihm aufgezwungenes Zugeständnis, und sein Wille zur Zusammenarbeit war nicht sehr ausgeprägt. Seiner Meinung nach konnte die Duma als Ventil zwar nützlich sein, »weil jeder dort sagen darf, was ihm am Herzen liegt«, aber sie dürfe nicht das letzte Wort haben. Zum anderen erwies sich die Duma selbst als ewiger Quell der Uneinigkeit. In ihr waren alle Richtungen vertreten, die es damals in Rußland gab: konservative Liberale, konstitutionelle Demokraten, Sozialdemokraten des gemäßigten und des bolschewistischen Flügels, Sozialrevolutionäre, aber auch Anhänger der absoluten Monarchie. Zu groß waren die weltanschaulichen Unterschiede, als daß eine effiziente Zusammenarbeit möglich gewesen wäre. Nur schwer konnten Mehrheiten für Gesetze und Reformen gefunden werden. Schon im Sommer wurde daher die Duma wegen Arbeitsunfähigkeit aufgelöst. Aber auch die zweite war nicht viel erfolgreicher. Erst der neue starke Mann Rußlands machte aus der Duma ein funktionierendes Organ. Sein Name war Peter Arkadjewitsch Stolypin, der 1906 zum Innenminister und gleichzeitig Ministerpräsidenten ernannt worden war. Er erzwang auf dem Notverordnungswege die Änderung des Wahlrechtes im Abgeordnetenhaus, was einem Verfassungsbruch gleichkam, jedoch endlich vernünftige Mehrheitsverhältnisse zuließ. So vermochte die dritte Duma (1907–1912) ihre Aufgabe zu erfüllen, wenngleich in ihr die besitzenden Klassen durch das neue Wahlrecht bevorzugt waren.

Stolypin, der aus einer angesehen Adelsfamilie stammte, war ein überzeugter Monarchist und weniger liberal eingestellt als sein Vorgänger Witte. Dennoch führte er dessen Werk zumindest in wirtschaftlicher Hinsicht fort. Auch er setzte auf eine Modernisierung Rußlands und eine Förderung der Wirtschaft. Vor allem in der Landwirtschaft setzte er die längst fällige Agrarreform durch. Erlässe zur Landfreigabe sollten die früheren Freikäufe für die Bauern ersetzen und so eine Eigentumsbildung und Selbständigkeit ermöglichen. Stolypins Ziel war die Schaffung eines soliden Bauern- und Mittelstandes. Im großen und ganzen schritten die Maßnahmen des Ministerpräsidenten gut voran. Aus dem Ausland gab es bereits bewundernde Worte für seine Wirtschaftspolitik. Nur Lenin sah durch die Reformen Stolypins seinen Traum von der Revolution gefährdet: »Wenn das so weitergeht«, meinte er verzweifelt in seinem schweizerischen Exil, »könnten wir uns gezwungen sehen, auf jedes landwirtschaftliche Programm überhaupt zu verzichten.«

Stolypin stand jedoch nicht nur für einen bisher unbekannten wirtschaftlichen Aufschwung, sondern auch für ein brutales Polizeiregime. Das sich seit dem »Blutigen Sonntag« radikalisierende politische Klima in Rußland veranlaßte den grundsätzlich liberalen Mann immer mehr zu reaktionären Maßnahmen. Nachdem er und seine Familie 1906 nur knapp einem Attentat entkommen waren, setzte Stolypin verstärkt auf brutale Polizeigewalt, um die Ordnung im Lande aufrechtzuerhalten, und nahm gegenüber jeder Art von Revolutionären und Unruhestiftern eine unnachgiebige Haltung ein. Zwar war 1906 die Todesstrafe abgeschafft worden, doch ein Gesetz über Standgerichte erlaubte es, mit Terroristen kurzen Prozeß zu machen. Der Zar, den die Revolution von 1905 zutiefst erschreckt hatte, verteidigte zwar Stolypins hartes Durchgreifen, doch die Feinde des Ministerpräsidenten waren zahlreich: Am 14. September 1911 traf ihn in der Kiewer Oper die Kugel eines Sozialrevolutionärs. Mit Stolypin hatte Nikolaus II. seine wichtigste Stütze verloren. Der in Ungnade gefallene Witte schrieb damals: »Man kann viel Blut vergießen, aber in diesem Blut kann man auch selber zugrunde gehen.«

Ebenso spektakulär wie der wirtschaftliche Aufschwung Rußlands war auch die kulturelle Hochblüte, die zu Beginn des 20. Jahrhunderts eintrat und die für die europäische Kunst richtungweisend wurde. Strawinskys Kompositionen und die Werke Rachmaninows erregten weltweit Aufsehen. In der Literatur lösten Tschechow und Gorki die großen Dichter des 19. Jahrhunderts ab, die Bilder eines Chagall und eines Kandinsky gelten heute als Meisterwerke. Vor allem aber in der Tanzkunst übernahm Rußland einmal mehr die Führungsrolle. Serge Diaghilew feierte mit seinen »Ballets russes« Triumphe in Europa, und Tänzer wie Nijinsky oder die Pawlowa wurden zu Synonymen des Balletts.

St. Petersburg entwickelte sich neben Paris zum Zentrum des internationalen Kulturaustausches. Während die russische Kunst im Ausland Furore machte, stellte hier Picasso seine Werke aus und Isadora Duncan präsentierte ihren »freien Tanz«. In der Hauptstadt des Zarenreiches pulsierte das Leben wie nie zuvor. Das gesellschaftliche Treiben war geprägt von unglaublichem Luxus und Verschwendung, aber auch von einer nicht zu leugnenden Dekadenz. Der Champagner floß in den adeligen Palais in Strömen, man spielte um hohe Summen und mit der Sittlichkeit nahm man es in den hohen und höchsten Kreisen auch nicht so genau. Es machte fast den Eindruck, als wollten alle noch rasch auskosten, was das Leben zu bieten hatte, bevor dieses Fest auf Erden zu Ende ging. Wie auf einem Vulkan tanzte diese ausgelassene, oberflächliche Gesellschaft, berauscht von Sinnlichkeit und Reichtum, ohne wahrzunehmen, daß um sie herum die alte Welt, der sie angehörte, im Versinken war. Auch die engsten Familienmitglieder des Zaren machten da keine Ausnahme. So mancher Großfürst war – im Gegensatz zum Zaren selbst – bekannt für sein ausschweifendes Leben.

1913 wurde noch einmal der ganze Pomp der russischen Monarchie aufgefahren. Man feierte das 300-Jahr-Jubiläum der Romanow-Dynastie. Niemand ahnte damals, daß es das letzte großartige Aufflackern des Zarentums sein sollte. Trotz funkelnder Diamanten und prächtiger Roben lag doch etwas Morbides über dem ganzen Spektakel. Die Schwäche der Dynastie wurde erstmals so richtig sichtbar, denn der achtjährige Thronfolger mußte zu den Feierlichkeiten getragen werden: Er hatte sich kurz zuvor verletzt. Das erregte bei den Leuten Besorgnis und Spekulationen über seine Krankheit, die immer noch ein Staatsgeheimnis war. Alexandra, die seit langem wieder einmal in der Öffentlichkeit auftrat, irritierte durch ihre steife, abweisende Haltung. Sie war immer noch eine ausnehmend schöne Frau, wenngleich sich durch die Sorgen der letzten Jahre ein harter Zug um ihren Mund eingegraben hatte. Nikolaus selbst ließ mit diesem Ereignis neuerlich eine Chance vorübergehen, um mit einer zündenden Rede das Volk für sich zu gewinnen oder etwas Persönliches preiszugeben wie die Krankheit seines Sohnes – vielleicht hätten die Menschen dann mehr Verständnis für Alexandras eigenartiges Verhalten und die Zurückgezogenheit der

Zarenfamilie gehabt. Aber Nikolaus' Ansprache war kühl und monoton. Kein Wort davon, daß er sich der Probleme der Zeit und seines Reiches bewußt war, keine Versprechungen für die Zukunft, keine Hoffnungen. Die Ereignisse des »Blutigen Sonntags« und die Sorgen um Alexej hatten den Zaren müde gemacht und resignieren lassen. Die Kluft zwischen dem Herrscher und seinem Volk war unübersehbar.

Für die beiden ältesten Zarentöchter, Olga und Tatjana, aber waren diese Feierlichkeiten ein großes Ereignis. Sie wurden in die Gesellschaft eingeführt und durften das erste Mal an einem Ball im Winterpalais teilnehmen. Es sollte gleichzeitig auch der letzte Ball ihres Lebens sein. Diese 300-Jahr-Feiern waren der Totentanz des russischen Zarenreiches. Die Gäste, all die gekrönten Häupter, Prinzen und Fürsten in ihren ordensgeschmückten Galauniformen und die Damen in den diamantübersäten Schleppkleidern mit den Diademen im Haar, das waren Menschen aus einer alten Zeit, die schon bald in der Bedeutungslosigkeit verschwinden sollten. In wenigen Jahren würden viele von ihnen froh sein, wenn sie irgendwo ihr Leben im Exil fristen durften. Die weniger Glücklichen unter ihnen würde man grausam ermorden. Die Zeit der Monarchien war längst vorbei. Hinter der glänzenden Fassade stand ein starkes Polizeiaufgebot. Es war nicht mehr wie früher, als sich Monarchen ohne Leibwächter unter ihr Volk mischten und mit ihm Feste feierten. Die Angst vor Attentaten war allgegenwärtig. Und es sollte ein Attentat sein, das diese ganze alte Welt zum Einsturz brachte. Am 28. Juni 1914 fielen in Sarajevo die tödlichen Schüsse auf den österreichischen Thronfolger und seine Frau.

Nikolaus erfuhr von dem Attentat auf Franz Ferdinand während seiner jährlichen Kreuzfahrt auf seiner Yacht. Er bedauerte zwar den alten Franz Joseph, machte sich aber weiter keine Sorgen. Die meisten reagierten ähnlich und hielten das Ereignis bloß für einen weiteren Balkankonflikt. Zum französischen Botschafter meinte der Zar beschwichtigend: »Ich kann nicht glauben, daß Kaiser Wilhelm einen Krieg will. Wenn Sie ihn nur so kannten, wie ich ihn kenne! Wenn Sie nur wüßten, wie theatralisch seine Gesten sind! Der Kaiser ist viel zu vorsichtig, um sein Land in wilde Abenteuer zu stürzen, und was Kaiser Franz Joseph betrifft – der will nur in Frieden sterben …«

Nikolaus täuschte sich gewaltig. Österreich, das Deutschland an seiner Seite wußte, zeigte mit seinem Ultimatum an Serbien deutlich, daß es die Vernichtung des Slawenstaates anstrebte. Der friedliche Nikolaus wollte keinen Krieg. Doch sämtliche diplomatische Schritte scheiterten. Sein Vorschlag, den Haager Schiedsgerichtshof zur Lösung des Konfliktes einzuberufen, wurde nicht angenommen. Gleichzeitig stieg der Druck der Öffentlichkeit in Rußland. Die Empörung über das österreichische Verhalten war groß. Nikolaus, noch immer überzeugt, daß auch Wilhelm II. keinen Weltkrieg wollte, bat diesen in einem Telegramm vom 27. Juli 1914 um Vermittlung: »In dieser ernsten Stunde bitte ich Dich um Deine Unterstützung. Ein schändlicher Krieg ist einem schwachen Land aufgezwungen worden. In Rußland ist die Entrüstung, die ich teile, ungeheuer; ich sehe voraus, daß ich demnächst von dem Druck fortgerissen werde, den man auf mich ausübt, und daß ich gezwungen sein werde, schärfste Maßnahmen zu ergreifen, die zum Krieg führen können. Um ein solches Unheil zu verhindern, berufe ich mich auf unsere alte Freundschaft und bitte Dich, Deinen Bundesgenossen davor zurückzuhalten, daß er zu weit geht.«

Mit seiner Ablehnung des Krieges befand sich Nikolaus in seltsam gemischter Gesellschaft. Der alte Witte warnte vor einer kriegerischen Auseinandersetzung (»Dieser Krieg ist Wahnsinn!«) ebenso wie Rasputin, der prophezeite, daß »ein Meer von unermeßlichen Tränen und ebensoviel Blut« über Rußland hereinstürzen werde.

Die Dinge spitzten sich zu. Als Österreich am 28. Juli den Serben den Krieg erklärte, geriet Rußland unter Zugzwang. Nach langem Ringen entschloß sich Nikolaus am 30. Juli 1914 den Befehl zur Generalmobilmachung zu geben. Doch sicherheitshalber telegrafierte er an Wilhelm: »Solange die Verhandlungen mit Österreich in der serbischen Frage fortgesetzt werden, werden sich meine Truppen jeglicher feindlicher Handlungen enthalten. Darauf gebe ich Dir feierlich mein Wort.« Wilhelm ging darauf nicht ein. Am 1. August 1914 um 18 Uhr überreichte der deutsche Botschafter in St. Petersburg dem russischen Außenminister die Kriegserklärung Deutschlands an Rußland. Nikolaus war überrascht und schockiert. Nun blieb ihm nichts anderes übrig, als sein Land in den Krieg zu führen. Am folgenden Tag veröffentlichte er das Manifest über den Kriegseintritt Rußlands. Als er in Begleitung der Zarin auf den Balkon des Winterpalais trat, empfing ihn Begeisterung. Die russische Bevölkerung war von einer Woge des Patriotismus und der Einigkeit erfaßt worden. Alle Zwistigkeiten schienen vergessen. Streiks und Aufstände hörten auf. Es war wie vor 100 Jahren, als Napoleons Armee das russische Reich bedrohte. Jubel brauste auf, als der Zar erklärte: »Ich werde keinen Frieden unterzeichnen, solange noch ein feindlicher Soldat auf Rußlands Boden steht!«

Nikolaus war tief gerührt über die Unterstützung seines Volkes. Tränen traten ihm in die Augen. So viel Liebe hatte er schon lange nicht erfahren. Doch das neugeknüpfte Band zwischen Zar und Volk sollte schon allzubald wieder zerreißen.

Mit jeder Niederlage schlug die anfängliche Begeisterung mehr und mehr in Enttäuschung und Verbitterung um. Im Sommer 1915 lautete die erschreckende Bilanz dieses Krieges: 1,5 Millionen Tote und 1 Million in Gefangenschaft geratene Russen. Versorgungsmängel, Not und Elend suchten die Bevölkerung heim. Nikolaus war zutiefst betroffen. Gegen den Rat seiner Minister, jedoch unterstützt von seiner Gemahlin und Rasputin, faßte er Anfang September 1915 den fatalen Entschluß, das Oberkommando über die Armee zu übernehmen. Zwar zeigte Nikolaus' Anwesenheit unter den Soldaten anfangs den gewünschten Effekt. Die Moral der Kämpfenden stieg. Seine Besuche bei den Verletzten gaben Hoffnung. Die Leute waren begeistert vom freundlichen Auftreten des Zaren und seiner Güte.

Doch die Abwesenheit des Herrschers von seiner Hauptstadt erwies sich als verhängnisvoll, da sie Alexandra quasi zur Regentin machte. Die Zarin meinte, nun mit aller Energie ihren Gemahl unterstützen zu müssen, und versuchte ihm eine Stärke und Autorität einzuimpfen, die er nicht besaß: »Sei Peter der Große, Iwan der Schreckliche, Kaiser Paul, zermalme sie alle unter Dir«, schrieb sie ihm am 14. Dezember 1916. Außerdem überschätzte sie ihre eigenen Herrscherqualitäten. Sie war in ihren Ansichten noch viel konservativer und autokratischer als Nikolaus. Besonders unselig wirkte sich der Einfluß Rasputins aus, dem sie in allem und jedem vorbehaltlos vertraute. Der »Freund« aber erwies sich als höchst inkompetent in seinen Ratschlägen und war zudem in erster Linie daran interessiert, seine Anhänger mit Regierungsämtern zu versorgen. Kein Wunder, daß sowohl der Hof als auch die Duma und mehrere Minister bald auf Konfrontationskurs zu Alexandra gingen. Sie war noch nie besonders beliebt gewesen und mußte schon zu Kriegsbeginn die Kritik einiger Familienmitglieder einstecken, als sie in den meisten Palästen Lazarette einrichten ließ und sich mit ihren Töchtern als Krankenschwester betätigte. Sie scheute vor keinen Mühen zurück, um ihren Patriotismus zur Schau zu stellen, assistierte bei Operationen und kümmerte sich um die Verwundeten bis zur Selbstaufgabe. Die meisten Familienmitglieder aber hielten eine solche Hingabe einer Zarin für unwürdig. Auch das Volk dankte ihr ihren Einsatz nicht.

Gleich zu Kriegsbeginn hatte sich ein abgrundtiefer Haß gegen den Feind, gegen Deutschland, manifestiert. Nun richtete sich dieser Deutschen-Haß auch gegen Alexandra. War sie nicht eine Deutsche? Führte sie nicht ein isoliertes Leben am Hofe? Umgab sie sich nicht mit den seltsamsten Leuten? All das machte diese Frau in höchstem Maße verdächtig, und bald stand für die meisten Russen fest: Alexandra war schuld an den Niederlagen. Sie war eine Verräterin. Korrespondierte heimlich mit dem Feind. Jetzt rächte sich die Verschleierungstaktik über die Krankheit des Thronfolgers, die Isolation der Zarenfamilie während der vergangenen Jahre. Alexandra und Rasputin wurden zum Feindbild der Russen. Gerüchte und schmutzige Spekulationen über Alexandras Verhältnis zum Starez kursierten in St. Petersburg. Zwar stand die patriotische Gesinnung der Zarin außer Frage, ihre erzkonservative, engstirnige Haltung ließ jedoch bereits viele an ihrer Zurechnungsfähigkeit zweifeln. Die innenpolitische Lage Rußlands war zum Zerreißen gespannt. Das Volk hatte kein Vertrauen mehr in die Regierung. Proteste und Unruhen waren die Folge. Die Duma forderte das Recht, ihre Minister selbst zu bestimmen, um die Dinge noch irgendwie in den Griff zu bekommen. Alexandra aber weigerte sich strikt, etwas von der Zarenmacht abzugeben. »Zeige allen, daß Du der Herr bist, und Dein Wille wird geschehen«, schrieb sie weiterhin an Nikolaus. »Die Zeit der großen Nachgiebigkeit und Großmut ist vorüber – jetzt kommt Deine Herrschaft des Willens und der Macht, und sie sollen gezwungen werden, sich vor Dir in den Staub zu beugen und Deinen Befehlen zu gehorchen und zu arbeiten, wie und mit wem Du es willst.« Die verblendete und nervlich offenbar zerrüttete Frau war eine Gefahr für Rußland, die Monarchie und die Dynastie. Nikolaus schien das in seinem fernen Hauptquartier in Mogiljow nicht zu erfassen, bis sich im März 1916 Duma-Präsident Rodsjanko mit sehr offenen Worten an ihn wandte: »Ich sagte ihm alles. Über die Intrigen der Minister, die über Rasputin gegeneinander arbeiten, über das Fehlen einer zielgerichteten Politik, über allgemeinen Amtsmißbrauch, über das Ignorieren der öffentlichen Meinung und die Tatsache, daß das Ende der Geduld der Bevölkerung abzusehen sei. Ich erinnerte ihn an die Kontakte Rasputins mit zweifelhaften Personen, seine Ausschweifungen und Orgien und daran, daß sein Nahverhältnis zur Zarenfamilie und sein Einfluß auf Staatsangelegenheiten in jenen Kriegsjahren die Bevölkerung und aufrechte Männer in der Regierung zutiefst aufbrächten ... Ich muß Eurer Majestät sagen, daß es nicht so weitergehen kann. Niemand öffnet Ihnen die Augen darüber, welche Rolle dieser Mann spielt. Seine Anwesenheit unterminiert das Vertrauen in die Allerhöchste Staatsmacht und kann schlimme Folgen für das Schicksal der Dynastie haben, denn sie wendet die Herzen der Menschen vom Kaiser ab.«

Die Romanow-Familie befürchtete bereits eine Katastrophe. Alexandra mußte entfernt und die Forderungen der Duma erfüllt werden! Großfürst Nikolaj Michailowitsch, Nikolaus' Cousin, übernahm die Aufgabe, den Zaren von der Notwendigkeit dieser Maßnahmen zu überzeugen. In einem Brief beschwor er Nikolaus, sich vor den Einmischungen Alexandras zu schützen, da diese böse Folgen für Rußlands Monarchie hätten. Nikolaus aber hatte nicht die Kraft, sich gegen seine Frau zu stellen. Er ließ alles, wie es war. Die wenigen, mit denen sich Alexandra verstand, versuchten auf sie einzureden, sich von Rasputin loszusagen, endlich Vernunft anzunehmen. Aber sogar ihre Schwester Ella mußte unverrichteter Dinge wieder aus Zarskoje Selo abziehen. Da schritt Fürst Jusupow, Schwiegersohn von Nikolaus' Schwester Xenia, zur Tat und brachte den verhaßten Teufel im Dezember 1916 um.

Innerlich war der Zar geradezu erleichtert, als er vom Tode Rasputins erfuhr, doch nach außen hin zeigte er Strenge gegen die Mörder und verbannte sie. Unseligerweise hielt er auch weiterhin zu seiner Alexandra und verteidigte sie nicht nur gegen sämtliche Angriffe, sondern hörte auch auf sie. Eigentlich war sie die einzige, der er noch vertraute. Alexandra war es nämlich, die ihm das sagte, was er im Grunde seines Herzens hören wollte: Stärke und Autorität zeigen; Herrscher sein.

Schließlich unternahm Sandro, Nickys alter Vertauter und Schwager*, einen letzten Versuch, den Zaren zur Vernunft zu bringen. Im Beisein von Nikolaus führte er ein ernstes Gespräch mit Alexandra. Sie fühlte

---

* Großfürst Alexander Michailowitsch (»Sandro«) war mit Nikolaus' Schwester Xenia verheiratet.

sich wieder einmal nicht wohl und lag auf ihrem Bett. Nikolaus saß daneben und rauchte seine ewigen Zigaretten. Sandro redete sich die Seele aus dem Leib und nahm sich kein Blatt vor den Mund. Sie solle sich aus der Politik heraushalten, und Nikolaus müsse sofort eine neue, von der Duma akzeptierte Regierung bilden. »Deine Einmischung in Staatsangelegenheiten schadet Nickys Prestige. Ich war zweiundzwanzig Jahre lang dein treuer Freund, aber als dein Freund muß ich dir klarmachen, daß alle Kreise der Bevölkerung deiner Politik ablehnend gegenüberstehen. Du hast eine Familie mit so wunderbaren Kindern, warum kannst du dich nicht nur ihnen widmen und, bitte, die Regierungsbelange deinem Mann überlassen? … Denk daran, Alix, ich habe dreißig Monate seit Übernahme des Höchstkommandos durch den Zaren und seiner Abreise in das Hauptquartier des Generalstabs geschwiegen, dreißig Monate habe ich kein Wort gesagt, kein Wort über die unwürdigen Vorgänge in unserer Regierung, besser gesagt in deiner Regierung, aber jetzt ist mir klar, daß du bereit bist zum Untergang, und dein Mann genauso – doch was ist mit uns? Du hast nicht das Recht, auch deine Familie und das ganze Land in den Abgrund zu stürzen!« Wieder zu Hause in Kiew, schrieb er noch einen Brief an Nicky: »Man kann kein Land regieren, ohne die Stimme des Volkes zu hören. Und so unglaublich es scheinen mag, es ist die Regierung selbst, die eine Revolution vorbereitet; die Regierung tut alles in ihrer Macht Stehende, um die Unzufriedenheit zu schüren, und hat dabei bewundernswerte Erfolge. Wir beobachten das nie dagewesene Schauspiel einer Revolution, die von oben kommt und nicht von unten.«

Auch die Botschafter Frankreichs und Englands drangen in Nikolaus, endlich zu handeln, und warnten ihn vor dem drohenden Untergang. Bereits vor Monaten hatte der britische Gesandte Buchanan nach London telegrafiert: »Wenn der Herrscher seine jetzigen Ratgeber behält, ist eine Revolution, fürchte ich, unvermeidlich.« Nikolaus zögerte immer noch. Er war Anfang des Jahres 1917 am Ende seiner Kräfte, müde und völlig überfordert. Als ihm der Duma-Präsident Rodsjanko prophezeite: »Ich bin überzeugt, in spätestens drei Wochen wird eine Revolution aufflammen, die alles hinwegfegt. Sie werden kein Zar mehr sein«, rief Nikolaus verzweifelt aus: »Ich habe mich zweiundzwanzig Jahre bemüht, nur das Beste zu wollen. Sollte ich zweiundzwanzig Jahre lang geirrt haben?« Endlich, es war bereits der 6. März 1917, schien sich Nikolaus von Alexandras Willen befreit zu haben. Die Warnungen der

Botschafter und des Duma-Präsidenten waren nicht spurlos an ihm vorübergegangen: Er kündigte für den nächsten Tag die dringend nötige Regierungsumbildung an. Doch er änderte seine Meinung wieder und reiste ins Hauptquartier ab. Dies war der letzte entscheidende Fehler, den Nikolaus II. während seiner Herrschaft begangen hat.

Kaum war der Zar aus der Hauptstadt abgereist, brach der Sturm der Revolution auch schon los. Die kriegsbedingten Versorgungsmängel, aber auch der Haß gegen die Zarin, die Spekulationen über die düsteren Vorgänge am Zarenhof, die Streitigkeiten zwischen Duma und Regierung, all dies braute sich zu einem explosiven Gemisch zusammen, das von den revolutionären Agitatoren geschickt genützt wurde. Bereits im September 1915 hatte Lenin anläßlich der Konferenz der linken Sozialisten in Zimmerwald eine Umwandlung des »imperialistischen Krieges« in einen Bürgerkrieg gefordert, ohne sich jedoch durchzusetzen. Jetzt war die Gelegenheit gekommen. Für den geplanten Umsturz in Rußland fanden die Revolutionäre die Unterstützung des Feindes Deutschland. Nicht Alexandra war eine Verräterin, Lenin konspirierte aus seinem Exil mit dem Feind! Deutschland hoffte durch seine Mithilfe an einem Umsturz auf einen Separatfrieden, den es dringend benötigte, um die Hände im Westen frei zu haben. Nikolaus und die russische Regierung wären dazu nämlich niemals bereit gewesen; sie hofften gerade wegen Deutschlands Zweifrontenkrieg auf einen Sieg. Außerdem wäre ein Separatfrieden Verrat an den Bündnispartnern Frankreich und England gewesen. Die Bolschewiken hingegen befürworteten diesen Frieden und sicherten sich damit große finanzielle Mittel von seiten Deutschlands und den Beifall der kriegsmüden Russen. Der Boden für die Revolution war geebnet.

Der ganze Unmut der Bevölkerung entlud sich in den folgenden Tagen in einer Streikwelle. 200 000 Menschen hatten die Arbeit niedergelegt, der Straßenbahnverkehr brach zusammen. Es kam zu Ausschreitungen und Plünderungen. Wie wenig Nikolaus die Situation begriffen hatte, beweist sein Telegramm vom 10. März an den Stadtkommandanten General Chabalow: »Wir befehlen, schon morgen die Unruhen in der Hauptstadt zu liquidieren, da sie in der schweren Zeit des Krieges gegen Deutschland und Österreich nicht geduldet werden können.« Doch die Lage war bereits außer Kontrolle. Es herrschte Anarchie, wie Rodsjanko tags darauf verzweifelt an Nikolaus kabelte. Auch das Regiment, das der

Zar zur Verstärkung in die Hauptstadt sandte, konnte nichts mehr ausrichten. Am Montag, dem 12. März, hatten sich die Streikenden zu einem Demonstrationszug formiert. Sie trugen rote Fahnen mit sich und sangen die Marseillaise. Ganz nach dem Beispiel der Französischen Revolution schrie die Menge immer wieder: »Brot! Brot!« Überall war Polizei und Armee. Doch die Soldaten weigerten sich, auf die Aufständischen zu schießen, und gingen zu ihnen über. Die Armee ergriff Partei für das Volk. Unvorstellbare Szenen spielten sich ab. Offiziere wurden umgebracht. Der Justizpalast brannte. Das Arsenal wurde geplündert. Die Petersburger Garde ging mit ihrem Kommandanten, dem Großfürsten Kyrill Wladimirowitsch, zu den Aufständischen über. Dann zog die Menge zum Winterpalast. Wenige Augenblicke später war die kaiserliche Flagge vom Dach der Residenz verschwunden, und an ihrer Stelle flatterte ein roter Baumwollfetzen im Wind. Kurz darauf drangen die Demonstranten auch in das Taurische Palais ein, den Sitz der Duma. Die Abgeordneten gerieten in Panik. Viele fürchteten um ihr Leben. Zwar hatten sie stets versucht, die Macht des Zaren zu brechen, aber eine Revolution hatten die meisten von ihnen nicht gewollt. Der Mann der Stunde, einer der wenigen, der die Nerven behielt, war Alexander Kerenski, der spätere Ministerpräsident. Er empfing die Demonstranten und agierte als Vermittler zwischen ihnen und der Duma. Am folgenden Tag wurde eine provisorische Regierung unter Fürst Lwow gebildet, in der sowohl die Dumaabgeordneten als auch der neu gebildete Arbeiter- und Soldatenrat, der sogenannte Sowjet, vertreten waren. Der Zarismus war zu Ende.

Nikolaus war zu dieser Zeit in seinem Hauptquartier noch völlig ahnungslos, welches Ausmaß die Unruhen bereits erreicht hatten. An diesem 12. März 1917 notierte er in sein Tagebuch: »In Petrograd sind Unruhen ausgebrochen; zu meinem Kummer haben sich die Truppen auf ihre Seite geschlagen. Es ist schrecklich, so weit weg zu sein und nur fragmentarische Nachrichten zu bekommen! Wohnte heute nicht lange den Berichten bei, beschloß, noch heute nach Zarskoje Selo zu fahren.« Nikolaus II. kam nicht mehr bis nach Hause. Aufständische ließen seinen Zug nicht passieren, er mußte über Pskow ausweichen. Dort war für ihn dann Endstation. In Pskow erreichte ihn das Telegramm, in dem die Regierung und die Armee seine Abdankung forderten. Nur so seien das Land und die Dynastie noch zu retten. Nikolaus war erschüttert, doch er erkannte, daß seine Situation ausweglos war. Er war bleich, sein Gesicht hatte sich in den letzten Monaten völlig verändert. Tränensäcke verunzierten seine schönen Augen, tiefe Furchen hatten sich auf seiner Stirn eingegraben, und graue Strähnen durchzogen sein Haar. Nervös rauchte er eine Zigarette nach der anderen. Dann beschloß er, zum Wohle Rußlands zu handeln. So fand am 15. März 1917 um 15 Uhr im grüntapezierten Salonwagen des kaiserlichen Zuges ein historischer Moment statt. Nikolaus' Stimme klang fest und ruhig, als er zu den Herren seines Gefolges sagte: »Meine Herren, ich habe beschlossen, dem Thron zu entsagen. Bis drei Uhr nachmittags dachte ich, ich könnte zugunsten meines Sohnes abdanken, aber ich habe meinen Entschluß zugunsten meines Bruders Michail geändert. Ich hoffe, meine Herren, Sie verstehen die Gefühle eines Vaters.« Er wollte seinen kranken Sohn bei sich haben und ihn nicht den Belastungen eines Herrschers aussetzen.

Nikolaus bewies Haltung. Auf Wunsch der Abgeordneten unterzeichnete er auch noch die Bestellung von Lwow zum Regierungschef, um seiner Abdankung den Anschein der Freiwilligkeit zu geben. In seinem Abschiedsbefehl an den Generalstab rief er die Armee zur Loyalität gegenüber der neuen Regierung auf. Doch seine Worte wurden nicht mehr veröffentlicht. Es gab keinen Zaren mehr in Rußland, und man wollte auch keinen mehr. Andere regierten jetzt das Land. Auch Nikolaus' Bruder Michail hatte das eingesehen und auf die Krone verzichtet. Das russische Zarenreich war zu Ende. Deprimiert hatte Nikolaus II. am Tage seiner Abdankung in sein Tagebuch geschrieben: »Um mich herum ist nichts als Feigheit, Lüge und Verrat.«

DIE ERMORDUNG DER ZARENFAMILIE

Die meisten Monarchisten verziehen Nikolaus die Abdankung nicht. Auch Alexandra reagierte auf die Nachricht entsetzt. Doch ihre Liebe zu Nicky war stärker als ihr Ehrgeiz. Kein Wort des Vorwurfs kam über ihre Lippen, nur Trost und Zärtlichkeit. »Ich verstehe völlig Deinen Schritt, mein Held. Ich weiß, daß Du nichts unterschreiben konntest, was Deinem Eid bei der Krönung zuwiderläuft. Wir kennen einander, zwischen uns bedarf es keiner Worte, und ich schwöre, wir

Nikolaus II. (1868–1918)

werden Dich wieder auf Deinem Thron sehen, Dein Volk und die Truppen werden ihn Dir zum Ruhm des Zarenreichs zurückgeben.«

Nikolaus wußte noch nichts vom Ausmaß seines Schrittes. Er wähnte sich nun frei von jeder Bürde und Verantwortung. Er war so müde, und er träumte bereits von einem ruhigen Leben mit seiner Familie auf der Krim im geliebten Schloß von Liwadia. Aber er wiegte sich in Illusionen.

Unter dem Druck des Sowjets hatte die provisorische Regierung Nikolaus und seine Familie für verhaftet erklärt. Alexandra und die Kinder standen in Zarskoje Selo bereits unter Hausarrest. Man hatte die Zarin zwar gewarnt und ihr zur Flucht geraten, doch sie hatte sich geweigert, weil drei ihrer Töchter mit Masern zu Bett lagen und sie sie keiner Gefahr aussetzen wollte. Kurz darauf war es zu spät, ein Entkommen unmöglich.

Am Abend des 20. März trafen vier Mitglieder der Duma im Haupt-

Wladimir Iljitsch Lenin (1870–1924)

quartier von Mogiljow ein, wohin sich Nikolaus nach seiner Abdankung begeben hatte, um den ehemaligen Zaren festzunehmen und ihn nach Zarskoje Selo zu geleiten.

Als Nikolaus am 22. März 1917 in Zarskoje Selo ankam, blies ihm der eisige Wind des neuen Regimes ins Gesicht. Sein Gefolge hatte ihn gleich nach der Ankunft verlassen, nur eine Handvoll Getreuer war ihm geblieben. Sein Name lautete fortan nur noch Nikolaus Romanow; wenn er Glück hatte, ließen sich manche wenigstens dazu herab, ihn mit »Herr Oberst« anzusprechen, das war sein militärischer Titel. Schlampig gekleidete Soldaten lungerten überall herum, einige riefen Schimpfworte, andere bliesen ihm den Rauch ihrer Zigaretten ins Gesicht, als er an ihnen vorüberging. Kein Gruß, keine Spur von Respekt. Doch Nikolaus tat ihnen nicht den Gefallen, sich zu ärgern. Ruhig setzte er seinen Weg bis zum Palast fort, als sei alles wie immer. Sobald er aber in Alexandras Armen lag, ließ er seinen Gefühlen freien Lauf und weinte mit ihr.

Alexandra litt unter der Inhaftierung weit mehr als ihr Gemahl, der sich zumindest nach außen hin der neuen Situation anpaßte. Nikolaus schien sein neues, von jeder Verantwortung befreites Leben beinahe zu genießen. Wären da nicht die Schikanen der Soldaten gewesen. Wie schon während der Französischen Revolution kamen auch nun die niedrigsten Instinkte bei so manchen Leuten hervor. Der Pöbel berauschte sich an seiner neuen Macht. Die Wachposten ergötzten sich daran, unangemeldet in die Privaträume der Zarenfamilie zu trampeln und Nikolaus zu beschimpfen, wenn er sich im Garten aufhielt. Der Exzar wollte aber auch unter diesen widrigen Umständen nicht auf Bewegung im Freien verzichten. Mit bewundernswerter Gelassenheit ertrug er die Beleidigungen und Übergriffe.

Auf Anweisung der neuen Regierung hatte man den Zaren von seiner Familie getrennt. Sie durften einander nur bei den Mahlzeiten sehen, bei denen immer Soldaten anwesend waren. Und es war ihnen verboten, sich dabei in einer anderen Sprache als Russisch zu unterhalten. Eine Kommission war eingesetzt worden, um zu prüfen, ob die Zarenfamilie Verrat begangen hatte. Doch sie konnte Nikolaus keinerlei Schuld nachweisen. »Das einzige, was man dem Herrscher vorwerfen kann, ist seine mangelnde Menschenkenntnis … Ein lauterer Mensch ist leichter irrezuführen als ein dummer, betrügerischer Mensch. Der Herrscher war zweifellos ein lauterer Mensch«, schrieb der Vorsitzende der Kommission damals.

Nikolaus war vielleicht auch deshalb von solch stoischer Ruhe, weil er hoffte, daß man ihm gestatten werde, sich mit seiner Familie wenn schon nicht nach Liwadia, so wenigstens nach England ins Exil zu begeben. Es lag ja ein Angebot der Engländer vor, dem ehemaligen Zaren Asyl zu gewähren. Doch im letzten Augenblick zogen Georg V. und sein Premierminister Lloyd George ihr Asylangebot zurück. Angeblich befürchteten sie Unruhen unter der englischen Arbeiterschaft und Proteste der Linken, wenn sie den von seinem eigenen Volk vertriebenen russischen Herrscher einreisen ließen. Mit diesem feigen Rückzieher besiegelte der König von England das Schicksal seines Cousins, der ihm so verblüffend ähnlich sah, und dessen Familie. »Ich schäme mich für Georg«, notierte Nikolaus enttäuscht in sein Tagebuch, als er von der

Absage erfuhr. Auch der zweite Verbündete Rußlands, Frankreich, rührte keinen Finger für die Zarenfamilie.

Gottergeben fügte sich Nikolaus in sein Schicksal. Mit Interesse verfolgte er den Kriegsverlauf, studierte eifrig die Zeitungen und beschäftigte sich mit Schneeschaufeln im Park von Zarskoje Selo. Er strahlte eine ruhige Würde aus, während Alexandra litt. Ihr Stolz ließ Ergebenheit nicht zu. Der neue Kriegs- und Marineminister Kerenski, der im Juli auch Ministerpräsident werden sollte, erwies sich beinahe als zweiter Mirabeau. Zumindest war er um Fairness bemüht. Doch die provisorische Regierung, die Kerenski leitete, stand auf wackeligen Beinen. Der bolschewistisch dominierte Sowjet forderte bereits eine Inhaftierung des Zarenpaares und einen Prozeß.

Im April war Lenin in einem plombierten Zug mit Hilfe Deutschlands nach Rußland gekommen und hatte die Führung der bolschewistischen Partei übernommen. Diese erfreute sich eines immer größeren Zulaufs, nicht zuletzt weil sie eine Beendigung des Krieges versprach. Dennoch scheiterte der Putschversuch der Bolschewiken im Juli 1917. Damals kamen auch kompromittierende Papiere über eine Verbindung Lenins mit dem Feind zutage, was allgemeine Empörung auslöste. Doch die Regierung konnte kein Kapital daraus schlagen. Ebenso wenig gelang es ihr, Lenin zu verhaften. Dieser hatte sich im letzten Augenblick nach Finnland abgesetzt, wo er unermüdlich an einem zweiten Versuch zur Machtergreifung arbeitete.

Die Zarenfamilie war in Zarskoje Selo nicht mehr sicher. Das hatte der Volkszorn während des Juli-Putsches deutlich gezeigt. Gleichzeitig aber stellte sie auch einen Risikofaktor dar, denn die Monarchisten hatten sich nach dem ersten Schock wieder formiert, um für eine Restauration zu kämpfen. So ließ Kerenski dem ehemaligen Zaren am 12. August mitteilen, daß er und seine Familie aus Sicherheitsgründen am nächsten Tag abreisen müßten. Der Großteil der noch verbliebenen Dienerschaft war nicht bereit, seine Herrschaft ins Exil zu begleiten. Nur wenige Getreue blieben beim Zaren, als dieser mit den Seinen, auf Kisten und Koffern sitzend, darauf wartete, daß man sie abholte. In einem Rot-Kreuz-Zug fuhren sie in den frühen Morgenstunden des 14. August mit einem Gefolge von 45 Personen – darunter Hofmarschall Fürst Dolgorukow, Hauslehrer Pierre Gilliard, der Leibarzt Dr. Botkin, Zimmermädchen, Koch und Lakaien – in die sibirische Verbannung.

Kerenski hatte mit der Wahl des Ortes einmal mehr Fairness bewiesen. Tobolsk war eine Stadt, in der es kein Industrieproletariat gab, sondern eine wohlhabende, traditionsverbunde Bevölkerung, die keine Haßgefühle gegen ihren ehemaligen Herrscher hegte. Hier war gewährleistet, daß der Zar und seine Familie in einem gewissen Komfort leben konnten, gleichzeitig waren durch die abgeschiedene Lage kaum monarchistische Demonstrationen zu erwarten.

Die Menge gaffte nur so, als Nikolaus in der Uniform eines Oberst, der kleine Alexej im Soldatenmantel, die Zarin ganz in Schwarz und die Mädchen in dunkelblauen Reisekostümen gekleidet zum ehemaligen Gouverneurshaus gebracht wurden, das jetzt – welch ein Hohn! – »Haus der Freiheit« hieß. Ohne zu murren, richteten sich die Gefangenen, so gut es ging, in ihrer neuen Wohnung ein. Vor wenigen Tagen hatten sie noch im Palast von Zarskoje Selo gelebt, jetzt mußten sie sich mit wenigen, schlecht adaptierten Zimmern begnügen. Trotzdem versuchten sie ihr gewohntes Leben beizubehalten. Sogar das Hofzeremoniell wurde aufrechterhalten. Wenn im Speisesaal das karge Essen – bald schon würde man sie alle auf Soldatenration setzen – aufgetragen wurde, waren wie früher der Hofmarschall Fürst Dolgorukow, der Generaladjutant Oberst Tatistschew, die Hofdame Gräfin Hendrikowa, die beiden Lehrer Gibbes und Gilliard und natürlich der treue Hofarzt Dr. Botkin anwesend. Die Speisekarte trug das Wappen der Romanows, und man sprach sich wie eh und je mit den gewohnten Adelstiteln an.

Die Tage verliefen friedlich, man gewöhnte sich an das neue Leben. Die Kinder erhielten täglich ihren Unterricht, und abends versuchte man der Langeweile mit Lektüre, Fotos einkleben, Spielen und dem Inszenieren von kleinen, amüsanten Theaterstücken Herr zu werden.

Nikolaus nützte die übermäßige Freizeit, um viel zu lesen. Ausgerechnet das Buch »Dreiundneunzig« nahm er zur Hand, wie sein Tagebuch erzählt. Es handelte von der Französischen Revolution und der Hinrichtung Ludwigs XVI. und Marie Antoinettes. War das purer Zufall oder hatte der Zar bereits Vorahnungen?

Denn zu dieser Zeit, es war bereits Herbst geworden, bahnte sich in Petrograd, wie St. Petersburg seit Kriegsbeginn hieß, der für die Zukunft Rußlands entscheidende Umsturz an. Am 7. November 1917 – nach russischem Kalender war es der 25. Oktober – stürmten die bolschewistischen Einheiten das Winterpalais, in dem gerade die Provisorische

Regierung tagte, und nahmen die völlig überraschten Minister fest. Das demokratische Zwischenspiel in Rußland war zu Ende. Unverzüglich wurde ein Waffenstillstand angeordnet und Friedensverhandlungen mit Deutschland begonnen. Offiziere, die sich weigerten, diesen Befehlen nachzukommen, mußten damit rechnen, erschossen zu werden.

Nikolaus, der im fernen Tobolsk erst zwei Wochen später von den Ereignissen in der Hauptstadt erfuhr, war tief betroffen darüber, was mit seinem Land passierte. Er bedauerte nun seine Abdankung. Sie hatte nichts gebracht. Besonders schwer traf ihn die Nachricht über den schändlichen Brester Frieden, den die Bolschewiken im März 1918 mit Deutschland abschlossen und der für Rußland nicht nur erniedrigend war, sondern auch einen wirtschaftlichen Tiefschlag bedeutete.

Für die Zarenfamilie wurde es langsam eng. Furchtbarer Haß auf die Romanows machte sich in der Bevölkerung durch die bolschewistische Propaganda breit. Lenin regierte in Moskau, wohin er die Hauptstadt des Reiches verlegt hatte, wie ein autokratischer Zar. Der sogenannte »rote Terror« setzte ein. Rache lautete die Maxime. Abrechnung mit dem Zarenregime. Lenin genoß es, den ehemaligen Herrscher mit Worten zu demütigen, indem er immer nur vom »geistesgestörten Nikolaj« und vom »Idioten Romanow« sprach. Der Mann mit den seltsamen, rot-goldenen Augen kannte keine Gnade, für die Revolution war ihm jedes Mittel recht. Jeder, der auch nur ein wenig Sympathie für den ehemaligen Herrscher oder die aristokratische Klasse zeigte, mußte mit Verfolgung rechnen oder gar mit seinem Leben dafür bezahlen – wie jener Priester in Tobolsk, der es bei der Messe am Neujahrstag gewagt hatte, die Zarenfamilie samt ihren Titeln zu erwähnen. Er starb einen besonders qualvollen Tod: Man band ihn lebendig an das Rad eines Dampfers.

Jetzt waren auch der Zar und die Seinen in Gefahr. Während der letzten Monate hatte niemand einen Finger für sie gerührt. Ein Großteil der Monarchisten hatte Nikolaus seine Abdankung nicht verziehen. Für sie hatte er damit Rußland im Stich gelassen. Nun waren die meisten von ihnen auf der Flucht. Nur die treue Freundin der Zarin, Anna Wyrubowa, diese zartbesaitete, hysterische Person, zeigte Mut und bemühte sich eifrig, eine Befreiungsaktion für die ehemalige Herrscherfamilie zu organisieren. Sie sammelte Geld, aber leider vertraute sie dem falschen Mann. Er hieß Boris Solowjow und war der Schwiegersohn Rasputins. Als Alexandra davon erfuhr, geriet sie geradezu in Verzückung. Sie glaubte noch immer mit aller Inbrunst an den Starez. Es war für sie, als würde er ihr nun aus dem Jenseits Hilfe schicken. Solowjow aber war nichts als ein kleiner, mieser Betrüger. Er reiste zwar nach Tobolsk, nahm Kontakt mit der Zarenfamilie auf und faselte irgend etwas von 300 Offizieren, dann aber verschwand er auf Nimmerwiedersehen mitsamt dem Geld, das ihm Anna Wyrubowa anvertraut hatte. Er ließ sich in Berlin nieder und eröffnete später mit dem ergaunerten Kapital ein Restaurant.

Kurz darauf war es für alles zu spät. Die Würfel waren gefallen. Im März 1918 übernahmen die Bolschewiken auch in dem bisher gemäßigten Tobolsk die Herrschaft. Vorbei war es mit der Idylle und den Hoffnungen. Die neuen Machthaber setzten neue Bewacher im »Haus der Freiheit« ein, die sogleich zeigten, wer nun der Herr im Lande war. Sie demütigten ihre Häftlinge, wo sie nur konnten. Am 25. April kam ein gewisser Kommissar Jakowlew, um sie abzuholen. Da Alexej zu diesem Zeitpunkt jedoch aufgrund einer Verletzung nicht transportfähig war, wollte man Nikolaus allein fortschaffen. Wohin? Der Zar vermutete, daß man ihn nach Moskau bringen wollte, um ihn zu zwingen, den Friedensvertrag von Brest-Litowsk zu unterschreiben. »Wenn diese Aktion etwas mit dem Friedensvertrag zu tun hat, dann lasse ich mir eher die Hand abhacken, als dieses schamlose Papier zu unterzeichnen!« Seine Vermutung war nicht ganz unrichtig. Wilhelm II. unterschätzte Lenin. Er gab dem bolschewistischen Regime keine lange Lebensdauer. Mit der Forderung nach einer Unterschrift des Exzaren unter den Separatfrieden wollte er auf Nummer Sicher gehen.

Nikolaus schloß aber auch nicht aus, daß ihn in Moskau ein Prozeß und die Exekution erwarteten. Alexandra stand nun vor der qualvollen Entscheidung, entweder bei ihrem vor Schmerzen stöhnenden Sohn zu bleiben oder ihren Gatten ins Ungewisse zu begleiten. Sie entschied sich für Nikolaus. Tochter Maria, drei Diener, der treue Dolgorukow und Dr. Botkin begleiteten sie. Die anderen Mädchen und die restlichen Diener blieben bei Alexej und sollten nachkommen, sobald es ihm besser ging.

Es war noch nicht allzu lange her, daß sie in goldenen Kutschen durch St. Petersburg gefahren waren, jetzt mußten sie sich auf dem Boden eines schäbigen sibirischen Lastschlitten zusammenpferchen. Es war bitter kalt, und die Zarin und Maria waren dankbar, daß ihnen Dr. Botkin seinen Pelzmantel zur Verfügung stellte. Es war eine entsetzlich anstrengende Fahrt bis zur 300 Kilometer entfernten Bahnstation. Die Straßen waren in grauenhaftem Zustand, der Boden noch gefroren, Schlamm und Schnee-wasser reichten bis zum Bauch der Pferde. Am 27. April erreichten sie gegen Mitternacht den Zug, der sie nach Moskau bringen sollte.

Doch sie kamen nicht an ihr Ziel. Einheiten der Roten Garde stoppten in Omsk den Zug und leiteten ihn nach Jekaterinburg um. Dort begann ein regelrechtes Feilschen um die heikle »Fracht«. Schließlich übergab Jakowlew nach Rücksprache mit Moskau gegen Quittung (!) den Zaren und seine Begleitung an die Ural-Revolutionäre. Das alles sah aus wie eine eigenmächtige Aktion der Jekaterinburger Bolschewiken, in Wahrheit aber war alles von Moskau aus genau geplant. Lenins rechte Hand Swerdlow – nach ihm wurde später Jekaterinburg benannt –, hatte diesen perfiden Plan ausgeheckt, mit dem vermieden werden sollte, daß das Bild des hehren Revolutionsführers befleckt wurde. Tatsächlich leugnete die spätere Sowjetführung jahrzehntelang jede Mitwisserschaft Lenins an der Ermordung der Zarenfamilie.

Nikolaus war bestürzt, als er erfuhr, daß er ausgerechnet nach Jekaterinburg gebracht werden sollte: »Ich wäre gern überall hingegangen – außer in den Ural. Nach den Zeitungen zu urteilen, sind die Menschen dort entschieden feindselig gegen mich eingestellt.« Damit hatte er vollkommen recht. Jekaterinburg war eine Hochburg der Bolschewiken. Daß man Nikolaus dorthin brachte, bedeutete sein Todesurteil. Der Friede mit Deutschland war unterschrieben, der ehemalige Zar hatte also seine Bedeutung als Spielball der Politik verloren: Deutschland selbst bestand nicht länger auf Nikolaus' Unterschrift, die dieser ohnehin nie geleistet hätte. Wilhelm II. überließ seinen Cousin seinem Schicksal.

Eine drohende, schimpfende Menge begleitete den Exzaren zum Ipatjew-Haus. In Tobolsk war es noch das »Haus der Freiheit« gewesen, jetzt hieß es das »Haus für besondere Bestimmung«. Die Wachmannschaft durchsuchte das Gepäck ihrer Gefangenen bis in den kleinsten Medikamenten-Tiegel der Zarin. Sie waren auf der Suche nach den sagenumwobenen Juwelen der Romanows. Diese aber waren vorsichtshalber in Tobolsk bei den Kindern geblieben, wo sich die Zarentöchter die Diamanten und Edelsteine in ihre Korsetts einnähten.

Unmittelbar nach der Ankunft in Jekaterinburg am 30. April wurden Fürst Dolgorukow, Tatistschew und Gräfin Hendrikowa verhaftet. Der Zar und die Zarin sollten sie nie wiedersehen. Bis zum Schluß warteten Nikolaus und Alexandra vergeblich auf ihre Rückkehr. Sie wußten nicht, daß man ihre Getreuen längst erschossen hatte. Von jenen, die der Zarenfamilie in die Verbannung gefolgt waren, kamen nur wenige mit dem Leben davon. Nur die beiden Lehrer Gilliard und Gibbes überlebten, weil sie Ausländer waren. Auch die alte Russischlehrerin der Zarin, Jekaterina Schneider, fand den Tod, ebenso wie der Betreuer des kleinen Alexej, der Matrose Nagorny. Er sprach sein eigenes Todesurteil, als er versuchte, den kranken Jungen vor den Schikanen der Wachen zu beschützen. Zu diesem Zeitpunkt befanden sich die Zarenkinder bereits auf dem Weg von Tobolsk nach Jekaterinburg.

Ende Mai durften Nikolaus und Alexandra endlich nach vierwöchiger Trennung ihre Kinder wieder in die Arme schließen. Daß sie alle wieder zusammen waren, erleichterte ihnen ein wenig die schlimme Zeit, die ihnen nun bevorstand. Die Behandlung, die ihnen zuteil wurde, war brutal und grausam. Rund um das Haus war ein hoher Bretterzaun errichtet worden, sodaß sie nichts von der Umwelt zu sehen bekamen. Die Fenster wurden überdies mit weißer Farbe beschmiert und vergittert. Spaziergänge waren verboten, weshalb sie während dieser besonders heißen Sommertage an einem gekippten Fenster Luft schnappen mußten. Die Türen durften nicht geschlossen werden, und sie waren ständig den Blicken der Soldaten ausgesetzt. Selbst auf dem Weg zur Toilette mußten sie an diesen verrohten Männern vorbei, die nicht mit schmutzigen Bemerkungen sparten. Überall hatten sie unflätige Zitate und ordinäre Zeichnungen hingeschmiert, die sich vor allem gegen die Zarin richteten. Was immer in diesen einst so verwöhnten Menschen vorgegangen sein mag, sie vertrauten es ihren Tagebüchern, die sie nach wie vor führten, nicht an. Die Zarin hielt nur noch in kühlen Stichworten die Ereignisse fest. Vor allem Babys Gesundheit machte ihr in diesen Tagen Sorgen. Alexej litt noch immer unter der Verletzung, die er sich in Tobolsk zugezogen hatte. Wie so oft war er auch hier, während der letzten Station ihres Lebens, der Mittelpunkt ihres Daseins. Er brauchte Pflege. Vom Personal hatte man ihnen nur noch Dr. Botkin, den Lakaien Trupp, die Zofe Anna Demidowa, den Koch Charitonow und den Küchenjungen Sedniew gelassen. Es hat den Anschein, als hätten sie sich längst mit einem gewaltsamen Ende abgefunden. Demütig ertrugen sie ihr Schicksal. Alexandra schnitt ihrem Mann die Haare, die Mädchen wuschen Wäsche und halfen in der Küche beim Brotbacken. Doch dann, plötzlich, irgendwann im Juni, keimte noch einmal eine schwache Hoffnung auf Rettung auf. Wie sich die Geschichte und ihre Geschichten doch wiederholen! Maria Stuarts Korrespondenz mit Babington war einst in Bierfässern geschmuggelt worden, nun fand Nikolaus eines Tages in einer der Milchflaschen, die täglich aus einem nahegelegenen Kloster geliefert wurden, einen Korken, an dem ein Zettel mit einer französisch abgefaßten Nachricht steckte. Darin versprach ihnen eine Gruppe von Offizieren die baldige Befreiung. Alexandra war begeistert, sie hoffte, sie glaubte an die Rettung. Nikolaus dagegen war skeptisch, wie sein Antwortbrief zeigt: »Wir wollen und können nicht fliehen, wir können nur gewaltsam entführt werden, da uns Gewalt nach Tobolsk geführt hat. Rechnen Sie also nicht mit aktiver Unterstützung von unserer Seite … Vermeiden Sie um Himmels willen Blutvergießen … Nehmen Sie Abstand von dem Gedanken, uns hier herauszuholen. Wenn Sie über uns wachen, können Sie uns jederzeit im Falle einer unausweichlichen realen Gefahr zu Hilfe kommen. Wir haben keinerlei Kenntnis, was draußen vor sich geht. Wir erhalten weder Zeitungen noch Briefe. Seit erlaubt wurde, das Fenster zu öffnen, ist die Bewachung verstärkt worden; selbst den Kopf aus dem Fenster zu stecken ist verboten, man riskiert, eine Kugel abzubekommen.« Nikolaus' Skepsis war begründet. Die Bolschewiken hatten offenbar Anleihe beim alten Walsingham genommen. Denn auch diese Aktion war, wie schon die angebliche Fahrt nach Moskau, eine eingefädelte Sache, die sich die Ural-Tscheka ausgedacht hatte, um der Zarenfamilie eine Verschwörung und einen Fluchtversuch nachweisen zu können. Es gab niemanden, der sie retten wollte!

Die Bolschewiken wurden nervös. Aus dem Krieg gegen Deutschland war ein Bürgerkrieg geworden. Patrioten und Monarchisten hatten sich zur sogenannten »Weißen Armee« formiert und ihnen den Kampf angesagt. Sie waren überall im Vormarsch, die Macht der Bolschewiken wankte. Trotzki hatte zwar für einen Prozeß gegen Nikolaus ganz nach dem Muster der Französischen Revolution plädiert, doch Lenin hielt davon nichts. Er haßte die Romanows, und er wollte sie alle ausrotten, auf daß kein lebendes Symbol des Zarismus den »Weißen« in die Hände falle. »Man müßte mindestens 100 Romanows den Kopf abschlagen, um ihren Nachkommen die Verbrechen abzugewöhnen«, soll er gemeint haben. Von dem Augenblick an, da Nikolaus in Jekaterinburg inhaftiert worden war, setzte eine wahre Hinrichtungswelle unter den Romanows ein. Der Bruder des Zaren, Michail, wurde in Perm mit seinen Bediensteten erschossen. Auch Ella, die Schwester der Zarin, sowie die Cousins des Zaren wurden nach Sibirien gebracht. Später führte man sie auf eine Waldlichtung, wo man mit Gewehrkolben auf sie einschlug und dann in eine Grube warf, in die man anschließend Handgranaten schleuderte. Auch in Petrograd wüteten die Mörder. In der Peter-und-Paul-Festung wurden die Großfürsten Pawel Alexandrowitsch, Dimitrij Konstantinowitsch, Nikolaj Michailowitsch und Georgij Michailowitsch erschossen. Den Schwestern des Zaren und seiner Mutter war mit englischer Hilfe die Flucht ins Ausland gelungen. Was er an Nikolaus II. und seiner Familie verabsäumt hatte, versuchte der englische König nun an vielen russischen Aristokraten und den Tausenden russischen Emigranten wiedergutzumachen …

Im Ipatjew-Haus mußte nun gehandelt werden. Die Weißen standen knapp vor Jekaterinburg. Der Zar durfte ihnen nicht in die Hände fallen. Alles war schon längst beschlossene Sache. Auch wenn es später anders dargestellt werden sollte: Jekaterinburg handelte im Einverständnis mit Moskau, das heißt mit Lenin. Man traf also Vorbereitungen für die Ermordung der Zarenfamilie. Am 4. Juli 1918 wurden der bisherige Kommandant des »Hauses für besondere Bestimmung« und seine Mannschaft durch einen gewissen Jakow Jurowski und dessen Leute abgelöst. Während für die Zarenfamilie das Leben unverändert weiterging, stellte Jurowski sein Hinrichtungskommando zusammen. Das war gar nicht so einfach, denn nicht alle Männer waren bereit, auf Frauen und unschuldige Kinder zu schießen.

Am Abend des 16. Juli 1918 machte Alexandra ihre letzte Eintragung in ihr Tagebuch: »Grauer Morgen, später lieblicher Sonnenschein. Baby hatte leichte Erkältung. Alle gingen morgens eine halbe Stunde hinaus. Olga und ich richteten unsere Medizin* her. T. [Tatjana] las uns aus der Heiligen Schrift vor.

Sie gingen hinaus. T. blieb bei mir, und wir lasen aus dem Propheten Odadja. Stickte. Jeden Tag kommt der Kommandant in unsere Zimmer. Acht Uhr. Abendessen. Plötzlich wurde Lewka Sedniew (der Küchenjunge) geholt, er dürfe seinen Onkel sehen, und flog weg – möchte wissen, ob es wahr ist und ob wir den Jungen wiedersehen werden!!

---

* Medizin war das Codewort für die versteckten Juwelen.

Spielte Bézigue mit N. [Nikolaus]. Halb elf zu Bett. 15 Grad Wärme.«
Um Mitternacht erschien Jurowski bei Dr. Botkin und befahl ihm, die
Zarenfamilie zu wecken. Sie müßten unverzüglich evakuiert werden,
weil es in der Stadt zu Schießereien gekommen sei. Eine Stunde später
waren sie alle reisefertig, die Familie und ihre vier Bediensteten. Nikolaus trug Alexej in seinen Armen, da der Junge nach seiner Verletzung
noch nicht gehen durfte. Jurowski führte sie in einen Kellerraum. Man
brachte zwei Stühle für die Zarin und den Zaren, der Alexej noch immer
in den Armen hielt. Die anderen – die vier Töchter, Dr. Botkin, der
Kammerdiener Alexej Trupp, die Hofdame Anna Demidowa und der
Koch Charitonow – nahmen hinter dem Zarenpaar Aufstellung. Dann
mußten sie warten. Plötzlich stürzte Jurowski herein, hinter ihm zehn
oder zwölf Männer. Jurowski erklärte: »Ihre Verwandten haben versucht, Sie zu retten. Aber es ist ihnen nicht geglückt, und wir sind nun
gezwungen, Sie zu erschießen.« So oder so ähnlich waren die Worte des
Kommandanten, die Versionen gehen auseinander. »Was ist?« soll Nikolaus noch ausgerufen haben. Sekunden später fielen Schüsse. Die Frau-
en schrien auf. Als erster sank der Zar zusammen, er war sofort tot.
Ebenso die Zarin. Auch Dr. Botkin, Trupp und Charitonow starben
schnell. Der kleine Alexej jedoch erwies sich als äußerst zählebig.
Obwohl mehrfach getroffen, lag er immer noch stöhnend auf dem
Boden, bis ihm einer der Männer eine Kugel in den Kopf schoß. Noch
schlimmer waren die Mädchen dran. Sie rannten in dem kleinen Raum
kreischend hin und her. Einer der Mörder schilderte später, die Kugeln
seien wie Hagelkörner von ihnen abgeprallt: Die mit Juwelen gepanzer-
ten Korsetts schützten sie noch kurz. Dann aber schlugen und stachen
die Männer mit Gewehrkolben und Bajonetten auf sie ein. »Die beiden
jüngeren Zarentöchter«, schilderte einer der Täter das Geschehen,
»hockten an der Wand und bedeckten den Kopf mit den Händen. Zwei
Männer schossen auf ihre Köpfe … Die Hofdame lag noch lebend auf
dem Boden. Ein Genosse versuchte, der Hofdame das Bajonett eines
amerikanischen Winchestergewehres in die Brust zu stoßen. Aber es war
stumpf und drang nicht ein. Sie griff mit beiden Händen nach dem
Bajonett und schrie … Dann wurde sie mit Gewehrkolben erschlagen.«
Ein halbe Stunde dauerte das Abschlachten der elf Menschen. Es war 3
Uhr früh, als das blutige Gemetzel endlich vorüber war.

Stammtafel Maria Stuarts und Henry Darnleys

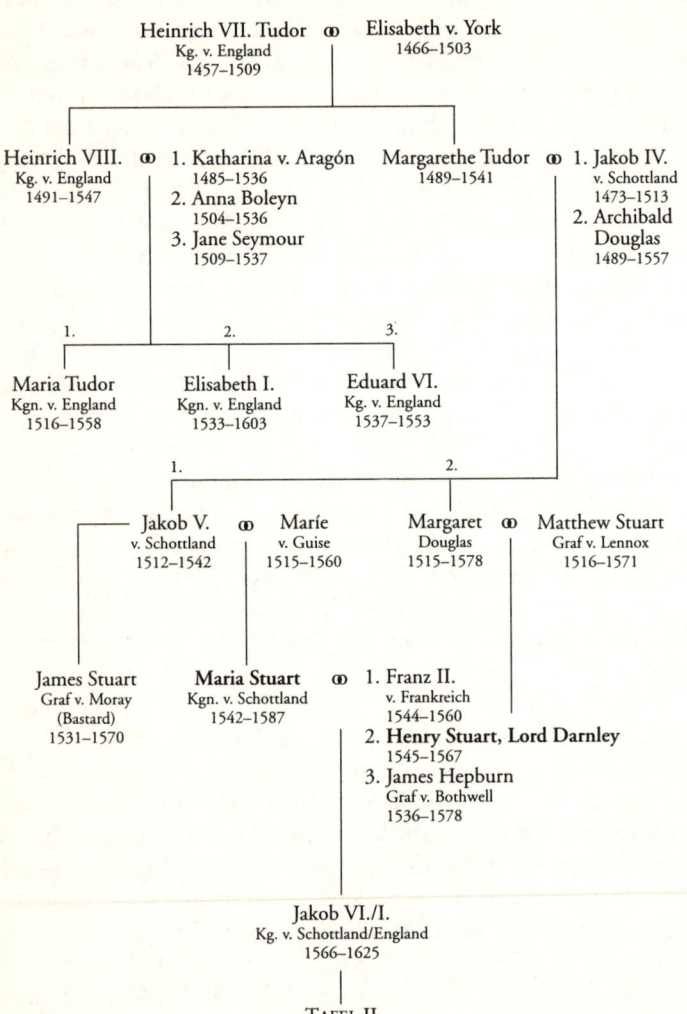

Heinrich VII. Tudor ⚭ Elisabeth v. York
Kg. v. England
1457–1509   1466–1503

Heinrich VIII.   ⚭   1. Katharina v. Aragón   Margarethe Tudor   ⚭   1. Jakob IV.
Kg. v. England   1485–1536   1489–1541   v. Schottland
1491–1547   2. Anna Boleyn   1473–1513
                      1504–1536   2. Archibald
                     3. Jane Seymour   Douglas
                      1509–1537   1489–1557

1.   2.   3.

Maria Tudor   Elisabeth I.   Eduard VI.
Kgn. v. England   Kgn. v. England   Kg. v. England
1516–1558   1533–1603   1537–1553

1.   2.

Jakob V.   ⚭   Maríe   Margaret   ⚭   Matthew Stuart
v. Schottland   v. Guise   Douglas   Graf v. Lennox
1512–1542   1515–1560   1515–1578   1516–1571

James Stuart   **Maria Stuart**   ⚭   1. Franz II.
Graf v. Moray   Kgn. v. Schottland   v. Frankreich
(Bastard)   1542–1587   1544–1560
1531–1570   2. **Henry Stuart, Lord Darnley**
                                             1545–1567
                                            3. James Hepburn
                                               Graf v. Bothwell
                                               1536–1578

Jakob VI./I.
Kg. v. Schottland/England
1566–1625

TAFEL II

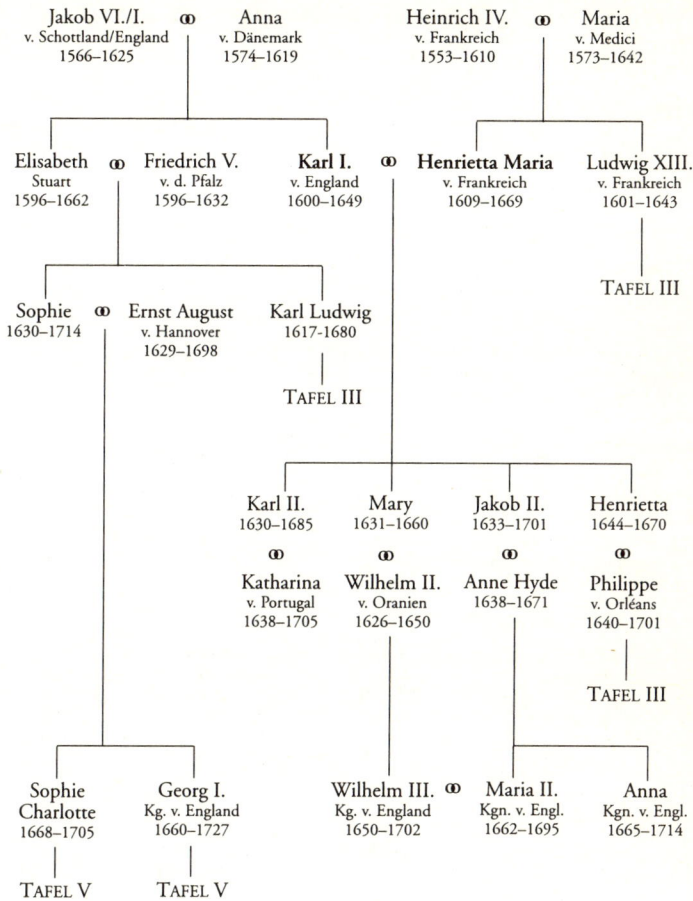

TAFEL III Stammtafel Ludwigs XVI. und Marie Antoinettes

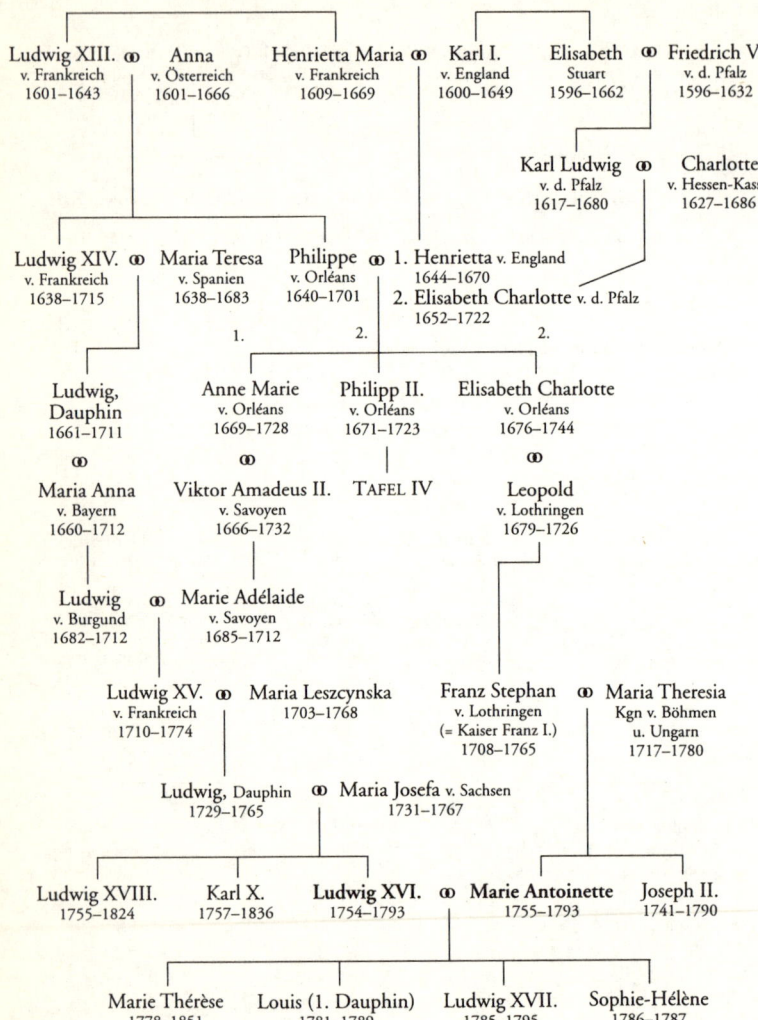

Ludwig XIII. ∞ Anna
v. Frankreich v. Österreich
1601–1643 1601–1666

Henrietta Maria ∞ Karl I.
v. Frankreich v. England
1609–1669 1600–1649

Elisabeth ∞ Friedrich V.
Stuart v. d. Pfalz
1596–1662 1596–1632

Karl Ludwig ∞ Charlotte
v. d. Pfalz v. Hessen-Kassel
1617–1680 1627–1686

Ludwig XIV. ∞ Maria Teresa
v. Frankreich v. Spanien
1638–1715 1638–1683

Philippe ∞ 1. Henrietta v. England
v. Orléans 1644–1670
1640–1701 2. Elisabeth Charlotte v. d. Pfalz
 1652–1722

1. 2. 2.

Ludwig,
Dauphin
1661–1711
∞
Maria Anna
v. Bayern
1660–1712

Anne Marie
v. Orléans
1669–1728
∞
Viktor Amadeus II.
v. Savoyen
1666–1732

Philipp II.
v. Orléans
1671–1723

TAFEL IV

Elisabeth Charlotte
v. Orléans
1676–1744
∞
Leopold
v. Lothringen
1679–1726

Ludwig ∞ Marie Adélaide
v. Burgund v. Savoyen
1682–1712 1685–1712

Ludwig XV. ∞ Maria Leszcynska
v. Frankreich 1703–1768
1710–1774

Franz Stephan ∞ Maria Theresia
v. Lothringen Kgn v. Böhmen
(= Kaiser Franz I.) u. Ungarn
1708–1765 1717–1780

Ludwig, Dauphin ∞ Maria Josefa v. Sachsen
1729–1765 1731–1767

Ludwig XVIII.
1755–1824

Karl X.
1757–1836

Ludwig XVI. ∞ Marie Antoinette
1754–1793 1755–1793

Joseph II.
1741–1790

Marie Thérèse
1778–1851

Louis (1. Dauphin)
1781–1789

Ludwig XVII.
1785–1795

Sophie-Hélène
1786–1787

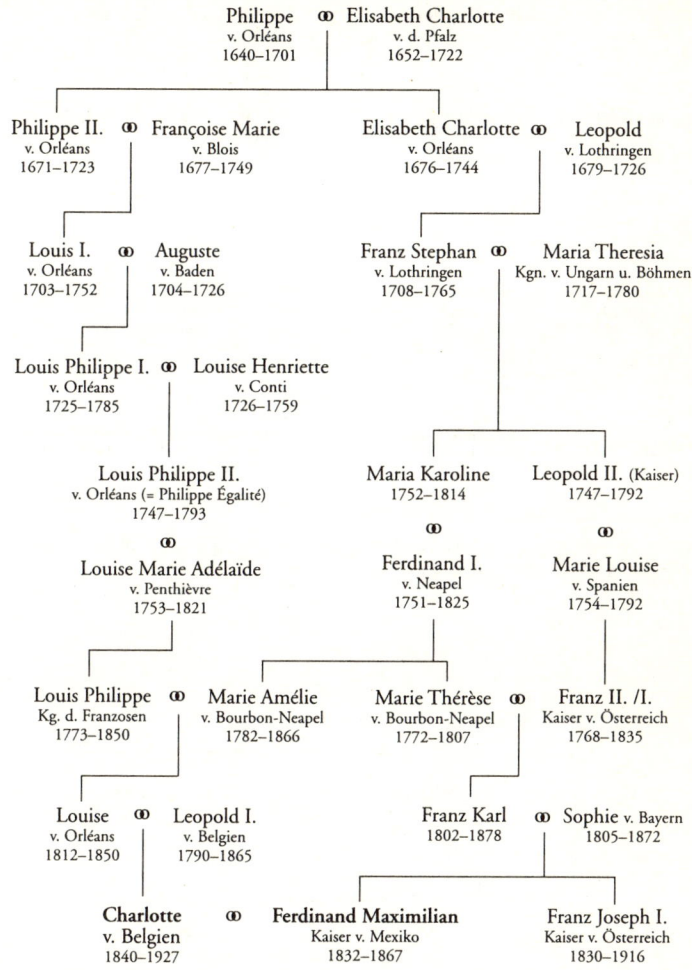

Stammtafel Nikolaus' II. und Alexandras

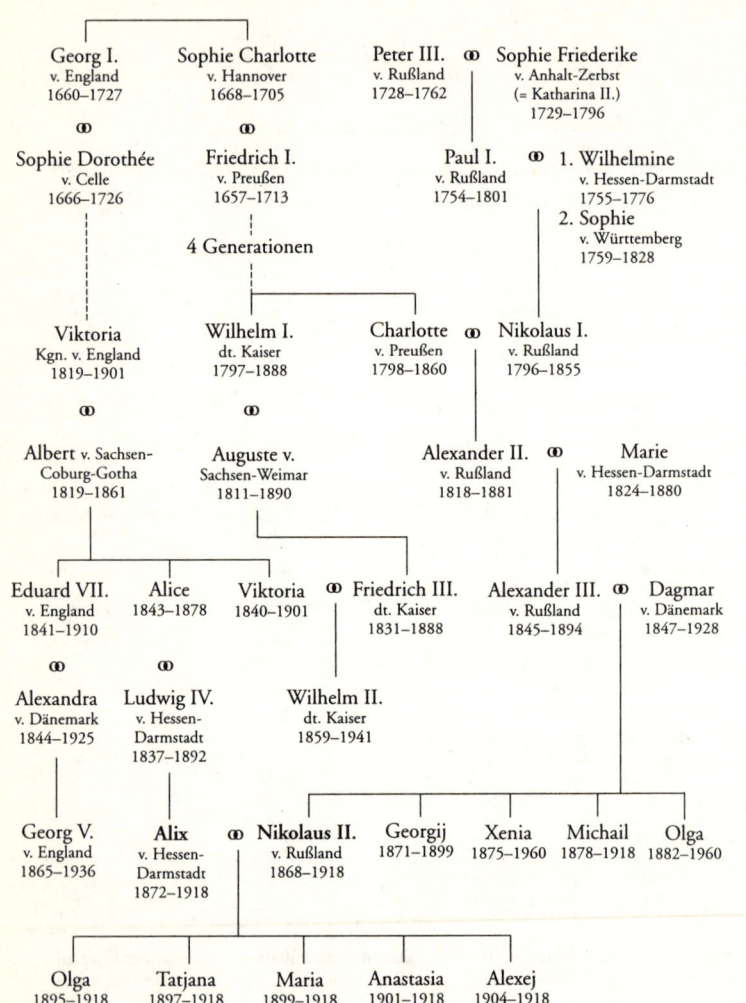

Georg I. v. England 1660–1727	Sophie Charlotte v. Hannover 1668–1705

Peter III. ∞ Sophie Friederike
v. Rußland   v. Anhalt-Zerbst
1728–1762   (= Katharina II.)
1729–1796

Sophie Dorothée   Friedrich I.
v. Celle   v. Preußen
1666–1726   1657–1713

Paul I. ∞ 1. Wilhelmine
v. Rußland   v. Hessen-Darmstadt
1754–1801   1755–1776
2. Sophie
v. Württemberg
1759–1828

4 Generationen

Viktoria   Wilhelm I.   Charlotte ∞ Nikolaus I.
Kgn. v. England   dt. Kaiser   v. Preußen   v. Rußland
1819–1901   1797–1888   1798–1860   1796–1855

Albert v. Sachsen-   Auguste v.   Alexander II. ∞ Marie
Coburg-Gotha   Sachsen-Weimar   v. Rußland   v. Hessen-Darmstadt
1819–1861   1811–1890   1818–1881   1824–1880

Eduard VII.   Alice   Viktoria ∞ Friedrich III.   Alexander III. ∞ Dagmar
v. England   1843–1878   1840–1901   dt. Kaiser   v. Rußland   v. Dänemark
1841–1910   1831–1888   1845–1894   1847–1928

Alexandra   Ludwig IV.   Wilhelm II.
v. Dänemark   v. Hessen-   dt. Kaiser
1844–1925   Darmstadt   1859–1941
1837–1892

Georg V.   Alix ∞ Nikolaus II.   Georgij   Xenia   Michail   Olga
v. England   v. Hessen-   v. Rußland   1871–1899   1875–1960   1878–1918   1882–1960
1865–1936   Darmstadt   1868–1918
1872–1918

Olga   Tatjana   Maria   Anastasia   Alexej
1895–1918   1897–1918   1899–1918   1901–1918   1904–1918

LITERATURVERZEICHNIS

Alexandra, die letzte Zarin: Briefe und Tagebücher 1914–1918, Frankfurt/Main, 1994

Basch, Samuel: Erinnerungen aus Mexiko, Leipzig 1883

Beaucourt, Marquis de: Captivité et derniers moments de Louis XVI, Paris 1892

Bluche, François: Frankreich zur Zeit Ludwigs XVI., Stuttgart 1989

Bouissounousse, Janine: La vie privée de Marie Stuart, Paris 1953

Brantôme, Pierre de Bourdeille, Seigneur de: Œuvres, London 1779

Campan, Madame: La Cour de Marie Antoinette, Stuttgart 1924

Carlton, Charles: Charles I., London 1983

Carré, Henri: Henriette de France, reine d'Angleterre, Paris 1947

Castelot, André: Maximilien et Charlotte, Paris 1977

Christoph, Paul (Hrsg.): Maria Theresia. Geheimer Briefwechsel mit Marie - Antoinette, Frankfurt/Main 1991

Corti, Egon Caesar Conte: Tragödie eines Kaisers, Graz 1953

ders.: Maximilian und Charlotte von Mexiko, Wien 1924

Cronin, Vincent: Ludwig XVI. und Marie-Antoinette, Düsseldorf 1975

Davison, M. H. Armstrong: The Casket Letters, London 1965

Delamare, George: La tragédie mexicaine, Paris 1964

Donnert, Erich: Das russische Zarenreich, München 1992

Duchein, Michel: Maria Stuart, Zürich 1992

Erlanger, Philippe: Georges Villiers, Duc de Buckingham, Paris 1973

Euler, Hans: Napoleon III. in seiner Zeit, Würzburg 1961

Fay, Bernard: Louis XVI, Paris 1955

Fejtö, Ferenc: Joseph II., München 1987

Ferro, Marc: Nikolaus II. Der letzte Zar, Zürich 1991

Fraser, Antonia: Mary – Queen of Scots, London 1969

Gallo, Max: Robespierre, Stuttgart 1989

Grünwald, Constantine de: Der letzte Zar, Wien 1966

Haan, Heiner: Geschichte Englands vom 16. bis zum 18. Jahrhundert, München 1993

Hamann, Brigitte (Hrsg.): Mit Kaiser Max in Mexiko. Aus dem Tagebuch des Fürsten Carl Khevenhüller 1864–1867, Wien 1983

Harrison, G. B. (Hrsg.): Elisabeth I. Briefe, Wien 1938

Haslip, Joan: Imperial Adventurer, Emperor Maximilian of Mexico, London 1971

dies.: Marie Antoinette, München 1988

Heresch, Elisabeth: Nikolaus II. Feigheit, Lüge und Verrat, Frankfurt/Main 1994

Hibbert, Christopher: Charles I., London 1968

Hill, Christopher: God's englishmen. Oliver Cromwell and the English revolution, London 1970

Hyde, H. Montgomery: Mexican Empire, London 1946

Kluxen, Kurt: Geschichte Englands, o. O. 1968

Kurth, Peter: Der letzte Zar, München 1995

Kurtz, Harold: Kaiserin Eugénie, Tübingen 1964

Leroy, Alfred: Louis XVI. Le roi malgré lui, Paris 1961

Lever, Evelyne: Ludwig XVI., Stuttgart 1988

Louis XVI: Lettres 1789–1793, Paris 1988

MacNalty, Arthur: Mary – Queen of Scots, London 1960

Maria Stuart: Ich flehe, ich fordere, ich bekenne! Der Königin Briefe, Leipzig 1940

Maximilian von Mexiko: Aus meinem Leben, Leipzig 1867

ders.: Reiseskizzen, Wien 1854–1861

Metz, Karl Heinz: Oliver Cromwell. Zur Geschichte eines schließlichen Helden, Göttingen 1993

Neale, John: Elisabeth I. Königin von England, München 1994

Padover, Saul: The life and death of Louis XVI, London 1965

Paléologue, Maurice: Das Ende der Romanows, München 1962

Petrie, Charles Sir: King Charles, London 1947

Pitner, Ernst von: Im Dienst Kaiser Maximilians von Mexiko. Memoiren und Briefe eines Offiziers, Wien 1995

Radsinski, Edward: Nikolaus II. Der letzte Zar und seine Zeit, München 1994

Rieder, Heinz: Napoleon III., Gernsbach 1989

Rimscha, Hans: Geschichte Rußlands, Wiesbaden 1970

Ripley, Jasper: Elisabeth I., Zürich 1990

Roots, Iwan: The great rebellion 1542–1660, London 1972

Rühl, Lothar: Aufstieg und Niedergang des russischen Reiches, Stuttgart 1992

Schreiber, Hermann: Marie Antoinette, München o.J.

Soboul, Albert: Le procès de Louis XVI, Paris 1973

Thomson, George Malcolm: The Crime of Mary Stuart, London 1957

Vigée-Lebrun, Elisabeth; Erinnerungen, Weimar 1912

Volkogonow, Dimitrij, A.: Lenin. Utopie und Terror, Wien 1994

Webster, Nesta Helen: Louis XVI and Marie Antoinette during the revolution, New York 1979

Wedgwood, C. V.: The Trial of Charles I., London 1946

Williams, Hugh Ross: Charles and Cromwell, London 1946

Williams, Neville: Elizabeth I. Queen of England, London 1969

Wingfield-Stratford, Esmé: Charles – King of England, London 1947

Zweig, Stefan: Maria Stuart, Frankfurt/Main 1985

ders.: Marie Antoinette, Frankfurt/Main 1981

PERSONENREGISTER

ABBILDUNGSVERZEICHNIS

Biographien

Dirk Van der Cruysse

»Madame sein ist ein ellendes Handwerck«

Liselotte von der Pfalz – eine deutsche Prinzessin am Hofe des Sonnenkönigs. Aus dem Französischen von Inge Leipold. 752 Seiten. SP 2141

Ein unvergleichliches Bild ihrer Zeit hat Liselotte von der Pfalz in ihren 60 000 Briefen hinterlassen. In diesen Universalreportagen beschreibt sie ihr Leben am Hof ihres Schwagers, des Sonnenkönigs Ludwig XIV., freimütig, spöttisch, oft derb. Die Intrigen und Ränkespiele, die politischen Krisen und die glänzenden Feste bei Hof fanden in »Madame«, der Tochter des Kurfürsten Karl Ludwig von der Pfalz, eine kluge und geistreiche Beobachterin.

»Van der Cruysses Werk berichtet so frisch, wie es seinem Objekt zukommt.«
Die Zeit

»Dirk Van der Cruysse gelang es in bravouröser Weise, diese ungewöhnliche Frau zu rehabilitieren.«
Die Welt

Helga Thoma

»Madame, meine teure Geliebte ...«

Die Mätressen der französischen Könige. 251 Seiten mit 11 Porträts. SP 2570

Die Herrscher des 17. und 18. Jahrhunderts konnten zwar ungehindert Kriege führen, Abgaben eintreiben und Schlösser bauen, beim Heiraten aber mußten sie sich der Staatsräson beugen: Fürstenehen hatten den dynastischen Erfordernissen zu entsprechen, der Repräsentation zu dienen und Thronerben hervorzubringen. Fürs Herz hielten sich insbesondere die französischen Könige Mätressen: geistreiche, schöne, sinnliche Frauen, die mit Intelligenz und diplomatischem Geschick erheblichen Einfluß auf die Staatsgeschäfte der Monarchen gewannen. Daß sie keineswegs nur genußsüchtige, eitle und verruchte Geschöpfe waren, zeigt Helga Thoma in sieben Porträts berühmter Mätressen der französischen Könige, und sie bricht eine Lanze für diese Frauen, die beim Volk verhaßt, aber bei Hof von großem Einfluß waren.

Biographien

Joan Haslip
Marie Antoinette

*Ein tragisches Leben in
stürmischer Zeit. Aus dem
Englischen von Christian Spiel.
436 Seiten. SP 1743*

Marie Antoinette, jüngste
Tochter der österreichischen
Kaiserin Maria Theresia, war
ein Opfer der Politik. Um einen
alten Erbfeind als neuen
Verbündeten zu gewinnen,
wurde sie völlig unvorbereitet
mit vierzehn Jahren an den
späteren König Ludwig XVI.
verheiratet. Das unpopuläre
Bündnis und die Heirat stießen
in Frankreich auf bittere Ablehnung.
Königin Marie Antoinette
war den Intrigen bei Hof
nicht gewachsen und geriet
schnell ins politische Abseits.
Sie übersah die Zeichen der
Zeit und beschleunigte die tragischen
Ereignisse. Die Französische
Revolution bedeutete
das Ende der absolutistischen
Monarchie, das mit der öffentlichen
Hinrichtung des Königspaars
besiegelt wurde. Joan
Haslip zeichnet ein einfühlsames
Bild dieser widersprüchlichen
Herrscherin.

Friedrich Weissensteiner
Franz Ferdinand

*Der verhinderte Herrscher.
246 Seiten mit 77 Abbildungen.
SP 1532*

Eine bekannte Figur auf der
geschichtlichen Bühne ist
Franz Ferdinand vor allem
durch seinen Tod. Die Schüsse
von Sarajewo haben den Plänen
ein gewaltsames Ende gesetzt,
die dieser markanteste
Kopf der ausgehenden Donaumonarchie
für sein Land entworfen
hatte.

Die rote Erzherzogin

*Das ungewöhnliche Leben der
Tochter des Kronprinzen Rudolf.
288 Seiten mit 27 Abbildungen.
SP 1527*

Große Herrscher des Hauses Habsburg

*700 Jahre europäische Geschichte.
384 Seiten mit zahlreichen
Abbildungen. SP 2549*

Biographien

Thea Leitner

Habsburgs verkaufte Töchter

272 Seiten mit 16 Abbildungen.
SP 1827

Thea Leitner bringt in ihrem Bestseller eine unbekannte Seite der europäischen Geschichte zur Sprache, nämlich die Biographien Habsburger Prinzessinnen, die schon im Kindesalter der Politik verschrieben wurden. Obwohl von Kindesbeinen an über sie verfügt wurde, waren sie als erwachsene Frauen keineswegs passive Opfer ihrer Herkunft.

Habsburgs vergessene Kinder

288 Seiten mit 34 Abbildungen.
SP 1865

Thea Leitner verfolgte die Spuren von Nachkommen des Erzhauses, die von der Geschichtsschreibung bislang kaum beachtet wurden. Dabei stieß sie auf Menschen »mit ihren Ängsten und Leidenschaften und Verstrickungen, ihren heroischen Höhepunkten und ihren abgrundtiefen Nöten«.

Skandal bei Hof

Frauenschicksale an europäischen Königshöfen. 320 Seiten SP 2009

Vor dem Hintergrund europäischer Politik eröffnen diese erschütternden Tragödien ein Gesellschaftsbild, das die Skandale heutiger gekrönter Häupter als harmlose Geschichten erscheinen läßt.

Die Männer im Schatten

An der Seite berühmter Herrscherinnen. 260 Seiten mit 35 Abbildungen. SP 2324

Mit kriminalistischem Spürsinn folgt Thea Leitner dem Leben der Ehemänner berühmter Frauen: Maria Stuart, Katharina die Große, Maria Theresia und Queen Victoria. Sie beschreibt anschaulich, unterhaltsam und kenntnisreich die zu Nebenrollen verdammten Männer und wirft damit ein neues Licht auf die Biographien der berühmten Frauen.

Fürstin, Dame, Armes Weib

Ungewöhnliche Frauen im Wien der Jahrhundertwende. 352 Seiten mit 38 Abbildungen. SP 1864

Biographien

Brigitte Hamann
Elisabeth
Kaiserin wider Willen. 660 Seiten mit 57 Fotos. SP 2990

Das übliche süße Sisi-Klischee wird man in diesem Buch vergeblich suchen: Elisabeth, Kaiserin von Österreich, Königin von Ungarn, war eine der gebildetsten und interessantesten Frauen ihrer Zeit; eine Königin, die sich von den Vorurteilen ihres Standes zu befreien vermochte. Häufig entfloh sie der verhaßten Wiener »Kerkerburg«, weil sie nicht bereit war, sich von den Menschen »immer anglotzen« zu lassen. Statt dessen war sie monatelang auf Reisen, lernte Sprachen und trieb – im Rittersaal der Hofburg! – Sport. Schon vor dem Attentat war sie eine legendäre Figur geworden.

Meine liebe, gute Freundin!
Die Briefe Kaiser Franz Josephs an Katharina Schratt aus dem Besitz der Österreichischen Nationalbibliothek. Herausgegeben und kommentiert von Brigitte Hamann. 560 Seiten mit zahlreichen Abbildungen. SP 2228

Rudolf
Kronprinz und Rebell. 534 Seiten mit 35 Abbildungen. SP 800

»... ein Buch, das keineswegs nur historisch interessierte Leser fesseln kann, sondern auch eine reiche Fundgrube für psychologisch Interessierte bedeutet, weil Rudolfs späteres unglückliches Schicksal hier ganz klar und eindeutig aus den katastrophalen äußeren Umständen seiner Kindheit und Erziehung erklärt wird.«
Wochenpresse, Wien

Kronprinz Rudolf »Majestät, ich warne Sie...«
Geheime und private Schriften. Herausgegeben von Brigitte Hamann. 448 Seiten. SP 824

Diese Schriften geben einen aufschlußreichen Einblick hinter die Kulissen der k.u.k. Monarchie.

»Hier kommt der Kronprinz unmittelbar zu Wort... Es spricht ein erschütternd wirkender Zeuge für eine sich ausweglos abzeichnende Lage, die der sensible Prinz offenbar schon sehr früh erkannt hatte und nicht ändern konnte.«
Die Presse, Wien

SERIE
PIPER

Biographien

James Cleugh

Die Medici

Macht und Glanz einer europäischen Familie. Aus dem Amerikanischen von Ulrike von Puttkamer. 489 Seiten mit 149 Abbildungen. SP 2321

Die Chronik einer Familie, die wie keine andere die Kultur der Renaissance verkörperte.

Die Medici gehören zu den großen Familien, die die europäische Geschichte und Kultur entscheidend geprägt haben. Sie waren Bankiers, Feldherren, Päpste, Herzöge, Königinnen, Despoten, aber auch geniale Förderer von Kunst und Wissenschaft. Unter ihrer Führung wurde Florenz zum kulturellen Mittelpunkt Europas.

Unter den großen Familien, die den Lauf der europäischen Geschichte prägten, hat wohl kaum ein Name helleren Glanz als jener der Familie Medici. Ob als Bankiers, Feldherren, Päpste, Herzöge, Despoten oder geniale Förderer von Kunst und Wissenschaft – die Medici haben auf vielen Gebieten Weltruhm erlangt.

Sie gaben der römischen Kirche zwei Päpste und Frankreich zwei Königinnen. Der Welt schenkten sie als großzügige Mäzene der Kunst unvergleichliche Meisterwerke. Im Mittelpunkt dieser Familienchronik steht deshalb auch die strahlende Gestalt Lorenzos des Prächtigen, des Staatsmannes und Dichters – die ideale Verkörperung des Renaissance-Menschen. Er war Förderer von Leonardo, Botticelli und Michelangelo. Unter seiner Führung wurde Florenz zum intellektuellen Zentrum Europas. James Cleugh erzählt von den Verwicklungen der Renaissance-Politik, den Intrigen, Liebschaften, Kriegen und Morden der Medici, und er befreit die Überlieferung von Legenden und halben Wahrheiten. Das Ergebnis ist eine einzigartige Chronik einer Familie, die dreihundert Jahre in Florenz herrschte und deren Vermächtnis den menschlichen Geist noch jahrhundertelang bewegt hat.

Biographien

Vincent Cronin
Katharina die Große
Biographie. Aus dem Englischen von Karl Berisch. 423 Seiten.
SP 2319

Vincent Cronin porträtiert die schillernde Persönlichkeit der russischen Kaiserin, ihr ereignisreiches Privatleben und ihre großen Leistungen als Regentin – gerade auch bei der Verwirklichung weitreichender Sozialreformen.

»Cronins Werk ist *das* Musterbeispiel einer geglückten Lebensbeschreibung überhaupt.«
Die Welt

Prinz Roman Romanow
Am Hofe des letzten Zaren
1896–1919. Herausgegeben von Prinz Nikolai und Prinz Dimitri Romanow. Aus dem Dänischen von Lothar Schneider. 480 Seiten mit 32 Seiten Abbildungen.
SP 2460

Eine interessante Innenansicht der prächtigen, streng abgeschirmten, fast mystischen Welt der Zarenfamilie.

Henri Troyat
Rasputin
Eine Biographie. Aus dem Französischen von Yla Margrit von Dach. 224 Seiten mit 14 Abbildungen. SP 2858

Wunderheiler oder Scharlatan, Heiliger oder Wüstling, bauernschlauer Intrigant oder klug taktierender Politiker? Der Faszination dieses düster dreinblickenden Charismatikers mit dem stechenden, etwas irren Blick kann man sich auch heute nur schwer entziehen. Wie war es Rasputin, dem analphabetischen Bauernsohn aus der entlegensten sibirischen Provinz, möglich gewesen, eine solche Macht über den Zaren und seine Gattin und damit in einem Riesenreich wie Rußland zu gewinnen? – Henri Troyat zeichnet ein fundiertes Bild dieser schillernden Persönlichkeit, ihrer Ausschweifungen, ihres Machtinstinkts und ihrer hellseherischen Gaben.